AF251139

Christian Philipp Müller

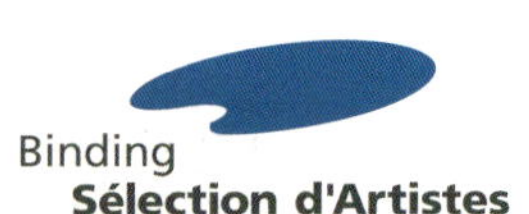
Binding
Sélection d'Artistes

Christian Philipp Müller

Beiträge von Contributions by

Sabeth Buchmann, Philipp Kaiser, Miwon Kwon, James Meyer, Kerstin Stakemeier

Kunstmuseum Basel,
Museum für Gegenwartskunst

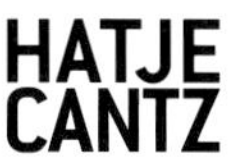

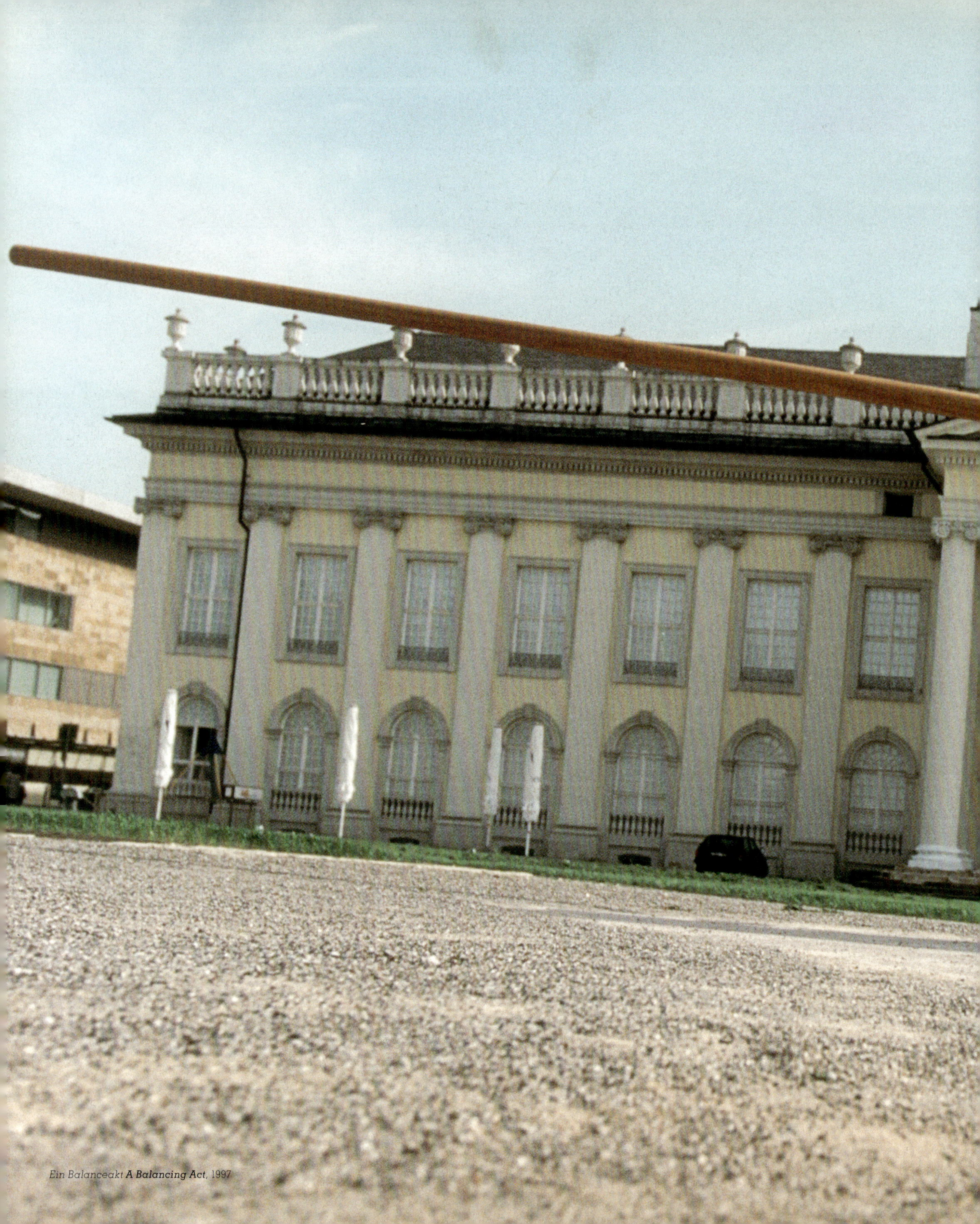

Ein Balanceakt ***A Balancing Act***, 1997

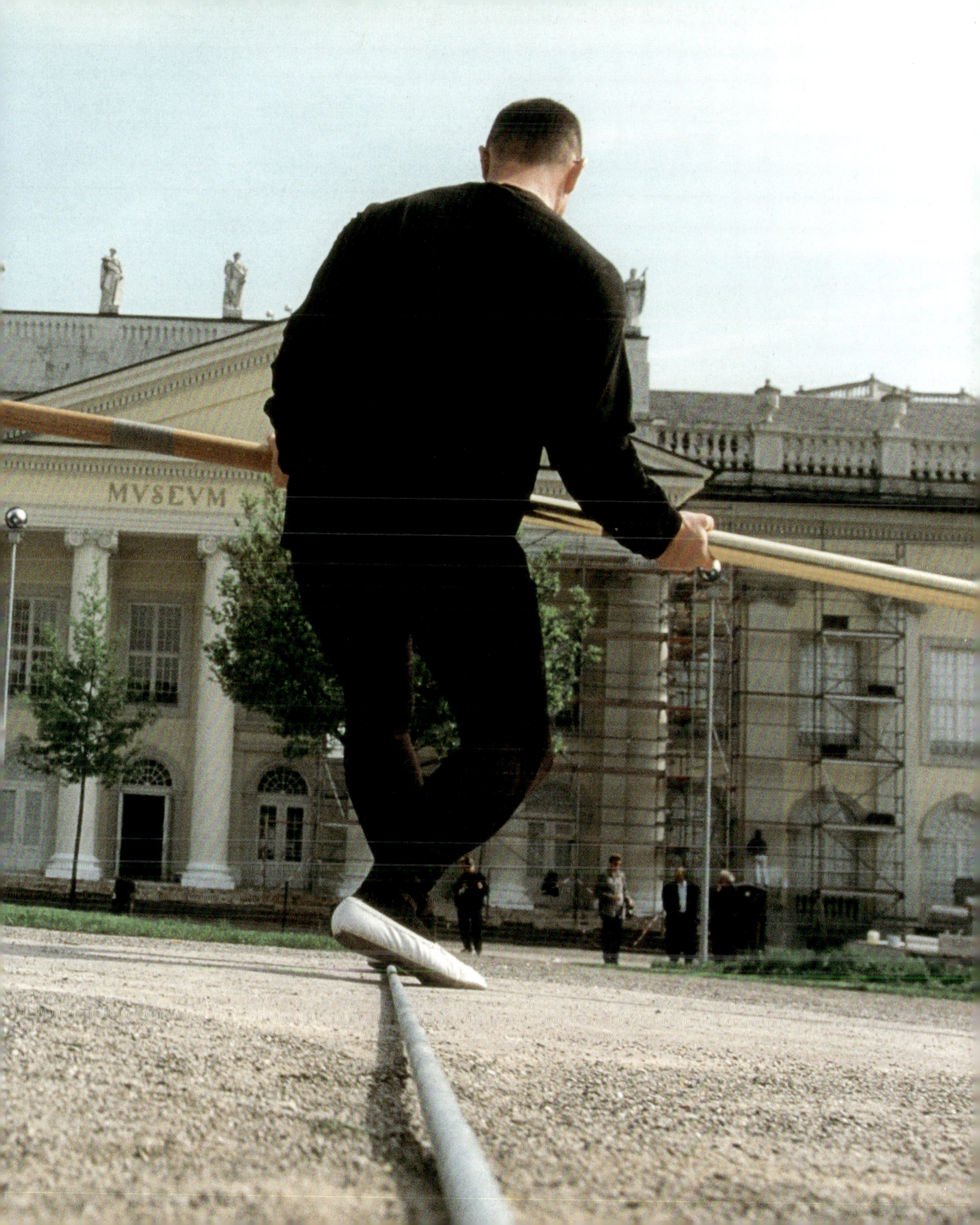
MVSEVM

Philipp Kaiser
Müllers Welten Müller's Worlds

Prolog

Aus heutiger Sicht mag die Ausgangslage befremden. Ausgerechnet der jähe Einbruch des Kunstmarktes vor gut 15 Jahren, kurz vor dem Ausbruch des ersten Golfkrieges, wurde für eine sich lose konstituierende Künstlergruppierung als Gründungsdatum in Anspruch genommen. Nahezu sämtliche Kommentatorinnen und Kommentatoren der ersten Stunde waren sich darin einig, dass die insbesondere in New York spürbare Rezession dafür verantwortlich war, bislang marginalisierten kritisch-theoretischen Künstlerinnen und Künstlern öffentlichen Raum zuzugestehen.[1] Isabelle Graw ging in ihrem Beitrag in der ersten Nummer von *Texte zur Kunst* gar so weit, folgende Zeilen aus der *Frankfurter Allgemeinen Zeitung* voranzuschicken: »Um 1500 war die grosse Zeit der Republik Venedig abgelaufen [...]. Nach der Niederlage von Angadello 1509 sah man die feindlichen Feuer in der Stadt selbst. Hatten schon zuvor Bankhäuser schliessen müssen, so fielen nun selbst die Staatsanleihen auf einen Tiefpunkt. Dass in dieser Zeit höchster Bedrohung die Blüte der venezianischen Malerei eines Bellini, Tizian und Giorgione fällt, [...] diese Koinzidenz hat die Renaissance-Forschung nicht überrascht.«[2] Die Gleichsetzung venezianischer Meister mit den sich soeben auf dem internationalen Parkett etablierenden jungen Künstlerinnen und Künstlern wie Christian Philipp Müller, Fareed Armaly, Mark Dion, Andrea Fraser, Renée Green, Clegg & Guttmann, Tom Burr und anderen mutet selbstbewusst an. Ebenso programmatisch war die von derselben Autorin gemeinsam mit Stefan Germer ins Leben gerufene Zeitschrift *Texte zur Kunst*, die ausschliesslich konzeptuelle, kontextuell ausgerichtete und politisch-künstlerische Ansätze privilegieren wollte. Bereits wenige Jahre später, 1993, fanden zahlreiche relevante Ausstellungen zur kontextualistischen Kunst statt, sodass gemeinhin von einem Paradigmenwechsel die Rede war.[3] Kurator Yves Aupetitallot teilte in seinem damals viel beachteten *Project Unité* in einer Wohnmaschine Le Corbusiers in Firminy allen beteiligten Künstlerinnen und Künstler eine Einheit zu, in der Erwartung einer ortsspezifischen Auseinandersetzung.[4] Ausstellungskommissär Peter Weibel lud 1993 den österreichischen Künstler Gerwald Rockenschaub für die Biennale in Venedig ein, mit dem Anliegen, gemeinsam mit zwei von ihm ausgewählten Künstlern (Andrea Fraser und Christian Philipp Müller) einen transnationalen Pavillon für Österreich zu konzipieren. Im selben Jahr kuratierten Stephan Schmidt-Wulffen und Barbara Steiner die Ausstellung *Backstage* im Hamburger Kunstverein, ein Jahr später erschien das von

Prologue

Their origins may seem alienating—at least from today's point-of-view. For what finally galvanized this loose grouping of artists into action, or so they claim, was, of all things, the inglorious collapse of the art market some fifteen years ago, shortly before the outbreak of the first Gulf War. Almost all those present at their hour of birth agreed that it was because of the recession—then especially palpable in New York—that these hitherto marginalized, critical-theoretical artists were suddenly being accorded public space.[1] In an article she wrote for the first issue of *Texte zur Kunst*, Isabelle Graw even went so far as to quote the following lines from the *Frankfurter Allgemeine Zeitung*: "By 1500, the once great Republic of Venice was already in decline... After the defeat of Angadello in 1509, enemy fire was seen even in the city itself. Not only had several banking houses been long since closed, but now, even treasury bonds were tumbling to new lows. That a time of such extreme peril should have coincided with the Golden Age of Venetian painting as manifested in the works of Bellini, Titian, and Giorgione [...] is something that comes as no surprise to Renaissance scholars."[2] This implied a bold equation of Venetian masters with Christian Philipp Müller, Fareed Armaly, Mark Dion, Andrea Fraser, Renée Green, Clegg & Guttmann, Tom Burr and others, young newcomers to the international art scene. No less programmatic was the periodical *Texte zur Kunst* itself, which the author launched in collaboration with Stefan Germer with the intention of having a publication devoted exclusively to conceptualist, contextualist, and political art criticism. Just a few years later, in 1993, there were so many exhibitions of contextual art taking place that there was talk of a paradigm shift.[3] In his *Project Unité*, at that time a highly regarded project inside Le Corbusier's *Unité d'Habitation* in Firminy, curator Yves Aupetitallot allocated each artist a separate unit with the expectation that this would induce them to engage with their site.[4] Also in 1993, exhibition commissioner Peter Weibel invited the Austrian artist Gerwald Rockenschaub to team up with two other artists of his choosing, namely Andrea Fraser and Christian Philipp Müller, to design a transnational pavilion as the Austrian contribution to the Venice Biennale. The year 1993 also saw Stephan Schmidt-Wulffen and Barbara Steiner curating the *Backstage* exhibition at the Hamburger Kunstverein, while Thomas Wulffen's "Betriebsystem Kunst" edition of *Kunstforum International* came out one year later. It was again Weibel who was behind an exhibition in Graz called *Kon-*

Thomas Wulffen herausgegebene *Kunstforum International* mit dem Titel *Betriebssystem Kunst*. In Graz schliesslich konzipierte Peter Weibel die Ausstellung *Kontext Kunst*, die von nun an namensgebend für obengenannte Künstlerinnen und Künstler war. Ein über 600 Seiten umfassender Katalog wurde nachgeliefert, er sollte gewissermassen das allgemeingültige Kompendium sein, ihr Manifest. Zugleich war dieser aber auch Signum der Vereinnahmung, die neue Kunst flächendeckend als Weibels Entdeckung, wenn nicht gar als seine Erfindung zu reklamieren, wie Stefan Germer lautstark monierte.[5] Peter Weibel subsumierte unterschiedlichste neue künstlerische Praktiken unter einem Label, popularisierte den Diskurs und propagierte gewissermassen eine geschlossene Bewegung. In Abgrenzung zu einem zuvor entworfenen, zutiefst regressiven Bild der Kunst der 1980er-Jahre wurde die Kontextkunst deshalb als paradigmatische Antwort verstanden, da sie kritische Tendenzen der 1960er- und 1970er-Jahre wieder aufnahm, jedoch anders als Hans Haackes »Investigationen des Apparates« nicht nur auf die Institution Kunst fokussiert war.[6] Stattdessen wurde die Institutionskritik umgearbeitet und zu einer breit angelegten Untersuchung gesellschaftlicher Rahmenbedingungen ausgeweitet. Gemeinsam war den Künstlerinnen und Künstlern aus Weibels Sicht lediglich ihr Vorgehen, den Kontext, in dem die Intervention stattfindet, mittels der Praxis der Recherche zum alleinigen Objekt der analytischen Auseinandersetzung zu machen. Peter Weibels Argumentation unternahm den ambitiösen Versuch einer kulturhistorisch-theoretischen Kontextualisierung der Kontextkunst, mit dem Ziel, diese nicht nur in die Kunstgeschichte einzuordnen, sondern dieser zugleich zu überantworten. Wie die ideologische Inanspruchnahme des damals neuen künstlerischen Phänomens aus heutiger Perspektive zu beurteilen ist und ob nun der Zeitschrift *Texte zur Kunst* oder Peter Weibel mehr Vereinnahmungsberechtigung zukommt, erscheint für die heutige Diskussion kaum noch relevant. Entscheidend ist aber, dass beide Promotoren ein ausgeprägtes Interesse dafür hegten, die sehnlich erwartete neue Avantgarde zu proklamieren,[7] deren genealogisches Moment zu einem späteren Zeitpunkt insbesondere von James Meyer hervorgehoben wurde.[8]

Der eingangs behauptete Zusammenhang von Ökonomie und Kunst mutet aus heutiger Sicht nun nicht deswegen befremdlich an, weil dieser hier infrage gestellt werden soll, sondern weil die erstarkende neue Avantgarde ihren Gründungsmythos mit dem Niedergang des Kunstmarktes in Verbindung brachte und sich damit einem ökonomischen Determinismus unterwarf. Diese Fremdbestimmung steht im Widerspruch zu den Selbstbestimmungsansprüchen einer jeden Avantgarde und scheint sich später in der Erduldung des Labels »Kontextkunst« gar wiederholt zu haben. Die sogenannte Rezessionsthese bringt es darüber hinaus mit sich, dass einer solchen Avantgarde in Zeiten wirtschaftlicher Hochphasen kaum noch Legitimität zukommen kann. Doch ist Kritikalität tatsächlich lediglich ein temporäres Zugeständnis des ökonomischen Systems?[9]

Kritische Praxis

Vor dem Hintergrund der Tatsache, dass Christian Philipp Müllers künstlerische Praxis ebenso Teil dieses avantgardistischen Unternehmens ist, könnte es problematisch erscheinen, seine Arbeit in einer

text Kunst (Context Art)—the name that would henceforth be used to describe all the aforementioned artists. When the more than 600-pages-long catalogue finally appeared, it was intended as a compendium of universal validity, as the group's manifesto, as it were. Yet, the tome was also symptomatic of Weibel's tendency to claim this new art as 'his' discovery, if not 'his' invention—something of which Germer was publicly very critical.[5] What Weibel had really done was to subsume the most diverse practices under a single label and then, by popularizing the discourse, propagate context art as a, by and large, coherent movement. Context art, in contrast to the deeply regressive image of art of the nineteen-eighties, was understood to be a paradigmatic response, because it returned to the critical tendencies of the nineteen-sixties and nineteen-seventies, except unlike Hans Haacke's "Investigations of the Apparatus," its focus was not on art as an institution.[6] Instead, its institutional criticism was reworked and expanded to embrace an analysis not only of art, but also of society in general. All that these artists had in common, in Weibel's opinion, was their practice of using research to make the context in which their interventions took place the sole object of their analysis. If Weibel ambitiously undertook to place context art in a cultural historical context, then he did so not just to ensure it was accorded its rightful place in art history, but also to delegate it to art history. The question of how history should judge this ideological co-opting of what was then a new artistic phenomenon and whether the periodical, *Texte zur Kunst*, or Weibel ultimately had the stronger title seems scarcely relevant to the present discussion. What is relevant, however, is that both promoters clearly had a keen interest in proclaiming the much yearned-for new avant-garde,[7] whose genealogical origins were emphasized by James Meyer much later.[8]

If, as purported at the outset, the alleged link between art and market forces seems alienating to us today, then certainly, it is not because there is any doubt concerning the existence of such a link. The problem is rather that as it has grown from strength to strength. The new avant-garde has, itself, tied its own founding myth to the demise of the art market, and by so doing, made itself a slave of economic determinism. Not only does this determinism from without contradict the autonomic claims made by all avant-garde movements, but it could even be said that it repeats itself in the sufferance of the label "context art." The so-called recession theory, moreover, implies that such an avant-garde can scarcely hope to be accorded legitimacy in times of economic prosperity—which, in turn, begs the question,[9] "Is criticality, in the final analysis, no more than a temporary concession to the economic system?"

Critical Practice

In view of the fact that Christian Philipp Müller's artistic practice is also part of this avant-gardistic undertaking, any attempt to present his work in a monographic-retrospective show is liable to appear problematic. Yet if, in the previous paragraph, the talk was of the new avant-garde of the nineteen-nineties, then what this term actually defines is not so much the collaborative context as the discursive framework within which these works should be considered. It might surprise some people to discover how little collaboration there has

Ausstellung monografisch-retrospektiv präsentieren zu wollen. Doch wenn zuvor von einer neuen Avantgarde der 1990er-Jahre die Rede war, so definiert sich diese in erster Linie als diskursiver Rahmen, in dem sich eine künstlerische Arbeit situiert, und weniger als kollaborativer Zusammenhang. Es mag sogar erstaunen, wie wenig Kollaborationen im Vergleich etwa zu den Anfang der 1980er-Jahre entstandenen Projekten postkonzeptueller Künstlerinnen und Künstlern wie Louise Lawler, Allan McCollum und Sherrie Levine eingegangen wurden. Christian Philipp Müller hat lediglich einige wenige Male mit dem Künstler Fareed Armaly zusammengearbeitet.

Stattdessen fällt auf, dass einzeln konzipierte Beiträge Müllers gewissermassen ihr Echo in Arbeiten anderer Künstler finden und vice versa, das heisst, dass gerade die Prämissen und Selbstbeschränkungen der neu etablierten Avantgarde eine fruchtbare Auseinandersetzung zur Folge hatten. An dieser Stelle müssen die Art der Zusammenarbeit wie auch der dafür gemeinhin in Anspruch genommene Werkbegriff präzisiert werden. Künstlerische Arbeit, wie sie Müller versteht, ist als kritische Praxis zu beschreiben und generiert nicht in erster Linie Arbeiten, die als Kollaborationen lesbar sind. Die kritische Praxis unterscheidet nicht zwischen künstlerischen und nicht-künstlerischen Tätigkeiten, ebensowenig kennt sie die klaren Rollen, Grenzen und Hierarchien der Arbeit. Sie ist eine allumfassende Strategie des zeitgenössischen Aktivismus.[10] In der Tradition vorwiegend feministisch orientierter postkonzeptueller Kunst agiert Christian Philipp Müller auf unterschiedlichen Ebenen der kulturellen Produktion: Seit zwei Jahren beispielsweise ist er Mitglied der mit anderen Künstlerinnen und Künstlern, Kritikern und Kuratoren gegründeten unabhängigen Galerie Orchard[11] in New York, in der neben Ausstellungsprojekten ebenso Diskussionen und Veranstaltungen stattfinden. Bereits zu Beginn seiner künstlerischen Karriere arbeitete Müller 1986 an der Akademie der Künste in Düsseldorf als Assistent von Kaspar König und konzipierte jüngst die Corporate Identity der amerikanischen Stiftung Mica. Gleichzeitig kuratierte er Ausstellungen, wie beispielsweise *Platzwechsel* in der Kunsthalle Zürich oder ein Projekt zu dem expressionistischen Architekten Hans Poelzig. Ebenso erwähnt werden müssen die regen Vortrags- und Publikationstätigkeiten wie die von ihm konzipierten Essen, die Fragen des Geschmacks mit kunstsystemischen Zusammenhängen in Beziehung bringen. Ohne seine Aktivitäten hier vollumfänglich wiedergeben zu wollen, wird deutlich, dass sich Christian Philipp Müller insbesondere mit dem Medium Ausstellung auseinandersetzt: dies einerseits in der Funktion als konzipierender Ausstellungsmacher, andererseits in seinen eigenen künstlerischen Beiträgen, in weitverzweigten installativen Argumentationszusammenhängen. In beiden Fällen übernimmt Müller die Rolle eines Kommentators, eines faktografischen Erzählers.[12]

Ausstellung als Medium

Christian Philipp Müllers Arbeit *Ein Balanceakt*, 1997, die anlässlich der *documenta X* entstand und von George Baker und dem Künstler ausführlich beschrieben wurde, soll hier kurz in Erinnerung gerufen werden.[13] Die damalige Leiterin Catherine David, deren *documenta* den Untertitel *retroperspektiv* getragen hat, erwartete gewissermassen von Müller, sich mit der Arbeit *7000 Eichen* auseinanderzusetzen,

been among these artists—at least when compared to the projects of the post-conceptualists of the early nineteen-eighties, such as Louise Lawler, Allan McCollum, and Sherrie Levine. Only on rare occasions did Müller team up with fellow artist Fareed Armaly.

What is noticeable, however, is the way some of Müller's works are echoed in the works of other artists and vice versa, indicating that the premises and self-imposed restrictions of the newly established avant-garde certainly led to some fruitful cross-pollination. It is important here to define more precisely the exact meaning of the terms 'collaboration' and 'work' when used in this context. As Müller understands it, artistic work is critical practice that does not, in the first place, generate works that could be read as collaborative. Critical practice does not distinguish between artistic and non-artistic practice any more than it acknowledges any specific roles, limits or hierarchies. It is rather an all-embracing strategy of contemporary activism.[10] For the most part, true to the tradition of 'feministically' oriented—post-conceptual art, Müller works on various different levels of cultural production: During the past two years, for example, he has been a member of the Orchard Gallery[11] in New York, an independent gallery founded together with other artists, critics, and curators as a venue not just for exhibitions, but also for discussions and other events. In 1986, and hence early on in his career, Müller also worked as an assistant to Kaspar König at the Düsseldorf Art Academy, and has just recently designed the corporate identity of the US Mica Foundation. He has also made a name for himself as a curator, including of exhibitions such as *Platzwechsel* at the Kunsthalle Zürich and a project devoted to the works of the expressionistic architect, Hans Poelzig. Also worthy of mention are his numerous lectures and publications and the meals he has conceived in order to place questions of taste in a systemic art context. Yet, even without listing all his many activities, it is clear that Müller has devoted a lot of time and thought to the exhibition as medium, whether in the capacity of exhibition designer and curator or in the capacity of the artist whose own extremely divaricate and polemical installations are to be exhibited. In both cases, the role Müller assumes is that of the commentator or factographic narrator.[12]

The Exhibition as Medium

Let us briefly recall *A Balancing Act*, the work which Christian Philipp Müller produced for *documenta X* in 1997 and which has been described in great detail both by himself and by George Baker.[13] What Catherine David, as director of *documenta X*—which incidentally bore the subtitle, *retroperspectiv*—expected of Müller was that he engage with the *7000 Oaks* that Joseph Beuys had created for *documenta* 7 in 1982, the first tree and basalt column of which can still be seen today on Kassel's Friedrichsplatz. After Beuys had died, his widow and son placed the last pairing alongside *7000 Oaks* at *documenta 8* in 1987. Walter De Maria's *Vertical Earth Kilometer* of 1977 is to be found in the middle of the same square—which admittedly has shifted slightly owing to the installation of an underground parking lot. For Müller, these two visible relics in the cityscape of Kassel by De Maria and Beuys represent the two poles of twentieth-century art: At the one extreme there is purely autonomic, aestheticizing art and at

die Joseph Beuys 1982 anlässlich der *documenta 7* geschaffen hatte und deren erster Baum und Basaltstein sich noch heute auf dem Friedrichsplatz befinden. Der letzte Baum mit dazugehörigem Basaltstein wurde nach Beuys' Tod bei der darauf folgenden *documenta 8* im Jahr 1987 von seiner Witwe und seinem Sohn gleich daneben aufgestellt. In der Mitte desselben Platzes – die sich aufgrund einer neuen unterirdischen Parkgarage leicht verschoben hat – liegt Walter De Marias *Vertikaler Erdkilometer* von 1977. Die Werke von De Maria und Beuys sind für Müller sichtbare Relikte im Stadtraum Kassel, die die beiden Pole beschreiben, zwischen denen sich die Kunst des 20. Jahrhunderts abgespielt hat: eine rein autonomistische, ästhetisierende Kunst und eine Kunst des Sozialen. Um die beiden Pole miteinander in Verbindung zu bringen, spannte Müller sechs Wochen vor der Eröffnung in einer öffentlichen Performance ein Seil zwischen Beuys' Eiche mit Basaltstein und De Marias *Erdkilometer*, auf dem er unter Anweisung eines professionellen Seiltänzers mit einer Balancierstange, zur einen Hälfte aus Eiche, zur anderen aus Messing, dem gleichen Material wie De Marias *Erdkilometer*, hin und her balancierte. Im Archiv Christian Philipp Müllers findet sich eine überarbeitete Skizze einer Postkarte des World Trade Center, die auf ein Multiple von Joseph Beuys zurückgeht. Während dieser die Türme mit den Namen Cosmos und Damian zu verklären scheint, repräsentieren Müllers Twin Towers die Monolithen Beuys und De Maria. Die Figur, welche die beiden Komplexe verbindet, assoziiert Müller mit dem berühmten Seiltänzer Philippe Petit, der am 7. August 1974 unter grossem Staunen der Öffentlichkeit tatsächlich zwischen den beiden Türmen mit einer sechs Meter langen Stange hin und her balancierte, ehe er von der Polizei verhaftet und in Gewahrsam genommen wurde.[14] Auf der *documenta X* war schliesslich eine Installation von Müller zu sehen, in deren Mitte eine sechs Meter lange Balancierstange lag, während sich auf der einen Seite historische Dokumente zu Beuys' Werk *7000 Eichen*, auf der gegenüberliegenden Seite Dokumente und Fotografien zu Walter De Maria befanden, allesamt mit Museumsschildern versehen. In der Achse der Balancierstange befand sich ein Monitor, auf dem die Performance lief, auf der gegenüberliegenden Seite gab das von Müller herausgebrochene Fenster in der Wand die Sicht frei auf den Friedrichsplatz, flankiert von Fotografien mit dessen dramatischer Geschichte während den beiden Weltkriegen. Nicht die ortsspezifische Dimension der Arbeit soll hier diskutiert werden, sondern die Frage, wie sich Christian Philipp Müllers Arbeit als Geflecht unterschiedlichster Bezugspunkte zur Schau stellt. Die gleichberechtigte Präsentation gegensätzlicher künstlerischer Positionen visualisiert deren dialektisches Abhängigkeitsverhältnis, das erst in seiner Differenz das eine wie auch das andere zum sprechen bringt. Der Blick aus dem wieder geöffneten Fenster wird von den historischen Ereignissen buchstablich gerahmt, während die zentrierte Zurschaustellung der Balancierstange auf einem für Walter De Maria typischen Sockel einem Display ähnelt. Müllers Ausstellung in der Ausstellung lässt in ihrem temporären Arrangement gerade die latenten Beziehungsstrukturen zum Thema der Arbeit werden. Das amerikanische Künstlerkollektiv Group Material (1979–1997) hat während annähernd 20 Jahren die Ausstellung als Medium und Instrument der Informationsvermittlung theoretisiert und diese dabei als ein Erfahrungssystem beschrieben, dessen spezifi-

the other, the art of social conscience. To reconnect these two poles, Müller staged a public performance six weeks prior to the opening, in the course of which he spanned a rope between Beuys's oak tree and basalt column at one end and De Maria's *Vertical Earth Kilometer* at the other. Under the guidance of a professional tightrope walker, he then walked up and down this rope, retaining his balance with the aid of a pole, half of which was made of oak and the other half—like De Maria's *Vertical Earth Kilometer*—of brass. Müller's archive contains a reworked postcard of the World Trade Center, which is, in fact, a multiple by Beuys. Whereas Beuys appears to transfigure the towers by naming them Cosmos and Damian, Müller's twin towers represent the two monoliths, Beuys and De Maria. The figure that links the two complexes, of course, is Philippe Petit, the tightrope walker who on August 7, 1974, to the amazement of the crowds on the streets below, really did walk a tightrope he had spanned between the twin towers, retaining his balance with the aid of a six-meter-long pole—at least until he was arrested and taken into custody.[14] Finally, at *documenta X*, there was an installation by Müller, the central axis of which took the form of a six-meter-long pole with historical documents of relevance to Beuys's *7000 Oaks* on one side and documents and photographs of relevance to De Maria on the other—all of them meticulously labeled. Positioned on the same axis as the pole was a video screen showing Müller's performance and opposite it a window the artist himself had knocked in the wall to afford a view of Friedrichsplatz. This window was flanked on either side by photographs of the dramatic changes the square had undergone during the two World Wars. Of interest to us here, however, is not the specific geographical site of this work, but rather the question of how Müller's work presents itself as an interweaving of various points. By presenting contradictory positions as equally legitimate, he visualizes their dialectical interdependence, it being the difference between them that makes first, one and then the other, come alive. The view through the reopened window is literally framed by its historical context, while the central positioning of the pole on a plinth of the kind used by De Maria resembles a display. What the ephemerality of Müller's exhibition within an exhibition exposes, above all else, are the relational structures on the theme of the work that are latent within it. The US artists' collective, Group Material (1979–97), spent almost twenty years theorizing the exhibition as medium and vehicle for the communication of information and, in so doing, described it as an empirical system whose specific narration bears the stamp of symbolic and ideological organization. The artist Julie Ault, a member of Group Material for many years, compared the exhibition *per se* with the display of merchandize. She highlighted those relational interpretations of the same, not only shape content, but also, actually constitute content.[15] The reflections of Group Material were formative for artists like Müller. At first glance, this seems to apply primarily to Müller's complex installations, such as his *Forgotten Future* of 1993, in which he associates diverse discursive complexes with historical strands of information—although the same could also be said of his contribution to *documenta*, which, after all, was model-like staged. In *A Balancing Act*, Müller ironically takes up one of classical modernism's typical allegories to expose himself—

sche Narration durch eine symbolische und ideologische Organisation geprägt ist. Julie Ault, Künstlerin und langjähriges Mitglied von Group Material, verglich Ausstellungen gemeinhin mit Warenauslagen und wies darauf hin, dass deren relationale Lesarten einerseits Inhalte formen, zugleich aber auch einen Inhalt darstellen.[15] Die Reflexionen von Group Material waren für Künstler wie Christian Philipp Müller prägend. Auf den ersten Blick gilt dies in besonderem Masse für Müllers komplexe Installationen, wie beispielsweise *Vergessene Zukunft*, 1993, in der unterschiedlichste diskursive Knotenpunkte mit historischen Informationssträngen in Verbindung gebracht werden, aber aufgrund der inszenierten Modellhaftigkeit gilt dies ebenso für seinen *documenta*-Beitrag. Ironischerweise greift nun Müller in *Ein Balanceakt* eine gängige Künstlerallegorie der klassischen Moderne auf, um sich mit dem auf dem Boden gespannten Seil, fernab von Gefahr und Scheitern, mit seinem Lehrer gleichsam im Prozess der Professionalisierung zu entblössen. Christian Philipp Müller interessiert sich dabei aber weniger für die abgründige Allegorie als Beschreibung seiner eigenen Rolle als Künstler als vielmehr dafür, wie durch die Figur des Seiltänzers die unterschiedlichen Komplexe Beuys und De Maria, die trotz ihrer unmittelbaren Nachbarschaft keine eigentlichen Gemeinsamkeiten aufweisen, miteinander vereint werden können. Die Figur schreitet buchstäblich zwischen den Diskursen und trägt in einem performativen Akt zur Bedeutungskonstitution des Werkes bei. In diesem Sinne sind ebenso Müllers installative Argumentationszusammenhänge nie als Entitäten lesbar. Die performative Aktivität lässt viel eher deutlich werden, dass Bedeutung lediglich als vorläufig und provisorisch denkbar ist. Es kommt hinzu, dass gerade die ausgeprägte Modellhaftigkeit oder Verzweigtheit der Installationen das Ausstellen selber ausstellt und damit überhaupt erst sichtbar macht. An die Stelle einer Analyse der institutionellen Parameter tritt bei Christian Philipp Müller damit eine Prozessualität, die Handlungsräume öffnet, in denen die Mittel des Ausstellens neu verhandelt werden können.[16]

Resonanzräume

Anhand von *Ein Balanceakt* ist deutlich geworden, dass die Figur des Seiltänzers massgeblich an der Konstitution von Bedeutung beteiligt ist. Das performative Subjekt generiert demnach nicht von sich aus Bedeutung, sondern agiert in der Differenz zweier unterschiedlicher Diskurse, in einem von ihm zuvor definierten Dispositiv. Das hat zur Folge, dass der Kontext nicht das alleinige Objekt der analytischen Auseinandersetzung sein kann. Eine solche Annahme würde die Position eines Künstlers wie Christian Philipp Müller radikal verkennen und verkürzen. Sie wäre lediglich ein vorauseilender Reflex postmodernistischer Subjektivitätsparanoia, die die künstlerische Recherche reduktionistisch als rein objektivierbar verstehen will.

Wenn Müller zuvor als faktografischer Erzähler bezeichnet wurde, so deshalb, weil er in seinen Arbeiten nachweisbare Fakten aus Vergangenheit, Gegenwart und Zukunft, einem Palimpsest ähnlich, übereinander schichtet. Bereits in seiner frühen öffentlichen Führung *Düsseldorf-Hellerhof* von 1986 hat er eine Rokoko-Gartenanlage mit einer Neubausiedlung verglichen, während in seinen Siebdrucken, die anlässlich von *Branding the Campus*, 1998, an der Universität Lüneburg entstanden sind, unterschiedlichste Universitätsarchitekturen mit-

on a tightrope spanned on the ground, and hence, far removed from all risk of injury or failure—through his teacher to a process of professionalization. Müller's interest in this act has less to do with its potential as an allegorical description of his own role as an artist than with the way in which the figure of the tightrope walker is able to bring together the very different complexes of Beuys and De Maria, which despite their geographical proximity do not in fact have anything in common. The figure of the tightrope walker literally straddles the discourse, delivering a performance that contributes to the constitution of meaning. It follows that Müller's staged argumentational installations can never be read as entities, for what the addition of active performance makes clear is that meaning is conceivable only as something temporary and provisional. Furthermore, it is, above all, the explicitly model quality or divaricate nature of the installation that exhibits the exhibition, rendering it, at last, visible. Instead of analyzing the institutional parameters, what Müller does is to analyze that very process that opens up spaces for action within which the uses and ends of the means of exhibiting can be renegotiated.[16]

A Dialectical Process

As is clear from *A Balancing Act*, the figure of the tightrope walker plays a crucial role in the constitution of meaning. It follows that the performing subject does not, of itself, generate meaning, but rather occupies the gray area between two different discourses in a predefined dispositive. One consequence of this is that context cannot be the sole object of analysis: Such an assumption, being an attempt to pre-empt the postmodernist paranoia of subjectivity with its reduction of research to something purely objectifiable, would constitute a radical and excessively reductive misreading of artists such as Christian Philipp Müller.

If Müller was described above as a factographic narrator, it is only because his works can be perceived as palimpsest-like accretions of layer upon layer of incontrovertible facts from the past, present, and future. In his early guided tours of *Düsseldorf's Hellerhof* in 1986, for example, he compared a rococo garden with a new housing estate, while in the screen prints made at the University of Lüneburg, as part of his *Branding the Campus* project of 1998, he superimposed dissimilar campuses one on top of the other. In *Eine Welt für sich*, a project about the Freihaus district of Vienna completed in 1999, Müller even went so far as to incorporate rumors into his work, so that his reconstruction of local history—with a wealth of detail that puts it on a par with the *nouveau roman*—was, in fact, riddled with fictionality. In my view, of central importance is that all these works are, ultimately less focused on the normative context that shapes the end result than on the comparing subject. This explains why the intervening artist-subject must not, under any circumstances, be disavowed, even if subjectivity is not so much a known quantity as a dialectical process for the conditions of context. The artist-subject resonates like feedback and, as a result, leaves its mark in what is essentially this dialectical process, on the site of his work. The basic plot is a given, which means that Müller acts not as an author, but as an ordering narrator. The point here is not to claim authorship for Müller's interventions, but to make it clear that the crux of his works is first and foremost his own

einander in Verbindung treten. In *Eine Welt für sich*, 1999, einem Projekt rund ums das Freihausviertel in Wien, bezog Müller gar Gerüchte in seine Arbeit ein, sodass die Re-Konstruktion der Lokalhistorie – in ihrer Detailfülle dem Nouveau Roman vergleichbar – von Fiktionalität durchdrungen war. Zentral erscheint mir nun, dass in allen diesen Arbeiten letzten Endes das den Vergleich anstellende Subjekt im Mittelpunkt steht und nicht ein normativer Kontext, dessen Bedingungen die künstlerische Arbeit determinieren. In diesem Sinne darf das intervenierende Künstlersubjekt auf keinen Fall geleugnet werden, wenngleich Subjektivität hier nicht als gegebene Grösse zu verstehen ist, sondern gewissermassen als Resonanzraum der kontextuellen Bedingungen. Das Künstlersubjekt spiegelt sich in diesen, einer Rückkopplung gleich, und prägt damit in einem dialektischen Prozess zugleich den Ort. Müller agiert deshalb aber nicht als Autor – da die Rahmenhandlung bereits gegeben ist – sondern als ordnender Erzähler. Es geht hier nicht darum, für Christian Philipp Müllers Interventionen Autorschaft einzufordern. Stattdessen soll deutlich werden, dass der Angelpunkt seiner Arbeiten in erster Linie die eigene Biografie mitsamt ihren historischen, kulturellen, sexuellen und rassischen Prägungen ist. In der Ausstellung *Vergessene Zukunft*, 1993, verknüpfte Müller Positionen von Le Corbusier, Edgard Varèse und Nicolas Schöffer, drei unterschiedlichen Vertretern des spätmodernistischen Utopiedenkens, die für ihn, der 1957 geboren wurde, hätten folgenreich sein können. Interessant scheint, dass mit Veit Harlans homophoben Filmproduktionen zusätzlich die eigene sexuelle Biografie thematisiert wird. So wäre man an dieser Stelle fast geneigt, Christian Philipp Müllers Arbeit als kritische Selbstdarstellung zu bezeichnen, denke man ebenso an seine vielfach eingesetzte Strategie der Travestie: Als Tourist verkleidet, überquerte er Österreichs grüne Grenzen, als Monsieur Muller maskiert, irrte er durch das Unterführungssystem Hamburgs, während er als übereifriger Reiseführer Hans Poelzigs Bauten in Berlin kommentierte. Diese mitunter komische Dimension seiner Arbeit spiegelt sich auch in seinem neuesten Projekt für Basel, einer ortsspezifischen Auseinandersetzung in drei unterschiedlichen Institutionen, der Basler Papiermühle, dem plug.in – Forum für Neue Medien und dem in unmittelbarer Nachbarschaft gelegenenen Museum für Gegenwartskunst. Als Auftakt der retrospektiven Übersichtsausstellung schuf Müller im Museum für Gegenwartskunst eine Installation die sich auf die ehemalige Papierfabrik des alten Gebäudeteils bezieht. Zugleich skizziert er eine Entwicklungsgeschichte der Medien, die als Fortschrittskritik des Modernismus interpretierbar ist. Inmitten von Dokumenten und Objekten hat Christian Philipp Müller seinen selbsterworbenen »Gautschbrief«, ein mittelalterliches Drucker- und Schriftsetzerdiplom, gehängt. Ähnlich einem Frisör oder einem Anwalt, prangt sein Diplom als legitimatorische Geste im Eingangsbereich. Dadurch wird einerseits die Frage nach kontextspezifischen Gesetzmässigkeiten gestellt, andererseits fungiert das Diplom als Signatur, als verbriefte Authentizität. So resultiert auch dieses Werk keinesfalls alleine aus den kontextuellen Bedingungen, sondern setzt diesen vielmehr ein historisch determiniertes Künstlersubjekt entgegen, welches sich in der jeweiligen Auseinandersetzung stets von Neuem konstituiert und zugleich den institutionellen, historischen und sozialen Ort in all seiner Komplexität zu beleuchten imstande ist.

biography with its own distinct historical, cultural, sexual, and racial marks. In the *Forgotten Future* exhibition of 1993, Müller forged a link between Le Corbusier, Edgard Varèse, and Nicolas Schöffer, three very different representatives of late modernist utopianism, who for Müller, born in 1957, might well have been influential. Also worth noting is that, it was of all things, Veit Harlan's homophobic movies that enabled him to address his own sexual biography. For this reason, one is almost inclined to describe Müller's work as critical self-presentation—especially in view of his frequent use of the strategy of travesty (as when he crosses the border into Austria disguised as a tourist, wanders aimlessly through the underpasses of Hamburg in the guise of Monsieur Muller or, in the role of an overly zealous tour guide, airs his views on Hans Poelzig's buildings in Berlin). At times very amusing, this dimension of his work is apparent in his latest project for Basel, which is a site-specific dialogue involving three separate institutions, namely the Swiss Paper Mill, the plug.in Forum for New Media and the nearby Museum für Gegenwartskunst Basel. As an overture to this retrospective show, Müller erected in the Museum für Gegenwartskunst Basel an installation that alludes to the paper factory, the old part of the building once housed. At the same time, he outlines a developmental history of the media that reads very much like a critique of the idea of progress that is so central to modernism. Hanging amid the documents and objects that make up this installation is Müller's own *Gautschbrief*, a medieval printer's and typesetter's diploma reminiscent of the professional qualifications one might see displayed in the foyer of a hairdressing salon or law firm. What this does, on the one hand, is to raise the question of context-specific rules, and on the other, to provide a signature in the form of a certificate of authenticity. This work, in other words, is certainly not merely the product of the conditions of context, but rather pits against these a historically determined artist-subject that is constantly reconstituting, yet is still able to shed light on the institutional, historical, and social site in all its complexity.

1 – Martin Beck, »Theorie der Praxis und Praxis der Theorie«, in: *Texte zur Kunst*, Nr. 9, 1993, S. 128–134, hier: S. 128.
2 – Dirk Schümer, in: *Frankfurter Allgemeine Zeitung*, 29. August 1990. Zit. nach Isabelle Graw, »Jugend forscht (Armaly, Dion, Fraser, Müller)«, in: *Texte zur Kunst*, Nr. 1, 1990, S. 163–175, hier: S. 163. Es muss hier hervorgehoben werden, dass Christian Philipp Müller an der Konzeption und Gestaltung der neuen Zeitschrift beteiligt war.
3 – Holger Kube Ventura, *Politische Kunst Begriffe in den 1990er Jahren im deutschsprachigen Raum*, Wien 2002, S. 69. Vgl. hierzu ebenso die aufschlussreiche Publikation zur Neubewertung kontextualistischer Kunst: Yilmaz Dziewior (Hrsg.), *Zusammenhänge herstellen / Contextualize*, Köln 2003.
4 – Vgl. Hal Fosters Kritik an *Project Unité*: »The Artist as Ethnographer«, in: *The Return of the Real. The Avant-Garde at the End of the Century*, Cambridge 1996, S. 171–203.
5 – Stefan Germer, »Unter Geiern. Kontext-Kunst im Kontext«, in: *Texte zur Kunst*, Nr. 19, 1995, S. 83–95.
6 – Peter Weibel, »Kontextkunst. Zur sozialen Konstruktion von Kunst«, in: ders. (Hrsg.), *Kontext Kunst*, Köln 1994, S. 1–68, hier: S. 19 ff.
7 – Ebd., S. 84.
8 – James Meyer, »Das Schicksal der Avantgarde«, in: Christian Kravagna (Hrsg.), *Agenda. Perspektiven politischer Kunst*, Wien 2000. S. 70–92, hier: S. 82. Stefan Germer hat jedoch bereits Mitte der 1990er-Jahre darauf hingewiesen, dass die Zusammenführung der verschiedenen kontextualistischen Praktiken eher die Differenzen als deren Gemeinsamkeiten deutlich gemacht hat und die künstlerische Produktion von Anfang an in lauter Einzelgestalten zerbrochen war. Germer 1995 (Anm. 5), S. 83 f.
9 –Vgl. auch Jan Verwoert, »Die Neunziger: Wie es wirklich war (?)«, in: Dziewior 2003 (Anm. 3), S. 113–119, hier: S. 114.
10 –James Meyer, »Was geschah mit der institutionellen Kritik?«, in: Weibel 1994 (Anm. 6), hier: S. 243 ff.
11 – www.orchard47.org.
12 – George Baker beschreibt Christian Philipp Müllers Arbeit als in einer »faktografischen Tradition« stehend: »Lies, Damn Lies, and Statistics. The Art of Christian Philipp Müller«, in: *Artforum*, Februar 1997, S. 74–77, 109, hier: S. 76.
13 – George Baker und Christian Philipp Müller, »A Balancing Act«, in: *October*, Nr. 82, Herbst 1997, S. 95–118.
14 – Philippe Petit, *To Reach the Clouds. My High Wire Walk between the Twin Towers*, London 2003.
15 – Julie Ault, »Ausstellung: Unterhaltung, Praxis, Plattform«, in: Christian Kravagna (Hrsg.), *Agenda. Perspektiven kritischer Kunst*, S. 160–185.
16 – Beatrice von Bismarck, »Gestures of Exhibiting«, in: *Afterall*, Nr. 10, 2004, S. 3–8, hier: S. 8.

1 – Martin Beck, "Theorie der Praxis und Praxis der Theorie," in *Texte zur Kunst* 9 (1993), pp. 128–34, here p. 128.
2 – Dirk Schümer, writing in the *Frankfurter Allgemeine Zeitung* (August 29, 1990), quoted by Isabelle Graw, "Jugend forscht (Armaly, Dion, Fraser, Müller)," in *Texte zur Kunst* 1 (1990), pp. 163–175, here p. 163. It should be stressed that Christian Philipp Müller was involved in the conception and design of the new magazine.
3 – Holger Kube Ventura, *Politische Kunst Begriffe in den 1990er Jahren im deutschsprachigen Raum* (Vienna, 2002), p. 69. For another, no less informative publication on the reassessment of contextual art, see *Zusammenhänge herstellen / Contextualize*, ed. Yilmaz Dziewior (Cologne, 2003).
4 – See Hal Foster's critique of the *Project Unité*: "The Artist as Ethnographer," in *The Return of the Real. The Avant-Garde at the End of the Century* (Cambridge, 1996), pp. 171–203.
5 – Stefan Germer, "Unter Geiern. Kontext-Kunst im Kontext," in *Texte zur Kunst* 19 (1995), pp. 83–95.
6 – Peter Weibel, "Kontextkunst. Zur sozialen Konstruktion von Kunst," in *Kontext Kunst*, ed. Peter Weibel (Cologne, 1994), pp. 1–68, here p. 19 ff.
7 – Ibid., p. 84.
8 – James Meyer, "Das Schicksal der Avantgarde," in *Agenda. Perspektiven politischer Kunst*, ed. Christian Kravagna (Vienna, 2000), pp. 70–92, here p. 82. As early as the mid-nineteen-nineties, however, Stefan Germer pointed out that merging the various contextual practices had exposed the differences between them rather than what they had in common, and that artistic production had, in any case, been fragmented right from the start. Germer, 1995 (see note 5), p. 83 f.
9 – See also Jan Verwoert, "Die Neunziger: Wie es wirklich war (?)," in Dziewior, 2003 (see note 3), pp. 113–119, here p. 114.
10 – James Meyer, "Was geschah mit der institutionellen Kritik?" in Weibel, 1994 (see note 6), here pp. 243 ff.
11 www.orchard47.org.
12 – George Baker describes Christian Philipp Müller's work as being in a "factographic tradition." See his "Lies, Damn Lies, and Statistics. The Art of Christian Philipp Müller," in *Artforum* (February, 1997), pp. 74–77, 109, here p. 76.
13 – George Baker and Christian Philipp Müller, "A Balancing Act," in *October* 82 (Fall, 1997), pp. 95–118.
14 – Philippe Petit, *To Reach the Clouds. My High Wire Walk between the Twin Towers*, (London, 2003).
15 – Julie Ault, "Ausstellung: Unterhaltung, Praxis, Plattform," in *Agenda. Perspektiven kritischer Kunst*, ed. Christian Kravagna (Vienna, 2000), pp. 160–185.
16 – Beatrice von Bismarck, "Gestures of Exhibiting," in *Afterall* 10 (2004), pp. 3–8, here p. 8.

Miwon Kwon

Fluktuierende Werte Unfixing Values

Anlässlich der ersten Retrospektive Christian Philipp Müllers scheint es mir angebracht, das Augenmerk noch einmal auf das Jahr 1991 zu richten, jenes Jahr, mit dem nach Müllers eigener Aussage »sein Leben als Künstler begann«.[1] Dass gerade dieses Jahr für ihn den Beginn seiner künstlerischen Laufbahn markiert, überrascht mich. Hat er sein Studium an der Düsseldorfer Kunstakademie doch bereits 1986 abgeschlossen und auch schon vor 1991 einige bemerkenswerte Projekte realisiert. Daraus ergeben sich eine Reihe von Fragen hinsichtlich der landläufigen Vorstellung vom »Leben eines Künstlers«. Vor allem aber interessiert uns die Frage, wann es eigentlich tatsächlich beginnt. Wann also fängt das Leben eines Künstlers an? Mit seiner Geburt? Mit seinem Eintritt in die Kunstakademie? Wenn er die Kunsthochschule beendet hat und nicht länger *nur* Student ist? Vielleicht ist es der Moment, wenn er erstmals eine Arbeit öffentlich in einer Galerie ausstellt oder wenn ihn ein von ihm verehrter Künstler als seinesgleichen anerkennt. Vielleicht ist es aber auch der Augenblick, wenn sein Name zum ersten Mal in einer renommierten Kunstzeitschrift genannt wird oder wenn er eine dauerhafte Geschäftsbeziehung mit einem angesehenen Galeristen eingeht. Unter Umständen stellt sich das Gefühl, wirklich ein Künstler zu sein, aber auch erst ein, wenn er ein grosses Werk an einen bedeutenden Sammler verkauft.

1991 schuf Müller zwei Gemälde, ein kleines (25,5 x 33,5 cm), auf dem in weisser Schrift auf blauem Grund sein Geburtsdatum – »2 .Nov. 1957« – zu lesen ist. Das zweite, grössere (155,5 x 195 cm) ist ein dunkelbraunes monochromes Bild, auf dem kaum sichtbar der Raum für den Eintrag seines Todesdatums vorgezeichnet ist, das zu gegebener Zeit vom Besitzer des Bildes in der Landessprache seines Sterbeortes einzufügen ist.[2] Die beiden Gemälde bilden ein (bislang unvollendetes!) Einzelwerk mit dem Titel *Two Important Dates in My Life*, das eine Schlüsselstellung innerhalb einer grösseren ortsspezifischen Installation einnahm, die Müller im gleichen Jahr im Brüsseler Palais des Beaux-Arts präsentierte. Wie On Kawaras Tagesbilder, von denen sich der Künstler ganz offensichtlich inspirieren liess, evoziert auch *Two Important Dates in My Life* das Verrinnen der Zeit und das Gespenst des Todes, wobei er konsequent auf jede Art von Expressivität und Emotionalität verzichtet. Im Unterschied zu Kawara, der geradezu mechanisch einen Tag um den anderen mit einem neuen Bild »abhakt«, gerade so, als versuche er, sich der eigenen Sterblichkeit zu widersetzen, während sein Ende gleichzeitig immer näher rückt, umreisst Müller mit seinen beiden Bildern lediglich die eigene Lebenszeit von der

It does not seem inappropriate, on the occasion of Christian Philipp Müller's first retrospective exhibition, to call attention to the year 1991, the year that Müller remembers as "the start of my life as an artist."[1] Given that Müller graduated from the Düsseldorf Art Academy in 1986 and had already completed several significant projects prior to 1991, it is curious to me that this year is flagged in the artist's mind as marking the start of his life as an artist. It prompts several questions regarding the general concept of "the life of an artist," namely, what, in fact, signals its beginning? When does the life of an artist begin? When he is born? When he enters art school? When he finishes art school and is no longer a *mere* student? Perhaps it is when he first exhibits a work in a professional art gallery or when an artist whom he admires acknowledges him as a fellow artist. Maybe it is when he sees his name in print in an important art magazine or when he establishes a long-term relationship with a reputable dealer. Maybe the feeling of being a real artist sinks in when he sells a major work to a major collector.

In 1991, Müller made two paintings. One is small (10 x 13 inches) with the birth date of the artist, "2. Nov. 1957," painted in white over a blue ground. The second painting is larger (61 x 76 inches). It is a dark brown monochrome with barely visible pencil marks indicating the space for the day, month, and year of Müller's death, which is to be painted, when the time comes, by the owner of the work in the language commonly used in the place of the artist's passing.[2] Together, the two paintings constitute a single work (as yet unfinished!), entitled *Two Important Dates in My Life*, which had a key position within a larger site-specific installation presented at the Palais des Beaux Arts in Brussels in the same year. Like On Kawara's daily date paintings, the obvious appropriative source here, *Two Important Dates in My Life*, calls up the march of time and the specter of death in a mode of representation that remains resolutely uninflected with expression or emotion. But unlike Kawara's routinized serial repetition of marking each day one after another with a new painting, as if resisting mortality while being drawn toward finality at the same time, Müller's two paintings simply bracket the artist's lifetime, from birth to (future) death, with all the days in between remaining unmarked, falling somewhere in the gap between the two panels (Müller's paintings further depart from Kawara's precedent insofar as the first is displayed with the date reading vertically). This might lead us to conjecture that, for Müller, 1991 marks the start of his life as an artist because

Geburt bis zu seinem (zukünftigen) Tod. Die vielen Tage, die dazwischenliegen, verlieren sich in dem Raum, der die beiden Bilder voneinander trennt (er weicht allerdings auch dadurch vom Vorbild Kawaras ab, dass das erste Datum bei ihm senkrecht zu lesen ist). Daraus könnte man schliessen, das Jahr 1991 markiere für ihn den Beginn seines Lebens als Künstler, weil er in diesem Jahr ein Werk schuf, das im wahrsten Sinne sein Leben zum Gegenstand hatte. Doch selbst wenn das Werk die wichtigsten autobiografischen Daten (das Geburts- und das Todesdatum) in den Mittelpunkt rückt, wäre es falsch, *Two Important Dates in My Life* als biografische Darstellung zu interpretieren. Wie bei allen früheren und späteren Arbeiten, die um die Rolle des Künstlers kreisen, steht hier nicht so sehr die Reflexion über die menschliche Existenz als vielmehr die kritische Auseinandersetzung mit den Institutionen im Vordergrund.

So wie der Künstler die beiden Gemälde angelegt hat, das heisst dadurch, dass er die Vollendung des Werks auf den Zeitpunkt der Vollendung seines Lebens verschiebt (und sie an einen Dritten delegiert), begegnet er uns als wesenloses Symbol oder als Leerstelle, als unbeschriebenes Blatt, das erst in der Retrospektive und nach seinem Ableben eine Wesenhaftigkeit erlangen wird. Das Werk, das, obwohl es bereits vor 15 Jahren (und damit, wie er behauptet, am Beginn seines Lebens als Künstler) entstand, sein Letztes sein soll, lädt geradezu zu einer kritischen Auseinandersetzung ein. Dabei steht weniger das Leben des Künstlers Christian Philipp Müller im Vordergrund als vielmehr das Ende der schöpferischen Tätigkeit eines jeden Künstlers und die Frage nach der Funktion beziehungsweise der strukturellen Beziehung zwischen diesem Ende und den Werken eines Künstlers als homogenes Œuvre, das durch dieses Ende an Bedeutung und Wert gewinnt. Damit steht letztlich auch die Frage nach dem Künstler als einer gleichermassen homogenen schöpferischen Quelle im Raum. Mit anderen Worten: Müller erklärt den Tod des Künstlers zur unabdingbaren Prämisse für die Vollendung des Werkes *Two Important Dates in My Life* und lenkt den Blick damit symbolisch auf die konventionalisierten Mechanismen der künstlerischen, historischen und materiellen Valutation, die in Gang gesetzt werden, wenn die Produktion eines Künstlers nach seinem Tod zum Stillstand kommt. Der eigentliche Ausgangspunkt ist also nicht die Geburt – der Beginn –, sondern der Tod – das Ende – des künstlerischen Schaffens. Dass diese beiden wichtigen Daten im Leben eines Künstlers tatsächlich nicht die gleiche Bedeutung haben, zeigt eindeutig auch der Grössenunterschied der beiden Bilder an.

Obwohl Müller flüchtig auf diesen Moment als den Beginn seines Lebens als Künstler anspielt, möchte ich darauf hinweisen, dass man dabei noch etwas anderes bedenken muss: *Two Important Dates in My Life* ruft uns das Ende seines künstlerischen Schaffens ins Bewusstsein, verheisst dabei aber gleichzeitig die Entstehung neuer – bedeutsamer und wertvoller – Werke, die nach und durch seinen Tod rund um und durch sein Werk entstehen werden. Deshalb kann man die Retrospektive im Kunstmuseum Basel, Museum für Gegenwartskunst auch als Probe für derartige zu erwartende postume Werke sehen. Diesen Augenblick der offiziellen Anerkennung, wenn nicht gar der Weihe, durch eines der ältesten Museen Europas, ein Museum, das überdies in seinem Geburtsland beheimatet ist, hat Müller 1991 in *Two Important Dates in My Life* auf ambivalente Weise imaginiert.

it is the year in which he made a work whose content is literally his life. But despite the work's highlighting of basic autobiographical facts (dates of birth and death), it would be a mistake to interpret *Two Important Dates in My Life* as representing the artist in biographical terms. Rather, as with all of Müller's prior and subsequent works in which the role of the artist is prominently figured or performed, *Two Important Dates in My Life* is less of an existential contemplation than an institutional interrogation.

With Müller's design for these two paintings which defers the work's completion to the completion of his life (and to a third party), the artist emerges, in fact, as an empty figure or position, a blank, whose substantiality will be determined retroactively and backwards from the moment of his absence. Destined to become the artist's final work even if made fifteen years ago (ostensibly at the start of his life as an artist), *Two Important Dates in My Life* encourages a critical consideration of not so much the specificity of Müller's life as an artist but the end of any artist's production and the function or structural relation between this cessation and the construction of the artist's works as a unified artistic oeuvre (and by extension the artist as a similarly unified creative source) that gains in meaning and value because of the cessation. In other words, Müller posits the death of the artist as a prerequisite for the completion of *Two Important Dates in My Life* in order to allegorically bring into view the conventionalized movement of valuation — artistic, historical, monetary — that occurs when an artist's output comes to a halt upon his or her death. It is not birth but death of artistic production that is the real starting point; the difference in the sizes of the two paintings clearly indicates that the two important dates in an artist's life are, indeed, not equally important.

Despite Müller's casual reference to this moment as the start of his life as an artist, then, I want to suggest that there is something more to consider here. *Two Important Dates in My Life* conjures the termination of Müller's artistic production but, at the same time, predicts the emergence of *new* productions — of meaning and value — that will be mobilized around and through the artist's work when and because he is gone. This retrospective exhibition at the Kunstmuseum Basel, Museum für Gegenwartskunst can be seen, thus, as a rehearsal for such posthumous productions to come. Such a moment of institutional legitimization, if not consecration, by one of the oldest museums in Europe, a museum of the artist's national origin no less, was ambivalently imagined by Müller in *Two Important Dates in My Life* in 1991.

As mentioned earlier, this work was but one piece in a multi-part site-specific installation at the Palais des Beaux-Arts in Brussels. Entitled *Fixed Values*, the installation took up four rooms and involved a complex constellation of elements that each drew attention to objects and methods of museological and commercial display that help to produce value as much as present or affirm it. Simultaneously, Müller crafted relays between his installation and the two major exhibitions on view in the adjacent galleries of the Palais: an exhibition of the Portuguese crown jewels entitled *Triumph of Baroque* occupied the grand hall, which Victor Horta, the architect of the Palais, designed in the nineteen-twenties to house "monumental art," and an exhibition of a variety of fine and decorative art items broadly ranging in aesthetic quality and monetary value all up for auction to raise funds

Wie bereits eingangs erwähnt, war dieses Werk lediglich ein Teil einer mehrteiligen, ortsspezifischen Installation im Brüsseler Palais des Beaux-Arts. Die Gesamtinstallation mit dem Titel *Feste Werte*, eine vielschichtige Komposition von Einzelelementen, erstreckte sich über vier Räume. Jedes einzelne ihrer Elemente lenkte die Aufmerksamkeit auf Gegenstände und Techniken, die man in Museen und im Handel zur Präsentation einsetzt und die sowohl dazu beitragen, Werte zu erzeugen, als sie zur Schau zu stellen oder zur Geltung zu bringen. Gleichzeitig stellte der Künstler Verbindungen zwischen seiner Installation und den beiden grossen Ausstellungen her, die in den benachbarten Ausstellungsräumen des Palais stattfanden. Dies war zum einen die Schau *Triumph des Barock*, die im grossen Ausstellungsraum die portugiesischen Kronjuwelen zeigte – einem Raum, den der Architekt des Palais, Victor Horta, in den 1920er-Jahren eigens für »monumentale Kunstwerke« konzipiert hatte –, und zum anderen eine Ausstellung verschiedenartiger erlesener Kunstgegenstände von unterschiedlichster Qualität und materiellem Wert, die das Museum zur Finanzierung neuer Projekte zur Versteigerung anbot. Das Nebeneinander der beiden Ausstellungen – eine mit Exponaten, denen ein ganz bestimmter und unbestrittener historischer, künstlerischer, gesellschaftlicher und materieller Wert zugeschrieben wird, und eine zweite mit Objekten, deren Wert völlig offen und dem freien Spiel von Angebot und Nachfrage unterworfen war, bildeten einen besonders wirkungsvollen Gegenpol zu Müllers Installation. Tatsächlich hatte das Nebeneinander der ästhetisch höchst anspruchsvollen Präsentation der portugiesischen Kronjuwelen und des eher an einen Flohmarkt erinnernden Präsentationsstils der Auktion Einfluss auf eine Reihe von Entscheidungen hinsichtlich Inhalt, Form und Konzeption der Installation *Feste Werte*. Handelte es sich dabei doch ebenfalls um eine Versteigerung von Objekten, die Bestandteil früherer Arbeiten des Künstlers gewesen waren. Umgekehrt bezog die Installation sowohl die beiden anderen Ausstellungen als auch das Palais selbst mit ein und beleuchtete dabei insbesondere ihre Art, Werte zu erzeugen. Auf diese Weise schuf die Installation ein dichtes ortsspezifisches Geflecht, das sich auch in vielen der folgenden Projekte des Künstlers wiederfinden sollte.

Der ortsspezifische Ansatz Müllers, mit dem wir uns im Rahmen einer eingehenden Analyse der Installation *Feste Werte* an späterer Stelle noch ausführlicher beschäftigen werden, verbindet die aus der Skulptur des Minimalismus hervorgegangenen phänomenologischen Bestrebungen mit der soziopolitischen Analyse der Institutionskritik und dem Primat des Diskursiven der Konzeptkunst. Während ich diese Aspekte – den phänomenologischen, den soziologischen und den diskursiven – an anderer Stelle als Faktoren postuliert habe, die verschiedenartige typologische Kategorien der ortsspezifischen Kunst kennzeichnen und an denen sich die historischen Veränderungen ablesen lassen, die sich seit den 1960er-Jahren in der ortsspezifischen Kunst vollzogen haben, versteht Müller unter Ortsspezifizität ein Netzwerk oder Geflecht von Beziehungen, das von den *nebeneinander bestehenden* und *einander durchdringenden* Gegebenheiten materieller, sozioökonomischer und politischer Fakten und diskursiver Strukturen bestimmt wird.[3] Müller vereint Objekte, Räume, Aktionen und Begriffe als gleichermassen relevante, miteinander verbundene Register der

for museum programming. The concurrence of the two exhibitions, one of objects whose historic, aesthetic, social, and monetary value are deemed fixed and unquestioned, and another of objects whose value are profoundly uncertain and left open to supply-and-demand market determination, provided a particularly resonant counterpoint to Müller's installation. In fact, the juxtaposition of the highly aestheticized presentation of the Royal Portuguese jewels and the "flea-market" presentation style of the auction influenced many decisions concerning the content, form, and conceptual dimensions of *Fixed Values* as itself an auction of objects related to the artist's output up to that point. Conversely, Müller's installation framed the other two exhibitions as well as the Palais itself as objects of inquiry, especially their modes of value production *vis-à-vis* installation design. In this way, *Fixed Values* established a densely layered site-specific engagement that would come to characterize many of Müller's later projects.

Müller's approach to site-specificity, which we will come to know in detail through a close analysis of *Fixed Values*, combines the phenomenological concerns developed out of Minimalist sculpture, the sociopolitical analysis of institutional critique, and discursive priority of conceptual art. While I have elsewhere posited these aspects —the phenomenological, the sociological, and the discursive—as defining typologically distinct categories of site-specific art, and as indicating historical shifts within site-specific art since the nineteen-sixties, in Müller's practice the specificity of a site is understood as a network or web of relations defined by the *concurrent* and *interpenetrating* realities of material facts, socioeconomic and political conditions, and discursive formations.[3] Müller constellates objects, spaces, actions, and ideas as equally relevant and interconnected registers of analysis. This results in a new site "generated" by the work that coordinates disconnected times and spaces to bring the contradictions of the present into a sharper focus.

Fixed Values: We enter the rotunda space at the east corner of the Palais des Beaux-Arts, where contemporary art usually gets relegated, to face a formal reception desk. Flanking the desk are two vitrines of artist books by Müller, but more immediately, we pick up an exhibition catalogue at this desk that appears to be an auction catalogue of objects from Müller's earlier projects.[4] At the top of a short flight of stairs off to the side of the reception desk, we see the first object listed in the catalogue under the medium of "video:" a monitor "bust" of Müller playing at a nineteenth-century Dutch king welcoming the public to his "palace."[5] After being royally welcomed in this way, we find ourselves facing three entrances to rooms radiating out of the rotunda space.

At first glance, it looks as if we cannot enter the first room to the left. A wide and long roll of heavyweight white paper hanging from the ceiling blocks our view into the gallery. This is a typical backdrop used by commercial photographers to decontextualize and isolate objects or persons within the camera's frame. Situated squarely in the middle of the entrance and set back a little from it, the backdrop functions not only to block our view but also to visually decontextualize and isolate those who happen to stand or pass in front of it, objectifying them like a precious artifact or work of art from the viewpoint

Analyse. Daraus entsteht ein neuer, durch das Werk geschaffener Ort, der Zeiten und Räume miteinander verbindet, die in keinem Zusammenhang stehen und so die Widersprüche der Gegenwart schärfer hervortreten lassen.

Feste Werte: Wir betreten die Rotunde im Ostflügel des Palais des Beaux-Arts, in der zeitgenössische Kunst im Allgemeinen keinen festen Platz hat, und stehen zunächst vor einer ganz gewöhnlichen Empfangstheke. Rechts und links davon befinden sich zwei Vitrinen mit den Künstlerbüchern Müllers. Wir nehmen jedoch zunächst einmal den Ausstellungskatalog zur Hand, der auf der Theke ausliegt. Er sieht aus wie ein Auktionskatalog, in dem Objekte aus früheren Projekten des Künstlers aufgelistet sind.[4] Am oberen Absatz einer kurzen Treppe neben der Empfangstheke fällt unser Blick auf das erste Objekt, das im Katalog unter der Rubrik »Video« aufgeführt ist: einen Monitor, auf dem die »Büste« des Künstlers im Kostüm eines niederländischen Königs aus dem 19. Jahrhundert zu sehen ist, der das Publikum in seinem »Palast« willkommen heisst.[5] Im Anschluss an diese königliche Begrüssung finden wir uns vor drei Eingängen wieder, die in strahlenförmig von der Rotunde abzweigende Räume führen. Zunächst glaubt man, den ersten Raum zur Linken nicht betreten zu können, denn von der Decke hängt eine lange, breite Papierbahn aus schwerem weissem Papier herab, die den Blick in den Ausstellungsraum versperrt. Es handelt sich dabei um jene Art von Hintergrund, wie ihn Profi-Fotografen verwenden, um Gegenstände oder Personen innerhalb des Bildausschnitts zu neutralisieren und zu isolieren. Die direkt in der Mitte des Eingangs befindliche, leicht nach hinten versetzte Papierbahn behindert nicht nur die Sicht, sondern bewirkt darüber hinaus, dass Personen, die zufällig gerade davorstehen oder daran vorübergehen, optisch neutralisiert und isoliert werden und so aus der Perspektive anderer Betrachter wie wertvolle Artefakte oder Kunstwerke wahrgenommen werden.[6] Indem er dem Betrachter eine derartige Vorrichtung regelrecht in den Weg stellt, das heisst, indem er uns zwingt, uns bewusst um die weisse »Wand« aus Papier herumzubewegen, die zugleich ein Vorhang ist (eine Reminiszenz an den berühmten Streifenvorhang, den Daniel Buren 1971 im New Yorker Guggenheim Museum installierte), macht der Künstler aus dieser unsichtbaren Hilfskonstruktion ein Objekt, das man nicht umgehen kann, das physisch überwunden werden muss und einer kritischen Bewertung unterzogen werden kann. Mit anderen Worten: Er kehrt hier das Verhältnis von Figur und Hintergrund um, das heisst das, was normalerweise eigentlich Hintergrund ist, wird zur Figur/zum Objekt. Ausserdem lässt die Position der Papierbahn den Betrachter darüber im Unklaren, welche Seite tatsächlich als »die Ausstellung« zu betrachten ist. Dadurch unterstreicht Müller das theatralische Element (das bereits in der überzogenen, deplatzierten Förmlichkeit der »pseudo-königlichen Begrüssung« anklingt), das nicht nur seiner Installation, sondern jeder Ausstellung in einem Museum anhaftet. Auf der anderen Seite der Papierbahn angelangt (Befinden wir uns nun eigentlich vor oder hinter der Ausstellung?), erblicken wir das Gemälde *Two Important Dates in My Life*, das die Wand am anderen Ende des Raumes einnimmt. Dabei fällt uns ein, dass die Aufgabe des Museums nicht allein darin besteht, den Künstler zu präsentieren, sondern ihn uns auch »näher zu bringen«.

Mobilier **Meubelen**

15.00

651 Petit paravent / Klein kamerscherm 12.000 - 16.000

A trois feuilles. Décor en polychromie de jeunes femmes sur des terrasses, fond de laque noire.
Travail chinois.
In drie delen. Veelkleurige versiering met jonge vrouwen op terrassen, zwarte lakgrond.
China.
130 x 105 cm.

652 Miroir / Spiegel 15.000 - 25.000

Bois laqué à rehauts d'or et sculpté d'un ruban enroulé, d'une couronne de laurier et de deux torches.
Epoque Louis XVI.
Geschilderd, met goud gehoogd en gesneden hout met een getwijnd lint, een laurierkroon en twee toortsen.
Louis XVI-tijdperk.
91 x 67 cm.

653 Miroir / Spiegel 15.000 - 20.000

Verre de Venise.
Venetiaans glas.
120 x 55 cm.

654 Miroir / Spiegel 15.000 - 20.000

Verre de Venise.
Art Déco.
Venetiaans glas.
Art Deco.
123 x 70 cm.

655 Miroir / Spiegel 70.000 - 100.000

Surmonté d'un aigle. Bois doré.
Bekroond met een arend. Verguld hout.
130 x 65 cm.

655

656 Curieux miroir triptyque
Merkwaardige spiegel 20.000 - 30.000

Surmonté d'un vasque flanquée de serpents. Chêne mouluré et sculpté de guirlandes et de volutes feuillagées.
Style Louis XVI.
Bovenaan een vaas geflankeerd door slangen. Geprofileerd en gesneden eikehout met guirlandes en bladvolutes.
Louis XVI-stijl.
138 x 142 cm.

69

of other visitors.[6] By putting such an apparatus literally in the path of viewers, that is, forcing us to self-consciously move around the white paper "wall" that is also a curtain (reminiscent of Daniel Buren's infamous striped wall/curtain at the Guggenheim Museum in 1971), Müller transforms its status from invisible support structure to an unavoidable object of physical negotiation and critical assessment. He reverses, in other words, the figure/ground relations here. What is usually and literally background is made into figure/object. The position of the backdrop also confuses which side of the backdrop is in fact to be taken as "the exhibition." In doing so, the artist highlights the theatricality that underlies both his own installation (signaled already by the exaggerated and out-of-place formality of the mock "royal welcome") and museum exhibitions in general. On reaching the other side of the backdrop (are we now properly in the front or back of the exhibition?), we see *Two Important Dates in My Life* occupying the far wall, reminding us of the role of museums to not only present but also "reveal" the artist.

If the gap between the two paintings of *Two Important Dates in My Life*, marking the span of Müller's life, offers no information regarding his artistic production, then the contents of the room farthest to the right off the rotunda space delivers clues as to what begins to fill this gap. At the center of this room, we find a lone, almost forlorn vitrine. On its delicate glass shelves is a heterogeneous assortment of what Müller's catalogue identifies as "showcase objects:" "very rare

Auch wenn der leere Raum zwischen den beiden Bildern, der die Lebensspanne des Künstlers symbolisiert, keinen Aufschluss über sein künstlerisches Schaffen gibt, liefert doch der am äussersten rechten Ende der Rotunde gelegene Raum Anhaltspunkte dafür, womit diese Lücke allmählich gefüllt wird. In der Mitte dieses Raumes steht »einsam und verlassen« eine einzelne Vitrine. Auf den zerbrechlichen Glasböden ein buntes Sammelsurium von Objekten, die der Katalog als »Vitrineobjekte« ausweist: »sehr seltene Eintrittskarten«, ein Paar »sehr kostbare Herrenschuhe«, »seltene Fotovorlagen aus Deutschland«, eine »Schachtel mit aufgeklebter Zeitungsseite« etc. Während sich dem Betrachter der tiefere Sinn und der Wert dieser Relikte früherer Performances und ortsspezifischer Projekte des Künstlers hier noch nicht zweifelsfrei erschliessen, verleiht ihnen die Art der Präsentation eindeutig den Nimbus des Fetischistischen und eine historische Bedeutung. Sind sie doch allesamt nummeriert und werden beleuchtet, als handle es sich um Preziosen. Indem der Künstler bei der Präsentation seiner Auktionsstücke auf derart konventionelle Techniken zurückgreift, stellt er unverkennbar eine Verbindung zu den portugiesischen Kronjuwelen her, die nur zwei Räume weiter in mehreren Ausstellungsräumen zu besichtigen sind. Dass er dafür die Jugendstilvitrine wählte, macht diese Verbindung noch deutlicher. Wird damit doch ein begrifflicher Zusammenhang zwischen Kategorien von Objekten und Formen von Aktivitäten hergestellt, die man für gewöhnlich streng voneinander trennt: zeitgenössisch versus alt und etabliert, anspruchsvolle Kunst versus dekoratives Design, bleibende ästhetische beziehungsweise historische Werte (die in den Museen gehütet werden) versus unbeständiger, beliebiger Geldwert (der dem Markt unterworfen ist).

Daraus, dass der Künstler seine Objekte wie Auktionsstücke präsentiert und dass er dafür eine Jugendstilvitrine wählte, ergibt sich noch eine weitere – ihrem Wesen nach genealogische, ihrem Inhalt nach kunsthistorische – Verbindung ganz anderer Art, nämlich die Verbindung zu dem belgischen Künstler Marcel Broodthaers, der eine Generation früher bei seinem parodistischen Rundumschlag gegen die Institution des Museums identische Vitrinen verwendete und der in den späten 1960er-Jahren häufig, gelegentlich auch auf sehr umstrittene Weise, mit dem Brüsseler Palais des Beaux-Arts zu tun hatte.[7] Der Bezug zu Broodthaers, der sich dem Betrachter, der mit moderner und zeitgenössischer Kunst weniger vertraut ist, nicht sofort erschliesst, erweitert das Feld des Müller'schen Werks nicht nur um einen aussergewöhnlichen kunsthistorischen Vorläufer, sondern bezieht auf diese Weise auch längst vergessene Ereignisse aus der Vergangenheit der gastgebenden Institution und Aspekte ihres heutigen Alltags mit ein, die sonst im Verborgenen bleiben. Mit diesem retrospektiven Ansatz schliesst Müller unmittelbar an eine Reihe anderer Künstler an, zu denen auch Broodthaers gehörte, die die Modi operandi der Institutionen, vor allem jene, die sich im Laufe der Zeit eingebürgert und etabliert haben, ähnlich kritisch hinterfragten. Indem er seine eigenen Kunstwerke jedoch dazu benutzt, sich jene Broodthaers' anzueignen, der sich bei seiner Institutionenkritik ebenfalls museumstypischer Techniken bediente, prätendiert Müller, die Möglichkeit der Kritik an sich sei ein fester und anerkannter Bestandteil der Institution Museum.[8]

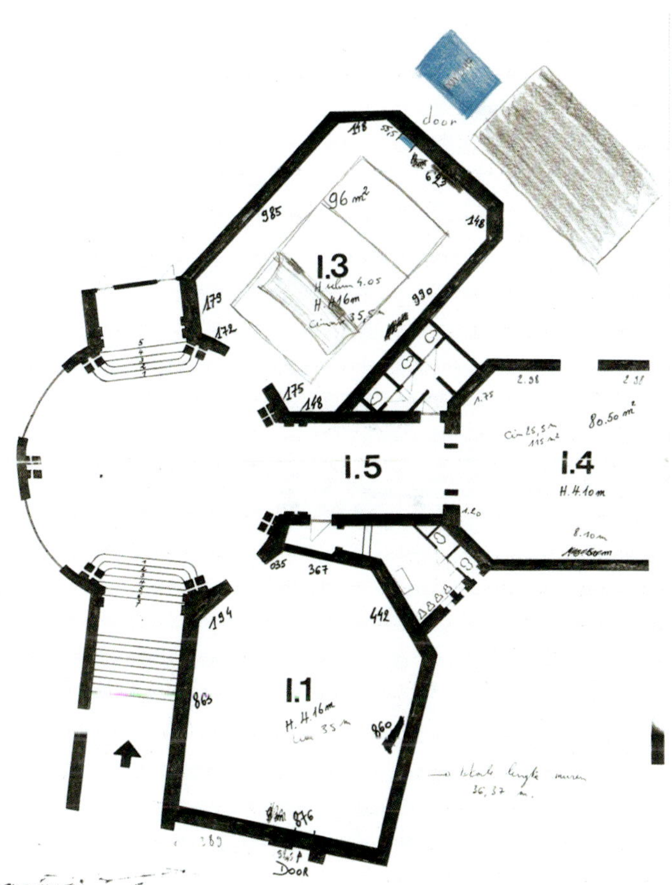

entrance tickets," "pair of very precious men's shoes," "rare photo material from Germany," "box pasted with newspaper page," etc. While the significance and value of these remnants from Müller's prior performances and site-specific projects remains ambiguous to viewers at this point, their treatment accord an unmistakable fetishistic aura and historical importance to them—numbered and lit as if they are "gems" of a kind. Such adoption of conventional display techniques clearly links Müller's set of auction objects to the Portuguese crown jewels on display in a set of galleries just two rooms away. The decision to use an Art-Nouveau-style vitrine makes this link even more emphatic, putting into conceptual proximity categories of objects and types of activity usually kept far apart: contemporary versus old and established; high art versus decorative design; stable and fixed aesthetic or historic value (protected in the museum) versus fluctuating and arbitrary monetary value (released in the market).

Müller's auction-house treatment of his objects and the choice of the Art-Nouveau-style vitrine make another, different kind of connection that is genealogical in nature and art historical in content—to Belgian artist Marcel Broodthaers, who used similar vitrines in his extensive parody of the museum a generation before, and who, in the late nineteen-sixties, had many interactions, some very contentious, with the Palais des Beaux-Arts in Brussels.[7] This reference to Broodthaers, although not readily recognizable to those less familiar with

Wir kehren noch einmal in die Rotunde zurück, um uns den dritten Raum anzusehen. Dabei handelt es sich eigentlich gar nicht um einen Raum, sondern eher um einen Durchgang, der die etwas abgelegene Rotunde mit den eigentlichen Ausstellungsräumen verbindet. Dieser dritte Raum ist sehr dunkel; die Wände sind mit schwarzem Stoff bespannt. Halogenspots lenken unsere Aufmerksamkeit auf eine dramatisch inszenierte Komposition mehrerer sorgsam in Reihen aufeinandergestapelter Plexiglasplatten unterschiedlicher Grösse in der Mitte des Raumes. Sie glitzern auf dem Boden wie Kultgegenstände, von denen mystische Kräfte ausgehen. Die Atmosphäre des Raumes verleiht den Objekten, die der Katalog als »dekorative Objekte« aus früheren Arbeiten des Künstlers ausweist, einen geradezu weihevollen, ehrfurchtgebietenden Charakter. Tatsächlich handelt es sich bei diesen aufeinandergestapelten Plexiglaselementen um umgearbeitete Skulpturen, die ehemals als transparente Kuben Teil einer Installation mit dem Titel *Köln – Düsseldorf* waren,[9] die der Künstler 1990 in der Kölner Galerie Nagel präsentierte. Diese Kuben, die an die frühen minimalistischen Kuben Donald Judds, Robert Morris', Larry Bells und Hans Haackes erinnern,[10] waren so angeordnet, dass sie ein dreidimensionales Säulendiagramm ergaben, und repräsentierten als volumetrische Äquivalente statistischer Zahlen die Budgets verschiedener kultureller Einrichtungen der beiden Städte. In Brüssel hingegen werden sie im Umfeld und im Kontext der portugiesischen Kronjuwelen und einer Auktion präsentiert, die unter Umständen verborgene Schätze bereithält. Von ihrer ursprünglichen Form ist dabei nichts mehr zu erkennen, übrig geblieben sind nur die Einzelteile, die gewissermassen das Ende der abstrakten modernen Skulptur symbolisieren. Zugleich sind diese zusammengefallenen, nicht mehr als Skulpturen erkennbaren Kuben auch als Vitrinen zu verstehen, die ihre Funktion nicht mehr erfüllen, so als habe man vergessen, sie zusammenzubauen, oder als seien sie gerade zerlegt worden. Als »misslungene« Kunstwerke und »misslungene« Schaukästen werden sie in einer höchst radikalen Selbstaneignung zu »dekorativen Objekten« umgestaltet, die nun ihrerseits wie wertvolle Juwelen präsentiert werden und den Besucher geradewegs in die sich im nächsten Raum unmittelbar anschliessende Juwelenausstellung lenken. Dort kann er sich ein Bild davon machen, welche Rolle diese Vitrinen beim Erzeugen von Wünschen, Werten und ästhetischen »Qualitäten« spielen. Genau wie mit der weissen Papierbahn im ersten Raum lenkt der Künstler die Aufmerksamkeit so auf ein anderes Präsentationsmedium, das damit zum primären Objekt der kritischen und ästhetischen Auseinandersetzung wird.

Den grössten »Schaukasten« stellt jedoch ohne Zweifel das Museum selbst dar. Die grosse Aufmerksamkeit, die Müller darauf verwendet, den Betrachter *physisch* durch die Räume des Museums zu dirigieren – wodurch er den Rahmen, das Museum, in das Werk einbezieht –, unterscheidet seine Arbeit von der anderer Künstler seiner Generation, wie zum Beispiel Andrea Fraser und Fred Wilson, die sich die ortsspezifische Institutionskritik auf andere Weise zu Eigen machen und sie neu definieren. Ich habe versucht, die Installation *Feste Werte* so zu beschreiben, als befände ich mich auf einer Wanderung. Auf diese Weise wollte ich vermitteln, wie sich dem Betrachter beim Gang durch die Ausstellungsräume die Information von einem Segment der

Modern and Contemporary Art, brings into the field of Müller's work not only a specific art historical precedent but also through it those buried incidents of the host institution's past and aspects of its habitual present that go unnoticed. This archaeological gesture aligns Müller's project within a lineage of others, including Broodthaers, that have similarly questioned institutional procedures, especially those that have become naturalized or normalized over the years. But in appropriating his own artworks to appropriate Broodthaers, who appropriated museological procedures to critique the institution, Müller poses the possibility of critique itself as a naturalized and normalized aspect of the museum system.[8]

We return once again to the rotunda space in order to enter the third room, which is not quite a room but a transitional passage connecting the marginalized space of the rotunda and the main exhibition galleries. This third space is very dark; the walls are covered in black fabric. A line of halogen spotlights direct our attention to a dramatic display of neatly stacked rows of Plexiglas plates of various sizes lined up in the middle of the room. They are glistening on the floor like sacred objects imbued with mysterious powers. The ambience here encourages a fetishistic and reverential appreciation of what Müller's catalogue identifies as "decorative objects" from the artist's past production. In actuality, these Plexiglas stacks are reconfigured versions of sculptures that were part of an installation at Galerie Nagel in Cologne in 1990 entitled *Köln–Düsseldorf.*[9] Presented then as transparent cubic forms, volumetric equivalents of statistical information comparing the budgets of several cultural institutions in each city of the title, and displayed to appear like a three-dimensional bar graph, they recalled the early Minimalist cubes by Donald Judd, Robert Morris, Larry Bell, and Hans Haacke.[10] But in their representation in Brussels in proximity and in the context of exhibitions of Portuguese royal jewels and an auction of possible hidden treasures, they are no longer erect forms but collapsed panels as if metaphorically speaking of the end of abstract modernist sculpture. At the same time, the flattened cubes, rendered dysfunctional as sculptures, also read as dysfunctional vitrines as if someone forgot to assemble them or as if they were recently dismantled. As "failed" artworks and "failed" display supports, they are recast as "decorative objects" in a most radical self-appropriation, and presented like precious jewels themselves, cueing the viewers moving on to the jewelry exhibition in the next gallery to notice the function of the vitrines in the production of desire, value, and aesthetic "quality." Like the white paper backdrop in the first room, the artist draws attention to another apparatus of display as the primary object of critical and aesthetic consideration.

Of course, the most encompassing apparatus of display is the museum itself. The exacting attention that Müller pays to directing the viewers *physically* through the spaces of a museum, and this precisely as a means to bring into the field of the work the frame of the museum, distinguishes Müller's work from other artists of his generation, such as Andrea Fraser and Fred Wilson, who inherit and redefine site-specific institutional critique in different ways. I have taken pains to describe *Fixed Values* as if on a walking tour in order to capture the phenomenological unfolding and enfolding of information as one moves through the galleries in a sequence of encounters with one

Installation zum anderen phänomenologisch erschliesst und sich schliesslich zu einem Gesamtbild zusammenfügt. Ich wollte also zeigen, wie man die Installation als eine Abfolge von Räumen/Teilen und das Museum als eine *räumliche* Artikulation von Wertesystemen und Bedeutungsstrukturen erlebt.[11]

Dass ich den Schwerpunkt weniger auf die Bedeutung der Installation *Feste Werte* gelegt habe, sondern vielmehr darauf, wie sie funktioniert oder was sie bewirkt, diente dazu, die ortsspezifische Methodik Müllers hervorzuheben, die meines Erachtens auf einzigartige Weise zwei scheinbar widersprüchliche Ansätze miteinander verbindet. Der eine orientiert sich an der Skulptur, die nach materieller, räumlicher und phänomenologischer Präsenz verlangt, und der andere an der Logik der Fotografie mit ihren Dislokationen, ihren Fragmentierungen, ihrem repetitiven Charakter.[12] Zum besseren Verständnis wollen wir zwei wichtige Aufsätze von Rosalind Krauss aus den 1970er Jahren heranziehen, mit denen die Verfasserin den Versuch einer Kartografierung der damals noch in den Anfängen steckenden ortsspezifischen Kunst unternahm. Obwohl die Autorin die beiden Ansätze jeweils getrennt voneinander theoretisiert, so als handle es sich um unterschiedliche Phänomene, und obwohl sie in keinem der beiden Texte – »Skulptur im erweiterten Feld« (1978) und »Anmerkungen zum Index: Teil 2« (1977) – den Begriff »ortsspezifisch« verwendet, können uns ihre Einsichten verdeutlichen, wie eine ortsspezifische Kunst aussehen könnte und inwiefern man heute anders mit diesen Erkenntnissen arbeiten könnte als in der Vergangenheit.

Im Lauf der letzten drei Jahrzehnte sind die Kunsthistoriker zu der einhelligen Auffassung gelangt, dass sich die ortsspezifische Kunst aus der minimalistischen Skulptur entwickelt hat. In diesem Zusammenhang wird häufig Robert Morris' Essay »Notes on Sculpture: Part II« aus dem Jahr 1966 zitiert. Darin formulierte Morris als einer der Ersten ein Schlüsselprinzip der ortsspezifischen Kunst: Das Kunstwerk »nimmt Beziehungen aus dem Werk und macht sie zu einer Funktion von Raum, Licht und dem Gesichtsfeld des Betrachters«.[13] Das heisst die »ästhetischen Kategorien« des Kunstwerks sind darin nicht enthalten, werden aber in Beziehung zu den Besonderheiten seines Kontextes – in unserem Fall ist dies insbesondere der physische Raum – definiert und sind abhängig von der Interaktion des Betrachters mit determinierenden Elementen wie Licht, Raum und Kunstobjekt.

In ihrem Essay »Skulptur im erweiterten Feld« analysierte Rosalind Krauss später, wie die Künstler der 1970er Jahre diese kontextorientierte Strömung, die sich von der Autonomie des Kunstobjekts löste, auf unterschiedliche Weise weiterentwickelten. In diesem richtungweisenden Aufsatz definierte die Autorin die Kategorien der Ortsspezifität als postmoderne Negation der modernen Skulptur und zeigte auf, welche gemeinsame innere Logik so unterschiedlichen Werken wie Carl Andres Bodenarbeit *Cuts* (1967), Robert Smithsons Earthwork *Spiral Jetty* (1970), Mary Miss' Konstruktion *Perimeters/Pavilions/Decoys* (1978) und Richard Longs konzeptionellen Wanderungen zugrunde liegt. Die Genealogie, die Krauss in ihrem Essay entwarf, ist heute allgemein anerkannt. Zuerst gab es die Skulptur, die von der Logik des Denkmals bestimmt wurde: »Sie steht an einem besonderen Ort und spricht in einer symbolischen Sprache über die Bedeutung oder den Gebrauch dieses Ortes.«[14] Dann, gegen Ende des 19. Jahrhunderts,

segment of Müller's installation after another. That is, as one experiences the installation as a succession of rooms/parts and the museum as a *spatialized* articulation of systems of value and meanings.[11]

The emphasis I have placed on the way *Fixed Values* works or what it does rather than on what it means is for the purpose of highlighting Müller's site-specific methodology, which, in my view, uniquely combines two seemingly contradictory approaches, one drawn from sculpture that insists on material, spatial, and phenomenological presentness, and the other drawn from the photographic logic of displacement, fragmentation, and repetition/recirculation.[12] To understand this point more clearly, we need to turn to two important texts from the nineteen-seventies, both by Rosalind Krauss, that tried to map the then emergent practice of site-specific art. The two approaches mentioned are separately theorized by Krauss in the two texts as if distinct phenomena and the word site-specificity is not mentioned in either texts. Regardless, we can return to the insights of these texts, "Sculpture in the Expanded Field" (1978) and "Notes on the Index: Part 2" (1977), to better understand what site-specific art might look like and how they might operate differently today than in the past.

There is a general consensus in Contemporary Art historical discourse, reached through the past three decades or so, that site-specific art emerged out of Minimalist sculptural practice. Robert Morris's 1966 essay, "Notes on Sculpture: Part II," is often cited as an initial articulation of a key site-specific principle: the work of art "takes relationships out of the work and makes them a function of space, light, and the viewer's field of vision."[13] That is, the "aesthetic terms" of the artwork are not contained within it but defined in relation to the particularities of its context, especially the physical space of the room in this case, and dependent upon the spectator's interaction with a range of determining elements of the presentation, including light, space, art object, and viewer's interaction with all three.

Krauss subsequently analyzed the various ways in which artists of the nineteen-seventies further elaborated on this context-oriented movement away from the autonomy of the art object in her essay "Sculpture in the Expanded Field." In what is arguably the most influential text to define the terms of site-specificity as a postmodernist negation of modernist sculpture, Krauss revealed the underlying logic that unites works as varied as Carl Andre's floor piece *Cuts* (1967), Robert Smithson's earthwork *Spiral Jetty* (1970), Mary Miss's construction *Perimeters/Pavilions/Decoys* (1978), and Richard Long's untitled walks, among others. The genealogy proposed in the essay is well known by now. First there was sculpture ruled by the logic of the monument: "It sits in a particular place and speaks in a symbolical tongue about the meaning or use of that place."[14] Then toward the end of the nineteenth century, the force of this logic waned and sculpture entered the "space of its negative condition—a kind of sitelessness, or homelessness, an absolute loss of place,"[15] a condition which we identify as modernism. No longer bound to a place or to the function of commemorating that place, sculpture becomes nomadic, abstract, and self-referential, with its spatial and temporal determinants conceived in idealist terms. By the late nineteen-sixties, this modernist logic also had run its course, as "piles of thread on the floor, or sawed redwood timbers rolled into the gallery, or tons of earth excavated

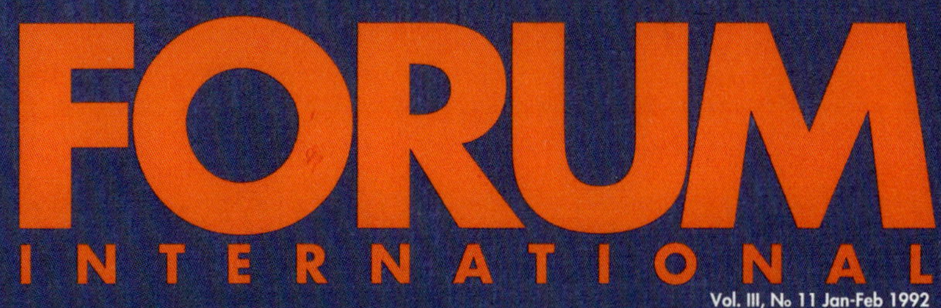

Titelseite Cover *Forum International*, 1992

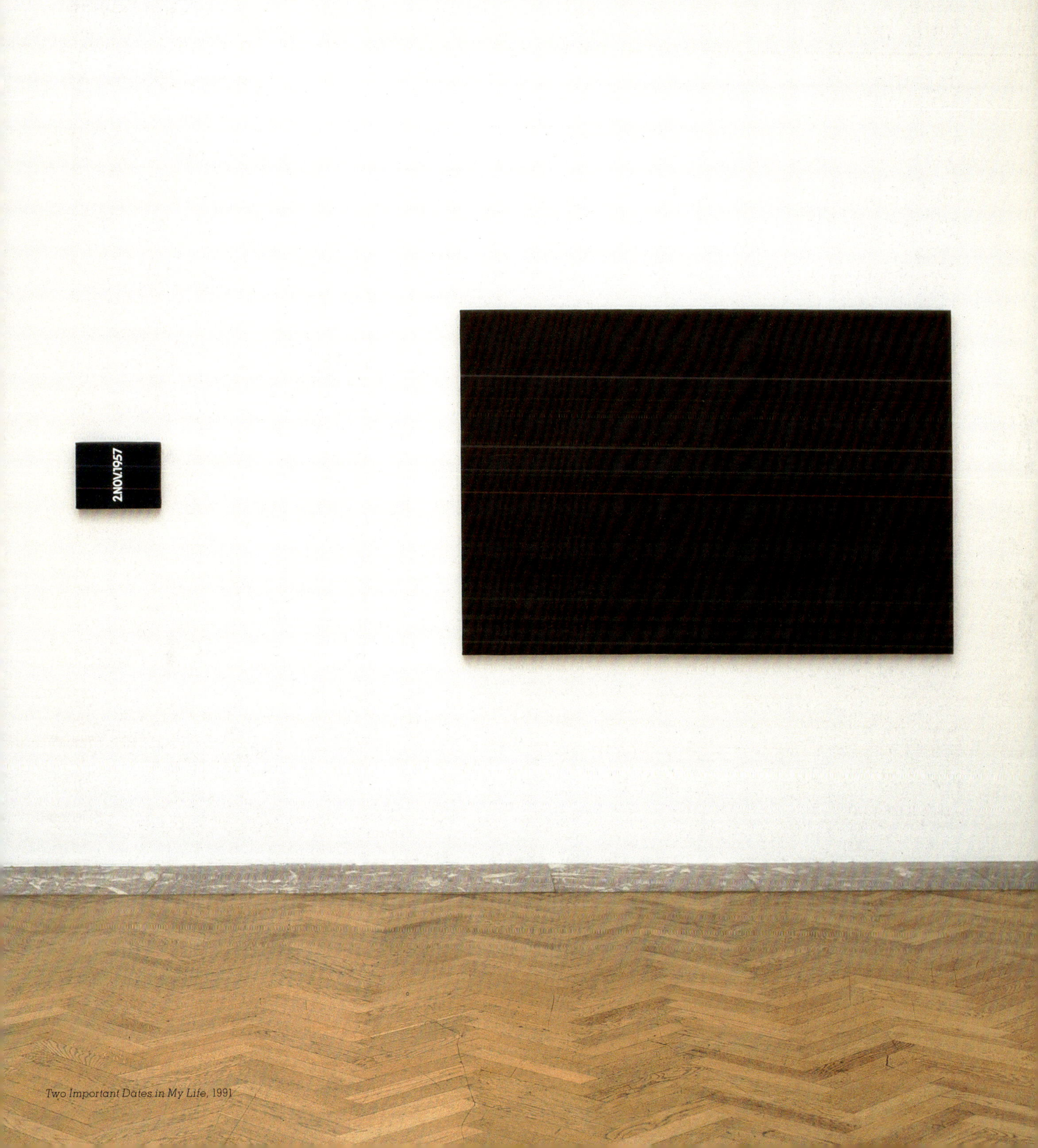

Two Important Dates in My Life, 1991

verlor diese Logik an Gültigkeit, und die Skulptur betrat den »Raum […], den man die negative Bedingung des Denkmals nennen könnte – eine Art Orts- oder Heimatlosigkeit, ein absoluter Verlust des Ortes«,[15] ein Zustand, der für uns die Moderne verkörpert. Die Skulptur, die nicht länger an einen Ort – oder an die Funktion, an diesen Ort zu erinnern – gebunden ist, wird nomadisch, abstrakt und selbstreferenziell, und ihre räumlichen und zeitlichen Determinanten werden als idealistische Kategorien begriffen. In den späten 1960er-Jahren, als die Skulptur »zu einem Haufen Altkleider auf dem Boden wurde, oder in die Galerie gerollte zersägte Mammutbäume oder Tonnen in der Wüste ausgegrabenen Sands«,[16] hatte sich schliesslich auch diese modernistische Logik erschöpft. Die Kategorie der Skulptur wurde in ein »Niemandsland« gedrängt, und man konnte sie fortan nur noch als reine Negativität, als ontologische Abwesenheit begreifen: Sie ist das, »was auf oder vor einem Gebäude, aber nicht das Gebäude war, oder das, was in der Landschaft, aber nicht die Landschaft war.«[17] Im Rahmen ihrer strukturalistischen Analyse, bei der sie sich auf das mathematische Diagramm der Klein'schen Gruppe stützte, entwickelte Krauss dann ihr Modell einer postmodernen Expansion, die über die Skulptur hinausweist, ohne sie von Architektur und Landschaft abzugrenzen. Mithilfe dieses logischen Verfahrens, das die Kategorie der Skulptur an die Peripherie rückt, gelangte sie zu den alternativen Kategorien der markierten Orte, der Ortskonstruktion und der axiomatischen Struktur. Darüber hinaus wird sichtbar, dass den so unterschiedlichen Kunstwerken aus den 1970er-Jahren eine gemeinsame Motivation zugrunde lag: dem starren selbstreflexiven, internalisierten Blick der modernen Kunst einen Blick entgegenzusetzen, der für Gegebenheiten, die nicht im unmittelbaren Kontext eines Werkes stehen, empfänglich ist, wenn er nicht sogar von ihnen bestimmt wird.

Im Rahmen der in »Skulptur im erweiterten Feld« genannten Kategorien arbeiten eine Reihe von Müllers Projekten – seien es jene, die sich unmittelbar mit Architektur beschäftigen, wie zum Beispiel *Three for Antwerp* (1990), *Fassade Galerie Nagel*, mit Fareed Armaly (1991), *Individual Comfort* (1993), *Zelle des Mystagogen* (1995) und *Im Geschmack der Zeit* (2004), seien es jene, die die Landschaft mit einbeziehen, darunter etwa *Grüne Grenze* (1993), *Von der Sehnsucht im Einklang mit der Natur zu leben* (2001), *Hudson Valley Tastemakers* (2003) und *Die Neue Welt* (2006) – mit den verschiedenen Möglichkeiten der markierten Orte, der Ortskonstruktion und der axiomatischen Struktur. Der Essay »Skulptur im erweiterten Feld« liefert uns allerdings nur einen möglichen Zugang zur Logik seiner Arbeiten als »antimediumspezifischem« Beispiel für die Bedeutungsverlagerung der Skulptur nach aussen, als einer Form der Praxis, die »sich aus dem Minimalismus entwickelt«.[18] Einen anderen Ansatzpunkt finden wir in »Anmerkungen zum Index, Teil 2«: Ortsspezifität als Praxis, die die Internalisierung der Logik der Fotografie impliziert.

Am Beispiel einiger Arbeiten, die 1976 im Rahmen der Ausstellung *Rooms* in den Project Studios One (P.S. 1) in Long Island gezeigt wurden und die wir heute alle der ortsspezifischen Kunst zuordnen würden, demonstriert Rosalind Krauss, dass damals bereits die Fotografie zum Funktionsmodell für diese Art abstrakter avantgardistischer Arbeiten geworden war. Sie erkennt etwa in Gordon Matta-Clarks herausgeschnittenen Bodendielen und Decken, in Michelle Stuarts Wand-

from the desert" pushed the category of sculpture into a "no-man's land."[16] Now, it could only be understood as a pure negativity, an ontological absence: it is "what was on or in front of a building that was not the building, or what was in the landscape that was not the landscape."[17] Employing the mathematical diagram of the Klein group for her structuralist analysis, Krauss went on to map a postmodernist expansion beyond sculpture, *vis-à-vis* the exploration of the limits of the medium in relation to architecture and landscape. Her logical operation yielded alternative possibilities—marked site, site construction, and axiomatic structure—that decentralizes the category of sculpture and provides a means to recognize the range of artworks of the nineteen-seventies as indeed sharing a collective impulse to counter the self-reflexive, internalized gaze of a modernist practice with one that is responsive to, if not determined by, external conditions of a work's context.

Within the terms of "Sculpture in the Expanded Field," a number of Müller's projects—those directly engaging with architecture, such as *Three for Antwerp* (1990), *Fassade Galerie Nagel* (with Fareed Armaly, 1991), *Individual Comfort* (1993), *Zelle des Mystagogen* (1995), and *Im Geschmack der Zeit* (2004), as well as those involving the landscape, such as *Green Border* (1993), *On the Desire to Be in Perfect Tune with Nature* (2001), *Hudson Valley Tastemakers* (2003) and *Die Neue Welt* (2006)—can all be seen as developing the various possibilities of marked sites, site constructions, or axiomatic structures. But if the "Sculpture in the Expanded Field" offers one way of accessing the logic of Müller's practice as an anti-medium-specific elaboration of sculpture's externalization of meaning, as a mode of practice that "exfoliates from Minimalism,"[18] "Notes on the Index, Part 2" offers another point of entry: site-specificity as a mode of practice involving an internalization of the logic of photography.

In this essay, Krauss focuses on a number of works from the 1976 exhibition *Rooms* at P.S.1 in Long Island City, New York (all of which we would call site-specific art today) to claim that photography had by then become the operative model for these advanced abstract works. For example, in Gordon Matta-Clark's architectural cuts of floors and ceilings, Michelle Stuart's wall rubbings, and Lucio Pozzi's series of small painted panels whose internal order of colors replicate the pattern of colors on specific wall locations where the panels are placed, Krauss saw a consistent drive to render the work into a trace, clue, transfer, or imprint of the physical reality of the building. Which is to say, she saw this group of artworks as aspiring to be indexical signs, as direct registrations of a given worldly situation (in this case the dilapidated condition of the P.S.1 building), rather than symbolic or iconic signs. Krauss argued that instead of encoding reality, these works were imprints of reality, like a photograph, bound to the referent through a physical connection, and with the works' internal structure accountable point by point to external determinants. As such, these works of art operate as repositories of evidence of a given presence (again, Krauss means the physical reality of the building), serving as a means to direct attention to this presence even as it effaces it or comes to replace it (Matta-Clark removes portions of floors and ceilings to call attention to them; Stuart covers up the walls with her rubbings of the same; Pozzi overlays his colored panels on top of wall

abrieben und Lucio Pozzis Serien kleiner bemalter Tafeln, die das Farbmuster bestimmter Ausstellungswände des Gebäudes zitieren, eine Tendenz dazu, das Werk auf eine Spur, einen Index, eine Übertragung oder einen Abdruck der physischen Realität des Gebäudes zu reduzieren. Das heisst, diese Kunstwerke hatten für sie weniger den Charakter von Symbolen oder Ikonen, sondern verstanden sich vielmehr als Hinweise, als direkte Abbilder einer gegebenen Situation (in diesem Fall die Baufälligkeit des P.S.-1-Gebäudes). Sie folgerte daraus, dass diese Werke die Realität nicht kodieren, sondern dass es sich dabei, wie bei der Fotografie, um Abbilder der Realität handelt, die physisch mit dem Referenten verbunden sind und deren innere Struktur Punkt für Punkt von äusseren Determinanten bestimmt wird. Als solche funktionieren diese Kunstwerke als Manifestation einer gegebenen Präsenz (Krauss meint hier wiederum die physische Realität des Gebäudes) und dienen dazu, die Aufmerksamkeit auf diese Präsenz zu lenken, selbst wenn diese ausgelöscht oder überdeckt ist (Matta-Clark entfernt Teile von Böden und Decken, um die Aufmerksamkeit auf sie zu lenken; Stuart verdeckt die Wände mit den Abrieben dieser Wände; Pozzi bringt seine Farbtafeln auf Wandflächen an, die ihnen farblich entsprechen, und verdeckt dadurch die Sicht auf die Wandflächen selbst).

Krauss kam des weiteren zu dem Schluss, dass sich diese Werke wie linguistische Shifter »nur dann mit Bedeutung füllen, wenn sie physisch mit einem äusseren Referenten oder Gegenstand in Beziehung gesetzt werden«.[19] Tatsächlich funktionieren bestimmte Teile der Installation *Feste Werte* – ein Werk, das hier beispielhaft für die Arbeitsweise des Künstlers steht – wie linguistische Shifter: die weisse Papierbahn, die die weisse Wand des Ausstellungsraumes, in dem sie hängt, reproduziert und gleichzeitig auf sie verweist; die Jugendstilvitrine und die Stapel aus Plexiglasplatten, die wie eingestürzte Vitrinen oder Skulpturen aussehen, erlangen durch den Bezug zur Präsentationsform der portugiesischen Kronjuwelen und der Versteigerungsobjekte eine kritische Bedeutung; der imitierte Auktionskatalog, ja die gesamte als Versteigerung der Produktion des Künstlers konzipierte Installation – all dies hat im Hinblick auf die Auktionen des Palais des Beaux-Arts und die dazu erschienenen Kataloge eine besondere Bedeutung. Doch gerade weil Müllers ortsspezifische Installation wie eine Fotografie als Verweis auf das Kontinuum funktioniert, das ausserhalb des Werks liegt, stellt sie die Krauss'sche These zugleich in Frage. Während etwa die Vitrine mit den »Relikten« aus früheren Projekten des Künstlers auf die Präsenz der Vorschau auf die Auktion verweist, die in einem anderen Ausstellungsraum zu sehen ist (ein zentraler Referent der Installation), sind die Objekte in der Vitrine Hinweise, die ebenfalls auf Müllers frühere Arbeiten verweisen, die zu einer anderen Zeit an einem anderen Ort entstanden. Das heisst, einzelne Elemente der Installation verweisen gleichzeitig auf eine Vielzahl äusserer Referenten und bewegen sich dabei entlang einer zeitlichen und einer räumlichen Achse vorwärts und rückwärts.

Schwierigkeiten bereitet allerdings die Frage, inwiefern Müller die »äusseren Bedingungen«, die das Werk registrieren und auf die es verweisen wird, anders interpretiert. In Anlehnung an Roland Barthes' Theorie der Logik der Fotografie als einer »Botschaft ohne Code« ist für Krauss die Präsenz, die sich in einer Fotografie manifestiert, die

areas with matching color divisions, blocking visual access to the wall areas themselves). Furthermore, Krauss argued that like linguistic shifters these works "are filled with meaning only when physically juxtaposed with an external referent, or object."[19]

Aspects of Müller's *Fixed Values*, a project I am treating as a model of the artist's general working method, certainly function like linguistic shifters: the white paper backdrop replicates and points to the white walls of the museum gallery in which it hangs; the Art-Nouveau vitrine and the stacks of Plexiglas panels that look like collapsed vitrines/sculptures make critical sense in relation to the exhibition techniques used for the presentation of the Portuguese crown jewels and the auction items; Müller's simulated auction catalogue, or the entirety of *Fixed Values* as an auction of the artist's production, has specific meaning in light of the Palais des Beaux-Arts' own auctions and their accompanying catalogues. But even as Müller's site-specific installation functions as an index and as a pointer to the continuum that lies outside it like a photograph, his work also challenges Krauss's argument. For instance, while the vitrine holding a range of Müller's "leftovers" from earlier projects points to the presence of the auction preview in another gallery, a central referent of the installation, the objects in the vitrine are indexical signs pointing to Müller's earlier projects also, done elsewhere at another time. Which is to say, elements in Müller's installation point to multiple external referents simultaneously, moving forward and backward along a temporal axis as much as a spatial one.

The challenge comes precisely in how differently Müller conceives of the "external conditions" that the work will register and point to. For Krauss, following Roland Barthes's theorization of the logic of the photograph as a "message without a code," the presence that is manifested in a photograph is a "presence of an uncoded event," the "world itself," which exceeds capture in any cultural system. Curiously, in Krauss' essay architecture is synonymous with the "world itself," as a presence that is uncoded. For Müller, architecture or, more bluntly, a building is never uncoded or outside the cultural system. That architecture receives so much of the artist's attention in his practice is because he recognizes it as a *dominant* cultural system that is dominant precisely for *appearing* to be uncoded, naturalized as the "world itself." Moreover, the specificity of a site that Müller's indexical objects trace move beyond the physical to its historical, social, economic, and political conditions as well. Which is to say, Müller's work does more than capture the presence of the building, "to force it to the surface, into the field of the work." Sometimes, a given physical site is treated not as a referent but as itself an index (as in *A Balancing Act*, 1997) requiring an archaeological retrieval of its causes in history.[20]

Generally, *Fixed Values* is designed to draw the viewers' attention away from "the work" to the contextual conditions that precede it, to a large extent these conditions determine the terms of "the work." The installation operates to point outward toward these conditions, in this case to various display techniques, to physical characteristics of rooms, to historical forces that shaped such characteristics, to relations between rooms and programmed activities therein, to the content of other exhibitions at the museum and their function, to art historical precedents, and, importantly, the interpenetration of art and

»Präsenz eines unkodierten Ereignisses«, »die Welt selbst«, die sich in keinem kulturellen System erfassen lässt. Merkwürdigerweise ist die Architektur als uncodierte Präsenz in Krauss' Essay synonym mit der »Welt selbst«. Für Müller ist Architektur oder, einfacher gesagt, ein Gebäude niemals uncodiert oder befindet sich ausserhalb des kulturellen Systems. Dass der Künstler der Architektur so grosse Aufmerksamkeit schenkt, liegt daran, dass er sie als *dominantes* kulturelles System begreift, das gerade deshalb dominant ist, weil es uncodiert, weil es als die »Welt selbst« naturalisiert zu sein *scheint*. Zudem geht die Spezifität eines Ortes, den Müllers indexikalische Objekte als Spur abbilden, über das Physikalische hinaus und erfasst gleichermassen dessen historische, gesellschaftliche, ökonomische und politische Bedingungen. Das heisst, sein Werk beschränkt sich nicht darauf, die Präsenz des Gebäudes erfassen, es dazu zu »zwingen, auf dem Feld des Werks aufzutauchen«. Mitunter wird ein gegebener physischer Ort nicht als Referent, sondern selbst als Index behandelt (etwa in *Ein Balanceakt*, 1997), der danach verlangt, dass man seinen historischen Wurzeln nachspürt.[20]

Ganz allgemein ist die Installation *Feste Werte* so konzipiert, dass die Aufmerksamkeit des Betrachters vom Werk auf die ihm zugrunde liegenden äusseren Bedingungen gelenkt wird, die die Kategorien des Werks in weiten Teilen determinieren. Die Installation will auf diese äusseren Bedingungen verweisen, das heisst in diesem Fall auf die verschiedenen Präsentationstechniken, auf physische Eigenschaften des Raumes, auf historische Umstände, die diese Eigenschaften geprägt haben, auf Beziehungen zwischen Räumen und den Aktivitäten, denen sie dienen, auf den Inhalt anderer Ausstellungen, die in diesem Museum gezeigt wurden, und auf deren Funktion, auf kunsthistorische Vorläufer und, nicht zu vergessen, auf die gegenseitige Durchdringung von Kunst und Kommerz, wie sie sich in der Auktion manifestiert. Auch wenn bestimmte Elemente der Installation *Feste Werte*, wie etwa das Gemälde *Two Important Dates in My Life* oder die Relikte aus früheren Arbeiten, die zur Versteigerung angeboten werden, auf den Künstler als Quelle zurückverweisen, dient dies ausschliesslich dem Zweck, die äusseren Determinanten ins Blickfeld zu rücken, die sie zu Objekten von bleibendem kulturellem Wert machen, und zu zeigen, dass Werte in Wirklichkeit nicht *fest* sind.

Dadurch, dass Müllers ortsspezifische Kunst dies leistet und damit auf die Bedingungen eines gegebenen Ortes (der hier nicht allein als physische Präsenz eines Gebäudes oder einer uncodierten Realität zu verstehen ist) verweist, wird eine quasi-tautologische Beziehung zwischen Signifikant und Signifikat aufrechterhalten, ein Phänomen, in dem Roland Barthes ein typisches Charakteristikum der Fotografie sieht und das Rosalind Krauss der ortsspezifischen Kunst zuordnet. Darüber hinaus schliesst Müllers ortsspezifischer Ansatz eine weitere, besondere Kategorie ein: die der Fotografie zugeordnete Kategorie der Raum-Zeitlichkeit, die Barthes als »örtlich unmittelbar und zeitlich vorhergehend […], eine unlogische Verquickung zwischen dem ›Hier‹ und dem ›Früher‹« beschreibt.[21] Und schliesslich verbindet der Künstler die »Präsenz« auch noch mit dem »Dort/Irgendwo«, und dabei macht er sich nicht nur die räumliche Distanz zunutze, die in der fotografischen Wahrnehmung eine wesentliche Rolle spielt (dies fand so damals statt), sondern er verändert diese Wahrnehmung darüber

commerce as manifested in the auction, etc. Even when the elements of *Fixed Values* seem to point back to the artist as the source, as in *Two Important Dates in My Life* or the artifacts from prior projects made available for auction, it is in order to bring into view the external determinants that frame their viability as culturally valuable objects, to reveal values, in fact, as *un-fixed*.

Insofar as Müller's site-specific art does this kind of work, pointing to the conditions of a given site (understood as more than a physical presence of a building or an uncoded reality), it maintains a quasi-tautological relation between the signifier and the signified, which Barthes noted as a unique characteristic of the photograph, and which Krauss attributes to site-specific art. And Müller's model of site-specificity continues to mobilize the particular category of space-time perception that photographs produce—described by Barthes as "spatial immediacy and temporal anteriority… an illogical conjunction of the 'here' and the 'formerly.'"[21] But the artist also conjoins the "present" with the "there/elsewhere," exploiting not only the temporal distance that is constitutive of photographic perception (this took place in this way there) but also to conjugate this perception through the spatial displacement that is part of a sculptural perception or phenomenological experience (this took place in this way then). What I am clumsily trying to assert here is that Müller's practice contributes to an expanded field for photography along spatial rather than temporal lines, a trajectory that critic George Baker has recently outlined so productively.[22] More than this, though, Müller's work proposes that the logic of photography may have already been integral to the sculptural/spatial expansion that was diagnosed decades ago. One might say then that site-specific art is, indeed, photography by other means (and a photograph is always site-specific). If we can begin to think through the implications and possibilities of such a conjuncture, we will catch up to Müller's paradoxical observation that to be site-specific is to be very clearly, which is to say, very precisely out of context.[23]

hinaus mithilfe der räumlichen Verlagerung, die Teil der skulpturalen Wahrnehmung beziehungsweise der phänomenologischen Erfahrung ist (dies fand so dort statt). Was ich hier umständlich zu erklären versuche, ist, dass Müllers Arbeiten einen Beitrag zu einem erweiterten Feld für die Fotografie leisten und dass er dabei mehr den räumlichen als den zeitlichen Achsen folgt – ein Ansatz, den der Kritiker George Baker in einem kürzlich erschienenen Aufsatz auf sehr anschauliche Weise beschrieben hat.[22] Darüber hinaus legt sein Werk den Schluss nahe, die Logik der Fotografie könnte bereits ein integraler Bestandteil der skulpturalen/räumlichen Expansion gewesen sein, die man schon vor Jahrzehnten konstatiert hat. In diesem Fall könnte man einwenden, ortsspezifische Kunst sei nichts anderes als Fotografie mit anderen Mitteln (und eine Fotografie ist immer ortsspezifisch). Wenn wir erst einmal beginnen, die Implikationen und Möglichkeiten einer solchen Verbindung zu durchdenken, werden wir schnell begreifen, was der Künstler mit der befremdlichen Aussage meinte, ortsspezifisch zu sein bedeute sehr klar zu sein, das heisst, sehr deutlich ausserhalb des Kontextes.[23]

1 – Christian Philipp Müller, E-Mail-Korrespondenz mit der Autorin, 24. Januar 2006.
2 – Bei dem kleinen Bild handelte es sich um eine Auftragsarbeit für das Cover der Januar/Februar-Ausgabe 1992 der belgischen Kunstzeitschrift *Forum International*. Seine Masse entsprechen exakt dem Format der Zeitschrift. Das grössere Bild, das zur gleichen Zeit entstand, hat die gleichen Abmessungen wie das grösste Tagesbild On Kawaras. Vgl. S. 22–23.
3 – Vgl. Miwon Kwon, *One Place After Another: Site-specific Art and Locational Identity*, Cambridge 2002.
4 – Der Katalog ist den Auktionskatalogen nachempfunden, die der Palais des Beaux-Arts für seine monatlichen Versteigerungen drucken lässt. Er klassifiziert die Objekte nach den gleichen Kategorien und bedient sich des gleichen Umschlagdesigns und Seitenlayouts. Darüber hinaus enthält er Informationen zu den Umrechnungskursen verschiedener Währungen.
5 – Das Video war Bestandteil der Ausstellung mit dem Titel *Eh! bien, prenons la plume*, die Müller 1988 im Amsterdamer Künstlerklub Arti et Amicitiae realisierte.
6 – Der Künstler greift hier auf ein ähnliches Verfahren zurück, wie bei der Nachbildung einer Beobachtungsplattform, die er als interaktive Skulptur in einem Ausstellungsraum platzierte. Vgl. Müllers Beitrag zu *Platzwechsel* in der Kunsthalle Zürich 1995.
7 – Besonders offenkundig ist der Bezug zu Broodthaers' *Musée d'Art Moderne, Département des Aigles, Section XIXème Siècle*, 1968–1972.
8 – Das Video mit der Begrüssungsansprache des niederländischen Königs kann man als überzogenere Variante der »Feierlichkeiten« sehen, die Broodthaers 1968 anlässlich der Eröffnung seines *Musée d'Art Moderne* inszenierte. Der Hinweis, Müller setze Broodthaers in der Installation *Feste Werte* selbst wie ein ortsspezifisches Element ein, stammt von George Baker. Vgl. dazu: George Baker, »Lies, Damn Lies, and Statistics: The Art of Christian Philipp Müller«, in: *Artforum*, Februar 1997, S. 74–77, 109.
9 – Für eine detaillierte Beschreibung dieses Werkes vgl. S. 168 ff.
10 – George Baker stellt eine besondere Verbindung zwischen Müllers Installation *Köln – Düsseldorf* und Haackes *Condensation Cube* (1963–1965) her und betrachtet Müllers Werk als Erweiterung der faktografischen Technik Haackes. Baker führt dazu aus: »Der Vergleich mit Haacke ist nicht bloss zufällig. Bewirkten diese Skulpturen, die auf ähnliche Weise an das Vermächtnis der modernen Skulptur – die formale Autonomie und ihren Imperativ völliger Selbstreflexivität – erinnerten, doch eine Umkehrung dieser formalen Neutralität und strukturellen Transparenz […]. Die blosse Faktizität des Säulendiagramms hatte die ästhetischen Parameter der Skulpturen bestimmt, und eine Transparenz war nur noch auf der Ebene des instrumentalen Informationsaustauschs gegeben.« Vgl. Baker 1997 (Anm. 8), S. 76.
11 – Die Installation *Feste Werte* vereint mehrere kunsthistorische Bezüge in sich. On Kawara, Daniel Buren und Marcel Broodthaers haben wir bereits erwähnt. Darüber hinaus gibt es auch Bezüge zu Michael Asher. Sie betreffen insbesondere die Art, wie das Publikum durch das räumliche Geflecht des Museums gelenkt wird. So bestand Ashers Betrag zur *73rd American Exhibition*, die 1979 am Art Institute of Chicago stattfand, darin, dass er eine Statue George Washingtons, die vor dem Museum stand, in einen der Ausstellungsräume aus dem 18. Jahrhundert umsetzte. Dadurch zwang er die Besucher der *73rd American Exhibition*, in der Werke zeitgenössischer Künstler präsentiert wurden und die in einem gesonderten Ausstellungsbereich untergebracht war, das Museum zu durchqueren, um zu diesem Ausstellungsraum zu gelangen. Tatsächlich strukturierte Asher nicht nur das ganze Museum um, sondern auch die räumliche Strukturierung des Wissens und machte so deutlich, wie man, etwa mit Ausstellungen wie der *73rd American Exhibition*, den Bereich der »zeitgenössischen Kunst« gestaltete und wie sich diese Art der Gestaltung auf die Darstellung kunsthistorischer Zusammenhänge auswirkte.
12 – Im ersten Augenblick könnte man meinen, genau dies leiste Robert Smithsons Ort/Nicht-Ort-Dialektik. Müller erfasst die beiden Formen jedoch weniger in dialektischen (entweder/oder) als vielmehr in analogen Kategorien (weder/und). Doch vielleicht war Smithson selbst weniger dialektisch und eher analog in seinem Denken. Vgl. George Bakers Interpretation des Smithson'schen Werks in seinem Essay »The Cinema Model«, in: Lynne Cooke und Karen Kelly (Hrsg.), *Robert Smithson. The Spiral Jetty*, New York und Los Angeles 2005.
13 – Vgl. Robert Morris, »Notes on Sculpture, Part 2«, in: *Artforum*, Oktober 1966, S. 20–23. Nachgedruckt in: Gregory Battock (Hrsg.), *Minimal Art: A Critical Anthology*, New York 1968, S. 228–35.
14 – Rosalind Krauss, »Skulptur im erweiterten Feld«, in: dies. (Hrsg.), *Die Originalität der Avantgarde und andere Mythen der Moderne*, Amsterdam und Dresden 2000, S. 334.
15 – Ebd., S. 335.
16 – Ebd., S. 334.
17 – Ebd., S. 337.
18 – So beschreibt Rosalind Krauss die ortsspezifische Kunst, eine Charakterisierung, aus der man schliessen könnte, das Diagramm der Klein'schen Gruppe liesse sich entlang gepunkteter Linien falten, und man könne es wieder zu einem vollkommenen Kubus zusammensetzen. Vgl. Hal Foster, Rosalind Krauss u. a., *Art Since 1900. Modernism, Antimodernism, Postmodernism*, London und New York 2004, S. 542.
19 – Rosalind Krauss, »Anmerkungen zum Index: Teil 2«, in: Krauss 2000 (Anm. 14), S. 271.
20 – Vgl. George Baker und Christian Philipp Müller, »A Balancing Act«, in: *October*, Nr. 82, Herbst 1997, S. 94–118.
21 – Vgl. Roland Barthes, »Rhetorik des Bildes«, in: ders., *Der entgegenkommende und der stumpfe Sinn*, Frankfurt am Main 1990, S. 39.
22 – Vgl. George Baker, »Photography's Expanded Field«, in: *October*, Nr. 114, Herbst 2005, S. 120–140.
23 – Christian Philipp Müller, E-Mail-Korrespondenz mit der Autorin, 24. Januar 2006.

1 – E-mail communication with author on January 24, 2006.
2 – The small panel was done as a commission for the Belgian art magazine *Forum International* and featured as the cover of their January-February 1992 issue. The dimensions of the piece correspond to the dimensions of the magazine. The larger painting was produced at the same time and its dimensions correspond to the largest size of On Kawara's formats for his daily date paintings. See pp. 22-23.
3 – See Miwon Kwon, *One Place After Another: Site-specific Art and Locational Identity* (Cambridge, 2002).
4 – The catalogue simulates the auction catalogues produced by the Palais for its monthly auctions. It appropriates identical categories of classification, cover design, page layout, style of object description, etc. It also includes information on exchange rates of various currencies.
5 – This work, entitled, *Eh! bien, prenons la plume*, was part of Müller's exhibition at the artist-club Arti et Amicitiae in Amsterdam in 1988.
6 – The operation here is similar to what Müller accomplishes with a recreation of a surveillance structure placed inside an exhibition space and treated as an interactive sculpture. See his contribution to the *Platzwechsel* exhibition in Kunsthalle Zürich, 1995.
7 – The specific reference is to Broodthaers' *Musée d'Art Moderne, Départment des Aigles, Section XIXème Siècle* (Museum of Modern Art, Department of Eagles, Nineteenth-Century Section), 1968–72.
8 – Müller's video of the welcoming speech by the Dutch king can be seen as a campier version of Broodthaers' "pomp and circumstance" around the inauguration of his *Musée d'Art Moderne* in 1968. George Baker has suggested that Müller treats Broodthaers himself as a site-specific element in the *Fixed Values* installation. See Baker's article, "Lies, Damn Lies, and Statistics: The Art of Christian Philipp Müller," in *Artforum* (February 1997), pp. 74–77, 109.
9 – For a detailed description of this work, see project description in this catalogue, pp. 168 ff.
10 – George Baker makes a specific link between Müller's *Köln–Düsseldorf* and Haacke's *Condensation Cube* (1963–65) and sees Müller's work as extending the factographic methods of the latter. Baker writes: "The comparison with Haacke is not simply fortuitous, similarly calling up Modernist sculpture's legacy of formal autonomy and its imperative of utter self-reflexivity, these sculptures in fact performed a reversal of any such formal neutrality and structural transparency… the mere facticity of the bar graph had determined the aesthetic parameters of the sculptures, and any transparency they retained was solely on the level of the instrumental communication of information." See Baker, 1997 (as in note 8), p. 76.
11 – *Fixed Values* constellates several art historical references. We have already noted On Kawara, Daniel Buren, and Marcel Broodthaers. Michael Asher is also present, especially on this point of orchestrating the movement of the audience through the spatial organization of a museum. For instance, in Asher's 1979 project for the *73rd American Exhibition* at the Art Institute of Chicago, the artist moved a George Washington statue from outside the museum to one of the eighteenth-century galleries as his contribution. In doing so, he forced those visitors to the *73rd American Exhibition*, showcasing works by contemporary artists and situated in a discrete gallery space dedicated to the show, to traverse through the museum to other galleries. In effect, Asher reframed the entire museum and its spatial organization of knowledge, establishing a clear relationship between its construction of "contemporary art" through exhibitions like the *73rd American Exhibition* and the production of art historical narratives.
12 – Immediately, one could note Robert Smithson's dialectic of site/non-site as accomplishing exactly this. But in Müller's case, the two modes are conceived less in dialectical terms (either/or) than in analogical terms (neither/and). Perhaps Smithson himself was less dialectical and more analogical in his thinking. See George Baker's reading of Smithson's work in "The Cinema Model," in *Robert Smithson. The Spiral Jetty*, eds. Lynne Cooke and Karen Kelly (New York and Los Angeles, 2005).
13 See Robert Morris, "Notes on Sculpture, Part 2," in *Artforum* (October 1966), pp. 20–23. Reprinted in *Minimal Art: A Critical Anthology*, ed. Gregory Battock (New York, 1968), pp. 228–235.
14 – Rosalind Krauss, "Sculpture in the Expanded Field" in *The Originality of the Avant-Garde and Other Modernist Myths* (Cambridge, 1985), p. 279.
15 – Ibid., p. 280.
16 – Ibid., p. 282.
17 – Ibid., p. 282.
18 – This is Rosalind Krauss's characterization of site-specific art, as if the Klein group mapping could be folded along dotted lines to reconstitute a perfect cube. See Hal Foster, Rosalind Krauss, Yve-Alain Bois, Benjamin H. D. Buchloh, *Art Since 1900: Modernism, Antimodernism, Postmodernism* (London and New York, 2004), p. 542.
19 – Rosalind Krauss, "Notes on the Index: Part 2," in *The Originality of the Avant-Garde and Other Modernist Myths* (Cambridge, 1985), p. 216.
20 – See George Baker and Christian Philipp Müller, "A Balancing Act," in *October* 82 (Fall 1997), pp. 94-118.
21 – See Roland Barthes, "Rhetoric of the Image," in *Image Music Text* (New York, 1977), pp. 32–51.
22 – See George Baker, "Photography's Expanded Field," in *October* 114 (Fall 2005), pp. 120–140.
23 – Email communication with author on January 24, 2006.

Sabeth Buchmann

Zeichen im Überfluss Signs in Abundance

Als Charles Ephrussi das 1880 entstandene *Spargelbündel* von Edouard Manet erhielt, zahlte er ihm – offenbar aus Freude über das gelungene Werk – 200 Francs mehr als die ursprünglich ausgemachten 800 Francs. Manet, seinerseits erfreut über die unerwartete Erhöhung des Honorars, schickte seinem Auftraggeber ein weiteres Gemälde mit einer einzelnen Spargelstange und der Notiz, dass diese im ursprünglichen Bündel fehle. Wie Carol Armstrong in ihrem Aufsatz »Counter, Mirror, Maid: Some Infra-thin Notes on *A Bar at the Folies-Bergère*« schreibt, bedeutete der Maler damit, dass dieses kleine Gemälde die Differenz ausmache und dass Ephrussi somit die dem bezahlten Preis entsprechende Menge an Spargel erhalten habe.[1]

Durch die »illusionistische Substitution« (Armstrong) von essbarem durch gemalten Spargel brachte Manet sowohl den an die Produktions- als auch an die Konsumptionsform gebundenen »Tauschwertcharakter«[2] ins Spiel, wirft laut Armstrong das insinuierte »relative Preisverhältnis von Gemüse und Malerei« doch die grundsätzliche Frage danach auf, ob ein illusionistisch gemaltes Spargelbündel einen Wert »an sich« darstellt oder ob es sich – gemäss der Bewertung »echten« Spargels – um einen »zähl- oder wägbaren« Artikel handelt,[3] dessen Wert durch die Luxuriösität des dargestellten Gegenstandes und die Qualität des Farbauftrags produziert wird. So ziele Manets System von Äquivalenzen und Substitutionen nicht auf eine Vergleichbarkeit von Realität und Illusion, gleichwohl es deren Analogien auf den Ebenen von Geschmack, Wert und Tausch miteinander ins Verhältnis setze. Denn der durch den Kaufpreis behauptete materielle Wert eines einzelnen Spargels wurde erst durch die symbolische Relativierung des dargestellten Sujets erhöht.

Über 100 Jahre später sollte das Spargelbündel zum Gegenstand einer anderen Reflexion über Wertbildungsprozesse werden. Die Rede ist von Hans Haackes *Manet-Projekt* im Rahmen der Ausstellung *Projekt 74. – Kunst bleibt Kunst*, die aus Anlass des 150. Geburtstages des Museums im Kölner Wallraf-Richartz-Museum stattfand. Haacke dokumentierte auf zehn Paneelen die Sammlungsgeschichte des Spargelbildes, das sich seit 1967 im Besitz des Museums befindet. Jeder Besitzer war darauf mit Angaben zu seiner Person genannt, so auch Hermann J. Abs, der Vorsitzende des Ankaufskomitees des Wallraf-Richartz-Museums, der zu diesem Zeitpunkt zugleich der Vorsitzende der Deutschen Bank war.

Haackes Ziel war es, durch schlichte, kommentarlose Auflistung von Daten und Fakten gemeinhin aus Geschichtsbüchern ausgeklam-

When Charles Ephrussi received *A Bunch of Asparagus* painted by Édouard Manet in 1880, he paid Manet 200 francs more than the 800 francs originally agreed upon—apparently because he was so pleased with the result. Pleased in turn by the unexpected increase in his fee, Manet sent his patron an additional painting of a single stalk of asparagus and noted that this stalk had been missing from the original bundle. As Carol Armstrong writes in her essay "Counter, Mirror, Maid: Some Infra-thin Notes on *A Bar at the Folies-Bergère*," what the painter meant is that this small painting would make up the difference and that Ephrussi thus had now received the appropriate amount of asparagus for the amount he had paid.[1]

Through this "illusionistic substitution" (Armstrong) of painted asparagus for edible asparagus, Manet brought into play an "exchange value" associated with both the form of production and consumption.[2] According to Armstrong, however, the insinuated "relative price of vegetables and paintings" raises fundamental questions, namely, whether an illusionary painted bundle of asparagus has a value "unto itself" or whether—relative to the valuation of the "real" bunch of asparagus—it is a matter of a "countable or weighable" articles whose value is produced by the luxuriousness of the represented object and the quality of the color application.[3] Thus, Manet's system of equivalences and substitutions did not aim to create a basis of comparison between reality and illusion, although it did set up analogies between the two on the level of taste, value, and exchange. The material value of an individual stalk of asparagus—determined by the purchase price—only increased through the symbolic relativation of the represented subject.

Over one hundred years later, the bunch of asparagus would become the object of another reflection on the processes of valuation at Hans Haacke's *Manet-Projekt* in the exhibition *Projekt 74.—Kunst bleibt Kunst* which took place in the Wallraf-Richartz-Museum in Cologne on the occasion of the museum's 150th birthday. On ten panels, Haacke documented the chronological history of collectors who had owned the *Bunch of Asparagus*, which had been in the museum's possession since 1967. Each panel showed an owner and included personal information about each one. Thus, we learn that the painter Max Liebermann, barred from working in 1933 due to his Jewish heritage, had owned the still life. Other owners included Hermann J. Abs, Chairman of the purchasing committee of the Wallraf-Richartz-Museum, who was also the Chairman of the Deutsche Bank.

merte historische Zusammenhänge darstellbar zu machen. So erfahren wir, dass der Maler Max Liebermann, dem 1933 aufgrund seiner jüdischen Herkunft Arbeitsverbot erteilt worden war, ebenfalls das Stillleben besessen hatte. Um etwaige Rückschlüsse auf die Nazivergangenheit Abs', der eine führende Position in der Wirtschaftspolitik des Dritten Reichs innehatte, zu verhindern, wies die Museumsleitung die Ausstellungskuratoren an, Haackes Arbeit aus der Ausstellung zu entfernen.[4]

Ein Gemälde, das die Funktion eines privaten Tafelbildes hatte – verweist Manets Spargel-Stilleben doch auf den traditionell weiblich codierten Bereich der Essenszubereitung – avancierte in Haackes Rekonstruktion zu einem Dokument über die Rolle, die moderne Kunst im Zuge der Bemühungen der bundesrepublikanischen Nachkriegsgesellschaft spielte, die Nazivergangenheit aus dem öffentlichen Bewusstsein zu verdrängen.

Im Jahr 1984, zehn Jahre nach dem Skandal um Haackes *Manet-Projekt* entstand *Siehe da, ein mögliches Leben hat sich eingerichtet* – laut offizieller Werkbiografie Christian Philipp Müllers erste künstlerische Arbeit. Als ortsspezifische Recherche über die Geschichte eines Düsseldorfer Randbezirks angelegt, lässt sie sich zugleich als sozio-kulturelle Fallstudie zur Geschichte einer Sammlung in einem alltagskulturellen, privaten Kontext verstehen. Angesichts des durch den Zweiten Weltkrieg und die Nachkriegsarchitektur zerstörten Stadtteils, in dem er damals wohnte, hatte der Künstler Zettel in den Briefkästen seiner Nachbarschaft mit der Bitte um alte Fotos verteilt. Auf diese Weise wollte er sich ein Bild davon machen, wie es hier einmal ausgesehen hatte. Wie Müller berichtet, war die Rückmeldung überwältigend: Er erhielt eine riesige Anzahl von Fotos – vor allem von seiner Vermieterin, der Frau eines Metzgers, die ihm darüber hinaus alte SS-Ausweise von Familienangehörigen überliess. Ihre Wohnung war, wie Müller bei seiner weiteren Recherche feststellte, vollgestopft mit Kunsthandwerk und Kunstwerken aller Art: Gemälde, Schatztruhen, Pokale, Spiegel und weitere Gegenstände, die ihre Familie in Zeiten des Hungers für Fleisch- und Wurstwaren erhalten hatte.

Müller ordnete die ihm überlassenen Fotos nach Jahrzehnten und umspannte so den Zeitraum von 1880 bis 1984. Darunter befanden sich Bilder des Schlachthofs und Aufnahmen von familiären Freizeitunternehmungen – unter anderem ein Foto, auf dem mehrere Personen ein Schiff mit der Aufschrift »Kraft durch Freude« besteigen. Ihre chronologische Ordnung wurde in der Drucklegung von Kurztexten begleitet, deren Struktur sich nach der ursprünglichen Verteilung der Objekte im Wohnzimmer richtete.

Der Künstler übernahm also die Rolle eines Archivars und Kurators – doch er (re-)konsturierte eine Geschichte der Dinge auf eine Weise, die mit herkömmlichen wissenschaftlich-historiografischen Methoden nur wenig zu tun hat. Vielmehr handelte es sich um eine nicht-kohärente Form der verzeitlichenden und verräumlichenden Montage visueller und textueller Informationen. Das heisst, dass Müller ein indexalisches, auf technisch-formalen Parametern beruhendes System von Beziehungen entwarf, das die Darstellung von »Geschichte« zugleich als eine Darstellung der Bedingungen von (Re-)Präsentation reflektierte. Die ausgestellten Fotos liessen sich so auch als medienhistorisches Phänomen lesen, da sie die Entwicklung von der insze-

Through a simple, uncommented listing of dates and facts, Haacke aimed to make visible historical relationships that had been absent in history books. In order to prevent any possible references to the Nazi past of Abs, who had held a leading position in the economic politics of the Third Reich, the directorship of the museum instructed the exhibition curators to remove Haacke's work from the show.[4]

A painting that had functioned as a private work of art—with Manet's still life of asparagus making reference to the traditionally feminine-coded realm of food preparation—became, in Haacke's reconstruction, a document of the role played by modern art in the ongoing efforts of Federal Republic of Germany's post-war society to expel the Nazi past from public consciousness.

In 1984, ten years after the scandal surrounding Haacke's *Manet-Projekt*, Christian Philipp Müller produced *Siehe da, ein mögliches Leben hat sich eingerichtet*—his first work of art according to his official catalogue of works. Conceived as site-specific research on the history of an outlying area of Düsseldorf, the work can also be understood as a socio-cultural case study on the history of a collection within the private context and culture of everyday life. Since World War II, post-war architecture had destroyed the area of the city where the artist lived at the time. The artist put notices in mailboxes in his neighborhood requesting old photographs of this area. In this manner, he hoped to capture a view of how it once had looked. As Müller recounts, the response was overwhelming: He received a huge amount of photos—primarily from his landlady and a butcher's wife who also gave him old SS identity cards of family members. Müller realized upon further research that her apartment was stuffed full with hand-crafted objects and works of art of all kinds: paintings, treasure chests, trophies, mirrors, and additional objects that her family had received during the period of famine in exchange for meat and sausage products.

Müller organized the photos given to him according to decade and thereby created a sequence that spanned the years 1880 to 1984. The photographs included images of the slaughterhouse and also showed family leisure activities, one showed a number of people boarding a ship bearing the words "Kraft durch Freude" (strength through joy). Arranged in chronological order, the photos were accompanied by short texts that had a structure organized according to the original distribution of the objects in the living room.

The artist thus assumed the role of an archivist and curator—yet, he (re)constructed the history of the objects in a way that had little to do with traditional scholarly or historiographical methods. Instead, he used a non-coherent form of montage that manifested visual and textual information in time and space. In other words, Müller created an indexical system of relationships based on technical and formal parameters that reflected on the depiction of "history" also as a depiction of the conditions of (re-)presentation. The exhibited photographs could also be interpreted as phenomena of media history since they documented technical developments from posed studio photographs to the personal instamatic camera.

Siehe da, ein mögliches Leben hat sich eingerichtet, a collection assembled through a moneyless system of exchange, became an arbitrary model for an exhibition of the culture of daily life spanning over

nierten Studiofotografie bis zur individuellen Instamatic-Kamera dokumentierten.

In *Siehe da, ein mögliches Leben hat sich eingerichtet* wurde eine durch ein geldloses Tauschsystem zustande gekommene Sammlung zum arbiträren Modell einer Ausstellung über 100 Jahre Alltagskultur – vom Kaiserreich über die Weimarer Republik und das Dritte Reich bis zur damaligen BRD. Die von Müller offenbar intendierte Differenz zum klassischen Modell der Kunstsammlung liess dabei das Verhältnis von Geschmack, Wert und Tausch als ein zugleich kontextspezifisches und auf Kontingenz Basierendes zutage treten. Somit wurde innerhalb des von Müller adressierten »ästhetischen Feldes« ein immanentes Aussen entworfen – eine Position der involvierten Distanz, die sich ebenso in der kategorialen Abgrenzung ästhetischer Felder von gesellschaftlichen Lebensbereichen äussert wie auch in der unterschiedslosen Gleichsetzung beider verloren zu gehen droht. Vergleichbar mit Marcel Broodthaers' *Musée des Aigles* war Müllers Modell daraufhin zusammengesetzt, die klassifizierende Unterteilung künstlerischer, alltagsästhetischer, wissenschaftlicher und gewöhnlicher Objekte zum Gegenstand einer institutionsanalytischen Reflexion über repräsentations- und identitätslogische (Werk-)Kriterien zu machen. Wie in Manets Gedankenspiel wird auch bei Müller die reale »Ökonomie der Zeichen« im Sinne einer Entnaturalisierung des kapitalistischen Tauschwertprinzips als ein künstlerisch konstruiertes System von Äquivalenzen und Substitutionen sichtbar.[5] Nur dass es sich hier nicht um die Vergleichbarkeit von echtem und gemaltem Spargel im Kontext eines malerischen Diskurses über die Regeln und Paradoxien warenkultureller Wertproduktion handelte, sondern um die Vergleichbarkeit von Wurstwaren und Schatztruhen im Kontext eines durch Krieg und Hunger ausgelösten Ausnahmezustands. Indem hier eine historisch spezifische Form des Tauschs zum Sujet erhoben wurde, lässt sich auch eine strukturelle Verbindung zu Haackes Untersuchungsraum, mit seinen zeit- und identitätsspezifischen Beziehungen und Kontinuitäten zu Positionen des Eigentums und der Macht am Beispiel von Manets Tafelbild herstellen.

Was sich in *Siehe da, ein mögliches Leben hat sich eingerichtet* bereits andeutet, gilt in je spezifischer Form für alle Arbeiten und Projekte Christian Philipp Müllers, nämlich eine methoden- und systemreflexive Beziehung zu den Rahmen-, Funktions- und Rezeptionsbedingungen moderner Kunst. Die Reflexion von Geschmack, Wert und Tausch in ihrer konstitutiven Funktion für kulturelle und gesellschaftliche Wertehierarchien ist dabei eines seiner zentralen Motive. Hiervon sind selbstredend auch solche symbolischen Wertbildungsprozesse nicht ausgenommen, wie sie hier mit der Referenz auf Manet und Haacke evoziert werden und die unversehens jene Identitätsmuster (westeuropäisch, weiss, männlich, heteronormativ etc.) abrufen, die die Matrix der Moderne bilden. Gleichwohl ist der Bezug auf Manet und Haacke dazu angetan, Müllers Methodik im Sinne eines über zeitgenössische Diskurse hinausgehenden Verständnisses von Kunst als eine symbolische *und* materielle Form historisch, kulturell, politisch und ökonomisch vermittelter Zeichenproduktion zu betrachten – mithin einem Verständnis, das sich gegen den verbreiteten Glauben an eine gegenüber gesellschaftlichen Feldern distinkten Identität von künstlerischer Werk- und institutioneller Wertlogik richtet: Stattdessen

100 years—from the imperial period to the Weimar Republic, the Third Reich, and the Federal Republic of Germany, the current government at the time. Intended as something different from the classical model of the art collection, Müller's work revealed that the relationship between taste, value, and exchange had both a context-specific and contingent basis. Consequently, an inherent external position was developed within the "aesthetic field" Müller addressed—a position of involved distance, which is expressed in the categorical distinction between aesthetic fields and the realm of the social, but threatens to disappear given an undifferentiated equivalence of the two. Comparable with Marcel Broodthaers's *Musée des Aigles*, Müller's model was compiled with the aim of using the classifying categorization of artistic, popular aesthetic, scholarly, and ordinary objects as the subject of an institution-analytical reflection on criteria (for works of art) based on the logic of representation and identity. As in Manet's twist of ideas, the real "economy of signs" is also visible in Müller's approach, in the sense of a denaturalization of the capitalistic principle of exchange as an artistically constructed system of equivalence and substitution.[5] However, the issue here is not about a comparison of a real and painted asparagus in a painterly discourse concerning the rules and paradoxes of valuation in a culture of commodity, but it is about a matter of comparability between sausages and treasures in the context of a state of exception caused by desperation and hunger. Addressing a historically specific form of exchange, the work demonstrates a structural relationship to the field of Hans Haacke's investigations, with their time and identity-specific references, and continuity in relation to positions of ownership and power, as in the example of Manet's painting.

Siehe da, ein mögliches Leben hat sich eingerichtet prefigures a relationship to the conditions of the framing, function, and reception of modern art—a relationship that reflects on methods and systems and that is relevant in specific ways to all works and projects of Christian Philipp Müller. A central motif is a consideration of the constitutive functions of taste, value, and exchange within cultural and social hierarchies of value. It goes without saying that this does not exclude the kind of symbolic processes of value creation touched on here through references to Manet and Haacke, which inadvertently recall patterns of identity (western European, male, heteronormative, etc.), constitutive of the matrix of modernism. Nevertheless, the references to Manet and Haacke serve to examine Müller's methods as an understanding of art in the sense of a symbolic *and* material form of production of signs—above and beyond contemporary discourse—that mediates the historic, cultural, political, and economic. This is an understanding that goes against the common belief in a distinct identity for the logic of artistic work and institutional value, which is separate from realms of the social; instead, Müller attempts to uncover figures of difference and discontinuity, alterity, and contradiction within the formative and developmental history of modernism.

If I attach such considerations to Müller's early performances, installations, and exhibitions, I do so to demonstrate how the logic of identity manifests itself as an effect of a heteronormative production of signs. Already indicated in *Siehe da, ein mögliches Leben hat sich eingerichtet*, a sex-specific view of value and exchange systems

sind es Figuren der Differenz und Diskontinuität, der Alterität und des Widerspruchs, die Müller innerhalb der Entstehungs- und Entwicklungsgeschichte der Moderne freizulegen sucht.

Wenn ich solche Überlegungen an den frühen Performances, Installationen und Ausstellungen Müllers festmache, dann um zu zeigen, auf welche Weise hierin Identitätslogik als Effekt einer heteronormativen Zeichenproduktion zutage tritt. Was sich in *Siehe da, ein mögliches Leben hat sich eingerichtet* bereits andeutet – nämlich eine geschlechtsspezifische Betrachtung von Wert- und Tauschsystemen – sollte in den darauf folgenden Untersuchungen ästhetisch vermittelter Subjekt-Objekt-Beziehungen deutlicher zum Vorschein kommen.

Ein signifikantes Beispiel hierfür ist die Ausstellung *Vergessene Zukunft*, die 1992 im Münchner Kunstverein stattfand. Wie der Titel vermuten lässt, ging es hierbei um die historischen, aus dem zeitgenössischen Bewusstsein verdrängten Utopien jener Phase der Moderne, die, wie Helmut Draxler in seiner damaligen Funktion als Kunstvereinsdirektor schrieb, am Ende der 1950er-Jahre populär wurde und deren »Vorstellungen von der Harmonie der Kunst und einer ästhetischen Sozialhygiene [...] die klassischen Konfliktpotenziale zwischen Technologie und Sozialem« verabschieden.[6] Indem Müller drei signifikante, aus dieser Zeit stammende Projekte – Le Corbusiers *Poème électronique*,[7] Nicolas Schöffers *Kybernetische Stadt*[8] und Veit Harlans Film *Anders als du und ich*[9] – in Bezug zueinander setzte, liess er die latenten Komplizenschaften eines universalistischen Moderneverständnisses mit jenen damals überwunden geglaubten totalitären, (die eigene) Partikularität negierenden Gesellschaftsentwürfen zutage treten. Auch hier war es das Verfahren der Montage, das den Blick auf gemeinhin unsichtbare und/oder naturalisierte Strukturen lenkte. Durch die Verschränkung der drei Projekte ergaben sich spezifische Motivkonstellationen – Multimediaspektakel (Le Corbusier), Lichtinszenierung (Schöffer) und filmische Beleuchtungstechnik (Harlan) – welche eine rigide Heteronormativität als Subtext einer scheinbar »aufgeklärten« Moderne lesbar machte. So wurden die dokumentierten und zum Teil rekonstruierten Werke Le Corbusiers, Schöffers und Harlans in ihrer Zusammenschau als Symptom einer widersprüchlichen, zwischen verdunkelter Vergangenheit und leuchtender Zukunft angesiedelten gesellschaftlichen herrschenden Moral lesbar: Einer Moral, die sich – wie an den Beispielen deutlich werden konnte – mit »fortschrittlichen« Ideen einer »Synthese zwischen Kunst und Technik«[10] im Kontext kapitalistischer Waren- und Spektakelkultur zu verbinden vermag.

Mit *Siehe da, ein mögliches Leben hat sich eingerichtet* vergleichbar, war es auch in *Vergessene Zukunft* die Verschränkung asynchroner Raum- und Zeitachsen, die das ausgestellte Material im Hinblick auf seine strukturelle Beziehung zu Müller als Autor und »Kurator«[11] und zum Ort der Präsentation beleuchtete. Zum einen durch die Integration einer eigenen Arbeit aus der Ausstellung *porte bonheur* (1989 in der Maison de la Culture et de la Communication de Saint-Étienne): Hier hatte Müller seine Werkbiografie mit der Le Corbusiers analogisiert, indem er die vom Architekten vorgesehenen Standorte für dessen *Ville radieuse* in senkrechter Abfolge auflistete und die Orte, an denen er bis dato ausgestellt hatte, in waagerechter Abfolge auf die Wand schrieb.[12] Zum anderen, indem er Teile des »miniscule bureau«,

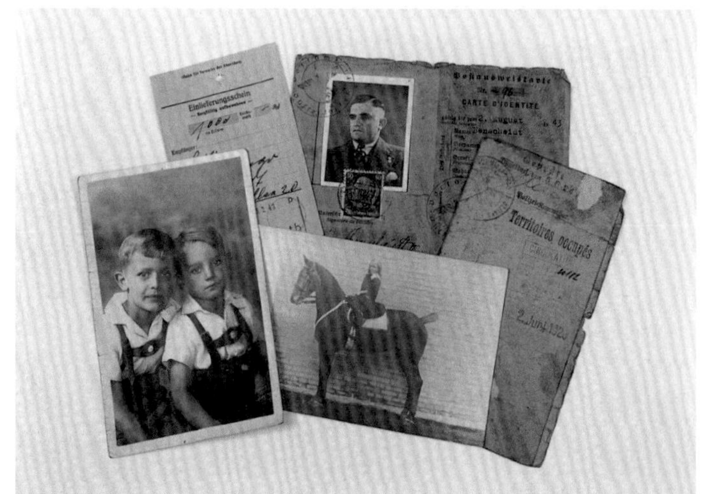

Detail *Feste Werte Fixed Values*, 1991: Seltene Fotovorlagen aus Deutschland
Rare photographic documents from Germany

would emerge more clearly in the following investigations of subject-object relationships.

An important example is the exhibition *Forgotten Future* that took place at the Munich Kunstverein in 1992. As the title indicates, the exhibition addressed historic utopias that had been repressed from contemporary consciousness and that had originated from the phase of modernism which—as Helmut Draxler wrote in his capacity as director of the Kunstverein—was popular in the late nineteen-fifties and whose "concepts of harmony between art and aesthetic social hygiene" did away with "the classical potential for conflict between technology and the social."[6] By drawing references between three significant projects from this period—Le Corbusier's *Poème électronique*,[7] Nicolas Schöffer's *Kybernetische Stadt* (Cybernetic City),[8] and Veit Harlan's film *Anders als du und ich* (Different from You and Me)[9]—he allowed the latent complicity between a universalistic understanding of modernism and supposedly defeated totalitarian concepts of society, which tended to negate (their own) particularity. Here too, it was the technique of montage that drew attention to generally invisible and/or naturalized structures. Interlinking the three projects revealed specific constellations of motifs—multimedia spectacle (Corbusier), dramatic lighting (Schöffer), and cinematic lighting techniques (Harlan)—that brought out a rigid heteronormativity as the subtext of an apparently "enlightened" modernism. Seen together, the documented and, in some cases, reconstructed works of Le Corbusier, Schöffer, and Harlan were thus clearly legible as a symptom of a contradictory and dominant social morality positioned between an obscured past and a shining future. An ethic that—as the examples were clearly able to show—tends to engender a "synthesis between art and technology" through "advanced" ideas in the context of a capitalistic culture of commodity and spectacle.[10]

Comparable to *Siehe da, ein mögliches Leben hat sich eingerichtet* was also the interlacing of asynchronous spatial and temporary axes in *Forgotten Future*, which illuminated the exhibited material in terms of its structural relationship to Müller as author and "curator" and the site of the presentation.[11] On the one hand, this was achieved

des privaten Pariser Raum-im-Raum-Büros Le Corbusiers, im Kunstverein rekonstruierte – als solches repräsentierte es ein seiner ursprünglichen Funktion beraubtes Äquivalent des in der Tradition moderner Kunstausstellungen stehenden White Cube, der hier als Raumpassage diente und mit dem eine gleich grosse, an Theater oder Kino erinnernde Black Box korrespondierte, in der Edgard Varèses Komposition *Poème électronique* zu hören war.

Wie aus den Ausstellungsabbildungen hervorgeht, integrierte Müller mit seinem Prinzip der asynchronen Montage die Architektur des Kunstvereins in den Signifikationsprozess: Ein »leerer Container« wurde hier in miteinander verschachtelte Durchgangs- und Funktionsräume, Demonstrations- und Projektionsflächen transformiert – mit anderen Worten: In ein räumlich und zeitlich determiniertes System aus Äquivalenzen und Substitutionen, das eine Vervielfältigung, Differenzierung und Spezifizierung der BetrachterInnenstandpunkte und Perspektiven bewirkte.

In der wiederholten, durch ortspezifische Kontextualisierung verzerrenden Referenz auf Le Corbusier[13] ist bei Müllers Montageverfahren einmal mehr die Position des immanenten Aussen, mithin ein Verhältnis der involvierten Distanz zum Gegenstand der Kritik angelegt: In der Verschränkung mit den Werken Schöffers und Harlans wurde so die Nähe (populär-)moderner Utopien aus Architektur, Kunst, Film, Musik und Technologie zu anachronistischen und dezidiert homophoben Gesellschafts- und Zukunftsentwürfen sichtbar.

Die Verknüpfung von Methoden der Institutionsanalyse und Ortsspezifik mit jenen der Cultural Studies[14] tritt in *Vergessene Zukunft* als ein spezifisches Interesse an der konstitutiven Wechselbeziehung von Universalität und Partikularität innerhalb eigener, das heisst zeitgenössischer institutioneller und ästhetischer Felder zutage.

So steht *Vergessene Zukunft* mit Andrea Frasers These in Einklang, derzufolge »Institutionskritik nur über eine Methodologie *kritisch-reflexiver Ortsspezifik* bestimmt werden kann«.[15] Eingedenk Müllers Vorgehensweise liegt es nahe, Frasers Definition durch James Meyers kulturwissenschaftlich hergeleiteten Begriff des »funktionalen Orts« zu ergänzen, den der US-amerikanische Kunsthistoriker auf ortsspezifische Arbeiten der 1990er-Jahre münzt:[16]

»Beim funktionalen Ort kann ein physischer Ort eine Rolle spielen, muss es aber nicht; auf jeden Fall spielt er keine *Hauptrolle*. Stattdessen geht es um einen Prozess, eine Operation zwischen zwei Situationen, eine Aufzeichnung institutioneller und diskursiver Zugehörigkeiten sowie der Körper, die sich darin bewegen (vor allem des Körpers des Künstlers). Als informative Situation ist es ein Ort, an dem sich Text, Fotografie und Videoaufzeichnungen, physische Orte und anderes überlagern: ein allegorischer Ort, um mit Craig Owens zu sprechen. […] das Werk ist mehr als nur eine starre Stahlwand, für alle Ewigkeit auf einem städtischen Platz installiert. Es ist etwas Vorübergehendes, eine Bewegung, eine Kette von Inhalten ohne zentrale Bedeutung. So fordert der funktionale Ort seine eigene Zerstörung; er ist bewusst temporär. Sein Sinn besteht nicht darin, zu überdauern, sondern *angerissen zu werden*.«[17]

Mit »Information«, »Allegorie« und »Zeit« kommen hier Begrifflichkeiten im Zuge einer sprach- und zeichentheoretisch erweiterten Definition von Ortsspezifik ins Spiel, die eine Verbindung zwischen konzep

through the integration of one of his own works from the exhibition, *Porte bonheur:* Here Müller drew an analogy between his own and Le Corbusier's catalogue of works by writing all the locations intended for Le Corbusier's "Ville radieuse" on the wall in a vertical list and all of the places he had exhibited up to that time in a horizontal list.[12] On the other hand, in the Kunstverein he also reconstructed parts of the "miniscule bureau" of Le Corbusier's private room-within-a-room office in Paris. As such it represented an equivalent to the traditional white cube of modern art exhibitions, which here had been robbed of its original function and served instead as a passageway that corresponded to a black box of the same size recalling a theater or cinema, in which Edgard Varèse's composition *Poème électronique* could be heard.

Images of the exhibition show that Müller integrated the architecture of the Kunstverein into the signification process through his concept of asynchronous montage: an "empty container" was thus transformed into a complex of interlaced passageways, functional spaces, demonstration surfaces, and projection surfaces. In other words, the space was transformed into a spatially and temporally determined system of equivalences and substitutions that produced a multiplication, differentiation, and specification of viewer standpoints and perspectives.

In repeated references to Le Corbusier, which are distorted by site-specific contextualization, the position of the immanent outsider is assumed through Müller's technique of montage and consequently establishes a relationship of involved distance to the object of critique.[13] Bringing together the works of Schöffer and Harlan makes visible the proximity of (popular) modern utopias from the fields of architecture, art, film, music, and technology to anachronistic and decidedly homophobic plans for society and the future.

Combining methods of institutional analysis and site-specific investigations with those of Cultural Studies is manifested in *Forgotten Future* as a specific interest in the constitutive interrelationship between universality and particularity within one's own fields, namely contemporary institutional and aesthetic realms.[14]

Thus, *Forgotten Future* corresponds to Andrea Fraser's thesis, according to which "institutional critique can only be defined by a methodology of critically reflective site-specificity."[15] Bearing in mind Müller's approach, one could flush out Fraser's definition with James Meyer's term of the "functional site," which originates from Cultural Studies and which the U.S. art historian coined to describe site-specific works of the nineteen-nineties: "The functional site may or may not incorporate a physical space; it certainly does not *privilege* this place. Rather, it is a process, an operation occurring between sites, a mapping of institutional and discursive filiations and the bodies that move between them (the artist's above all). It is an informational site, a locus of overlap of text, photographs and video recordings, physical places and things: an allegorical site, to recall Craig Owen's term.… The work is no longer an obdurate steel wall, attached to the urban plaza for eternity. It is a temporary thing; a movement; a chain of meanings devoid of a particular focus. The functional site thus courts its destruction; it is willfully temporary; its nature is not to endure but to *come down*."[16]

Das Oelbild von meinen beiden Söhnen ist während des Krieges entstanden. Eines Tages tauchte ein Mann mit Bildern unterm Arm in unserem Laden auf. Er wollte gegen Fleisch ein Bild malen. Die Musterbilder gefielen meinem Mann, und ich mußte den Maler nach oben bringen, wo er die beiden Söhne ganz wunderbar in den kurzen Lederhosen gemalt hat.

Siehe da, ein mögliches Leben hat sich eingerichtet, 1984

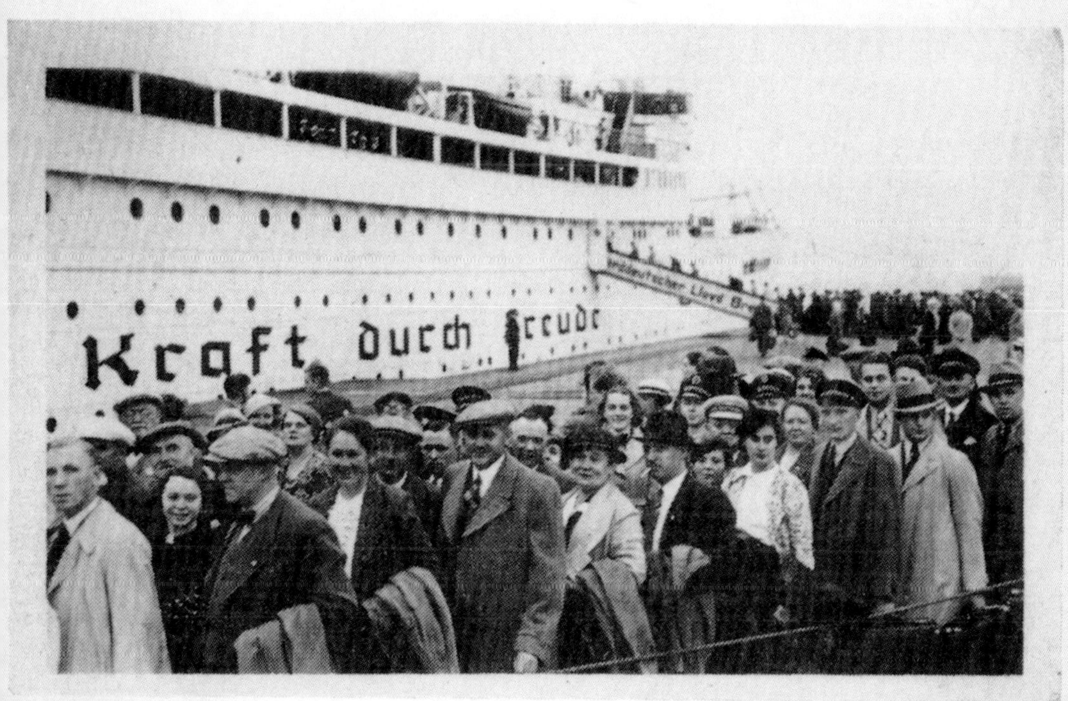
Kraft durch Freude

tuellen Werkformen der 1960er- und 1970er-Jahre und postmodernen Diskursen der 1980er- und 1990er-Jahre erkennen lassen: Aspekte, die sich ebenso an *Siehe da, ein mögliches Leben hat sich eingerichtet* wie an *Vergessene Zukunft* festmachen lassen.

Der Rückbezug auf künstlerische und theoretische Strömungen, die in der hier beschriebenen Phase zwischen 1984 und 1992 vor allem in der US-amerikanischen Diskurswelt präsent waren, sollte für Christian Philipp Müller, der in der Schweiz aufgewachsen war, sich dort zum Typografen und Grafiker hatte ausbilden lassen und schliesslich an der Düsseldorfer Akademie in der Klasse von Fritz Schwegler landete, ein anderer sein als etwa für seine US-amerikanischen KollegInnen. Seiner Darstellung zufolge verdankt er sein Wissen über Kunst vor allem Ausstellungen wie der *documenta IV* (1977), die sein Interesse für Vito Acconci, Charlotte Moorman, Nam June Paik und für feministische Performance- und Videopraxis weckten. Dieses Interesse war durch sein Studium an der Schule für Farbe + Form (1982–1984), einem auf ganzheitlichen Methoden wie Tanz und Theater beruhenden Reformprojekt der 1968er, vorgeprägt. Der Hinweis darauf, dass Müller zunächst in der schwul-lesbischen Bewegung und dem politisch aktiven Videoladen in Zürich und wenig später in der Berliner Postpunkszene unter anderem als Grafiker tätig war, soll hier nicht als Authentizitätsindiz in Stellung gebracht werden: Vielmehr lassen solche Informationen die nicht nur für Müllers Werdegang symptomatischen Schnittstellen zwischen identitätspolitischen Bewegungen und einer internationalen Medienkunstszene sichtbar werden. Solche übergreifenden Querverbindungen lassen sich beispielsweise an den von Müller gelayouteten Zeitungen, Flugblättern, Transparenten und in dem von ihm gestalteten *1. Reader der Schweizer Schwulen und Lesben* verifizieren und wirken auf inhaltlicher wie formaler Ebene in der Bedeutung nach, die Gestaltung, Grafikdesign und Printmedien in allen seinen Werkentwürfen zukommt. Ein Beispiel ist in diesem Zusammenhang die Zeitschrift *Texte zur Kunst*, deren ursprüngliches Erscheinungsbild – text- statt hochglanzorientiert, Schwarzweissabbildungen – von Müller entwickelt worden war. Die Nähe von *Texte zur Kunst* zum damaligen Programm der 1990 gegründeten Kölner Galerie Christian Nagel, die Müller bis heute vertritt, führt vor Augen, auf welche Weise Geschmack, Wert, Tausch als die drei zentralen Schlüsselbegriffe in Müllers Werkbiografie immer auch an (temporäre) Überlagerungen von künstlerischen, kunstkritischen und kommerziellen Interessenlagen gekoppelt sind. Wie Müllers Biografie anschaulich zeigt, reichen solche marktstrategischen Aspekte in der Regel nicht aus, die für eine Werkgeschichte konstitutive Konstruktion von »AutorInnenschaft« zu erklären.

Einer der Gründe für seine Entscheidung, im Alter von 27 Jahren als Quereinsteiger an die Düsseldorfer Akademie zu gehen, hatte nach Darstellung Müllers unter anderem mit einer flüchtigen Beobachtung zu tun, die ihm Düsseldorf als genau den »richtigen Ort« erscheinen liess. So hatte er Beuys und Warhol vor den Galerien Schmela und Fischer auf der Strasse laufen gesehen: Ein kurzer, gleichwohl entscheidender Moment, der – so eine nahe liegende Vermutung – eine imaginäre Identifizierung mit zwei emblematischen Künstlerfiguren ausgelöst hat, deren Image auch einen so unauratischen Ort wie Düsseldorf in einem verheissungsvollen Licht erscheinen liess.

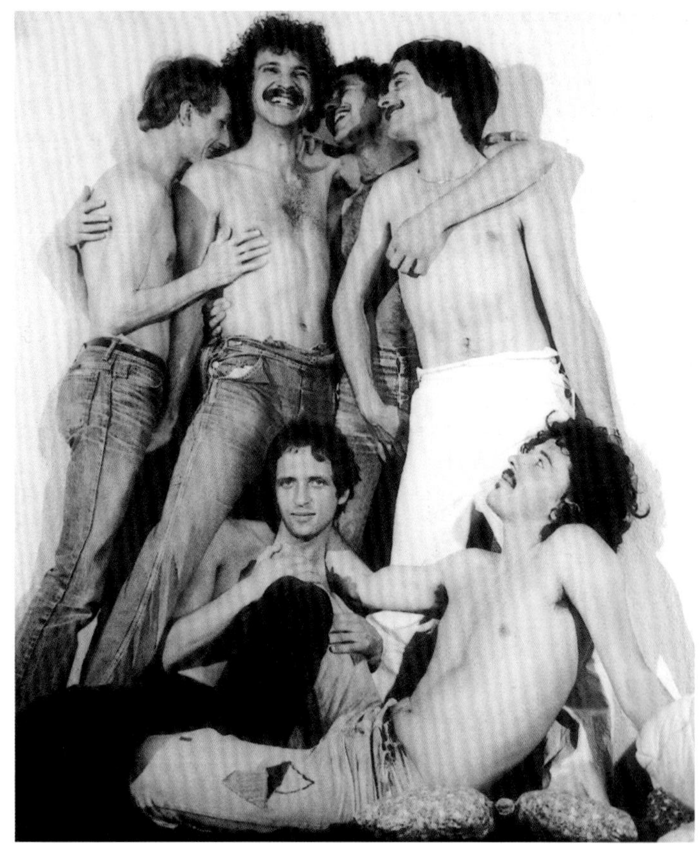

Photoshooting, 1979

With "information," "allegory," and "time" terms have come into play over the course of expanding the definition of site-specificity through linguistics and semiotics that show a connection between the conceptual approaches from the nineteen-sixties and nineteen-seventies and postmodern discourses of the nineteen-eighties and nineteen-nineties: aspects that are also inherent to *Siehe da, ein mögliches Leben hat sich eingerichtet* and *Forgotten Future*.

References to artistic and theoretical currents in the period between 1984 and 1992 described here were topical largely in the world of U.S. American discourse. Christian Philipp Müller—who had grown up in Switzerland, had trained there as a typographer and graphic designer, and had ultimately landed at the Düsseldorf Academy in the class of Fritz Schwegler—had different points of reference than his colleagues in the United States. As he relates, he owes his knowledge about art to exhibitions like *documenta VI* (1977) that awakened his interest in Vito Acconci, Charlotte Moorman, Nam June Paik, and feminist performance and video practice. This interest had already been formed by his studies at the Schule für Farbe + Form (1982–84), a reform project of the 1968 generation that was based on integrative methods, such as dance and theater. Mentioning that Müller was initially involved in the gay and lesbian movement and in a politically engaged video cooperative, the *Videoladen* in Zurich—and a little later also in the Berlin post-punk scene as a graphic designer, among other things—is not intended to prove the authenticity of his position. Rather, this kind of information reveals indicative points of overlap,

So scheint die Erkenntnis, dass glamouröses und – wie im Fall Warhols – queeres Künstlertum – immer auch etwas mit medienkompetenter »Starqualität« zu tun hat, in dem Foto auf, das im Kontext von Müllers Projekt *Carl Theodors Garten in Düsseldorf-Hellerhof* entstand: In dem bebrillten Jungakademiker, der hier einer studentisch wirkenden Truppe vorausläuft, könnte man eine parodistische Verkehrung der Beuys'schen schamanenhaften Selbstdarstellung als pädagogischer Visionär erkennen. Das Foto vermittelt den Eindruck von Aufbruchstimmung, die aus der Akademie herauszuführen scheint, in der man jedoch nicht so recht weiss, wohin. Dass es einst auf dem Katalogcover zu einer Retrospektive landen würde, dürfte damals allenfalls unbewusste Wunschfantasie gewesen sein. Aus heutiger Sicht ist es das Dokument einer Gruppe von Leuten, die sich offenbar bewusst darüber waren, dass man gemeinsam neues Gelände betreten muss, um im Kunstbetrieb etwas ausrichten zu können. In diesem Sinne könnte man ein anderes Foto Müllers, auf dem der Künstler mit dem Finger auf eine der Neubausiedlungen in Düsseldorf-Hellerhof deutet, als »Establishing Shot« eines noch zu definierenden Ortes an den Schnittstellen von Kunst, Öffentlichkeit und Medien betrachten. Denn entgegen der in den 1980er-Jahren vorherrschenden Ökonomie der Atelierproduktion stellte Müllers Geste eine buchstäblich vermittelnde Beziehung zur performativen (Selbst-)Inszenierung des Künstler-Forschers in der Tradition der Konzeptkunst und der Land Art dar. In diesem Zusammenhang lässt sich sein Auftritt in der Rolle eines akademisch versierten »Fremdenführers« nicht nur als Ausdruck einer Distanzierung von naturalisierten Künstlerbildern verstehen, sondern auch als gebrochene Aneignung jenes Künstlerhabitus, der stärker mit Informations- und Wissens- denn mit Objekt- und Bildproduktion assoziiert ist.

Müllers Thematisierung von üblicherweise männlich-heterosexuell codierter Künstlerschaft als Rollenspiel könnte man auch auf seine Funktion als Assistent von Kaspar König zurückführen, der 1986 als Professor für Kunst im öffentlichen Raum an die Düsseldorfer Akademie berufen wurde. So oblag es Müller, sich um die von König eingeladenen KünstlerInnen, KuratorInnen und KunsthistorikerInnen zu kümmern. Auf diese Weise kam er unter anderem mit Arbeiten von Marcel Broodthaers, Daniel Buren, Jef Cornelis, Fischli/Weiss, Louise Lawler und Sherrie Levine in Berührung, die mehr oder weniger explizit für eine werk- und autorkritische Haltung standen. Wie mir Müller in unserem Gespräch im Vorfeld meines Katalogbeitrages erklärte, war er bis dahin kaum in Kontakt mit jenen Positionen innerhalb zeitgenössischer Kunsttheorie gekommen, die im New York der 1980er-Jahre im Umfeld von Zeitschriften wie *October* oder Institutionen wie dem Whitney Program und dem New Museum of Contemporary Art präsent waren. Umso bemerkenswerter erscheint der Umstand, dass Müller im Unterschied zum damals populären, »postmodernen« Historismus, der Geschichte als einen unterschiedslos verfügbaren Fundus von Sujets und Stilen begreift, bereits Mitte der 1980er-Jahre historisch-kritische Modelle von Ortsspezifik und Institutionskritik entwirft. Zu denken wäre in diesem Zusammenhang an Müllers Performance *Kleiner Führer durch die ehemalige Kurfürstliche Gemäldegalerie Düsseldorf* (1986),[18] die eine historische, einst nach München abgewanderte Sammlung[19] anhand einer fiktiven Präsen-

not only in terms of Müller's development, but also between the identity politics movement and the international media art scene. These kinds of overarching interconnections find confirmation in Müller's layouts for newspapers, handouts, and banners and in his design for *1. Reader der Schweizer Schwulen und Lesben* (First Reader for Swiss Gays and Lesbians); they also have an impact on the importance of design, graphic design, and print media in all the concepts behind his works—both in terms of form and content. One example in this context is the magazine *Texte zur Kunst*, whose original image—with an emphasis on text instead of high-gloss photographs and with black and white images—was developed by Müller. The close relationship between *Texte zur Kunst* and the program at the time of the Christian Nagel Gallery in Cologne, founded in 1990, and which continues to represent Müller, exemplifies to what extent taste, value, and exchange function as the three central ideas in Müller's body of work that are somehow always associated with (temporary) superimpositions of artistic, art critical, and commercial spheres of interest. As Müller's biography clearly demonstrates, such aspects of strategic marketing usually do not offer sufficient explanation for the construction of "authorship" that is constitutive to the development of a body of work.

One reason for his decision to shift careers at age twenty-seven and attend the Düsseldorf Academy had to do with a brief observation, as Müller recounts, which made Düsseldorf seem like just the "right place." He saw Beuys and Warhol on the street in front of the galleries Schmela and Fischer: It was a brief but decisive moment, which—as one might speculate—generated a mental identification with two emblematic figures in art, whose image must have bathed such an unauratic place as Düsseldorf in a promising light.

The awareness that a glamorous and—in the case of Warhol—queer artistic persona is always associated with a media savvy "star quality" is reflected in a photograph produced in conjunction with Müller's project *Carl Theodors Garten in Düsseldorf-Hellerhof*: in the figure of a young glasses-wearing academic striding ahead at the front of a student-like troop, one recognizes a parodic inversion of Beuys's shamanistic representation of himself as a pedagogical visionary. The photograph conveys an impression of an atmosphere of a departure from the academy but one does not quite know where to. The fact that the image would wind up as the catalogue cover for a retrospective must have been, at most, an unconscious fantasy at the time. From today's point of view, it documents a group of people who were apparently aware that it was necessary to enter into new territory together in order to accomplish something in the art world. In this sense, one can view another photo of Müller's, in which the artist points his finger to a new development in Düsseldorf-Hellerhof—as an "establishing shot" for a still-to-be-defined site at the interface between art, the public, and the media. In contrast to the studio production economy predominant in the nineteen-eighties, Müller's gesture creates a literal mediating relationship to a performative (self) staging of the artist-researcher in the tradition of conceptual art and land art. In this context, his appearance in the role of an academically adept "guide" can be understood not only as a move away from the naturalized image of the artist, but also as a fractured assump-

tation im Rahmen der Jahresausstellung der Akademie »rekonstruierte«. Die von Müller behauptete Rückkehr der Sammlung nach Düsseldorf könnte man als eine Geste gegen ein essenzialistisches Verständnis von Zeitgenossenschaft, mithin als ein Verlassen von Gegenwart in eine andere mögliche Logik von historischer Zeit verstehen. Die zeichenhafte Verschränkung von (abwesender) Vergangenheit und (anwesender) Gegenwart erwies sich hier als eine Strategie, die Akademieausstellung zu einer imaginären Sammlung und als solche zu einem »illegitimen« Kunstwerk zu erklären. Auf diese Weise appropriierte Müller Duchamps Modell des Ready-made im Sinne einer Fiktionalisierung institutioneller Codes: So hatte er auf den Fluren Schilder mit der in drei Sprachen übersetzten Anweisung angebracht, die Bilder und Rahmen nicht zu berühren. Die hierin aufscheinende Inversion »konzeptueller Proposals«, die an Yoko Ono, Sol LeWitt, Lawrence Weiner etc. erinnern, griff deren Kernidee einer Übersetzbarkeit visueller Werke in linguistische Definitionen ebenso auf wie die damit verbundene Informatisierung des Waren- und Tauschwertcharakters von Kunst. Der von Müller[20] entworfene Folder mit Informationen über Carl Theodors Sammlung hatte in diesem Zusammenhang die Funktion, die Akademie nach »aussen« zu tragen und so als öffentliche Institution zu deklarieren. Im Sinne konzeptueller Publicity-Strategien implizierte der *Kleine Führer durch die ehemalige Kurfürstliche Gemäldegalerie Düsseldorf* somit die in Postmodernediskursen gängige These, derzufolge das Paradigma der Produktion (in Homologie mit dem Industriezeitalter)[21] durch jenes der Simulation (in Homologie mit dem Informationszeitalter) abgelöst worden sei. Der zeichenbewusste Umgang mit den Bedingungen künstlerischer Produktion setzte sich in Müllers Auftritten als Ausstellungsführer fort, die er in einer Uniform der Wach- und Schliessgesellschaft absolvierte: Wie auf dem Foto als Fremdenführer setzte sich Müller so von den in der Düsseldorfer Akademie vertretenen, naturburschenhaften und bohemistischen Künstleridentitäten ab, welche wesentliche Elemente geschlechtsspezifischer Ein- und Ausschlussrituale darstellen.

Doch das, was die Teilnehmer seiner Führung tatsächlich zu Gesicht bekamen, waren nicht nur »immaterielle« Zeichen, sondern künstlerische Erzeugnisse aus den damaligen Klassen, die im Rahmen der Jahresausstellung auf den Fluren ausgestellt waren. Müller versah diese mit Bildbeschreibungen von Werken aus Carl Theodors Sammlung und rekurrierte somit zugleich auf das historische Verhältnis von aristokratischen AuftraggeberInnen zu ihren HofkünstlerInnen, das sich im modernen Kunstbetrieb in ein System aus MäzenatInnen, SammlerInnen, GaleristInnen, KuratorInnen und »freien« KünstlerInnen transformierte. Zugleich wurde damit jene Epoche ins Gedächtnis gerufen, in der sich der Übergang vom Absolutismus zur Aufklärung vollzog, als der aufkommende wissenschaftliche Rationalismus zum Komplizen des sich entwickelnden kapitalistischen Produktionssystems wurde.

Die Vergegenwärtigung einer abwesenden Vergangenheit, wie sie Müller mit seiner Performance evozierte, nahm hier also eine mehrschichtige Dimension an: Das Zukunfts- und Fortschrittsgebot der Aufklärung und – als Ausdruck ihrer kritischen Umdeutung – das Utopieversprechen der historischen Avantgarden, wurden hier auf ein fiktives historisches Archiv zurückprojiziert, welches – wie im Fall der fiktiven Gemäldesammlung – ein ortsspezifisches Phänomen am

tion of an artistic stance which is more closely associated with the production of information and knowledge than objects and images. How Müller broached the issue of the typically male and heterosexually coded image of the artist through role-play could be ascribed to his function as the assistant of Kaspar König, who was appointed Professor of Art in Public Space at the Düsseldorf Academy in 1986. Thus, it was incumbent on Müller to host the artists and curators that König invited. In this way, he came in contact with the works of Marcel Broodthaers, Daniel Buren, Jef Cornelis, Fischli/Weiss, Louise Lawler, Sherrie Levine, and others, who more or less explicitly represented a viewpoint that was principally critical of the notion of a work and an author. As Müller explained in a conversation preceding my contribution to this catalogue, up until that point he had hardly encountered the positions within contemporary art criticism that had originated in the nineteen-eighties in New York in the context of magazines like *October* or institutions like the Whitney Program or the New Museum of Contemporary Art. It is therefore even more remarkable that Müller, who—in contrast to the "postmodern" historicism popular at the time—viewed history as an undifferentiated wealth of subjects and styles, already developed historically critical models of site specificity and institutional critique in the mid-nineteen-eighties. Here, Müller's performance *Kleiner Führer durch die ehemalige Kurfürstliche Gemäldegalerie Düsseldorf* in 1986 is a good example;[17] it "reconstructed" a historical collection,[18] which had previously migrated to Munich, through a fictive presentation during the annual open house exhibition of the academy. What Müller claimed to be the return of the collection to Düsseldorf could be understood as a gesture contrary to an essentialist understanding of the notion of the contemporary as well as a departure from the present into another possible logic of historical time. The figurative melding of an (absent) past and a (given) present proved to be a strategy that turned the academy exhibition into an imaginary collection, and as such into an "illegitimate" work of art. In this manner, Müller appropriated Duchamp's model of the ready-made in the sense of a fictionalization of an institutional code. In the hallways he hung signs translated into three languages that instructed visitors not to touch the pictures or the frames. Here, the immanent inversion of "conceptual proposals" reminiscent of Yoko Ono, Sol LeWitt, Lawrence Weiner, and others, took up the core notion of such concepts: the possible translation of visual works into linguistic definitions as well as the associated informationalization of the commodity and exchange value of art. The folder[19] Müller designed with information on Carl Theodor's collection functioned in this context to present the academy to the "outside" and declare it a public institution. In terms of conceptual publicity strategies *Kleiner Führer durch die ehemalige Kurfürstliche Gemäldegalerie Düsseldorf* inherently implied a thesis common to postmodern discourses, namely that the paradigm of production (in homology with the industrial age) would be replaced by that of simulation (in homology with the information age).[20] His consciousness of the importance of signs in his approach to the conditions of artistic production came through in his performances as an exhibition guide, for which he wore a uniform from a security guard company. As in his photograph as a guide, Müller distanced himself from the identity of the nature-boy, bohemi-

Vorabend der Konstituierung der bürgerlichen Gesellschaft dokumentiert: Somit erscheint die Akademie als ein Ort, an dem die Konstruktion von künstlerischer Identität als eine gegenüber ihrer Geschichtlichkeit immune Negation von Alterität und Differenz erscheint.

Was dies heisst, mag beispielhaft an einer Arbeit deutlich werden, die auf den *Kleinen Führer* folgte: *Carl Theodors Garten in Düsseldorf-Hellerhof.* Hierin ging es um die von dem Kurfürsten in Auftrag gegebenen Bau eines »zeitgemässen Lustschlosses in Form einer Eremitage«,[22] das jedoch nicht in Hellerhof, sondern in Benrath realisiert wurde. Müller bot Führungen durch die im Aufbau befindliche Neubausiedlung Hellerhof an. Als Struktur lag den Führungen die These zugrunde, dass für dieses Gebiet von Nicolas de Pigage (1723–1796) diejenige Gartenanlage geplant war, die später wenige Kilometer nördlich in Benrath realisiert wurde. Diese erneute zeichenhafte Montage von faktischer und möglicher Gegenwart offenbarte die Identität von Ort, Zeit und (Künstler-)Subjekt als ein gegenüber seinen Alteritäten, Differenzen, Diskontinuitäten und Widersprüchen blindes Konstrukt. Und auch in diesem Beispiel sehen wir Müllers Anliegen am Werk, das ästhetische Feld als ein geschlechtlich codiertes Zusammenspiel von Geschmack, Wert und Tausch decodierbar zu machen.

So erfahren wir, dass sich *Carl Theodors Garten* an zwei gegensätzlichen Mustern ausrichtete. Während seine axiale Struktur noch an der strengen Geometrie der französischen Gärten orientiert war, brachen andere Elemente wie die Natur imitierenden organischen Formen der Wasserführung bereits zu den offeneren Formen des englischen Landschaftsgartens durch. Solche Anlagen ermöglichten es den BesitzerInnen, sich vom öffentlichen Hof in intime ländliche Sphären zurückzuziehen. Wie aus Müllers Darstellung ersichtlich wird, ging die Konstruktion von privatem Raum mit einer Idealisierung des »natürlichen Landlebens« einher, welche sich in labyrinthisch-verspielten Wegemustern äusserten. Solche stilisierten Naturlandschaften korrespondierten mit spezifischen Inszenierungen sexueller Beziehungen: Müllers Hinweis auf bacchantische Schäferspiele lässt erotische Gepflogenheiten gegenwärtig werden, die mit der bürgerlichen Geschlechtermoral des 19. und 20. Jahrhunderts kaum in Einklang zu bringen sind – ebenso wie sein Hinweis auf Carl Theodors Affinität zum Aufklärer Voltaire, mit dem er nicht nur »Gespräche über zeitgenössische Bauvorhaben und Prachtgärten« führte, sondern »einen nahezu intimen Umgang« pflegte. In dem von Müller recherchierten Material finden sich noch weitere Hinweise auf homo-soziale Beziehungen und queere, campästhetische Motive. Während die von Müller zitierte Charlotte von Stein Goethe als einen »entsetzlich dicken«, kurzarmigen, sprich: unansehnlichen Mann charakterisiert, vermittelt ein Zitat Martin Hieronymus Hudtwalckers einen ganz anderen Eindruck: Er spricht vom »hinreissendem Blick« Goethes, dem »gewiss jeder Jüngling [...] um den Hals fallen und jedes Mädchen an seine Brust« möchte.

Wie *Siehe da, ein mögliches Leben hat sich eingerichtet*, *Vergessene Zukunft* und *Kleiner Führer* besteht auch die Arbeit *Carl Theodors Garten* aus der asynchronen Verschränkung visueller und sprachlicher »Informationen«, die ihrerseits über eine Vielfalt historischer Subtexte verfügen. So spiegelt die kartografische Rekonstruktion einer feudalen Gartenanlage innerhalb eines urbanen Gefüges nicht

an artist propagated by the Düsseldorf Academy—an identity that generally represented elements of gender-specific inclusionary and exclusionary rituals.

However, what those who participated in his tour actually got to see were not just "immaterial" signs, but artwork from the actual classes exhibited in the hallways in conjunction with the annual open house. Müller annotated these works with descriptions from the works in Carl Theodor's collection and thereby referred back to the historical relationship between patrons and court painters, which in the modern art business has since been transformed into a system of sponsors, collectors, gallerists, curators, and "freelance" artists. At the same time, it recalled an era when the transition from absolutism to enlightenment took place, and when burgeoning scientific rationalism became complicit with the development of a capitalistic system of production.

Here, bringing a vanished past into the present, as Müller did in his performance, assumed a complex layering of dimensions. The Enlightenment's proposition of future and progress and—a result of a critical reinterpretation of the Enlightenment—the historical avant-garde's promise of utopia were projected back onto a fictive historical archive, which, as in the case of the fictive painting collection, documents a site specific phenomenon on the eve of the formation of bourgeois society. Thus, the academy appears to be a place where the construction of artistic identity seems to immune to its own historical processes—a negation of alterity and difference. What this means is clearly exemplified by *Carl Theodors Garten in Düsseldorf-Hellerhof*, a work that followed the *Kleiner Führer*. The subject was a building commissioned by the Elector as a "then in vogue pleasure castle in the form of a hermitage,"[21] which was ultimately built in Benrath and not in Hellerhof. Müller offered tours through the new development that was currently under construction in Hellerhof. An underlying structure of the tours was the thesis that Nicolas de Pigage (1723–1796) had planned the garden complex for this area, but it was later realized a few kilometers to the north in Benrath. This new figurative montage of a factual and possible present revealed the identity of place, time, and (artist's) subject as a blind construct compared with its alterities, differences, discontinuities, and contradictions. Also, in this example we see Müller's concerns unfold: a desire to enable a decoding of the gender-coded interplay of taste, value, and exchange that makes up the aesthetic field.

We learn that *Carl Theodors Garten* was structured according to two opposing patterns. While its axial structure was still oriented towards the strict geometry of the French garden, other elements, such as a naturalistic imitation of organic forms of channeling water, transitioned to the more open forms of English landscape gardens. These complexes made it possible for the owners to retire from the public courtyard into more intimate bucolic spheres. As Müller's description makes clear, the construction of private space was accompanied by an idealization of "natural country life" that was expressed in the playful labyrinth-like patterns of the pathways. This kind of stylized natural landscape corresponded with specific dramaturgies of sexual relationships. Müller's reference to the bacchanalian shepard games brings to mind erotic conventions that can hardly be

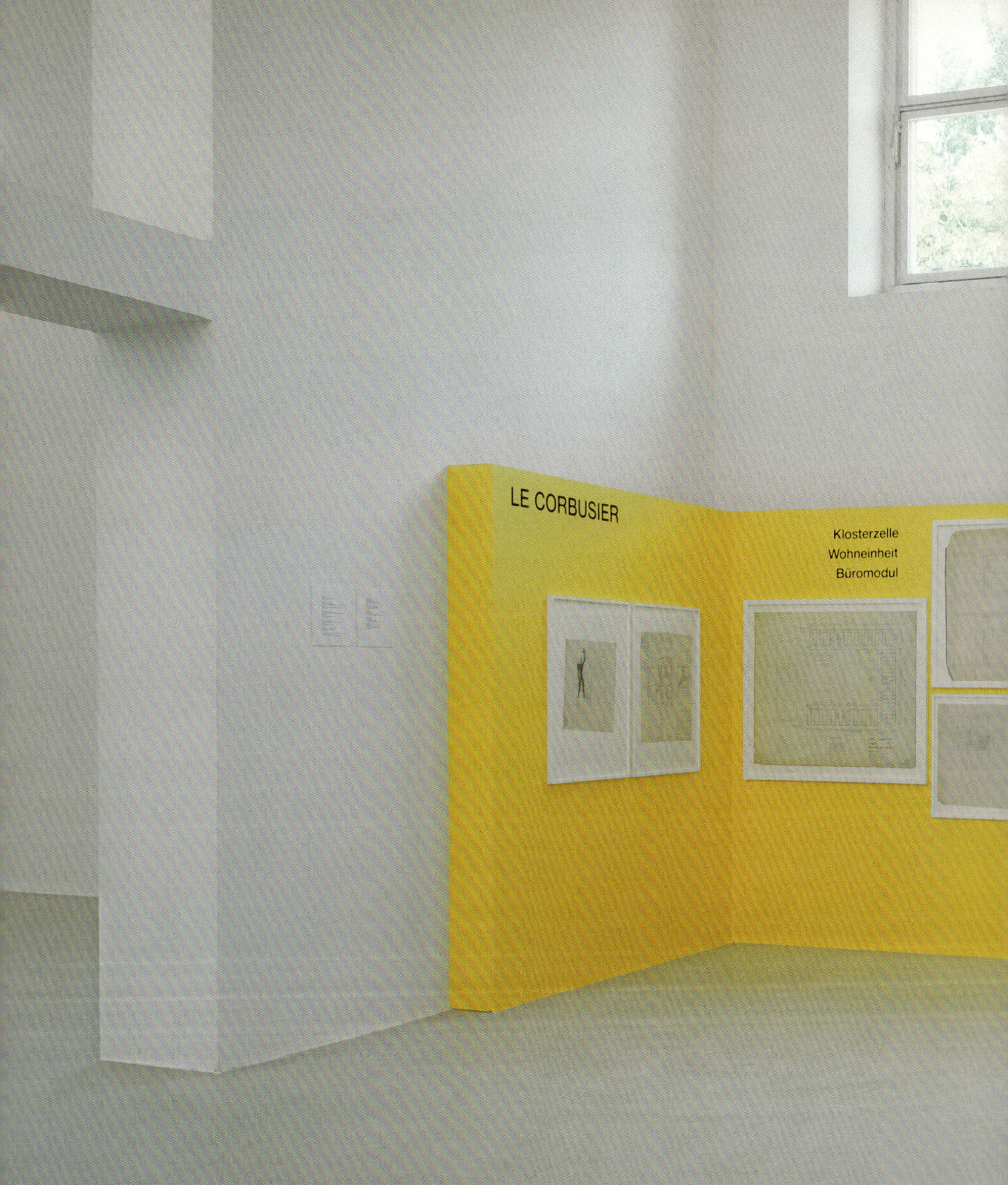

Vergessene Zukunft ***Forgotten Future***, 1992

Das elektronische Gedicht
EDGARD VARÈSE

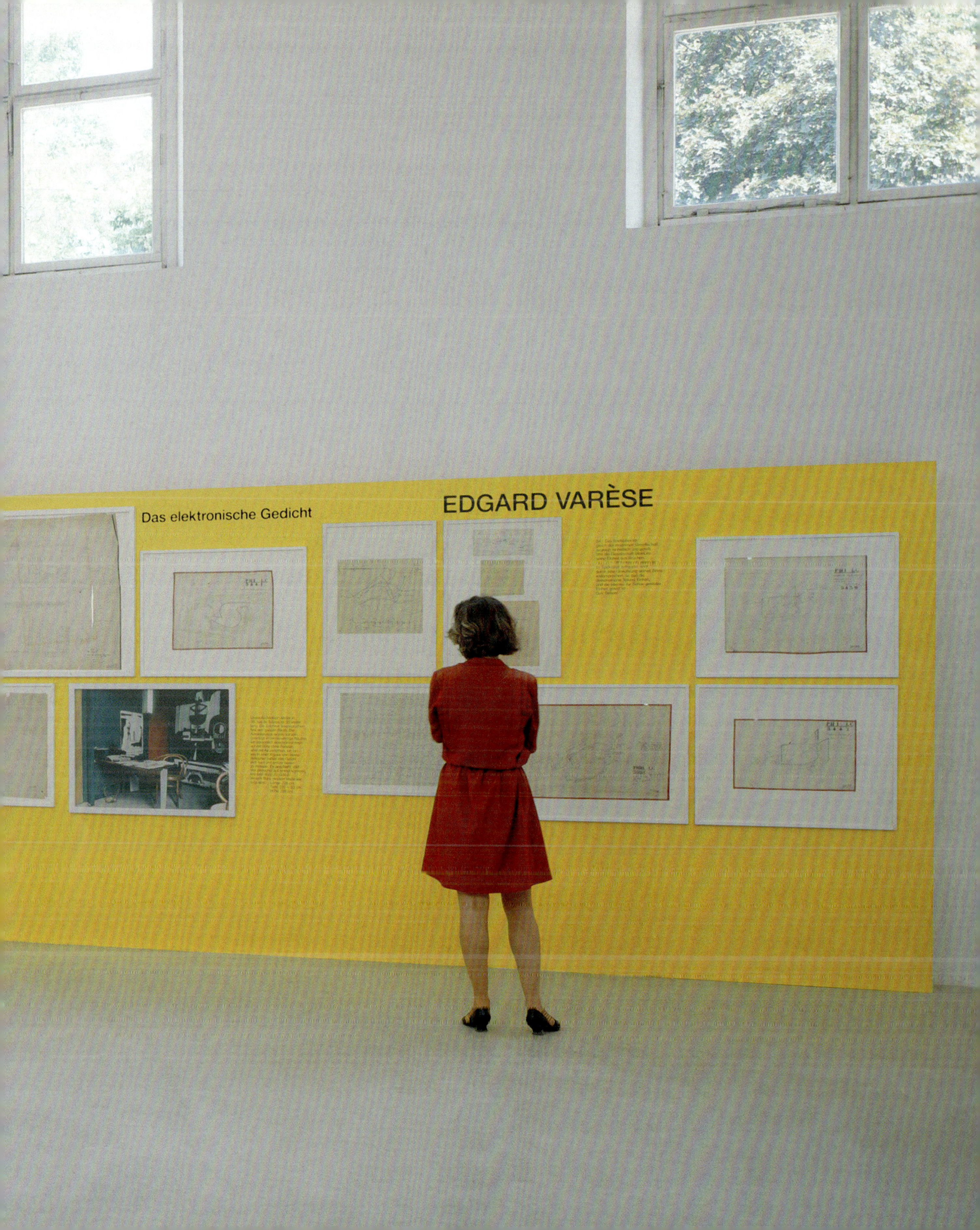

notwendigerweise das, was wir zu sehen meinen: Die Frage, ob die rokokohaften Irrwege, die hier in einem imaginären Raum der Gegenwart projiziert werden, als unleserlich gewordene Zeichen der Alterität und Differenz, der Diskontinuität und des Widerspruchs gelesen werden können, setzt sich in den von seinen damaligen AkademiekollegInnen gespielten »lebenden Skulpturen« fort, erscheinen sie doch wie Gespenster einer notwendigerweise unvollendet gebliebenen Aufklärung.

In der Zusammenschau der hier thematisierten Arbeiten erscheint Müllers Werkkonzept als Reflexion über die Produktions- und Rezeptionsbedingungen ästhetischer Zeichen innerhalb der Vorstellungswelten heteronormativer Ordnungen. Doch statt die Idealisierung einer »besseren Zeit« zu betreiben, in der Geschlecht und Sexualität der bürgerlichen Moral noch nicht unterworfen waren, treten in Müllers Montagen territoriale Markierungen auf, mit der sich privilegierte von deprivilegierten Subjektpositionen abzugrenzen suchten. Solche von Müller sichtbar gemachten Grenzziehungen – im Fall von *Carl Theodors Garten* in Gestalt »natürlich« wirkender Wälle – sind dazu angetan, für die hierarchie-, eigentums- und machtstabilisierenden Strukturen zu sensibilisieren, die im ästhetischen Feld als einem System aus Geschmack, Wert und Tausch angelegt sind.

reconciled to the bourgeois sexual mores of the nineteenth and twentieth centuries. The same applies to his reference to Carl Theodor's affinity to the Enlightenment thinker Voltaire, with whom he not only had "conversations about contemporary building plans and magnificent gardens" but with whom he cultivated "an almost intimate social intercourse." The material Müller researched revealed additional references to homo-social relationships and queer, campy motifs. While Müller's quote from Charlotte von Stein characterizes Goethe as "a disgustingly fat," short-armed and thus unattractive man, a quote from Martin Hieronymus Hudtwalcker give a completely different impression: he talks about Goethe's "ravishing gaze" and how "certainly any youth [... would like to] fling their arms around his neck and any young girl [would desire to] embrace him." As in *Siehe da, ein mögliches Leben hat sich eingerichtet*, *Forgotten Future* and *Kleiner Führer*, the work *Carl Theodors Garten* consists of an asynchronous interweaving of visual and linguistic "information" that in itself accesses a broad range of histrical subtexts. The cartographic reconstruction of a feudal garden complex within an urban framework does not necessarily reflect what we think we see. The question whether the meandering rococo-like pathways projected onto the space of the present can be read as signs of alterity and difference, discontinuity, and contradiction that have now become illegible is perpetuated by the "living sculptures" that were played by his colleagues from the academy, who appeared like ghosts of an enlightenment that has not necessarily already come to an end.

In an overview of the works discussed here, Müller's working concept seems to be a reflection on the conditions of production and reception of aesthetic signs within the frame of perception of a heteronormative order. Instead of idealizing what was "a better time," in which gender and sexuality were not yet subject to bourgeois morals, territorial markings appear in Müller's montages that attempt to delineate privileged and unprivileged subject positions. This kind of demarcation made visible by Müller—ramparts that appear "natural" in the context of *Carl Theodors Garten*—are intended to make us more sensitive to the underpinning structures of hierarchy, ownership, and power, which are inherent to the aesthetic field as a system of taste, value, and exchange.

1 – Carol Armstrong, »Counter, Mirror, Maid: Some Infra-hin Notes on *A Bar at the Folies-Bergère*«, in: Bradford R. Collins, *12 Views of Manet's Bar*, Princeton 1996, S. 25–46, hier: S. 28.
2 – Ebd.
3 – Ebd., S.29.
4 – Aus Protest gegen diese Zensurmassnahme hängte Daniel Buren Fotokopien von Haackes *Manet-Projekt* in seinem Teil der Ausstellung aus. Solidarität erfuhr der Künstler auch von Marcel Broodthaers und von dem Galeristen Paul Maenz. Vgl. Walter Grasskamp, Molly Nesbit und Jon Bird (Hrsg.): *Hans Haacke*, London und New York 2004, S. 56–59.
5 – Noch bevor Pierre Bourdieus Studien wie *Die feinen Unterschiede* im Umfeld der institutionskritischen KünstlerInnen und AutorInnen – neben Müller, Fareed Armaly (mit dem er Anfang der 1990er-Jahre eng zusammengearbeitet hat), Marc Dion, Andrea Fraser, Renée Green, Fred Wilson – populär geworden waren, spielte die darin dargestellte Differenzierung des herkömmlichen Klassen- und Kapitalbegriffs in den Werkentwürfen der genannten KünstlerInnen eine mehr oder weniger explizite Rolle. Die universalistische Gesellschaftsutopie einer Übertragung von Kunst- in Lebenspraxis, wie sie gemäss Peter Bürger der Anspruch der historischen Avantgarden war, sollte hier zum Gegenstand einer De- und Rekonstruktion eines vorherrschenden, idealistischen oder auch im Sinne der Postmoderne verworfenen Begriffs von Moderne avancieren.
6 – Helmut Draxler, in: *Christian Philipp Müller. Vergessene Zukunft*, Ausst.-Kat. Münchner Kunstverein, München und Graz 1992, Katalogumschlag.
7 – Dieses hatte er gemeinsam mit Edgard Varèse für den Pavillon der Firma Philips auf der Brüsseler Weltausstellung von 1958 entworfen. Draxler spricht in seinem Katalogtext von einer »Synthese zwischen Kunst und Technik« in Gestalt eines »gesamtkunstwerkliche[n], aus Licht, Farben, Rhythmen, Bildern und Tönen bestehende[n] Spektakel[s]«. Helmut Draxler, »Harmonie und Hygiene. Aspekte einer Modernismus-Rezeption«, in: ebd. (Anm. 6), S. 4–27, hier: S. 4.
8 – Hierin entwickelte er eine technokratisch gewendete Version faschistischer Konzepte von Volkshygiene, deren hetero-sexistische Rhetorik in seinem Entwurf eines »Zentrum[s] für sexuelle Freizeitgestaltung« zum Ausdruck komme, »eine Art Orgienkeller, der nur heteropaarweise betretbar gewesen wäre. Schöffer »feminisierte« den dafür vorgesehenen Bau: Weich Formen, rosa Färbung, das Ganze in der Form einer weiblichen Brust.« Siehe Manfred Hermes, »Elevation. Im Jahr 2000 wird die ganze Welt schwul sein!«, in: ebd. (Anm. 6), S. 30–53, hier: S. 42.
9 – Der Film gilt als signifikantes Beispiel jener hetzerischen Homophobie, wie sie sich aus der Zeit des Nationalsozialismus in der Adenauer-Ära fortsetzte. Wie Wolfgang Theis in seinem Beitrag darstellt, waren die Reaktionen der FSK, der bürgerlichen und kirchlichen Presse nicht minder homophob. Auf der Grundlage seiner Recherchen zeigt Theis auf, dass die ursprüngliche Fassung des Films wie auch Verlautbarungen Harlans stellenweise sogar Kritik an der Diskriminierung von Homosexualität erkennen lassen, obwohl die »Art seines Regiestils [...] Zweifel an seinen lauteren ›Aufklärungsabsichten‹ aufkommen« lasse. Wolfgang Theis, »Anders als du und ich (§ 175)«, in: ebd. (Anm. 6), S. 56–72, hier S. 72.
10 – Helmut Draxler, in: ebd. (Anm. 6), S. 4.
11 – Als solchen beschreibt ihn Draxler: »Der Künstler agiert hier als Kurator, der historisches Material so gruppert und installiert, das daraus auch ein aktueller Inhalt gezogen werden kann.« Ebd. (Anm. 6), S. 6.
12 – Siehe ebd., S. 10.
13 – Siehe Christian Philipp Müllers Beitrag zu *Back to Babel: Project Unité* (Firminy, Frankreich, 1993), in dem er Probleme des Lärmschutzes in Le Corbusiers Appartmentblock untersuchte.
14 – Dies sind Methoden, wie sie auch für die Arbeiten Fareed Armalys, Andrea Frasers, Renée Greens oder jenen der Gruppe Group Material charakteristisch sind.
15 – Andrea Fraser, »Was ist Institutionskritik?«, in: *Texte zur Kunst*, Heft 59, 15. Jg., September 2005, S. 87–89, hier: S. 87.
16 – James Meyer: »Der funktionale Ort/The Functional Site«, in: *Platzwechsel*, Ausst.-Kat. Kunsthalle Zürich, Zürich 1995, S. 25–41, hier: S. 26; Meyer bezieht sich in seinem Essay auf Arbeiten von Ursula Biemann, Tom Burr, Mark Dion und Christian Philipp Müller.
17 – Ebd., S. 27.
18 – Diese Führung fand im Rahmen des »Jährlichen Rundgangs der Kunstakademie Düsseldorf« statt.
19 – 1806 von Düsseldorf nach München transferierte Sammlung des Kurfürsten Carl Theodors von Pfalz-Sulzbach (reg. 1742–1799).
20 – Mit einem von Andreas Gursky fotografierten Aufritt des Künstlers als Wachschutz.
21 – Jean Baudrillard, *Der symbolische Tausch und der Tod*, München 1982, S. 24 f.
22 – Vgl. Christian Philipp Müllers Begleitheft zur Führung.

1 – Carol Armstrong, "Counter, Mirror, Maid: Some Infra-thin Notes on *A Bar at the Folies-Bergère*," in *12 Views of Manet's Bar*, ed. Bradford R. Collins, (Princeton, 1996), pp. 25–46, here p. 28.
2 – Ibid.
3 – Ibid., p.29.
4 – In protest of the censorship, Daniel Buren hung photocopies of Haacke's *Manet Project* in his section of the exhibition. Marcel Broodthaers and the gallerist Paul Maenz also expressed their solidarity with the artist. See *Hans Haacke*, eds. Walter Grasskamp, Molly Nesbit, and Jon Bird (London and New York, 2004), pp. 56–59.
5 – Even before Pierre Bourdieu's studies like *Distinction: A Social Critique of the Judgment of Taste* became popular in the circles of artists and authors involved in institutional critique—which, along with Müller, included Fareed Armaly (with whom he had worked closely in the early nineteen-nineties), Marc Dion, Andrea Fraser, Renée Green, Fred Wilson—the distinction between traditional descriptions of class and capital described therein already played a more or less explicit role in the ideas of the artists named above. The universalistic social utopia of transferring the practice of art into life, which according to Peter Bürger was an aim of the historical avant-garde, was here to become the object of a deconstruction and reconstruction or a dominant, idealistic or, in a postmodern sense, rejected notion of modernism.
6 – Helmut Draxler, in *Christian Philipp Müller. Vergessene Zukunft*, exh. cat. Münchner Kunstverein (Munich and Graz, 1992), catalogue cover.
7 – Together with Edgard Varèse he had designed this for the Philips pavilion at the World's Fair in 1958 in Brussels. In his catalogue text, Draxler describes a "synthesis between art and technology" in the form of a "total work of art—[a] spectacle[s] comprised of light, color, rhythm, images, and sounds." See Helmut Draxler, "Harmonie und Hygiene. Aspekte einer Modernismus-Rezeption," in ibid., pp. 4–27 (see note 6), p. 4.
8 – Here he developed a technocratically oriented version of fascist concepts of "Volkshygiene" (people's hygiene), which entailed a hetero-sexist rhetoric expressed in his design for a "center for sexual leisure," which was "a kind of orgy cellar that only admitted hetero couples." Schoeffer 'feminized' the planned building: gentle forms, pink colors, the whole structure in the form of a female breast. See Manfred Hermes, "Elevation. Im Jahr 2000 wird die ganze Welt schwul sein!," in ibid., pp. 30–53, here p. 42.
9 – The film is considered an important example of the kind of persecutory homophobia of the Nazi period that continued into the Adenauer era. As Wolfgang Theis describes in his contribution to the catalogue, the reactions of the FSK (Freiwillige Kontrolle der Filmwirtschaft/Voluntary Control of the Film Industry) and the civil and church press was not any less homophobic. Based on his research, Theis's thesis reveals that the original version of the film as well as statements by Veit Harlan even evidence a critique of discrimination against homosexuals, although "his style of directing would raise [...] doubts about the sincerity of his 'enlightening intentions.'" See Wolfgang Theis, "Anders als du und ich (§ 175)," in ibid., pp. 56–72 (see note 6), here p. 72.
10 – Helmut Draxler, in ibid. (see note 6), p. 4.
11 – Draxler describes him as such: "Here the artist acts as a curator who groups and installs historical material in such a way that it can produce contemporary content." Ibid. (see note 6), p. 6.
12 – Ibid., p. 10.
13 – See Christian Philipp Müller's contribution to *Back to Babel: Project Unité* (Firminy/ France, 1993), in which he explored the problem of noise control in Le Corbusiers apartment block.
14 – These are methods, which are also characteristic of works by Fareed Armaly, Andrea Fraser, Renée Greene or the collective group material. See Helmut Draxler, *Die Gewalt des Zusammenhangs. Repräsentation, Raum und Referenz in den frühen Arbeiten von Fareed Armaly*, (Berlin, 2006).
15 – Andrea Fraser, "What is Institutional Critique?" Written based on notes for a talk at "Institutional Critique and After," a symposium held at the Los Angeles County Museum in May 2005. The English text is unpublished to date but was kindly provided by *Texte zur Kunst*. Published in German translation in *Texte zur Kunst* 59 (September, 2005), pp. 87–89, here p. 87.
16 – James Meyer, "Der funktionale Ort/The Functional Site," in *Platzwechsel*, exh. cat. Kunsthalle Zürich, pp. 25–41 (Zurich, 1995), p. 27. In his essay, Meyer refers to the works of Ursula Biemann, Tom Burr, Mark Dion, and Christian Philipp Müller.
17 – This tour took place in conjunction with the "Jährlicher Rundgang der Kunstakademie Düsseldorf" (Annual Open House of the Düsseldorf Academy).
18 – The collection of Elector Carl Theodor of Pfalz-Sulzbach (ruled 1742-1799), which was transferred to Munich in 1806.
19 – Including a performance by the artist as a security guard, photographed by Andreas Gursky.
20 – Jean Baudrillard, *Symbolic Exchange and Death* (London, 1993).
21 – See Christian Philipp Müller's accompanying booklet for the guided tour.

Ein Gespräch zwischen James Meyer und Christian Philipp Müller
A Conversation between James Meyer and Christian Philipp Müller

19. Mai 2006 May 19, 2006

Zürich

James Meyer (JM): Wie kam es dazu, dass du dich entschlossen hast, Künstler zu werden?

Christian Philipp Müller (CPM): Als ich 16 war, schickte man mich zu einem Berufsberater. Dort musste ich eine Schriftprobe abgeben. Der Berater ging zu meinen Eltern zurück und sagte: »Wissen Sie, in ihm steckt ein Künstler, aber er ist noch zu jung und sollte erst eine richtige Ausbildung machen.« Erst kürzlich las ich einen Artikel über Thomas Hirschorn. Ihm ist es genauso ergangen. Auch seine Eltern meinten: »Du solltest Schriftsetzer werden.« Seit der Reformation gilt die Buchdruckerkunst als ein Metier, das zwischen Handwerk und akademischer Welt, zwischen Handarbeit und Kopfarbeit rangiert. Und das war der Grund, weshalb man mich diesen Beruf erlernen liess.

JM: Wo hast du deine Ausbildung absolviert?

CPM: Ich habe vier Jahre in einer Druckerei gelernt. Einmal die Woche ging ich zur Schule und habe dann noch zusätzlich einen halben Tag Kurse in Kunst besucht. Kurz vor meinem 20. Geburtstag wurde ich zum Militär eingezogen. Das war im Sommer 1977. Bevor ich in der Armee verschwand, wollte ich mir aber noch ein kulturelles Erlebnis gönnen, und so besuchte ich die *documenta* 6 mit den beiden Pavillons von Dan Graham, der *Honigpumpe* von Joseph Beuys, dem Bohrturm, mit dem man das Loch für Walter De Marias *Vertikalen Erdkilometer* gegraben hatte, und George Trakas' *Union Pass* im Park. Ich bin aber nicht bloss hingefahren und habe mir das mal angesehen. Ich verbrachte eine ganze Woche dort. Es war die letzte Woche in »Freiheit«.

JM: Danach gingst du nach Zürich.

CPM: Ich ging an die Hochschule für Gestaltung und Kunst (HGKZ). Etwa zur gleichen Zeit belegte ich Kurse an einer Schule namens Farbe und Form (F+F), die sich nach 1968 von der offiziellen Hochschule abgespaltet hatte, weil es dort damals keine Ausbildung in der bildenden Kunst gab. Bei F+F wurden Abend- und Wochenendkurse angeboten, bei denen insbesondere die Gruppenarbeit im Vordergrund stand. Das war etwa 1979. Ich wurde von Leuten wie Vito Acconci – der sehr körperbezogen arbeitet – geprägt. Ausserdem belegte ich Kurse in einer Videogruppe, wo wir mit Portopacks arbeiteten – diesen monströsen, unhandlichen Ausrüstungen, die man mit sich herumschleppen musste.

JM: Du wurdest Gestalter.

CPM: Ja, aber ich verlor das Interesse daran, für kommerzielle Kunden zu entwerfen, und widmete mich mehr und mehr der Kunst. Die Grafik-

Zurich

James Meyer (JM): How did you decide to become an artist?

Christian Philipp Müller (CPM): When I was sixteen, I was sent to a career advisor. I had to give a sample of my writing. The advisor went back to my parents and said: "You know, this is an artist, but he's too young and he should have a real education first." I just recently read an article on Thomas Hirschorn and the same thing happened to him. His parents also said, "You should become a typographer." From the Reformation on, typography was considered something between crafts and academia, between blue collar and white collar. And so that's what they made me learn.

JM: Where did you learn about typography?

CPM: For four years I was an apprentice in a typography workshop. I went to school one day a week and squeezed in another half-day for art classes. When I was almost twenty, I had to join the army. That was the summer of 1977. I decided I needed to do something cultural before disappearing into the army. I went to the *documenta* 6 with the two adjacent pavilions by Dan Graham, the honey pump of Joseph Beuys, the tower digging the hole for the *Vertical Earth Kilometer* by Walter De Maria, and George Trakas's *Union Pass* in the park. I didn't just go and see it once. I spent a whole week there. It was the last week of "liberty."

JM: After that you went to Zurich.

CPM: I went to the School of Applied Arts (HGKZ). At about the same time I took classes at an art school that split off after 1968 from the official applied arts school, "Farbe und Form" (F+F), because there was no fine arts education at the time. They offered evening and weekend classes, very much based on collaborative performances. That was around 1979. It was influenced by people like Vito Acconci — very body related. I also took video classes at a video collective, there we worked with Portopacks — those gigantic, bulky equipments.

JM: You were becoming a professional designer.

CPM: Yes, but I lost interest to create for commercial clients and spent more and more time in the fine arts. At first "F+F" was like the graphic design education on the side. I still had a nine-to-five job as a freelancer. I couldn't just say from one day to the other, "I am becoming an artist." It was more like stepping stones. When I was at the at the "F+F" it was all about collaboration and process and not about the product. I needed something that was my own. So I started looking around in Hamburg, Berlin, and Düsseldorf.

designausbildung lief an der Kunstgewerbeschule gewissermassen nebenher. Ich hatte schliesslich noch einen Fulltimejob als freier Mitarbeiter. Ich konnte nicht einfach von einem Tag auf den anderen sagen: »Ich werde jetzt Künstler.« Es ergab sich eher Schritt für Schritt. An der F+F ging es in erster Linie um Gemeinschaftsprojekte und den Entstehungsprozess, nicht um das Ergebnis. Ich brauchte etwas Eigenes und begann mich in Hamburg, Berlin und Düsseldorf umzusehen.

Düsseldorf

JM: Und wann kamst du nach Düsseldorf?

CPM: Etwa 1983. Zunächst war das allerdings ein ständiges Kommen und Gehen, denn ich war offiziell noch in Zürich eingeschrieben, verbrachte aber die meiste Zeit in Düsseldorf, wo ich mich für das Hauptstudium eingeschrieben hatte.

JM: Die Düsseldorfer Kunstakademie ist natürlich nicht irgendeine Kunstakademie. Sie gilt als führende Kunsthochschule Deutschlands und sie hatte eine grosse Tradition mit Beuys, Richter ... Es muss sehr aufregend gewesen sein zu deiner Zeit.

CPM: Der Auslöser, dorthinzugehen, war, dass ich Joseph Beuys und Andy Warhol hinter der Kunsthalle am Grabbeplatz vor den Galerien Schmela und Konrad Fischer sah. Da sagte ich mir: »Okay, das ist der richtige Ort. Wo die beiden sind, da muss ich auch sein. Da passieren die wirklich interessanten Dinge.« Ich begann dort als Gasthörer von Jürgen Partenheimer.

JM: Bei wem hast du in Düsseldorf noch studiert?

CPM: Ich wurde in die Klasse von Fritz Schwegler aufgenommen. Schwegler machte Zeichnungen, Gemälde und Objekte nach dem Vorbild von Schwitters. Er ist berühmt als Interpret der *Ursonate*, der Lautpoesie von Schwitters.

JM: Hat er sie selbst vorgetragen?

CPM: Ja, und er machte eigene Lautstücke, eine Art Gesang, aber mit Sprechstimme, sozusagen ein Sprechgesang. Er entwickelte seine eigene Ikonografie. Ich ging zu ihm, weil er der Einzige war, der auch Leute aufnahm, die nicht von sich sagten: »Ich bin Maler, ich bin Bildhauer, ich bin Fotograf, ich bin Videokünstler.« Er war vollkommen offen und liess mich meinen Weg gehen – jedenfalls im Wesentlichen. 1984 kuratierte Kasper König *von hier aus*, eine Ausstellung über die verschiedenen künstlerischen Bewegungen aus dem Rheinland und insbesondere aus Düsseldorf. Sie fand in der Messehalle statt. Die Stadt Düsseldorf bot Kasper König an der Kunstakademie einen Lehrstuhl für »Kunst im öffentlichen Raum« an. Damals wussten wir nicht, was das sein sollte.

JM: Und was machte er?

CPM: Alle Studenten wollten seine Vorlesungen besuchen, denn er war eine Berühmtheit. Wir wussten, dass er aus Studenten Stars wie Katharina Fritsch und Thomas Schütte machen konnte. Jeder an der Akademie suchte seine Nähe.

JM: Wolltest du wissen, wie man Stars macht?

CPM: Ich war sehr gespannt auf ihn. In seinen Veranstaltungen sass er da und redete. In der zweiten Woche erzählte er von seiner Vergangenheit als Verleger, gemeinsam mit seinem Bruder, Walther König. Die meisten Studenten blieben nach einer Weile weg. Ich wurde sein Assistent. Das war von 1985 bis 1986, eine sehr intensive Zeit, denn

Düsseldorf

JM: And you arrived in Düsseldorf when?

CPM: Around 1983. But there was a time of going back and forth, where I would officially still be enrolled in Zurich, but I would spend most of my time in Dusseldorf. I entered there as an advanced student.

JM: But of course the Kunstakademie in Düsseldorf isn't any art academy; it's considered the leading art school in Germany and it had a whole tradition, with Beuys, Richter... It must have been very lively when you were there.

CPM: My trigger, why I went there, was when I saw Joseph Beuys and Andy Warhol behind the Kunsthalle am Grabbeplatz, in front of the galleries Schmela and Konrad Fischer. That's when I said, "Okay, that's the place to be. Where they are, I have to be. That's where it happens." I started there as an auditor of Jürgen Partenheimer.

JM: Who else did you study with in Düsseldorf?

CPM: I was accepted by Fritz Schwegler. Schwegler did drawings, paintings, objects, all based on the whole Schwitters idea. He was famous, as an interpreter of the Ursonate, Schwitters's sound work.

JM: He would perform it himself?

CPM: And he did sound pieces himself where he was kind of singing, but in a speaking voice, a speaking song so to say. He invented his own iconography.

I went there, because he was the only one who would accept somebody who wouldn't say "I'm a painter, I'm a sculptor, I'm a photographer, I'm a video artist." It was totally open; and he left me alone, basically.

In 1984, Kasper König curated *von hier aus*, a show about the different art movements that came out of the Rhineland and out of Düsseldorf specifically. It was held at the Convention Center. With that show, the city of Düsseldorf promised Kasper König a teaching job at the Kunstakademie. His class was called "Kunst im öffentlichen Raum," or "public art"—we didn't know what that was.

JM: So what did he do?

CPM: Every student wanted to go to his lectures because he was a celebrity. We knew that he could turn students into stars like Katharina Fritsch and Thomas Schütte. Everybody at the art school wanted to be next to the guy.

JM: You were interested in the process of star-making?

CPM: I was very intrigued. He just sat there and chatted. In the second week, he said that he had a history of publishing, with his brother, Walter König. Most people left. I became his assistant. That was 1985 to 1986, a time that was very crucial, because Andy Warhol and Joseph Beuys died.

JM: So what did being Kasper König's assistant entail?

CPM. His teaching basically consisted of having his friends over on the way to *Skulptur Projekte Münster*. They were doing site visits in Münster and at the same time, they could stop by in Düsseldorf and give a presentation of their work. We were exposed to Dan Graham and Rodney Graham, Jenny Holzer, and Fischli Weiss. I organized trips, made posters. It was a full-time job.

JM: But it was also at that time that you did the piece, *Kleiner Führer durch die ehemalige Kurfürstliche Gemäldegalerie*. Was this tour your first piece?

Andy Warhol und Joseph Beuys starben.

JM: Und was hatte man als Assistent von Kasper König zu tun?

CPM: Sein Unterricht bestand im Wesentlichen darin, dass er Freunde einlud, die sich gerade in Münster umsahen, wo sie für die Ausstellung *Skulptur Projekte Münster* Skulpturenprojekte vorbereiteten. Auf dem Weg nach Münster konnten sie in Düsseldorf Station machen und ihre Arbeiten vorstellen. So lernten wir Dan Graham und Rodney Graham, Jenny Holzer und Fischli Weiss kennen. Ich organisierte Exkursionen, entwarf Plakate, es war ein Fulltimejob.

JM: Zu dieser Zeit entstand aber auch *Kleiner Führer durch die ehemalige Kurfürstliche Gemäldegalerie*. War dies deine erste Arbeit?

CPM: Nein, ich datiere den Beginn meiner künstlerischen Tätigkeit auf das Jahr 1984. Ich habe bereits früher in der Schweiz an Gemeinschaftsprojekten mitgewirkt.

JM: In welchem Kontext stand die *Ehemalige Kurfürstliche Gemäldegalerie*?

CPM: Ich fragte mich: »Warum fühle ich mich in Düsseldorf so deprimiert? Warum ist dieser Ort so hässlich? War es jemals ein schöner Ort?«

Dann fand ich heraus, dass es einmal eine Gartenstadt gewesen ist, dass man die gesamte Stadt durchqueren konnte und dabei immer und überall unter Bäumen lief. Es mangelte nie an Wasser, und überall grünte und blühte es. Das alles wurde im Zweiten Weltkrieg zerstört.

JM: Du hast 1986 zwei Führungen veranstaltet, und beide hatten mit Carl Theodor zu tun: eine auf dem Gelände des Lustschlosses und eine zweite in der Kunstakademie. Würdest du etwas über die Arbeiten erzählen?

CPM: Die Verbindung lag auf der Hand. Ich beschäftigte mich mit der Historie Düsseldorfs, das im 18. und 19. Jahrhundert eine sehr starke kulturelle Identität besessen hatte. Ich erkundete das Zentrum der Stadt und die Randbezirke. Wo hatte die Stadt ihren Ursprung? Und wo begann sie sich auszubreiten? Die Identität einer Stadt liegt meistens in ihrem Zentrum. Dort ist die Oper, das Museum, der Marktplatz. Je weiter man sich vom Zentrum entfernt, desto geringer ist das kulturelle Angebot. Ich wollte wie Smithson in dieses Ödland gehen, wo es »nichts« gibt, und diesen Orten und Menschen eine fiktive Identität, eine fiktive Vergangenheit geben.

Die Führung, die ich im Freien veranstalten wollte, arbeitete ich zunächst in Königs Seminar aus. Die Recherche nahm sehr viel Zeit in Anspruch, denn ich studierte die Gärten des 18. Jahrhunderts und beschäftigte mich mit englischen, französischen, italienischen und niederländischen Theorien über das Erhabene aus der Zeit der Aufklärung – all diese verschiedenen Ästhetiken. Im Lauf meiner Recherchen stiess ich auf das Lustschloss in Düsseldorf-Benrath. In der Geschichte von Benrath stösst man unweigerlich auf Wilhelm Lambert Krahe, einen Maler, der 1766 eine private Zeichenschule gründete. Er und seine Assistenten schufen die Fresken für Benrath. Der Kurfürst war so begeistert von dem fertigen Werk, dass er Krahes private Zeichenschule zum Lohn zur offiziellen Düsseldorfer Kunstakademie erhob.

JM: Düsseldorf besass keine Gemäldegalerie mehr. Und deshalb hast du eine Führung an der Kunstakademie veranstaltet?

CPM: No, I date my work back to 1984. I did collaborative works earlier on in Switzerland.

JM: What was the context of the piece?

CPM: "Why do I feel so depressed in Düsseldorf? Why is this such an ugly place?" I was asking, "Was this ever a beautiful place?"

I found out that it had once been a park city, that you could walk throughout the whole city under a canopy of trees. There was always water and it was very lusciously green. Everything was destroyed during World War II.

JM: So you have two tours in 1986, and they both have to do with Carl Theodor: one at the site of the pleasure palace and the other at the Kunstakademie. Could you relate the works?

CPM: The connection was obvious. I was researching the historical identity of Düsseldorf, it used to have a very strong cultural identity in the eighteenth and nineteenth century. I researched the center of town and the suburbs. Where did the city originate? And where does the city become suburban sprawl? The identity of cities mostly is located in their center. You have the opera, the museum, the marketplace. The further you go away from the center, the less culture one can find. I wanted to go to this wasteland, like Smithson, where there is "nothing," and give these places and people a fictional identity, a fictional past.

I initially developed the outdoor piece in König's seminar. It took a long time to research because I studied eighteenth-century gardens and Enlightenment theories of the sublime: the English, the French, the Italian, the Dutch—all these different aesthetics. During my research, I came upon the pleasure pavilion in Benrath/Düsseldorf. Immediately in the history of Benrath, you come across Wilhelm Lambert Krahe, a painter who founded a private drawing school in 1766. He and his assistants painted the frescoes for Benrath. The Duke was so pleased with the finished work and rewarded him by elevating the private drawing school to the official Düsseldorf Painting Academy.

JM: Düsseldorf did not have a Painting Gallery anymore. And so you gave a tour at the Art Academy?

CPM: My performance consisted in a fiction to bring fifteen highlights back. Since 1805, after the paintings were moved from Düsseldorf to Munich, they are part of the world-famous "Alte Pinakothek." The Academy building has a similar architecture as a museum or a castle. I wrote in my leaflet, that the Art Academy would be turned into the Painting Museum. You have a yearly one-week show, students showing their production at the "Rundgang," scrambling for attention. I did a comparison with the eighteenth century. I gave a daily tour of an hour and a half, dressed as a museum guard. Of course, I didn't have the Rubens or the van Dycks or the Velazquez' in Düsseldorf, instead the students' works were on view. I talked about the relationship of the Duke and his collection, about the status of each individual artist and how much in demand his work was.

JM: The work had several angles. It's about the desire of the collector to have significant works of art, and that of the artist to be collected. It also seems highly specific to the Düsseldorf Art Academy, because you're engaging the architecture there. So what was the connection between each station and professor, and the painting

CPM: Meine Performance war eine Fiktion, mit der ich an 15 herausragende Kunstwerke erinnern wollte. Seit 1805, als man die Gemälde aus der ehemaligen Kürfürstlichen Gemäldegalerie in Düsseldorf nach München brachte, gehören sie zum Bestand der weltberühmten Alten Pinakothek. Die Architektur der Akademie ähnelt der eines Museums oder eines Schlosses. In meinem Begleittext behauptete ich, die Kunstakademie würde wieder in das Gemäldemuseum umgewandelt. Es gibt einmal im Jahr eine einwöchige Ausstellung, in der die Studenten ihre Arbeit in einem Rundgang präsentieren, in der Hoffnung, dass man auf sie aufmerksam wird. Ich stellte einen Vergleich mit dem 18. Jahrhundert an und veranstaltete, als Museumswärter uniformiert, täglich eine eineinhalbstündige Führung. Natürlich hatte ich in Düsseldorf nicht die Werke von Rubens, van Dyck oder Velazquez zur Verfügung, stattdessen waren die Arbeiten der Studenten zu besichtigen. Ich sprach über die Beziehung des Kurfürsten zu seiner Sammlung, über den Status, den jeder der Künstler hatte, und darüber, wie gefragt sein Werk war.

JM: Die Arbeit hatte verschiedene Aspekte. Es geht um den Wunsch des Sammlers, bedeutende Kunstwerke sein Eigen zu nennen, und um den des Künstlers, gesammelt zu werden. Darüber hinaus scheint sie speziell auf die Düsseldorfer Kunstakademie zugeschnitten gewesen zu sein, weil du das Gebäude mit einbezogst. Worin bestand nun aber die Verbindung zwischen den einzelnen Ausstellungsabschnitten und Professoren und dem Gemälde, über das du jeweils sprachst?

CPM: Das war vollkommen willkürlich. Ich suchte besondere Highlights aus der ehemaligen Gemäldesammlung des Kurfürsten aus und wählte Werke aus, die jedermann von Reproduktionen kennt.

JM: Aber weshalb hast du deine Arbeit als Performance gestaltet? Warum hast du dich nicht für eine Installation oder eine Publikation entschieden?

CPM: Es war eine Installation und es gab auch ein Faltblatt. Es war etwas von allem, was du genannt hast. Jedes Stockwerk hat einen 90 Meter langen Korridor. Als Künstler durfte man nur den Platz nutzen, der einem zugewiesen worden war. Ich stellte an beiden Enden des Korridors eine grosse Tafel auf, die über die ganze Breite reichte, und brachte ein Schild an, auf dem stand: »Bilder und Rahmen bitte nicht berühren« – eine exakte Kopie der Schilder, die man in der Alten Pinakothek findet. Dazu gab ich in eine kostenlose Broschüre mit einer Auflage von 1000 Exemplaren heraus, die neben den Originalbeschreibungen der Gemälde – in französischer Sprache und in der Typografie des 18. Jahrhunderts – meine Geschichte der kurfürstlichen Sammlung enthielt. Die imposante Architektur – die 6 Meter hohen Decken findet man ähnlich auch in Florenz und Dresden –, das ist die Art, wie Gemälde noch heute präsentiert werden.

JM: Warum hast du eine Arbeit über diese historische Galerie gemacht? Warum hast du dich nicht mit der zeitgenössischen Szene beschäftigt?

CPM: Es war die Tatsache, dass sich in den letzten 200 Jahren nicht viel verändert hatte, die mich interessierte.

JM: Was hatte sich nicht verändert?

CPM: Geschmack ist etwas Subjektives, und ob ein Kunstwerk gefragt ist, hat sehr viel mit dem sozialen Status des Künstlers zu tun. Ich habe

that you discussed?

CPM: It was random. I selected highlights of the former Duke's painting collection and picked those works that everybody knows from reproductions.

JM: But why did you launch your practice as a performance? Why didn't you do an installation or a publication?

CPM: It was an installation and a folder as well. It was all of the above. On each floor there is a ninety-meter-long hallway. As an artist you were just allowed to your allocated spot. I took over a whole floor. I made a huge billboard sign on both ends over the whole width of the hallway and I put up a sign that said, "Please do not touch pictures or frames," an exact replica of what you find at the "Alte Pinakothek." In a free edition of 1000 copies I displayed my narrative of the history of the Duke's collection and original descriptions of each painting in French and typography of the eighteenth century. The dramatic architecture, those twenty-foot ceilings are similar in Florence and in Dresden, that's how paintings are still presented.

JM: Why did you do a piece about the historical gallery? Why not do a piece about the contemporary scene?

CPM: I was interested in the fact that nothing much had changed in the last two hundred years.

JM: What had not changed?

CPM: Taste is subjective and desirability of art is very much linked with the social status of the artist. I stated how some of the artists in the collection were court artists and had the social status of servants. And yet, there would be other artists, living for instance in Amsterdam, to whom the Duke had to apply to get an audience! You have a whole range of power, and that's what I was talking about — the relationship between power, social status, price, and taste. On my tour I quoted for instance Diderot, a visitor of the Duke's collection. Many people came through and had heated discussions on taste. I quoted their aesthetic judgments.

JM: Did you see this in the Cologne art world at the time, as well?

CPM: You just exchange the names.

JM: What was going on in Cologne in 1986? What interest faded away?

CPM: The Neue Wilde, New Figurative Painting.

JM: What's coming up at that time?

CPM: All the Americans. König invited Benjamin Buchloh for one week in 1985, and he exposed us for the first time to the work of Sherrie Levine, Louise Lawler, and Barbara Kruger. It was a complete opening of doors, pushed wide open. We also had one week with Johannes Cladders, the former Director of the Museum in Mönchengladbach who was very inspirational. He talked about his relationship with Broodthaers, Beuys, and Buren. It was so lively, it was really art in the making, not just looking at slides.

Brussels

JM: I'd now like to move forward to the works you made around the subject of modernist architecture and design, with a particular focus on Le Corbusier, and, of course, at Saint-Étienne, André Malraux. How do we move from the eighteenth century to postwar France?

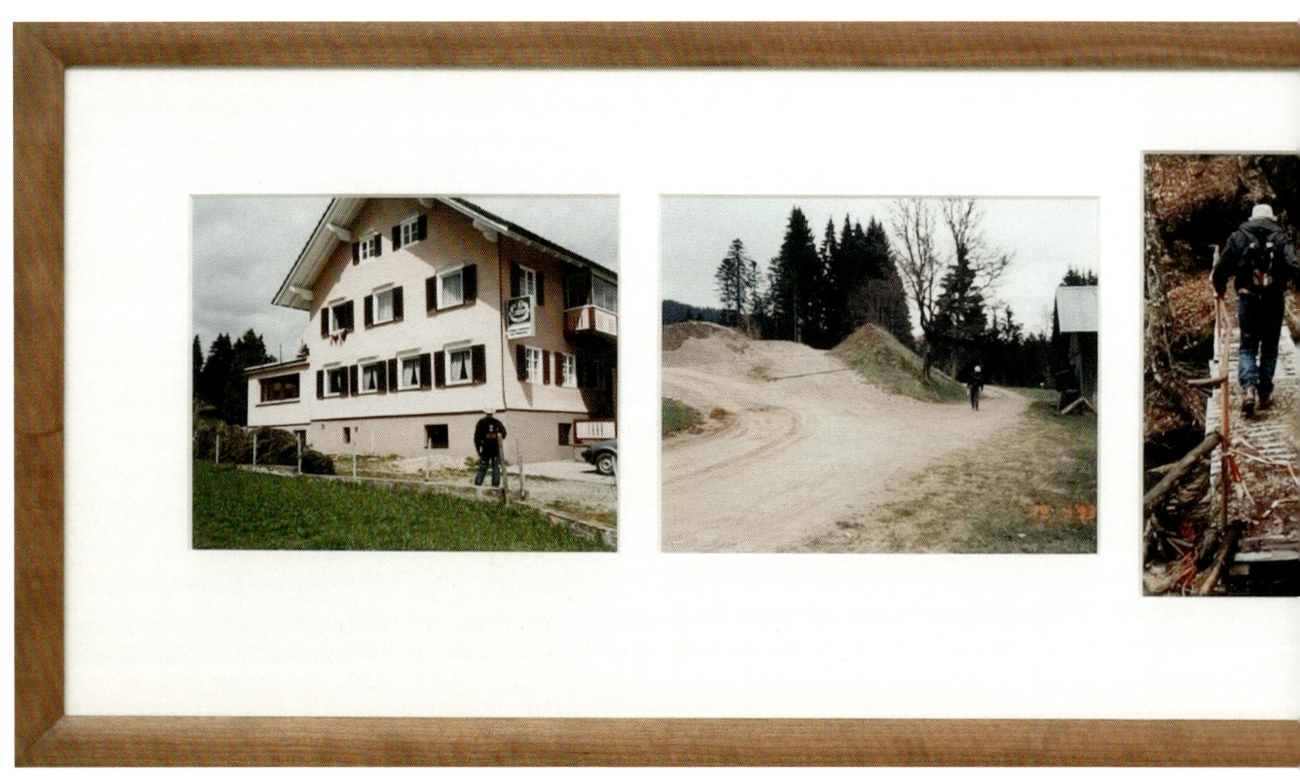

Illegaler Grenzübertritt der österreichisch-deutschen Grenze bei Langen mit Philip Hämmerle, 1993

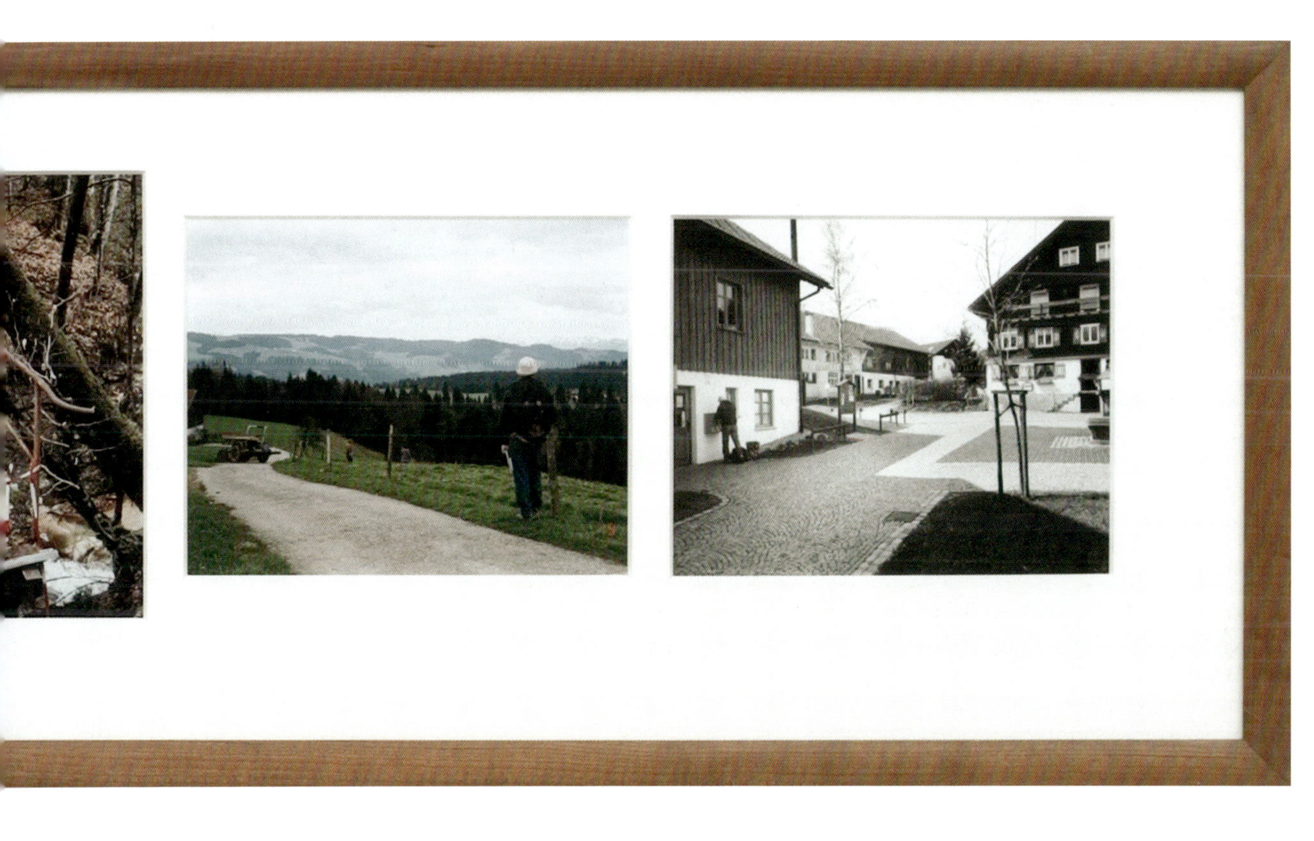

festgestellt, dass viele der in der Sammlung vertretenen Künstler Hofkünstler waren und den Status von Angestellten hatten. Doch gab es auch andere Künstler, etwa in Amsterdam, bei denen der Kurfürst vorsprechen musste, um einen Termin zu erhalten! Das Spektrum der Macht ist äusserst vielfältig, und das war es, worum es mir ging: die Beziehung zwischen Macht, sozialem Status, Preis und Geschmack. Bei meiner Führung zitierte ich unter anderem Diderot, der die Sammlung einmal besucht hat. Viele Leute haben die Sammlung im Lauf der Jahre besichtigt, und es entspannen sich hitzige Debatten über Geschmack. Ich zitierte aus den ästhetischen Urteilen dieser Besucher.

JM: Hast du Ähnliches in der Kölner Kunstszene der damaligen Zeit auch beobachtet?

CPM: Man muss lediglich die Namen austauschen.

JM: Wie sah es 1986 in Köln aus? Wofür interessierte man sich nicht mehr so sehr?

CPM: Für die Neuen Wilden, die Neue Figuration.

JM: Und was war damals im Kommen?

CPM: Die Amerikaner. König lud 1985 Benjamin Buchloh für eine Woche ein, und er erklärte uns zum ersten Mal die Arbeiten von Sherrie Levine, Louise Lawler und Barbara Kruger. Es war so, als würden uns Türen aufgestossen. Dann war Johannes Cladders eine Woche bei uns zu Gast, der ehemalige Direktor des Museums in Mönchengladbach. Er war ausserordentlich inspirierend und erzählte von seiner Beziehung zu Broodthaers, Beuys und Buren. Es war so anschaulich, da ging es wirklich ums Kunstmachen, nicht nur ums Diaschauen.

Brüssel

JM: Ich würde jetzt gerne zu den Arbeiten kommen, die um das Thema moderne Architektur und Design kreisen, vor allem um Le Corbusier und bei der Ausstellung in Saint-Etienne natürlich auch um André Malraux. Wie schlagen wir die Brücke vom 18. Jahrhundert ins Nachkriegsfrankreich?

CPM: Das fiel mit meinem Umzug vom deutschsprachigen Düsseldorf ins zweisprachige Brüssel im Jahr 1988 zusammen. Ich hatte genug von der eindimensionalen Kultur in Deutschland, die allenfalls zweidimensional war: amerikanisch und deutsch. Schweizer zu sein war eben immer schwierig.

JM: Du fühltest dich als Aussenseiter.

CPM: Ich suchte nach einem Ort mit multiplen Identitäten. Brüssel ist mehrsprachig.

JM: Du suchtest nach einem kosmopolitischeren Umfeld.

CPM: Ich wollte Marcel Broodthaers' Wurzeln finden, der auch in Düsseldorf gelebt hatte. Es gab vielfältige Verbindungen zwischen Belgien und Deutschland: in der Person Königs, dem belgischen Kurator Chris Dercon und dem Filmemacher Jef Cornelis.

JM: Aber wie bringt uns das zu deinem besonderen Interesse an städtebaulicher Gestaltung, an Le Corbusier, diesem ganzen Werkkomplex?

CPM: Das war etwas, was ich die ganze Zeit mit mir herumtrug. Das rührt von meiner Ausbildung in Zürich her, der Kunstgewerbeschule meinem Lehrer für Grafikdesign. Dort lernten wir Le Corbusiers Modulor-System kennen, ein System, das im Grunde nur ästhetische Ergeb-

CPM: That goes together with my move from German-speaking Düsseldorf to the bilingual city of Brussels in 1988. I was fed up with the one-dimensional culture in Germany. It was maybe at most two-dimensional: American and German. Being Swiss was always difficult.

JM: You felt like an outsider.

CPM: I was looking for a place that had multiple identities. Brussels is multilingual.

JM: You were interested in a more cosmopolitan situation.

CPM: I wanted to find the roots of Marcel Broodthaers who used to live in Düsseldorf. There were multiple links between Belgium and Germany: in the persona of König, Belgian curator Chris Dercon, and filmmaker Jef Cornelis.

JM: But how does that get us to this interest in urban design, in Le Corbusier, that whole set of work?

CPM: That's something I had carried around with me all the time. That comes out of my education in Zurich, the art school, my graphic design teacher. That's where we were taught the "modulor"-system of Le Corbusier, a system that could only produce aesthetic results. He used this for his architecture, furniture, typography: for everything, every aspect of human life.
I was invited to do a show in Antwerp. Antwerp is known for Rubens, for van Dyck, for its history. It's also known for the "Wide White Space," for Broodthaers's shows there. In 1990, I had a white cube at disposal at the Micheline Szwajcer gallery which was my first gallery show. I visited Antwerp, and it was striking. It was like Düsseldorf on the Schelde River. You have a highway bridge and a pedestrian tunnel to the other side of the River. The other side has nothing, some nondescript high-rises, one-story family homes, and sports fields. I had done performances in 1986, dealing with suburbia in Düsseldorf, therefore I went to the place in Antwerp that had the least amount of culture, history, or anything.

JM: How did Corbusier come into this?

CPM: There was an important competition for this site in 1933. When I researched this nondescript part of Antwerp, I came across many proposals for developing this area of not just Le Corbusier but also of many of his contemporaries.

JM: It wasn't his mature *Ville radieuse* but sort of an early version of it?

CPM: When you look at the plan for Paris, the form of those high-rises is different, later he developed the light-efficient, y-shaped highrise type called "gratte-ciel cartesien."

JM: You made three sculptures in the shape of those towers and scaled these to the viewer's body.

CPM: The ideal man for Le Corbusier measures one meter eighty-three centimeters, six feet. I turned the inside of the gallery into an outside. I lined up three identical sculptures to form an interior street. At the entrance, two huge enamel plates were installed. One was taken from the table of contents from the cover page of the *Ville radieuse* book by Le Corbusier. I took the original typography and enlarged it to the size of a highway sign. It had a list of all the cities where Le Corbusier wanted to implant these high-rises: Moscow, Montevideo, Stockholm, Algiers...

nisse hervorbringen kann. Er wendete es auf seine Architektur, seine Möbel, seine Typografie an: auf alles, auf jeden Aspekt des menschlichen Lebens.

Man lud mich ein, meine Arbeiten in Antwerpen zu präsentieren. Antwerpen ist berühmt für Rubens, van Dyck und seine Geschichte. Es ist auch bekannt für die Galerie Wide White Space, für die Performances von Broodthaers. 1990 habe ich in der Galerie Micheline Szwajcer ausgestellt, meine erste Ausstellung in einer Galerie. Ich sah mir Antwerpen an, und es war beeindruckend, wie Düsseldorf an der Schelde. Es gibt dort eine Autobrücke und eine Fussgängerunterführung, durch die man auf die andere Seite des Flusses gelangt. Auf der anderen Seite gibt es nichts, einige gesichtslose Hochhäuser, eingeschossige Einfamilienhäuser und Sportplätze. Ich hatte 1986 einige Performances veranstaltet, die die Stadtrandsiedlungen Düsseldorfs zum Gegenstand hatten, deshalb suchte ich in Antwerpen den Ort auf, wo es am wenigsten Kultur, Geschichte oder irgendetwas gab.

JM: Wie kam Le Corbusier dabei ins Spiel?

CPM: 1933 war ein grosser Wettbewerb für diesen Stadtteil ausgeschrieben worden. Als ich Nachforschungen über diesen nichtssagenden Teil Antwerpens anstellte, stiess ich auf eine Vielzahl von Vorschlägen für die Erschliessung dieses Geländes, nicht nur von Le Corbusier, sondern auch von vielen seiner Zeitgenossen.

JM: Das war aber nicht die ausgereifte Fassung Le Corbusiers *Ville radieuse*, sondern eine Art Vorläuferversion?

CPM: Wenn man sich Le Corbusiers Plan für Paris ansieht, stellt man fest, dass die Hochhäuser anders aussehen, denn später entwickelte er den grazilen, funktionalen y-förmigen Hochhaustyp, den sogenannten kartesianischen Wolkenkratzer.

JM: Du schufst drei Skulpturen in der Gestalt dieser Türme, die du auf die Grösse des Betrachters verkleinertest.

CPM: Für Le Corbusier misst der ideale Mensch 1,83 Meter – sechs Fuss. Ich verwandelte den Innenraum der Galerie in einen Aussenraum. Ich stellte drei identische Skulpturen in einer Reihe auf und liess so in diesem Innenraum eine Strasse entstehen. Am Eingang hängte ich zwei grosse Emailschilder auf. Auf dem einen hatte ich das Inhaltsverzeichnis von Le Corbusiers *Ville-radieuse*-Buch reproduziert. Dazu nahm ich die Originaltypografie und vergrösserte sie auf die Grösse eines Autobahnschildes. Es enthielt auch eine Liste all der Städte, in denen Le Corbusier diese Hochhäuser errichten wollte: Moskau, Montevideo, Stockholm, Algier …

JM: Du hast einen Plan für diesen »anderen« Teil Antwerpens präsentiert, der nie realisiert wurde.

CPM: Auf der Einladung war ein Zitat Le Corbusiers aus dem Jahr 1935 abgedruckt, in dem es um seine idealen Gesamtkonzeptionen geht: »Anstelle der zahllosen vereinzelten, kleinen Hochhäuser werden zwischen der 42. und der 55. Strasse nur wenige grosse errichtet. Die räumliche Distanz wird aufgehoben. Und man wird sich viel Zeit sparen, die man dann auf andere Weise nutzen kann. In Algier wird ein einziger Wolkenkratzer genügen. In Barcelona zwei. In Antwerpen drei.«

JM: Woher rührt dieses Interesse an der Moderne und ihren utopischen Zielen?

CPM: Weshalb gelang es nicht, diese Ziele zu realisieren? Komplexe Systeme liessen nicht viel Spielraum für Improvisation. Le Corbusier

JM: You made visible a plan for that "other" part of Antwerp that had never been built.

CPM: On the invitation card was a quote from Le Corbusier from 1935, where he talks about his ideal master plans: "In place of so many small, scattered skyscrapers, a few large ones will be set up between 42nd Street and 55th Street, in groups. Distance will be overcome. And hours will be saved and usable. In Algiers, a single skyscraper will suffice. In Barcelona, two skyscrapers. In Antwerp, three skyscrapers."

JM: What's this interest for you in modernism and its utopic ambitions?

CPM: Why did they fail? Complex systems did not allow much improvisation. For instance, Le Corbusier divided the different layers of traffic. He wanted to give people access to light in high rises, and created wide open public spaces. Instead of suburban sprawl and allowing everybody their dream of a little house, people had to live close together under one roof. When you don't finish each element of a master plan, the overall concept is bound to fail. Le Corbusier wanted to perfect everything. I asked myself what happens if you refuse his system?

JM: This "utopic" vein of your work of course speaks back to your design education. Yet, here you're not designing; you're stepping back and thinking about what design is. You're reflecting on the artist's desire to have a social impact through design. Who better than Le Corbusier?

CPM: I'm fascinated that he had a split identity. In the morning, he dressed and used his studio as an architect and in the afternoon, he changed his outfit and the location to become an artist. Two separate outfits, locations, identities. What was missing in his architectural master plans is the kind of creativity and elements of chance, which he reserved for his art.

JM: You consider the artist's social role in the installation *Fixed Values*, Brussels, 1991–92. You organized an auction of the work which you had made until that point. John Baldessari burning his paintings comes to my mind. Your gesture was not to destroy the early work, but to sell it.

CPM: We're not talking about early work, but leftovers. I didn't stage an auction. I did all the steps leading up to one. I was faced with growing interest in my work at that time. I had made already several books and I had shown in New York and around Europe. My name was slowly becoming known. I had a name, but no product.

JM: Why not?

CPM: I preferred to have a direct relationship with my audience. I didn't want to be alone in my studio.

JM: You speak about performance, but you became an installation artist and you have done a lot of objects. Is that a contradiction? Or did you find a way into the object that you felt engaged the viewer again?

CPM: I had an invitation to the Palais de Beaux-Arts. It really is a palace of fine arts; it is situated next to the Royal Palace in Brussels and was planned as a utopia by Victor Horta during the depression. In this ideal palace a concert hall, a movie theater, and a fine arts museum were united in one building. From the very beginning, there

beispielsweise trennte die verschiedenen Verkehrsmittel voneinander. Er wollte den Menschen mit seinen Hochhäusern Sonnenlicht verschaffen und schuf grosszügige öffentliche Plätze. Die Menschen sollten nicht am Stadtrand leben und den Traum vom eigenen kleinen Häuschen träumen, sondern sollten auf engem Raum gemeinsam unter einem Dach wohnen. Doch wenn man nicht jede einzelne Komponente eines Gesamtentwurfs zu Ende führt, ist das ganze Konzept zum Scheitern verurteilt. Le Corbusier wollte alles perfektionieren. Ich fragte mich, was geschieht, wenn man sein System ablehnt.

JM: Dieser »utopische« Ansatz in deinem Werk rührt zweifellos von deiner Ausbildung als Gestalter her. Doch gestaltest du hier nicht, du gehst vielmehr einen Schritt zurück und fragst dich, was Design ist. Du reflektierst den Wunsch des Künstlers, mithilfe des Designs Einfluss auf die Gesellschaft zu nehmen. Und wer hätte uns dies besser vorgeführt als Le Corbusier?

CPM: Es fasziniert mich, dass Le Corbusier gewissermassen zwei Identitäten besass. Morgens zog er sich an und arbeitete in seinem Architekturbüro, und nachmittags wechselte er Kleidung und Ort und wurde zum Künstler. Zwei völlig unterschiedliche Outfits, Arbeitsplätze, Identitäten. Was seinen architektonischen Masterplänen fehlte, das waren jene Art von Kreativität und jene Zufallsmomente, die er ausschliesslich seiner Kunst vorbehielt.

JM: In deiner Installation *Feste Werte*, Brüssel, 1991/92, setztest du dich mit der gesellschaftlichen Rolle des Künstlers auseinander. Du hast eine Versteigerung der Werke organisiert, die du bis zu diesem Zeitpunkt geschaffen hattest. Dabei muss ich unweigerlich an John Baldessari denken, der seine Gemälde verbrannte. Bei dir bestand die symbolische Geste jedoch nicht darin, dein Frühwerk zu zerstören, sondern es zu verkaufen.

CPM: Es geht hier nicht um Frühwerke, sondern um Relikte. Ich habe keine Auktion veranstaltet. Ich habe alle Vorbereitungen getroffen, die dazu erforderlich sind. Ich sah mich damals mit einem wachsenden Interesse an meinen Arbeiten konfrontiert. Ich hatte bereits mehrere Bücher veröffentlicht und meine Arbeiten in New York und Europa gezeigt. Ich wurde allmählich bekannt und hatte einen Namen, aber kein Produkt.

JM: Warum nicht?

CPM: Ich zog den direkten Kontakt zu meinen Publikum vor. Ich wollte nicht allein in meinem Atelier sein.

JM: Du sprichst von Performance, wurdest aber Installationskünstler und hast zahlreiche Objekte geschaffen. Ist das ein Widerspruch? Oder fandest du einen Zugang zum Objekt, wenn du das Gefühl hattest, dass es den Betrachter mit einbezieht?

CPM: Man hatte mich in den Palais des Beaux-Arts eingeladen – in der Tat ein Palast der schönen Künste. Er liegt in der Nähe des Königlichen Palastes in Brüssel und war zur Zeit der Weltwirtschaftskrise von Victor Horta als utopisches Bauwerk entworfen worden. In diesem idealen Palast sind ein Konzertsaal, ein Kino, ein Kunstmuseum und vieles mehr unter einem Dach vereint. Von Anfang an fehlte es am nötigen Geld, alle Räume zu bespielen, da Horta das Budget weit überzogen hatte. Ein Auktionshaus zog in einen Flügel des Palais des Beaux-Arts ein. Ich war überrascht, ein Auktionshaus in einem Museum zu finden. Und man fühlt sich unversehens an die Gepflogenheiten und das

was not enough money to realize exhibitions. Horta went way over budget. An auction house took over one wing of the Palais des Beaux-Arts. It was striking to me to find this auction house inside the museum. And you just stumble right away over the practice and life of Marcel Broodthaers. His specific aesthetic is partly known through his use of these auction house vitrines. In *Fixed Values*, I put myself up for auction. Since Yves Klein or Piero Manzoni, you can sell shit, you can sell air, and people will buy it. I filled an auction-house vitrine with my left-overs to be read on one hand as the site-specific auction-house display, on the other hand as "Broodthaers's" aesthetic and the related specific exhibition history of the Palais de Beaux-Arts with Michael Asher, Daniel Buren, and others.

JM: The history of institutional critique?

CPM: In the seventies, there have been incredible shows and I was being fed this specific exhibition history by the curator of my show, Dirk Snauwaert. My show took place in transitional spaces on the way to the auction house and the main exhibition spaces.

JM: In all of your projects you design everything. How would we describe your attitude towards design in your work? Is it expedient? In the service of a concept?

CPM: It's always in the service of a concept.

JM: Certainly, there's a great interest in design in contemporary art. Where does your work fit?

CPM: I like using a given aesthetic and changing the content to play with expectations. To take a certain packaging, a certain display, a certain façade and to change its content.

JM: You appropriate particular designs to reflect on how things, places, and experiences are marketed.

CPM: Take the artist book for the Micheline Szwajcer show: It's a square format, hand-printed in silkscreen on heavy cardboard and bound with metal spiral binding. I adopted the design and the colors of *Le Poème électronique*, Le Corbusier's publication of the Philips Pavilion at the World's Fair 1958. Instead of regular paper and a classic binding, I used heavy cardboard and metal spirals to give the feel of a children's book. It's a subliminal message and very ironic that this was presented as a guide book. It's really the last object you would take outside in the rain to go for a walk.

New York

JM: You moved to New York in 1992 and you started showing at American Fine Arts with Colin de Land. Your first show, *A Sense of Friendliness, Mellowness, and Permanence*, with its witty wainscoting and lighting and the "menu" that was at the front of the show listing the line-up of artists at American Fine Arts. As I recall, it was a café look, because Colin would serve coffee to clients. There was indeed a "sense of friendliness and mellowness" at that gallery. Your piece was commenting on Colin's, we could say, "marketing technique."

CPM: My show tried to improve on Colin. He prepared the New York audience for my solo show with a summer group show. He combined artists with a certain genealogy from Douglas Huebler, Stephen Prina, and Christopher Williams to Andrea Fraser, Tom Burr, and myself.

JM: So Colin was setting up this narrative?

Leben Marcel Broodthaers' erinnert. Ist doch der Einsatz von Vitrinen, wie man sie in Auktionshäusern findet, Teil seiner besonderen Ästhetik. In *Feste Werte* habe ich meine Arbeit zur Versteigerung angeboten. Seit Yves Klein oder Piero Manzoni kann man Scheisse oder Luft verkaufen, und die Leute werden es kaufen. Ich bestückte eine dieser Auktionshausvitrinen mit meinen Relikten. Man konnte darin einerseits die typische Auslage eines Auktionshauses sehen, andererseits war es als Ästhetik im Broodthaers'schen Sinne zu verstehen, die an die damit verbundene besondere Ausstellungshistorie des Palais des Beaux-Arts mit Michael Asher, Daniel Buren und anderen anknüpfte.

JM: Hatte dies etwas mit institutionskritischen Traditionen zu tun?

CPM: In den Siebzigerjahren gab es unglaubliche Ausstellungen im Palais, und durch den Kurator meiner Ausstellung, Dirk Snauwaert, kannte ich die aussergewöhnliche Geschichte dieser Ausstellungen. Meine Ausstellung fand in Übergangsräumen statt, die zwischen dem Auktionshaus und den Hauptausstellungsräumen lagen.

JM: Bei deinen Projekten entwirfst du stets alles selbst. Welchen Stellenwert misst du dem Design in deinen Arbeiten bei? Erfüllt es einen Zweck im Dienste eines Konzepts?

CPM: Es steht immer im Dienst des Konzepts.

JM: Design spielt ja in der zeitgenössischen Kunst allgemein eine grosse Rolle. Wo aber sind deine Arbeiten einzuordnen?

CPM: Ich greife gerne auf eine vorgegebene Ästhetik zurück und verändere die Aussage, um mit Erwartungshaltungen zu spielen. Ich nehme gern eine bestimmte Verpackung, ein bestimmtes Arrangement, eine bestimmte Fassade und verändere ihre Bedeutung.

JM: Du verwendest bestimmte Muster, um darüber zu reflektieren, wie Dinge, Orte und Erlebnisse vermarktet werden.

CPM: Nehmen wir einmal das Künstlerbuch für die Ausstellung bei Micheline Szwajcer: Es hat ein quadratisches Format, wurde von Hand im Siebdruckverfahren auf schwerem Karton gedruckt und ist mit Metallspiralen gebunden. Das Design und die Farben habe ich von *Le poème électronique* übernommen, der Publikation, die Le Corbusier zum Philips-Pavillon veröffentlichte, den er für die Weltausstellung 1958 schuf. Anstelle von herkömmlichem Papier und einer klassischen Bindung verwendete ich schweren Karton und Metallspiralen. So hatte das Ganze etwas von einem Kinderbuch. Das war eine unterschwellige Botschaft, und es entbehrte nicht einer gewissen Ironie, dass so etwas als Führer durch die Ausstellung präsentiert wurde. Das war wirklich der letzte Gegenstand, den man mit nach draussen nehmen würde, um bei Regen einen Spaziergang zu machen.

New York

JM: 1992 gingst du nach New York und stelltest deine Arbeiten erstmals in Colin de Lands Galerie American Fine Arts aus. Deine erste Ausstellung war *A Sense of Friendliness, Mellowness, and Permanence* – mit der Wandverkleidung, der Beleuchtung und »Speisekarte« im vorderen Teil, auf der sämtliche Künstler aufgelistet waren, die schon einmal bei American Fine Arts ausgestellt hatten. Ich erinnere mich, dass das Ganze im Stil eines Cafés gestaltet war, weil Colin seinen Kunden Kaffee zu servieren pflegte. Und tatsächlich herrschte damals in der Galerie dem Ausstellungstitel entsprechend eine »Atmosphäre der Freundlichkeit und Behaglichkeit«.

CPM: Interesting was the fact, that he dedicated two-thirds of his space at 40 Wooster Street to "art" and one-third to "social life." In the front of the gallery, he set up a funky café with a leased fancy Italian coffee-machine, and a swinging door, like in a Western saloon, leading into the exhibition space. Over that door was an engraved sign that he must have found somewhere—or maybe he had it made—that said "Art Gallery." I had long discussions with Colin about this division between the café, a social space, and the white cube. He was serious about establishing the café and was dissatisfied by only presenting and selling art. That was the time just after the First Gulf War in 1992, when the art market had completely collapsed. The harsh eighties were "humanized." Sterile marble and stainless steel interiors of corporate headquarters were covered up in artificially aged wood to provide a sense of mellowness. We're not in this tough eighties anymore, we're all family.

JM: Starbucks...

CPM: That's a little bit later. My show was based on the faux bistros in New York: Félix, Pastis, etc. Just when I was moving to the U. S. everything "hip" had the look of "old world."

JM: It was a commentary on the gentrification of Soho. That was also the time when the Soho art scene was in trouble. After the stock market crash, the art market collapsed. So the idea was to bring clients in, to make it more friendly.

CPM: Make it mellow.

JM: It was the beginning of "relational aesthetics" with all that "generosity." But your installation at American Fine Arts—even though the wainscoting was wood, a very warm wood lit by warm lights—it was a very cold installation. There were no chairs, no place to sit. It was de-familiarizing, the room was not a café but an installation.

CPM: It was also based on Adolf Loos, who wrote "ornament and crime."

JM: And in the back was your bookcase, *Ma Bibliothèque*. There were openings with your publications, but the rest was wallpaper.

CPM: A very fancy wallpaper called "Bibliothèque," that I appropriated. It's an illusionistic image of used books. I turned my books into a big sculpture that was for sale. It dramatically altered Colin's formorly very cluttered office.

JM: Why did you move to New York?

CPM: Düsseldorf was terribly European, and the whole Buren-Haacke-Broodthaers connection was European as well. I wanted to get to the source of contemporary American theory.

JM. What do you mean by American theory? Postmodernist aesthetics?

CPM: I met Andrea Fraser and Mark Dion through Fareed Armaly in Cologne. I heard about their teachers, among them Craig Owens and Benjamin Buchloh, the School of Visual Arts, and the Whitney program. Hollywood covers Europe with their productions. I wanted to go to that source, too.

JM: The source of both theory and popular culture.

CPM: Yes, those two components.

JM: You were introduced to the U. S. through this particular group of artists who had gone to the Whitney program, who had studied

Deine Arbeit war die Resonanz auf Colins – nennen wir es einmal – Marketingstrategie.

CPM: Meine Ausstellung sollte Colin überbieten. Er hatte das New Yorker Publikum im Sommer mit einer Gruppenausstellung auf meine Einzelausstellung vorbereitet. Er versammelte dort konzeptuelle Künstler wie Douglas Huebler, Stephan Prina und Christopher Williams bis zu Andrea Fraser, Tom Burr und mir selbst.

JM: Also hat Colin das arrangiert?

CPM: Bemerkenswert war, dass er zwei Drittel seiner Räumlichkeiten in der Wooster Street 40 der Kunst widmete und ein Drittel dem sozialen Leben. Vor dem Ausstellungsraum hatte er ein Café eingerichtet inklusive einer geleasten italienischen Espressomaschine mit allen Schikanen und einer Schwingtür wie in einem Westernsaloon, durch die man in den Ausstellungsbereich gelangte. Über der Tür befand sich ein Schild, das er irgendwo gefunden haben muss – vielleicht hat er es aber auch anfertigen lassen –, auf dem stand: »Art Gallery«. Ich habe lange mit Colin über diese Trennung zwischen Café, Gemeinschaftsraum und White Cube diskutiert. Es war ihm ernst damit, das Café fest zu etablieren, denn es befriedigte ihn nicht, ausschliesslich Kunst zu präsentieren und zu verkaufen. Das war 1992, unmittelbar nach dem ersten Golfkrieg, als der Kunstmarkt vollkommen zusammengebrochen war. Der strenge Stil der Achtzigerjahre wurde »humanisiert«. In den Konzernzentralen versteckte man die sterilen Interieurs aus Marmor und Stahl hinter auf alt gebeiztem Holz, um ein Gefühl von Behaglichkeit zu vermitteln, im Sinne der Botschaft: Die gnadenlosen Achtziger sind vorbei, wir sind eine grosse Familie.

JM: Starbucks kam auf ...

CPM: Das war etwas später. Meine Ausstellung orientierte sich an den nachgemachten französischen Bistros in New York: Félix, Pastis etc. Als ich in die Vereinigten Staaten kam, musste alles, was angesagt war, nach »Alter Welt« aussehen.

JM: Das war deine Reaktion auf den Versuch, Soho für wohlhabendere Schichten attraktiv zu machen. Damals steckte die Kunstszene Sohos in Schwierigkeiten. Nach dem Börsencrash war der Kunstmarkt zusammengebrochen. Deshalb wollte man Kunden ins Viertel locken, es freundlicher machen.

CPM: Es gefälliger machen.

JM: Es war der Beginn der »relationalen Ästhetik« mit dieser ganzen Grosszügigkeit. Aber deine Installation bei American Fine Arts war – auch wenn die Wandverkleidung aus einem sehr warmen Holz war, das von einem warmen Licht angestrahlt wurde – eine ausgesprochen kalte Installation. Es gab keine Stühle, keine Sitzplätze. Es war unbehaglich, der Raum war kein Café, sondern eine Installation.

CPM: Die Installation orientierte sich unter anderem an Adolf Loos, der *Ornament und Verbrechen* geschrieben hat.

JM: Und im hinteren Teil befand sich dein Bücherschrank, *Ma Bibliothèque*, in dem deine Publikationen standen, der Rest war Tapete.

CPM: Ich verwendete dazu eine ausgefallene Tapete mit dem Namen »Bibliothèque«. Es handelte sich um eine illusionistische Darstellung alter Bücher. Ich verwandelte meine Bücher in eine grosse Skulptur, die zum Kauf angeboten wurde. Sie hat Colins Büro, das er vorher vollgestopft hatte, drastisch verändert.

with Owens; some of them had been in ACT UP with Douglas Crimp. Did you feel part of a community and in what way did you feel a sense of artists' community in New York?

CPM: At this early stage, I truly believed in a sense of family and the urgency of gay politics. For a gay man New York was always the El Dorado. That was one of the reasons I came here.

JM: Let's move to one of your key works, the Austrian Pavilion of the Venice Biennale of 1993, which you shared with Andrea Fraser and Gerwald Rockenschaub. You were now moving into a commission-based public art practice, which will continue in other forms.

CPM: Artist Gerwald Rockenschaub explained to me the concept of a transnational pavilion by Austrian commissioner Peter Weibel. They both invited Andrea Fraser and myself to realize a project for the Austrian Pavilion. Rockenschaub occupied the central space and thematized the building itself, designed by Josef Hoffmann in 1933. Andrea focused on the structure of the Venice Bienniale and the meetings of the national commissioners. The Austrian Nation which I had to represent became my topic. Before the opening, there were wild and polemic reactions against the concept of a transnational pavilion, Andrea, and myself.

JM: It was a very timely topic because the Iron Curtain had come down just a few years before, and there was this "problem" of immigration to Austria and a revival of Austrian nationalism.

CPM: Austria was not part of the European community yet. Austrians were very much concerned with losing their national identity, their border with the former Communist regimes was the most porous to enter the West. They were concerned with securing the borders both physically and mentally.

JM: Which makes your piece so appropriate for that point in time. And, of course, since 9/11, the border has become an even more loaded concept. You responded with a multimedia piece. There was the installation in the pavilion's conservatory, with its northern trees transplanted to a Mediterranean climate, reversing the old notion of the winter garden. There were also drawings of Austria in that room. How did you select them?

CPM: Austria is just a torso compared to the expansive Austrian-Hungarian Empire before World War I. I went to the very Kafkaesque National Archive in Vienna, where the national pride has been preserved and to the Albertina to look at watercolors of Austria and their territories. I tried to find artworks that dated back to the highpoint of Austrian national identity, but I was immediately told that I could forget about borrowing anything for the precarious situation in the pavilion in the Venice Biennale. The next thing I unearthed were landscape drawings for an encyclopedia that was produced in 1896, the same year the Biennale was founded. It was a last attempt to cover all aspects of the Austrian-Hungarian Empire in its entirety. I found an archive that preserved all these sketches that were later transformed into woodcuts and chose eight depictions of border regions. I wanted to find out if I could perceive the changing national identities crossing a wooded area between Austria and its eight neighboring nations. It is all about loss, everything I showed in the Austrian pavilion used to be Austria.

JM: In a sense, the objection to you and Andrea being part of the

JM: Weshalb bist du nach New York gegangen?

CPM: Düsseldorf war zu europäisch, und der ganze Kreis der Buren-, Haacke- und Broodthaers-Anhänger war genauso europäisch. Ich wollte an die Quelle der modernen amerikanischen Theorie.

JM: Was verstehst du unter amerikanischer Theorie? Die postmoderne Ästhetik?

CPM: In Köln lernte ich durch Fareed Armaly Andrea Fraser und Mark Dion kennen. Sie erzählten mir von ihren Lehrern, darunter Craig Owens und Benjamin Buchloh von der School of Visual Arts und dem Whitney-Programm. Eine andere Quelle, die ich aufsuchen wollte, war Hollywood, das Europa mit seinen Produktionen überschwemmt.

JM: Du hast also die Quellen der Theorie und der populären Kultur gesucht.

CPM: Ja, diese beiden Komponenten.

JM: Durch den Kreis von Künstlern, die am Whitney-Programm teilgenommen hatten oder bei Owens studiert hatten, wurdest du in Amerika eingeführt. Ein paar von ihnen hatten auch in Douglas Crimps Act-Up-Bewegung mitgemacht. Fühltest du dich als Teil einer Gemeinschaft und hast du unter den New Yorker Künstlern überhaupt ein Gefühl der Zusammengehörigkeit erlebt?

CPM: Zu diesem frühen Zeitpunkt glaubte ich aufrichtig an so etwas wie ein Gemeinschaftsgefühl und die Notwendigkeit einer Schwulenpolitik. Für einen Homosexuellen war New York stets ein Eldorado. Das war einer der Gründe, weshalb ich dorthin ging.

JM: Kommen wir nun zu einem deiner Schlüsselwerke, dem österreichischen Pavillon für die Biennale Venedig 1993, den du gemeinsam mit Andrea Fraser und Gerwald Rockenschaub gestaltet hast. Du bist damit in den Bereich der öffentlichen Auftragskunst gewechselt, die du danach in anderer Form fortsetzen solltest.

CPM: Der Künstler Gerwald Rockenschaub beschrieb mir das Konzept eines nationenübergreifenden Pavillons, den Peter Weibel, der Künstlerische Kommissar Österreichs, plante. Die beiden luden Andrea Fraser und mich ein, ein Projekt für den Österreichischen Pavillon zu realisieren. Rockenschaub übernahm den zentralen Raum und thematisierte das Gebäude an sich, das 1933 von Josef Hoffmann entworfen worden war. Andrea konzentrierte sich auf die Struktur der Biennale und die Konferenzen der nationalen Kommissare. Mein Thema war das Land Österreich, das ich repräsentieren sollte. Vor der Eröffnung gab es heftige und polemische Reaktionen gegen das Konzept eines nationenübergreifenden Pavillons, gegen Andrea und mich.

JM: Das Thema war ausgesprochen aktuell, war doch erst wenige Jahre zuvor der Eiserne Vorhang gefallen, und Österreich sah sich mit einem »Einwanderungsproblem« und einem wiedererstarkenden Nationalismus konfrontiert.

CPM: Österreich gehörte damals noch nicht zur Europäischen Union. Die Österreicher hatten Angst, ihre nationale Identität zu verlieren, denn ihre Grenze zu den ehemaligen kommunistischen Staaten war für die, die in den Westen wollten, am leichtesten zu überwinden. Die Einheimischen wollten die Grenzen nicht nur physisch, sondern auch geistig sichern.

JM: Und damit traf deine Arbeit den Nerv dieser Zeit. Fraglos ist der Begriff »Grenze« seit dem 11. September 2001 noch negativer besetzt. Du reagiertest darauf mit einem Multimediaprojekt. Da war die In-

show was an expression of that feeling of loss. What about the wood table you placed in the garden?

CPM: I took the measurement of the representative main portal that defined the center and the axis of the former symmetrical pavilion. I used these four meters for my round table and transplanted them to the backside. Hoffmann's asymmetrical nineteen-fifties' addition to the original pavilion includes a symbolic tree piercing the roof structure. My table turned around that tree and was composed of different Austrian timber in the form of a pie chart, representing the actual breakdown of the national forest. It also served as a display for our Biennial merchandise.

JM: What about the garden itself and the wall you knocked down?

CPM: I basically followed the logic of Hoffmann, who already expanded the sculpture garden. I also stripped down the trees from the overgrowth from the past fifty years and chiseled out the lines that Hoffmann found when he expanded the garden. I removed the curved wall, securing the sculpture garden and broke down the border and opened it up literally and metaphorically. Ironically, you could immediately see another wall behind it, the wall that defines the territory of the Giardini Biennale Gardens. There's barbed wire on top of that.

JM. The Giardini, the territory of art! Beyond the city of Venice, this project was a reflection on the international exhibition as such. Since 1993, there has been an explosion of Biennales and Triennales around the world. The "globalization" of the art world is much discussed. How do you relate this project to what's happened since?

CPM: Years later you still have the pavilions, organized along restricting national categories—that has never changed. What has really changed is the number of Bienniales around the world…

JM: … and of pavilions in Venice, including the new pavilions outside the Giardini. More and more nations understandably want to have representation there. Both your and Andrea Fraser's contributions are prophetic of what was to come: an increasingly "global" art scene where national identity still matters but also is traduced, and you have this new category of the "international" artist. After you crossed each border, you sent a postcard to your dealer alluding to On Kawara stating "I crossed the border and I'm still alive."

CPM: I should point out that the photos of my illegal border crossings are more reproduced than the actual installation in Venice. There is a general misunderstanding that I showed these photos in Venice, they were only used in the catalogue and for media purposes. But in Venice, during the opening week, there was only this rumor that I crossed all the borders illegally and had been caught entering Czechia. In my instructions to cross the borders, I proposed the perfect outfit to blend into the landscape. The most inconspicuous figure today is the tourist.

JM: Two figures of travel are staged here: the transnational artist and the non-artist who faces the actual perils of migration.

CPM: I stressed the fact that as an artist I'm a kind of symbolic fool. It's only art, it's entertaining. Political refugees risk their lives.

JM: You are taking the concept of your tour and move it into a different realm.

CPM: In Düsseldorf I moved from the center of town towards the sub-

stallation im Wintergarten des Pavillons, wo Bäume aus nördlichen Breiten in ein mediterranes Klima verpflanzt wurden, womit du den traditionellen Begriff des Wintergartens auf den Kopf stelltest. In diesem Raum waren aber auch Zeichnungen mit Ansichten von Österreich zu sehen. Nach welchen Kriterien hast du diese Zeichnungen ausgewählt?

CPM: Verglichen mit der Ausdehnung, welche die österreichisch-ungarische Monarchie vor dem Ersten Weltkrieg hatte, ist Österreich heute nur noch ein Torso. Ich begab mich in das höchst kafkaeske Staatsarchiv in Wien, wo man den alten Nationalstolz noch vorfindet, und in die Albertina, um mir Aquarelle von Österreich und seinen Hoheitsgebieten anzusehen. Ich suchte nach Kunstwerken aus der Zeit, zu der sich die österreichische Nationalidentität auf ihrem Höhepunkt befand. Doch man erklärte mir sofort, dass aus Sicherheitsgründen nicht daran zu denken sei, etwas für den Biennale-Pavillon zu entleihen. Das Nächste, worauf ich stiess, waren Landschaftszeichnungen für eine Enzyklopädie aus dem Jahr 1896, dem Jahr, in dem die Biennale ins Leben gerufen wurde. Das war der letzte Versuch, die Donaumonarchie in ihrer Ganzheit und in all ihren Facetten zu erfassen. Ich machte ein Archiv ausfindig, in dem die Skizzen aufbewahrt wurden, die als Vorlagen für Holzschnitte dienen sollten, und wählte acht Zeichnungen aus, auf denen Grenzregionen dargestellt waren. Um herauszufinden, ob ich in der Lage bin, den Wandel der nationalen Identitäten wahrzunehmen, durchstreifte ich Waldgebiete zwischen Österreich und seinen acht Anrainerstaaten. Das zentrale Thema ist der Verlust: Alles, was ich im Österreichischen Pavillon gezeigt habe, war einmal Österreich.

JM: In gewissem Sinne war der Protest dagegen, dass du und Andrea Fraser an der Gestaltung des Pavillons mitwirkten, Ausdruck dieses Verlustgefühls. Was hatte es aber mit dem Holztisch auf sich, den du im Garten aufgestellt hattest?

CPM: Ich liess mich von den Abmessungen des eindrucksvollen Hauptportals inspirieren, das den Mittelpunkt und die Achse des einstmals symmetrischen Pavillons bildete. Ich nahm diese vier Meter für meinen runden Tisch und versetzte sie auf die Rückseite. Teil des asymmetrischen Anbaus, um den Hoffmann den Originalpavillon in den Fünfzigerjahren erweitert hatte, war auch ein symbolhafter Baum, der durch die Dachkonstruktion ragt. Mein Tisch, der diesen Baum umschloss, bestand aus verschiedenen Hölzern aus Österreich, die in der Form eines Kreisdiagramms angeordnet waren und den derzeitigen Zustand der Staatsforste symbolisieren sollten. Darüber hinaus diente er uns als Präsentationsfläche für Merchandisingprodukte wie Kataloge, T-Shirts oder Papiertaschen, die wir auf der Biennale verkaufen wollten.

JM: Und was war mit dem Garten selbst und der Mauer, die du niedergerissen hast?

CPM: Ich folgte im Grunde der Idee Hoffmanns, der den Skulpturengarten schon einmal erweitert hatte. Ich befreite die Bäume von den Wucherungen der vergangenen 50 Jahre und arbeitete die Konturen heraus, die Hoffmann bei der Erweiterung des Gartens sichtbar gemacht hatte. Ich liess die geschwungene Mauer niederreissen, ohne dabei den Skulpturengarten zu beschädigen, und eliminierte die Grenze – öffnete sie im wörtlichen wie im übertragenen Sinn. Grotes-

urbs. For my Venice Bienniale contribution I did not represent Austria by its capital Vienna. I represented the edge, the fringes, where something becomes something else. In German, green border means "porous" border, an area that's unprotected.

JM: What is it about the border that interests you so deeply?

CPM: I hate fixed identities. I believe in multiple identities.

JM: What do you mean "believe" in them?

CPM: We're all being reduced to stereotypes. We're typecast because our society cannot grasp multiple identities. When I jump over that brook, where you see me in-between, on the border: that's very much what my work is about. It's a hybrid. You have an image and you have a caption, and in your brain you try to relate what you see and what you read.

What I'm trying to do is adjust. I'm trying to find the medium, the scale, the space, and the involvement of my own body that brings the message across. For example, at Venice, I was not showing the work of Christian Philipp Müller. I don't present myself as the product. I present circumstances. The way I work is along themes, given and chosen.

JM: During the past decade you've worked for different kinds of patrons, including corporations, universities, and museums. How do these different conditions inform your work?

CPM: It was enriching to have direct exposure to a wider audience, not necessarily interested in contemporary art.

JM: Let's turn to the question of critical practice. Your works reflect on the conditions of art-making and the artist's role. The art market, which was depressed when you and your generation of artists were emerging, was a congenial context for critical work, because there wasn't as much money to be made then. But now there is so much money to be made, the auction houses are selling work by very young artists, the art schools are being raided: The market for contemporary work is sky high. How do you feel about being a "critical artist?"

CPM: I'm confident calling my show in Basel *Basics*.

kerweise kam unmittelbar dahinter eine zweite Mauer zum Vorschein, jene Mauer nämlich, die das Gelände der Giardini, der Biennale-Gärten, umgrenzt, und die oben mit Stacheldraht gesichert ist.

JM: Die Giardini, das Hoheitsgebiet der Kunst! Dieses Projekt war jedoch nicht nur eine Auseinandersetzung mit Venedig, sondern mit dem gesamten internationalen Ausstellungsbetrieb. Seit 1993 haben sich die Biennalen und Triennalen überall auf der Welt geradezu explosionsartig vermehrt. Die Globalisierung der Kunstszene ist ein viel diskutiertes Thema. Welchen Zusammenhang siehst du zwischen deinem Projekt und der Entwicklung, die sich seither vollzogen hat?

CPM: Jahre später gibt es die Pavillons noch immer, und noch immer orientieren sie sich an restriktiven nationalen Kategorien – daran hat sich nie etwas verändert. Was sich tatsächlich verändert hat, ist die Zahl der Biennalen rund um den Globus …

JM: … und die der Pavillons in Venedig, einschliesslich der neuen Pavillons ausserhalb der Giardini. Verständlicherweise wollen immer mehr Länder dort vertreten sein. Sowohl der Beitrag von Andrea Fraser als auch der deine kündigten die kommende Entwicklung an: eine zunehmende Globalisierung der Kunstszene, in der die nationale Identität zwar nach wie vor eine Rolle spielt, dabei aber gleichzeitig diskreditiert wird. Und es gibt die neue Spezies der internationalen Künstler. Nachdem du die Grenzen alle überschritten hattest, schicktest du eine Postkarte an deinen Galeristen, auf der du – in Anspielung auf On Karawa – konstatiertest: »Ich habe die Grenze überschritten und bin noch am Leben.«

CPM: Ich sollte erwähnen, dass die Fotos meiner illegalen Grenzübertritte häufiger zu sehen sind als die Installation, die ich seinerzeit für Venedig schuf. Man geht allgemein von der falschen Annahme aus, ich hätte diese Fotos in Venedig gezeigt. Dabei wurden sie lediglich im Katalog und für Medienzwecke verwendet. Doch in Venedig kursierte in der Eröffnungswoche das Gerücht, ich hätte alle diese Grenzen illegal überschritten und man hätte mich verhaftet, als ich tschechischen Boden betrat. In meinen Anleitungen zum Grenzübertritt gab ich auch Tipps für das perfekte Outfit, mit dem man sich der Landschaft optimal anpassen kann. Am unauffälligsten ist man heutzutage als Tourist.

JM: In deiner Arbeit werden zwei Arten von Migranten in den Mittelpunkt gerückt: der multinationale Künstler und der Nicht-Künstler, der die konkreten Risiken der Migration auf sich nimmt.

CPM: Ich wollte das Augenmerk auf die Tatsache richten, dass ich als Künstler – symbolisch betrachtet – eine Art Clown bin. Es ist lediglich Kunst, es ist unterhaltsam. Politische Flüchtlinge riskieren ihr Leben.

JM: Du nimmst das Konzept deiner Museumsführung und überträgst es in einen anderen Kontext.

CPM: In Düsseldorf habe ich mich vom Stadtzentrum in die Aussenbezirke bewegt. In meinem Biennale-Beitrag wurde Österreich nicht durch seine Hauptstadt Wien repräsentiert. Ich habe die Grenze, die Randzonen gezeigt, wo sich die Dinge verändern. Eine »grüne Grenze« ist eine durchlässige Grenze, ein ungeschütztes Gebiet.

JM: Warum interessiert dich gerade das Thema Grenze so sehr?

CPM: Ich verachte statische Identitäten. Ich glaube an multiple Identitäten.

JM: Was meinst du mit »Ich glaube daran«?

CPM: Wir alle werden auf Klischees reduziert. Wir werden auf bestimmte Rollen festgelegt, weil unsere Gesellschaft mit dem Begriff der multiplen Identität nichts anzufangen weiss. Wenn ich über diesen Bach springe, wo man mich zwischen den beiden Ufern, an der Grenze, sieht – das ist es, worum meine Arbeit im Wesentlichen kreist. Es ist ein ambivalenter Zustand: Man hat ein Bild mit einer Legende, und im Kopf versucht man, eine Beziehung herzustellen zwischen dem, was man sieht, und dem, was man liest.

Ich versuche einen Ausgleich herzustellen, die Mitte zu finden, die Balance, den Raum dazwischen. Dabei setze ich meinen Körper ein, um die Botschaft rüberzubringen. In Venedig zum Beispiel habe ich nicht die Arbeiten von Christian Philipp Müller gezeigt. Ich präsentiere mich nicht selbst als Produkt. Ich stelle Sachverhalte dar. Ich lasse mich von bestimmten – vorgegebenen oder selbst gewählten – Fragestellungen leiten.

JM: Im letzten Jahrzehnt warst du für ganz unterschiedliche Auftraggeber tätig, unter anderem für Wirtschaftsunternehmen, Universitäten und Museen. Wie schlägt sich dies in deiner Arbeit nieder?

CPM: Es war eine Bereicherung, direkten Kontakt mit einem breiteren Publikum zu haben, das nicht unbedingt an zeitgenössischer Kunst interessiert ist.

JM: Kommen wir zur Frage des kritischen Anspruchs. Deine Arbeiten setzen sich mit dem Kunstmachen und der Rolle des Künstlers auseinander. Der Kunstmarkt, der damals, als du und deine Altersgenossen ihre Karriere begannen, daniederlag, war ein idealer Rahmen für kritische Arbeiten, weil man damals nicht so hohe Preise erzielen konnte. Inzwischen allerdings sind die Preise geradezu ins Gigantische gestiegen, die Auktionshäuser verkaufen sogar Werke ganz junger Künstler, die Kunstakademien haben enormen Zulauf. Der Markt für zeitgenössische Kunst ist riesig. Wie geht es dir als kritischer Künstler damit?

CPM: Ich werde meine Ausstellung in Basel *Basics* nennen.

Werkbeschreibungen 1986–2006 (Auswahl)
Work Descriptions 1986–2006 (Selection)

Bearbeitet von Edited by Kerstin Stakemeier

aufnehmen und ausbreiten to register and expand

ausbreiten und abschreiten to expand and walk

abschreiten und vergleichen

to walk and compare

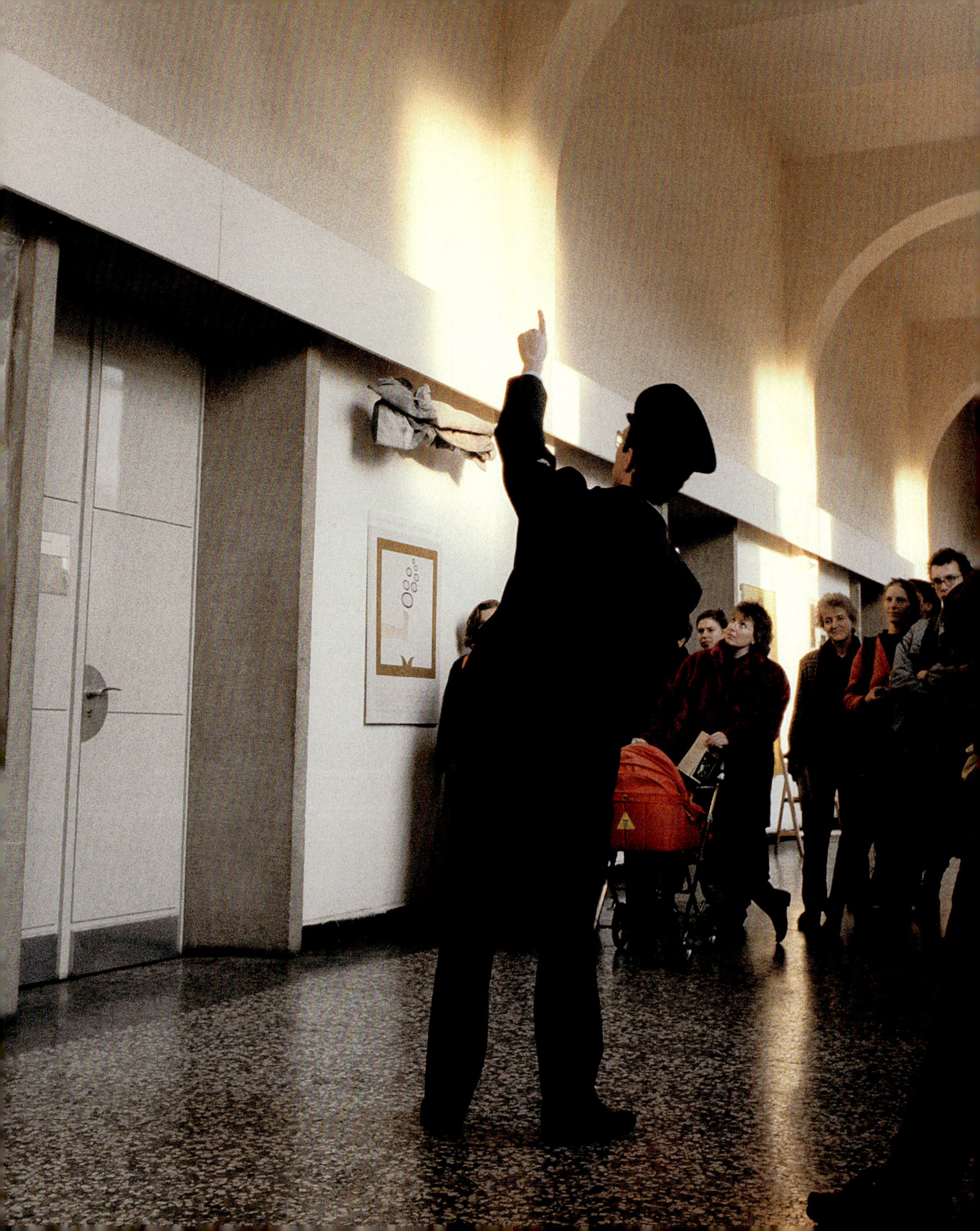

Kleiner Führer durch die ehemalige Kurfürstliche Gemäldegalerie Düsseldorf

Rundgang, Kunstakademie Düsseldorf
5. – 8. Februar 1986 February 5 – 8, 1986

Bestandteile der Performance
– Zwei Pressholztafeln, beschriftet
– Zwei Papierbahnen, handbemalt
– Zwei Plexiglassscheiben, beschriftet
– Zwei Displayständer aus Sperrholz
– 1000 Faltblätter (zehn Seiten)

Elements of the Performance
– Two boards of compressed wood, labeled
– Two rolls of paper, hand-painted
– Two pieces of Plexiglas, labeled
– Two display stands made from scrap wood
– 1000 leaflets (ten pages)

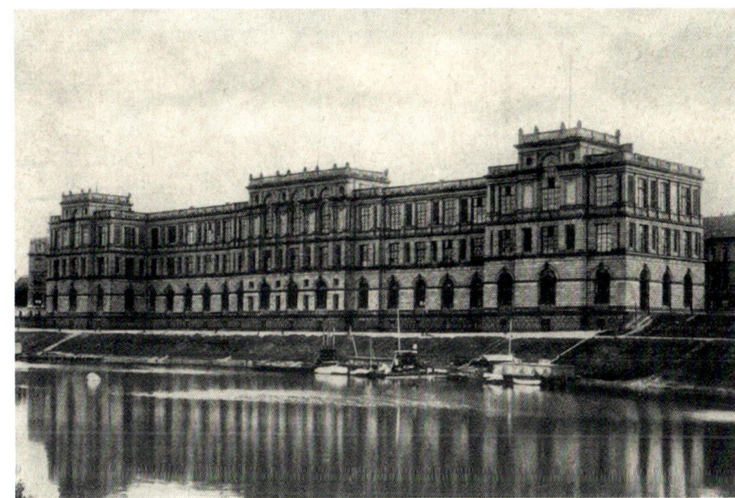

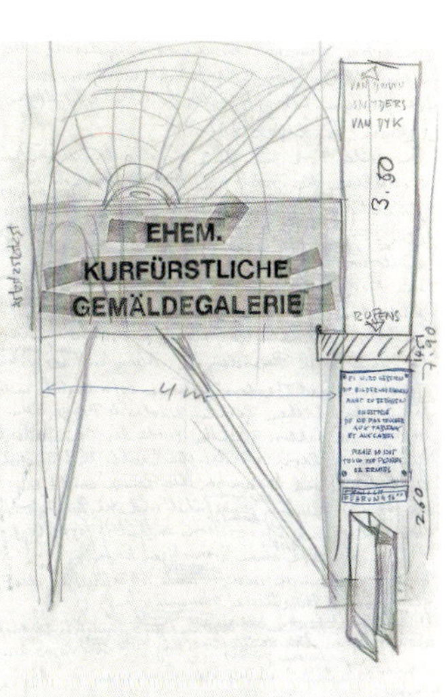

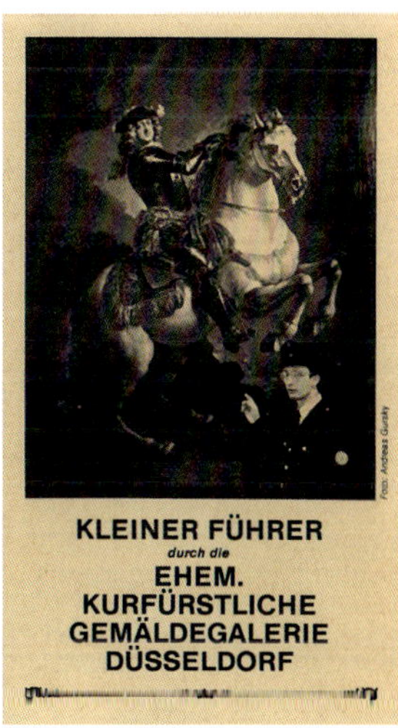

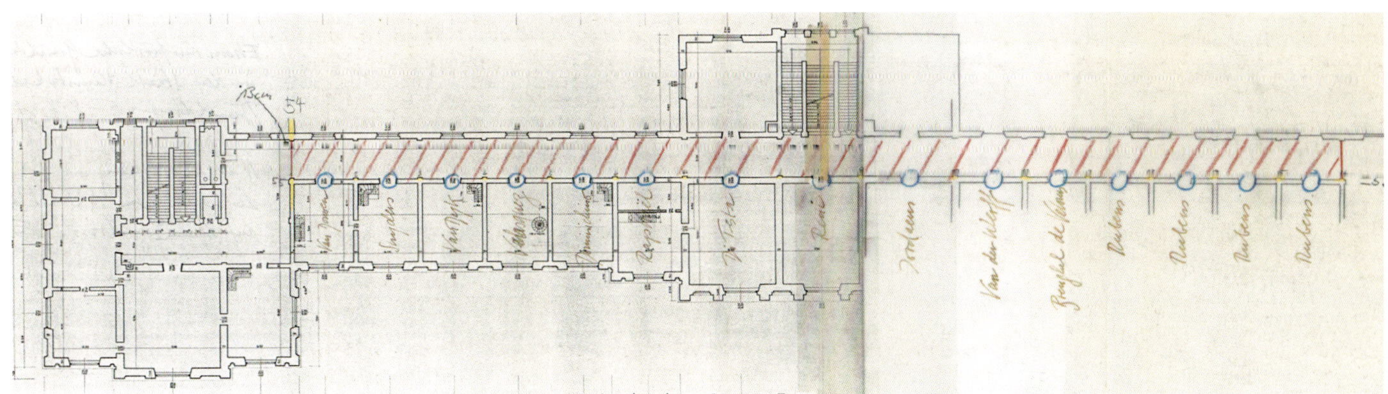

Während des Jahresrundgangs der Düsseldorfer Kunstakademie eröffnete Christian Philipp Müller in der ersten Etage des Gebäudes die »EHEMALIGE KURFÜRSTLICHE GEMÄLDEGALERIE«. Jeweils um 16 Uhr veranstaltete er Führungen durch die Gemäldegalerie von 1778 im Flur der Kunstakademie von 1986. Am Ende des 90 Meter langen Raums informierten Transparente über die ausgestellten Künstler, und an den Wänden montierte Plexiglasscheiben baten auf Deutsch, Englisch und Französisch darum, »die Bilder und Rahmen nicht zu berühren«.

During the annual exhibition of the Düsseldorf Art Academy, Christian Philipp Müller presented the "EHEMALIGE KURFÜRSTLICHE GEMÄLDEGALERIE" on the first floor of the building. Every day at 4:00 p.m., he hosted a tour of the painting gallery of 1778 in the hall of the academy of 1986. Banners at the end of the ninety-meter-long space provided information about the exhibited artists while Plexiglas panels mounted on the walls announced in German, English, and French, "Not to touch pictures or frames." A brochure produced by the artist provided visitors with a list of

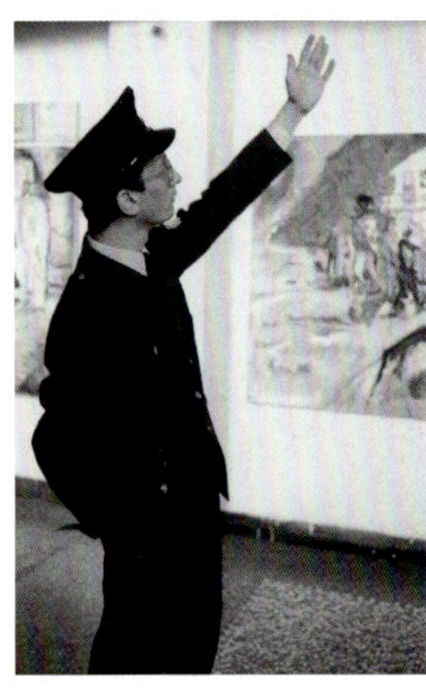

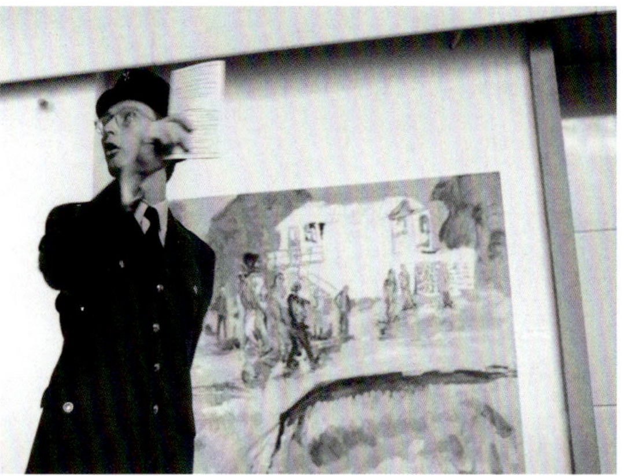

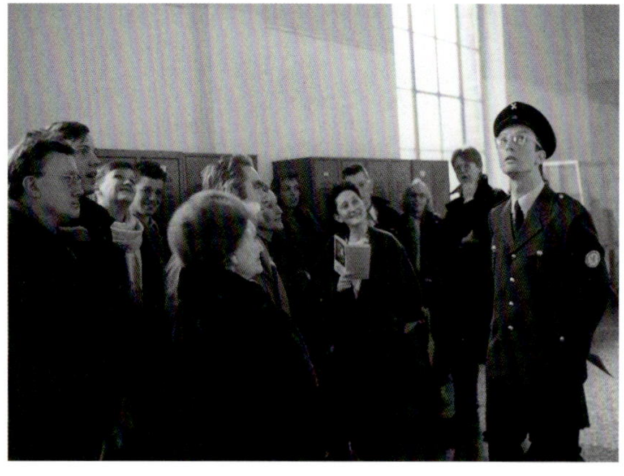

N.° 19. Planche II.e
UNE CHASSE AU SANGLIER,
PAR FRANÇOIS SNYDERS.
Peint fur toile.
Haut de 6. pieds 4. pouces; Large de 9. pieds 4. pouces.
Figures entières, de grandeur naturelle.

N.° 25. Planche II.e
PORTRAIT EN PIED DE WOLFFGANG GUILLAUME
DUC DE NEUBOURG,
PAR ANTOINE VANDYK.
Peint fur toile en 1628.
Haut de 6. pieds 4. pouces; Large de 4. pieds 1. pouce,
Figure entière, de grandeur naturelle.

Zur Information der Besucher lag ein vom Künstler produziertes Faltblatt aus, das die ausgestellten Werke in der Originaltypografie, der Nummerierung und mit den Werkbezeichnungen des Sammlungskatalogs von 1778 auflistete. Auf dem Cover sah man Müller in einer Uniform der Wach- und Schliessgesellschaft vor einem in Düsseldorf verbliebenen Gemälde. Wie einige Kunststudierende, die zum Nebenverdienst als Museumsaufsicht arbeiten, trug Müller Dienstkleidung. Doch er führte durch eine Sammlung, die Düsseldorf bereits 1806 in Richtung Dänemark verlassen hatte, damit sie nicht den napoleonischen Truppen zur Beute fiel. Er schritt mit seinen Besuchern den Flur ab, blieb stehen, um über eines der im Leporello aufgelisteten Gemälde zu sprechen, wobei er historisches Wissen über die sich wandelnde Rezeption der Werke mit Informationen zu den Beziehungen zwischen ihrem Schöpfer und dem fürstlichen Sammler verband. Er verfolgte vielfältige Verknüpfungen und überschrieb gleichzeitig die aktuelle Hängung des Rundgangs. Denn inmitten der Jahresausstellung, inmitten der Arbeiten seiner Mitstudierenden und Professoren, sprach Müller von abwesenden Werken, von Relationen zur Vergangenheit, und er zitierte ihre damaligen Kritiker, so zum Beispiel Wilhelm Heinse.

the exhibited works, printed in the original typography and with the numbering and titles from the 1778 catalogue of the collection. The cover showed Müller in a security guard's uniform in front of a painting still held in Düsseldorf. Like an art student working as a museum guard to earn extra money, Müller wore his uniform. Yet, he led visitors through a collection that had already been moved from Düsseldorf to Denmark in 1806 to prevent it from being plundered by Napoleon's troops. Müller traversed the length of the hall with his visitors, pausing to discuss the paintings listed in the brochure. In so doing, he combined historical knowledge of the changing reception of the works with insight into the relationship between the works' creators and their aristocratic collector. He traced a variety of connections, thereby overwriting the current configuration of the tour. For in the midst of the annual exhibition, among works by fellow students and professors, Müller spoke of absent works and relations to the past, quoting critics of the time, such as Wilhelm Heinse.

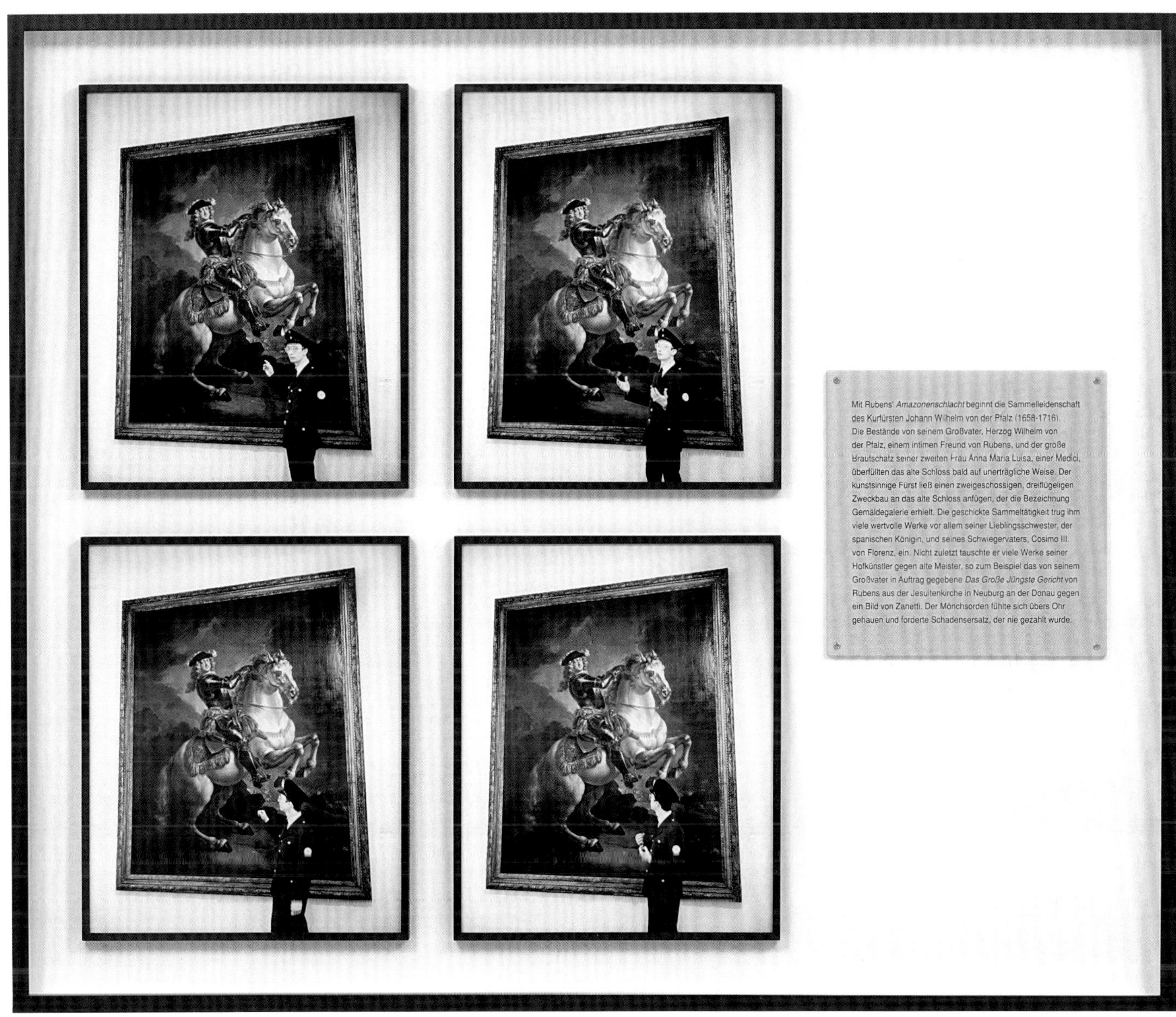

Ohne Titel *Untitled*, 1986/2006

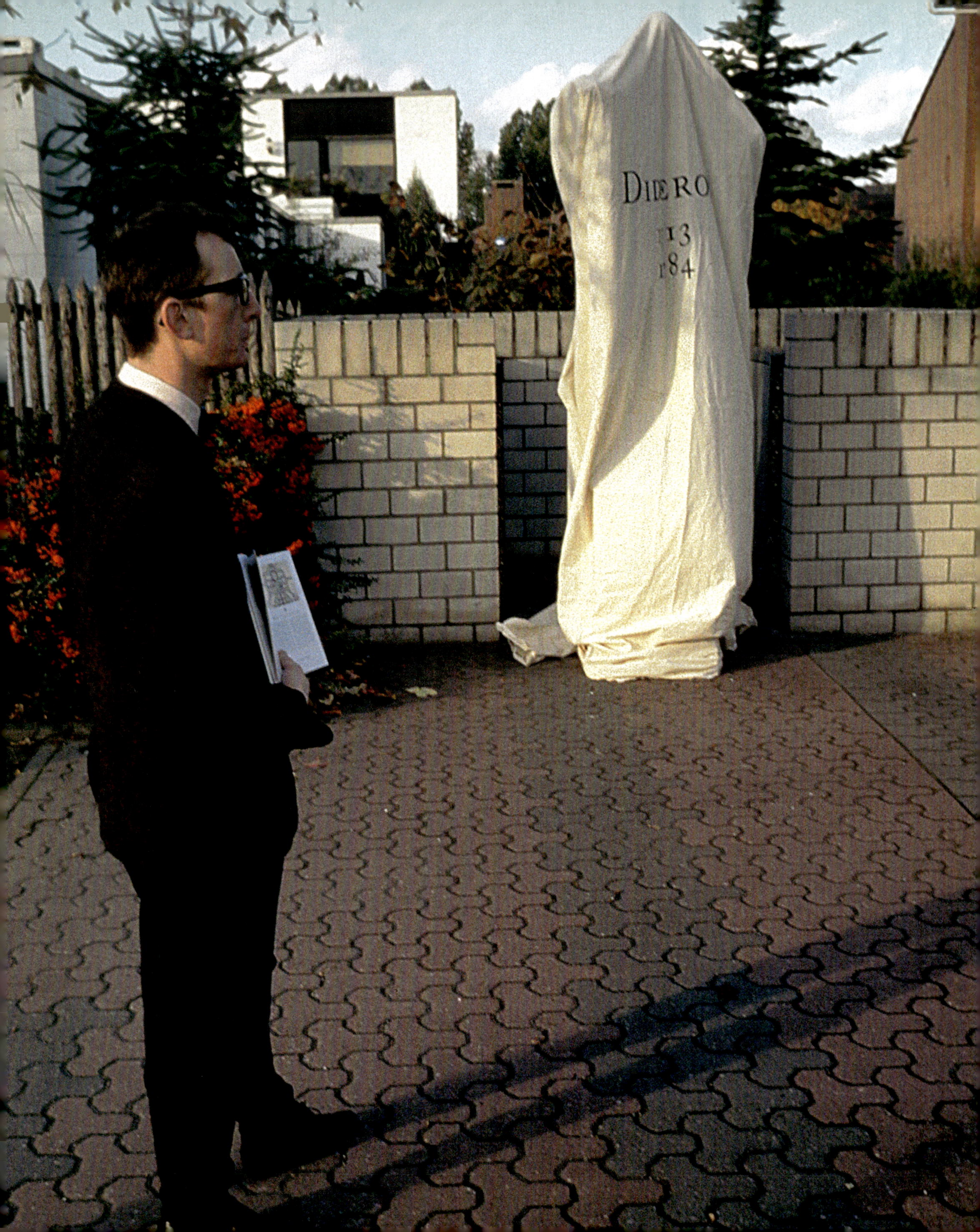
DIERO
13
84

Carl Theodors Garten in Düsseldorf-Hellerhof

Düsseldorf-Hellerhof
4. – 26. Oktober 1986 October 4 – 26, 1986

Bestandteile der Performance
- Sechs Tücher, beschriftet
- Programmheft (32 Seiten)
- Eintrittskarten

Elements of the Performance
- Six Sheets, labeled
- program (32 pages)
- entry tickets

Mitwirkende
Andreas Siekmann (Sprecher)
Beate Schmalbrock (Querflöte)
Johannes Steinert (Violine)
Ulrich Maiss (Cello)
Jürgen Mester (Sprecher)
Robert Haiss (Sprecher)

Contributors
Andreas Siekmann (speaker)
Beate Schmalbrock (flute)
Johannes Steinert (violin)
Ulrich Maiss (cello)
Jürgen Mester (speaker)
Robert Haiss (speaker)

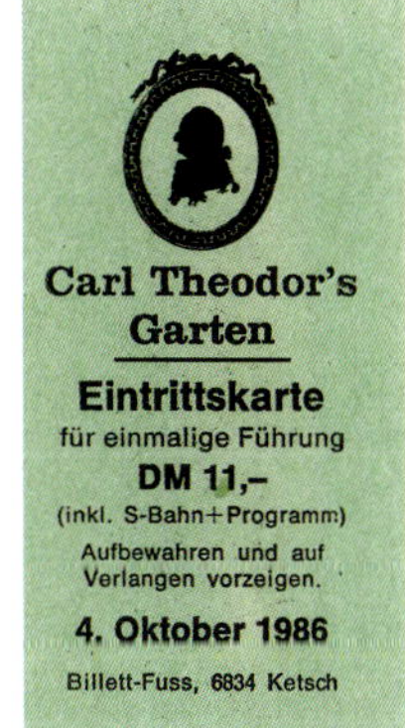

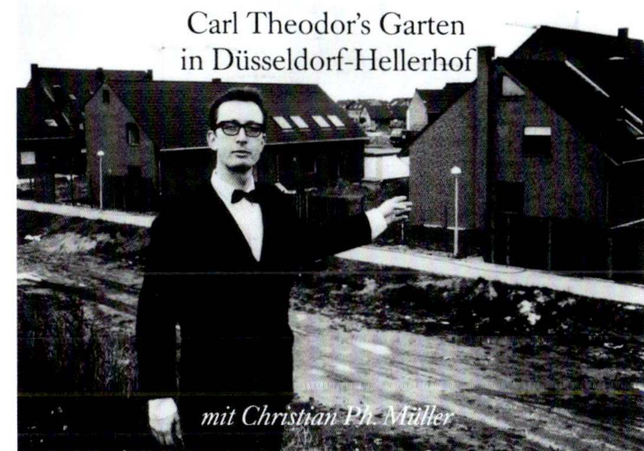

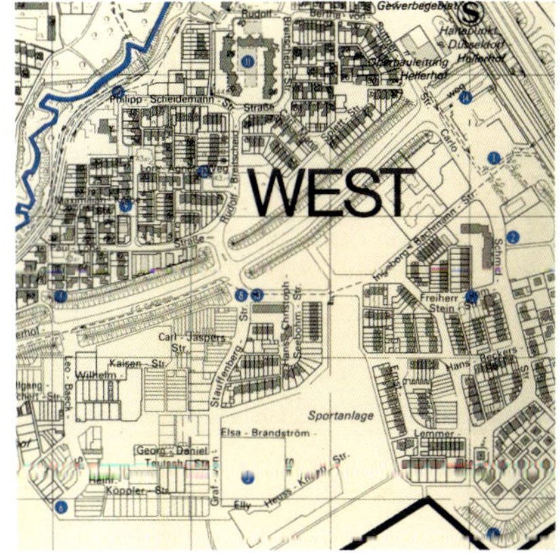

Neubaugebiet Development area Düsseldorf-Hellerhof

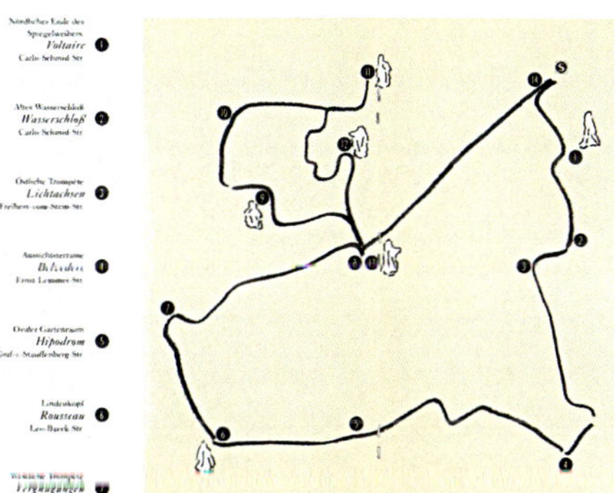

Tour mit 14 Stationen Tour with 14 stations

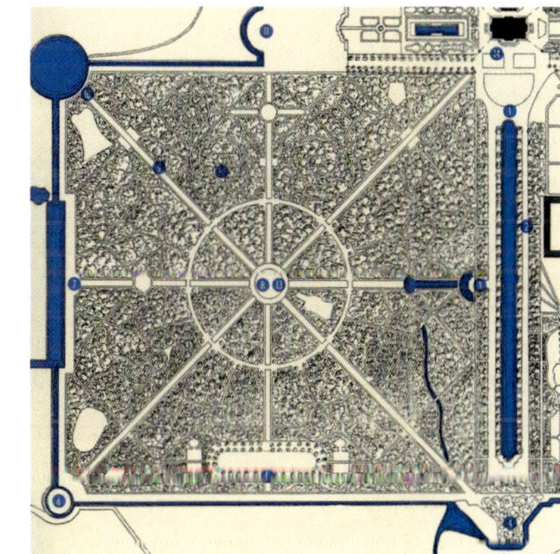

Schlosspark Castle park Düsseldorf-Benrath

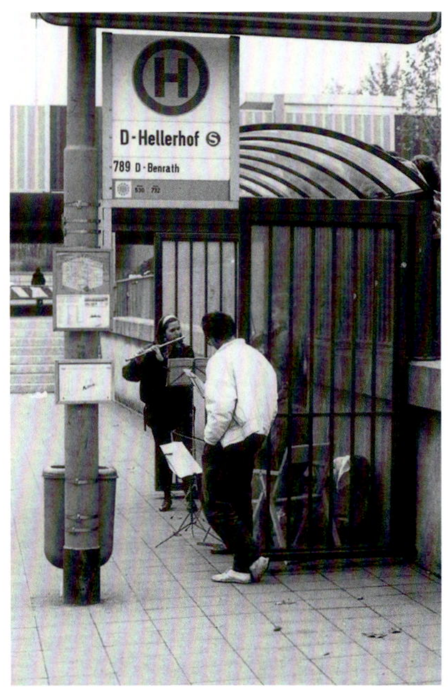

Station 14
Beate Schmalbrock (Querflöte Flute); Johannes Steinert (Violine Violin); Ulrich Maiss (Cello)

Bei seinen Führungen durch Düsseldorf-Hellerhof sprach Christian Philipp Müller von Ästhetik und gutem Geschmack. Er schob die Planung einer aufklärerischen Gartenwelt in das alltägliche Vorstadtleben ein. Acht Mal führte er an Wochenenden nachmittags für zwei Stunden im Neubaugebiet Hellerhof durch eine von Nicolas de Pigage im Jahre 1755 für den Kurfürsten Carl Theodor geplante Gartenanlage. Letztlich waren Schloss und Garten in Benrath, wenige Kilometer nördlich, realisiert worden. Müllers Führungen liessen die vergangenen und aktuellen Stadtplanungen ineinander übergehen. Er steuerte durch Hellerhof anhand der Markierungen in den Plänen von 1755. Um die Verbindungen zwischen der Vergangenheit und der Gegenwart dauerhaft sichtbar zu machen, schlug er seinen Zuhörern die Errichtung von sechs öffentlichen Denkmälern vor. Sie sollten auswählen zwischen zwei Darstellungsformen: einer Bronzeskulptur auf einem Steinsockel und einer schlichten Steinplatte mit Zitat. Die Denkmäler waren sechs Philosophen und Ästhetikern gewidmet, den geistigen Vätern des aufklärerischen Naturverständnisses: Voltaire, Rousseau, Diderot, Goethe, Hirschfeld und Montesquieu. Sie alle wurden als verhüllte Körper in Hellerhof positioniert. Müller lud über das städtische Kulturamt, über Lokalanzeiger und Amtsblätter ein. Für die sams- und sonntäglichen Führungen holte er die Besucher am Hauptbahnhof ab, fuhr gemeinsam mit ihnen zum letzten S-Bahnhof im Düsseldorfer Stadtteil Hellerhof und begann dort die Führung: »Wir befinden uns auf dem S-Bahnhof Hellerhof im eigentlichen Hauptgebäude und können vom Kuppelsaal aus die Siedlung und den geplanten Rokokogarten gut überblicken.« Im Tweedjacket mit Fliege präsentierte er im Neubaugebiet die 14 schönsten Punkte des ursprünglich geplanten Schlossparks. Im Begleitheft wurden die Aussichtspunkte mit Funktion, Bezeichnung und heutiger Lage kartografiert. Zu jedem Punkt gab er Auskunft, zu Personen sowie zu ehemals projektierten Parkelementen. Mit der Stadt verhandelte Müller über

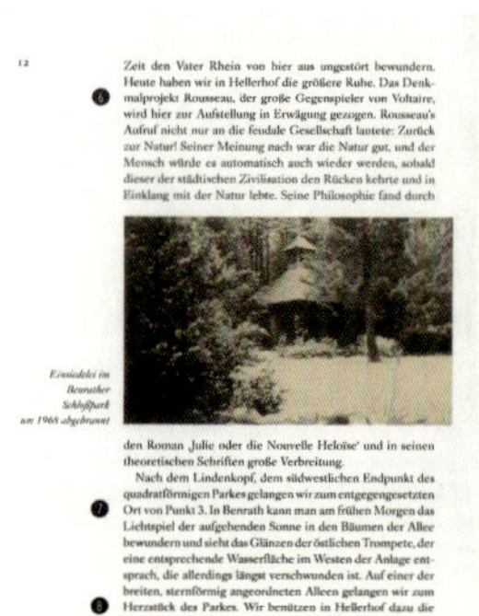
12

Zeit den Vater Rhein von hier aus ungestört bewundern. Heute haben wir in Hellerhof die größere Ruhe. Das Denkmalprojekt Rousseau, der große Gegenspieler von Voltaire, wird hier zur Aufstellung in Erwägung gezogen. Rousseau's Aufruf nicht nur an die feudale Gesellschaft lautete: Zurück zur Natur! Seiner Meinung nach war die Natur gut, und der Mensch würde es automatisch auch wieder werden, sobald dieser der städtischen Zivilisation den Rücken kehrte und in Einklang mit der Natur lebte. Seine Philosophie fand durch

Einsiedelei im Benrather Schloßpark um 1968 abgebrannt

den Roman ‚Julie oder die Nouvelle Heloïse' und in seinen theoretischen Schriften große Verbreitung.

Nach dem Lindenkopf, dem südwestlichen Endpunkt des quadratförmigen Parkes gelangen wir zum entgegengesetzten Ort von Punkt 3. In Benrath kann man am frühen Morgen das Lichtspiel der aufgehenden Sonne in den Bäumen der Allee bewundern und sieht das Glänzen der östlichen Trompete, der eine entsprechende Wasserfläche im Westen der Anlage entsprach, die allerdings längst verschwunden ist. Auf einer der breiten, sternförmig angeordneten Alleen gelangen wir zum Herzstück des Parkes. Wir benützen in Hellerhof dazu die Straße Hellerhofweg, die uns zur Autoeinstellhalle und nach dem Rundgang wieder zum S-Bahnhof führen wird.

Vom Zentrum führt uns die Wegstrecke nun zum nordwestlichen Endpunkt des geplanten Parkes und der Siedlung

13

Autoeinstellhalle Düsseldorf Hellerhof Zustand August 1986

Hellerhof. Wir kommen dabei an der Stelle vorbei, wo in Benrath für geübte Augen der Grenzwall des alten Tier- und Jagdgartens noch auszumachen ist. An dieser Stelle wird Denis Diderot zu Wort kommen. Neben seinen Romanen, Schauspielen und Kunstkritiken hat er zusammen mit d'Alembert die umfangreiche Encyclopédie, das eigentliche Hauptwerk des 18. Jahrhunderts, geschaffen. Gerne möchte man an dieser Stelle an sein großes Wissen erinnern und der bis heute von ihm ausgehenden Faszination Rechnung tragen.

Mit dem Kopfweiher haben wir das nordwestliche Ende des geplanten Parkes erreicht. Mit dem Garather Mühlebach hätte Pigage die für ein Lustschloß des 18. Jh. unentbehrlichen Wasserwerke speisen können. Wir finden indes hier die Grenze zwischen den Ortsteilen Garath und Hellerhof in Form eines Naturschutzgebietes.

Lassen Sie uns nun dem nördlichen Grenzkanal in Gedanken folgen, und wir gelangen alsbald zum Standort für das Goethedenkmalprojekt. Nicht nur im von Goethe initiierten Weimarer Park befand sich ein sogenannter Schneckenberg, auch im Benrather Park war als Endpunkt der Blickachse des kurfürstlichen Privatgartens, der durch Eisengitter vom großen öffentlichen Parkquadrat abgetrennt war, ein durch beschnittene Hecken gebildeter, spiralförmiger Gartenschmuck vorhanden. Dieser verschwand jedoch wegen zu aufwendiger Pflege recht schnell aus dem Gesamtbild des Gartens.

In his tours of the Hellerhof district in Düsseldorf, Christian Philipp Müller spoke of aesthetics and good taste, integrating the planning of an Enlightenment garden into everyday suburban life. On eight weekend afternoons, he gave two-hour tours of a garden complex planned by Nicolas de Pigage in 1755 for the electoral prince, Carl Theodor. Originally intended for the site now occupied by the Hellerhof development, the palace and garden were, in fact, constructed in Benrath, a few kilometers to the north. Müller's tours blended historic and modern urban planning, leading the way through Hellerhof, and using landmarks from the plans of 1755. In order to give permanent, visible expression to the connections between past and present, Müller proposed the creation of six public monuments. His listeners were to choose between two types of memorial—a bronze sculpture on a stone pedestal or a simple stone panel with a quotation. The monuments were dedicated to six philosophers and aestheticians, the intellectual fathers of the Enlightenment understanding of nature: Voltaire, Rousseau, Diderot, Goethe, Hirschfeld, and Montesquieu. All of these personages were positioned in Hellerhof as shrouded figures.

Müller announced his Saturday and Sunday tours through the city cultural office, local newspapers, and official gazettes. For each tour, he would pick up visitors from the main train station and drive them to the last commuter railway stop in the Hellerhof district where the tour would begin: "We find ourselves in the main building of Hellerhof station. From the domed hall, we enjoy a good view of the estate and the planned Rococo garden."

Dressed in a tweed jacket with a bowtie amidst the modern development, Müller presented the fourteen most beautiful points of the palace garden as originally planned. An accompanying booklet mapped out each of these points with their function, designation, and present-day location. At each site, Müller provided information on the park elements originally planned there as well as historical personages.

He also negotiated with municipal authorities regarding the installation of a painted metal panel to serve as a permanent visual record of the system of paths and waterways planned for the aristocratic garden in Hellerhof.

Müller's tours gave insight into the prehistory of palace and garden planning in Hellerhof and connected the imaginary points of the periphery with real places in the modern district, at that time only a decade old. The proposed monuments included quotations from the shrouded figures, presenting the two alternatives of a realistic or a non-objective memorial. At a bus

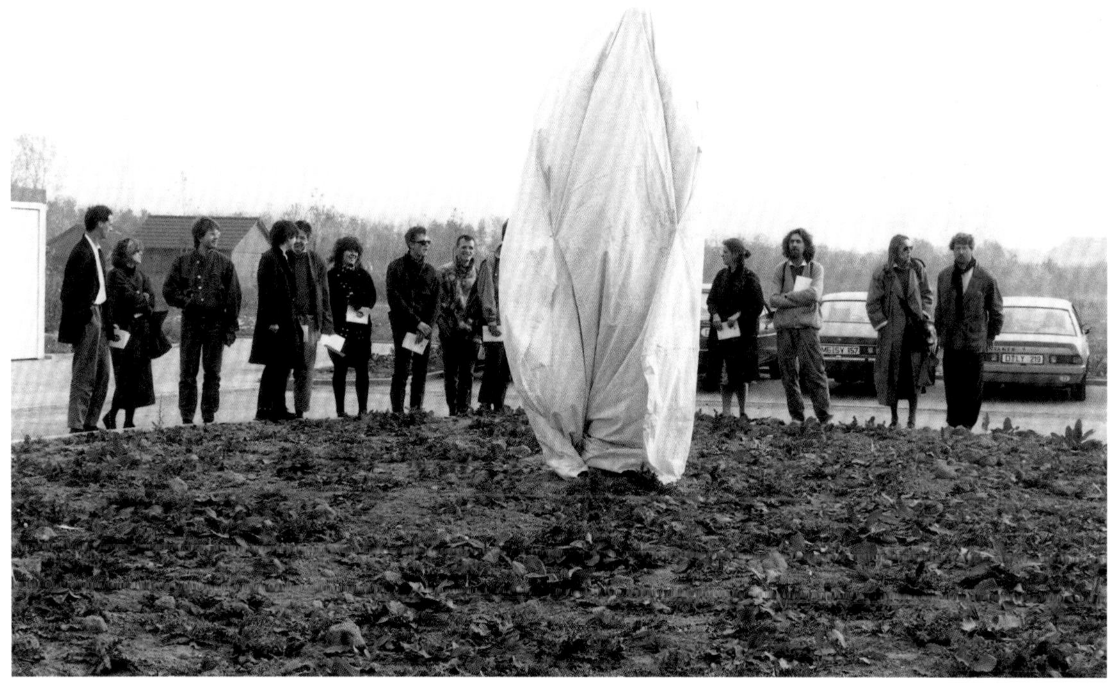

Station 7

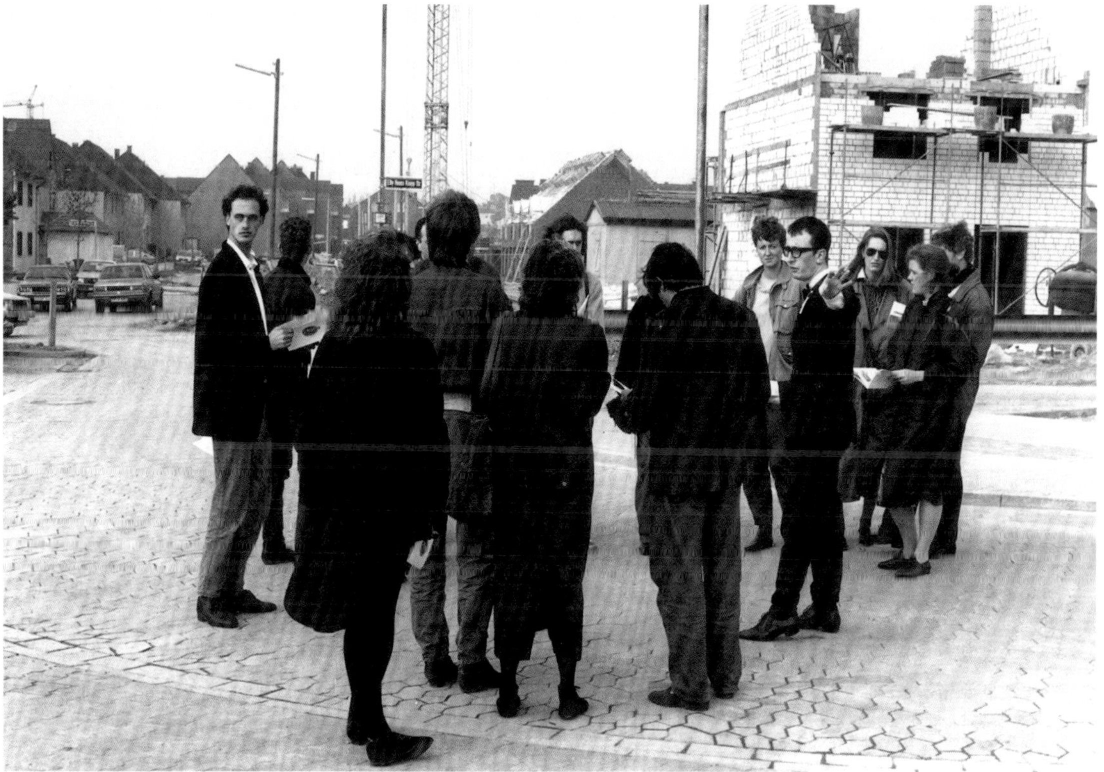

Station 6

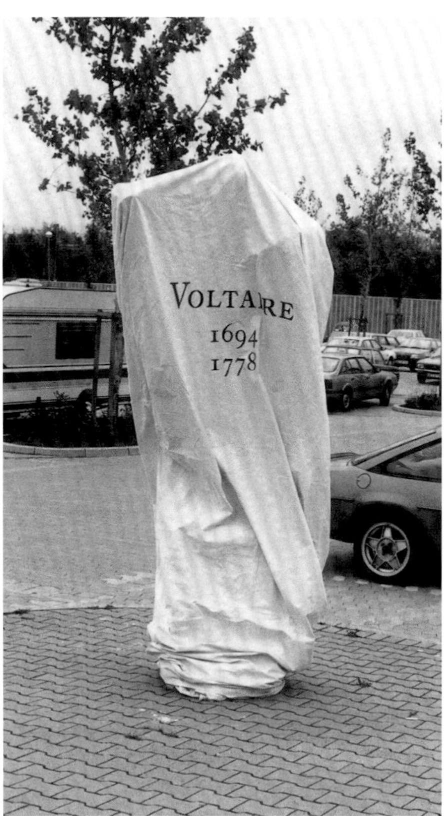

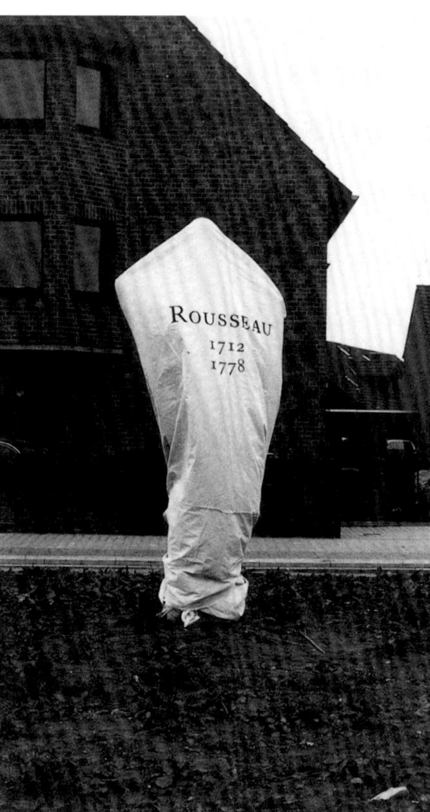

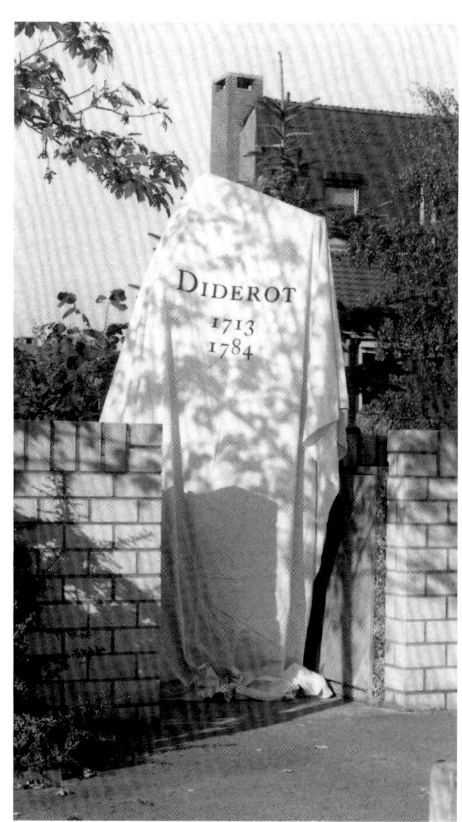

die Aufstellung einer lackierten Metalltafel, die das Wege- und Wassersystem des kurfürstlichen Gartens in Hellerhof dauerhaft sichtbar machen sollte. Müllers Führungen gaben einen Einblick in die Vorgeschichte der Schloss- und Gartenplanung in Hellerhof und verbanden die ideellen Punkte der Peripherie mit den realen Orten des damals zehn Jahre jungen Stadtteils. Die vorgeschlagenen Denkmäler sprachen Zitate der verhüllt dargestellten Personen und führten so die beiden Alternativen vor: ein realistisches oder ein ungegenständliches Denkmal. An einer Bushaltestelle der ehemals geplanten Allee arrangierte Müller ein Konzert für Violine, Cello und Querflöte, ein Werk des Hofkomponisten Johann Stamitz. Müllers Begleiter erfuhren etwas über das Wasserwerk des Gartens und auch, dass Diderot 1748 der Polizei als »sehr gefährliche Person« galt.

stop along the route of a projected garden path, Müller arranged a performance of music for violin, cello, and flute by court composer Johann Stamitz. Müller's guests learned something about the waterworks of the garden and were informed that in 1748, Diderot was considered a "very dangerous person" by the police.

It seems as if nature wanted to withhold its true charms from humans for which they are so little susceptible to and which—when they reach them—only blemish. Nature shuns the densely populated areas. Its most impressive charms are spread on mountain tops, in the depths of the woods, and on islands void of humans. The one who loves nature and still cannot go so far as to visit it, is compelled to violate it, so to speak, to force nature to come and live with him. All of this cannot be reached without a little pretense.
Rousseau 1712–1778

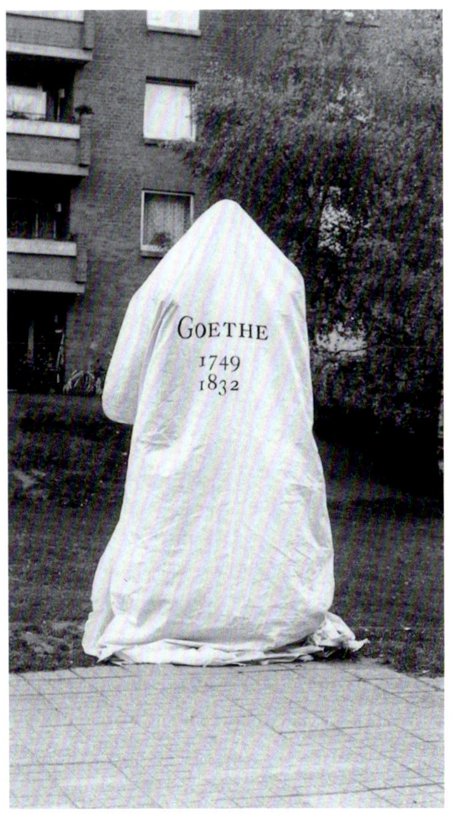

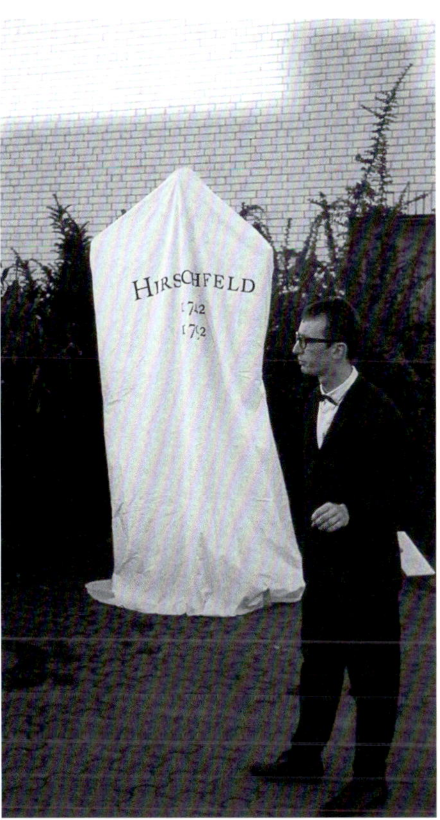

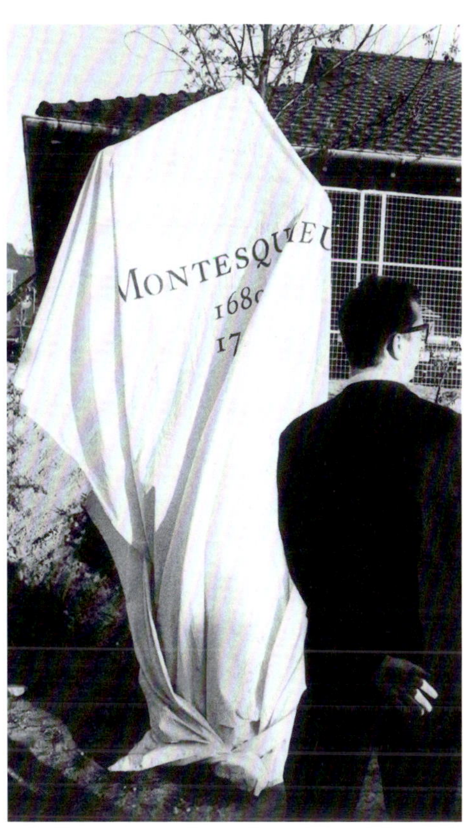

Es scheint, als wolle die Natur den Menschen
ihre wahren Reize vorenthalten, für die sie
so wenig empfänglich sind und die sie, wenn
sie sie erreichen können, nur verunstalten.
Sie flieht die dichtbewohnten Gegenden. Auf
den Gipfeln der Berge, in den Tiefen der
Wälder, auf menschenleeren Inseln breitet
sie ihre eindrucksvollsten Reize aus. Wer
sie liebt und doch nicht so weit gehen kann,
um sie aufzusuchen, ist genötigt, ihr Gewalt
anzutun, sie gewissermassen zu zwingen, dass
sie komme und bei ihm wohne. Das alles lässt
sich ohne ein wenig Vortäuschung nicht
erreichen.

Rousseau 1712–1778

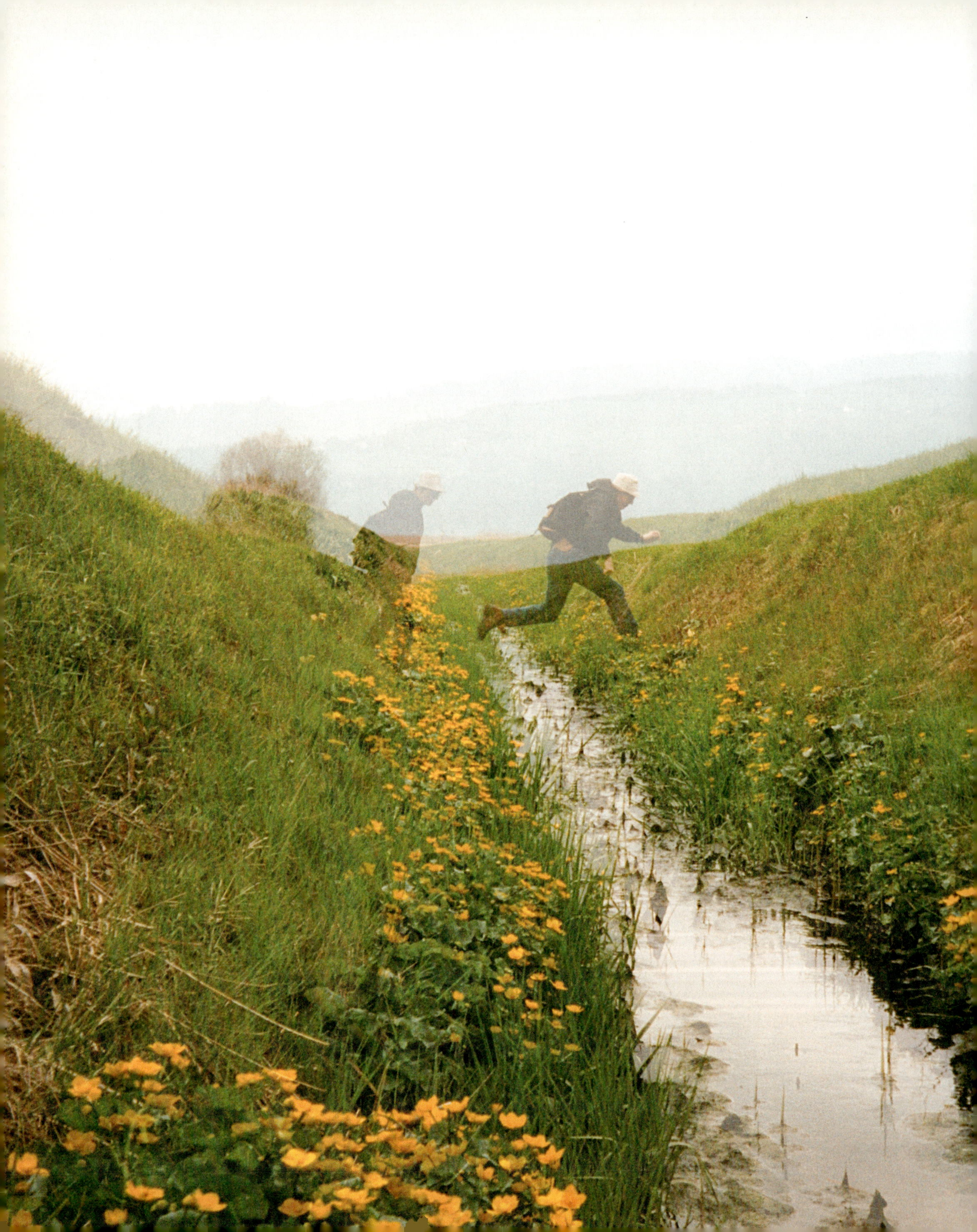

Grüne Grenze Green Border

Stellvertreter, Representatives, Rappresentanti
(mit with Andrea Fraser, Gerwald Rockenschaub)
Österreichischer Pavillon, 45. Biennale di Venezia
Austrian Pavilion, 45th Biennale di Venezia
14. Juni – 10. Oktober 1993 June 14 – October 10, 1993

Skulpturenhof
– *Gartentisch*, 1993, verschiedene Hölzer gemäss dem Anteil der unterschiedlichen Baumarten in Österreich, drehbar; Durchmesser: 400 cm, Sammlung Günther Lorenz
– Abriss der Gartenmauer und Neugestaltung
– Zwei Schilder mit botanischen Angaben

Rechter Seitenflügel
– Aussen: Überwachungskamera
– Innen: acht Bäume aus Österreich, acht Schilder mit botanischen und geopolitischen Angaben, acht Schrifttafeln mit Wegbeschreibungen, acht Veduten aus der Österreichischen Nationalbibliothek, Klimaanlage mit Schleuse und Monitor

Sculpture Courtyard
– *Gartentisch*, 1993, different kinds of wood corresponding to the percentage of various types of trees in Austria, turnable; diameter: 157 inches, Collection of Günther Lorenz
– Demolition of the garden wall and redesign
– Two signs with botanical information

Right Wing
– Outside: surveillance camera
– Inside: eight trees from Austria, eight signs with botanical and geo-political information, eight plaques with directions, eight veduta from the Austrian National Library, air conditioner with sluice and monitor

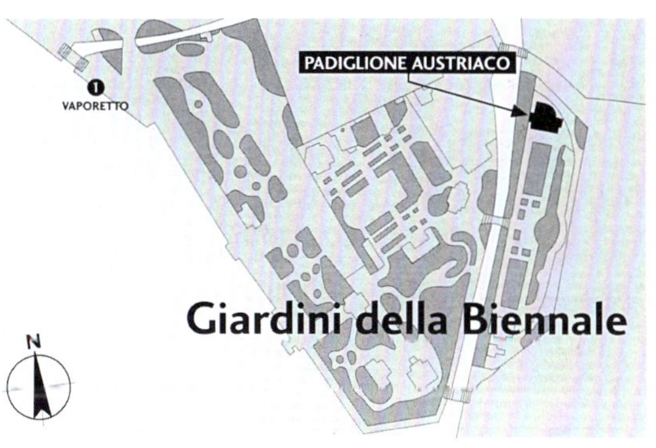

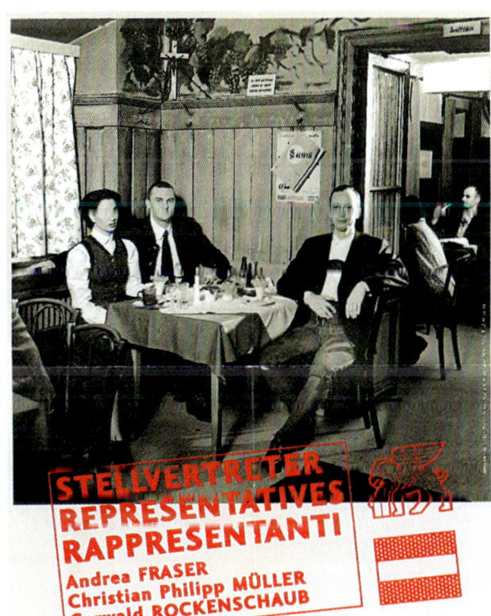

Österreichs Beitrag zur 45. Biennale in Venedig. Kommissär: Peter Weibel
Austrian Contribution to the 45th Biennale in Venice. Commissioner: Peter Weibel
Il contributo austriaco alla 45ª Biennale di Venezia. Commissario: Peter Weibel
13. 6. – 10. 10. 1993. Padiglione Austriaco, Giardini della Biennale, Venezia

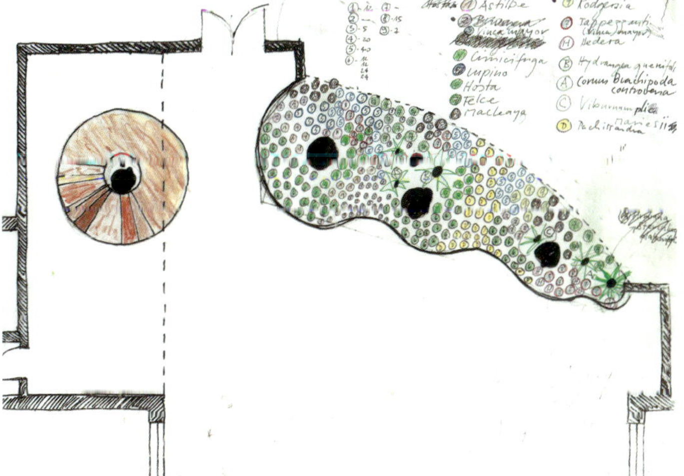

Skizze für neu bepflanzten Skulpturenhof Sketch for newly landscaped sculpture courtyard

Detail *Illegaler Grenzübertritt zwischen Österreich und dem Fürstentum Liechtenstein*, 1993/2005, Still

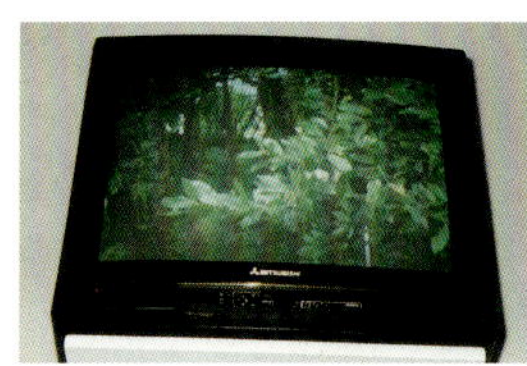

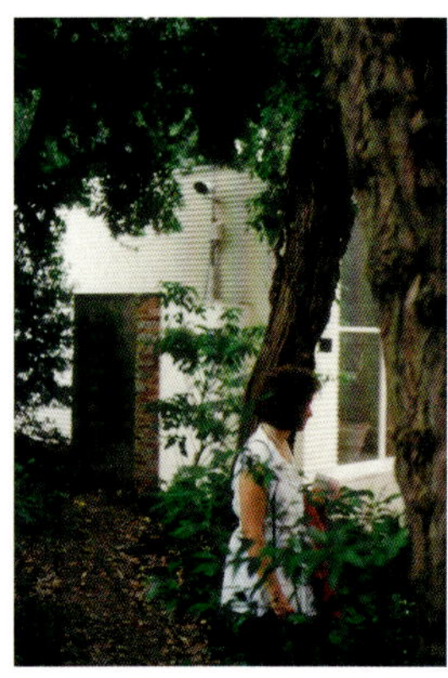

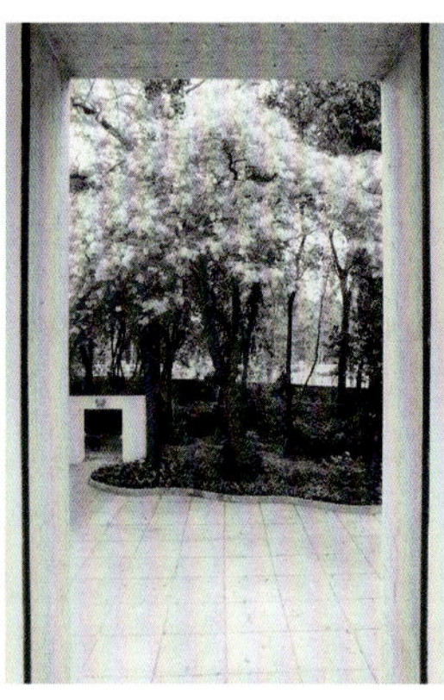

Abgetragene Gartenmauer mit Videoüberwachung
Removed garden wall with video surveillance

Kommissär Peter Weibel lud den Österreicher Gerwald Rockenschaub ein, im österreichischen Pavillon der 45. Venedig-Biennale 1993 auszustellen, und beauftragte ihn, Nicht-Österreicher beizuziehen. Die Einladungen an Andrea Fraser (USA) und Christian Philipp Müller (Schweiz) durchbrachen die Tradition des nationalen Wettbewerbs, seit 1895 das Prinzip der Biennale von Venedig. Rockenschaub besetzte den zentralen Raum des Pavillons und machte diesen Ort zum Gegenstand seiner Arbeit. Müller und Fraser kamen die Seitenflügel zu. Fraser thematisierte den Anlass, die Biennale selbst, Müller den Auftraggeber, den österreichischen Staat.
Bereits im Vorfeld entstand in der österreichischen Presse eine Debatte, in deren Zentrum die vermeintliche Gefährdung des Nationalen durch die Beteiligten stand. Als Reaktion zeigte das Plakat zur Ausstellung die drei Künstler in folkloristischer Kleidung am Tisch eines ›typisch‹ österreichischen Lokals. Im Katalog zum Pavillon schrieben Weibel und andere wie Slavoj Zizek, Chantal Mouffe und Helmut Draxler zur Kritik des Nationenprinzips und seiner österreichischen Geschichte.
Auch am Pavillon selbst ist diese Kritik nachvollziehbar. Erbaut worden war er 1934 nach einem Plan von Josef Hoffmann, jedoch ohne die von diesem vorgesehene vollständige Abschliessung des österreichischen Gebietes durch eine hohe Mauer. Zum Zeitpunkt der 21. Biennale 1938 war Österreich vom nationalsozialistischen Deutschland annektiert und deshalb als »Ostmark« dem deutschen Pavillon zugeordnet. 1954 wurde das Gebäude von Hoffmann zu der dahinter liegenden Baumgruppe hin geöffnet. Der Garten erhielt einen zeittypischen asymmetrischen Abschluss, wodurch das Gebäude aus der zuvor absoluten Symmetrie herausgerückt wurde.
Müller fand bei seinem ersten Besuch 1992 den Hofbereich vollständig überwuchert vor. Am linken Hofende führte eine Doppeltür (Notausgang) in das Niemandsland zwischen dem Pavillon und der Stacheldrahtmauer der »Giardini«. Diese Gartenmauer liess Müller einreissen, er beseitigte das Unterholz und bepflanzte das Gebiet neu: Der Blick war nun freigelegt.
Müllers *Grüne Grenze* erstreckte sich auf vier Ebenen: als Nationalgrenze, die Österreich von seinen Nachbarländern trennt, als nachvollziehbare historische Grenzverschiebung auf Österreichs Landkarten, als architektonische Grenze des österreichischen Pavillons zum überwucherten Gelände dahinter und schliesslich als Re-Installierung der biologischen und geopolitischen Merkmale der grünen Grenzen im Seitenflügel des Pavillons.

For the 45th Venice Biennale in 1993, commissioner Peter Weibel invited Austrian artist Gerwald Rockenschaub to exhibit in the Austrian pavilion, proposing collaboration with non-Austrian artists as well.
The invitations issued to Andrea Fraser (USA) and Christian Philipp Müller (Switzerland) broke the tradition of national competition that had been the guiding principle of the Venice Biennale since 1895. Rockenschaub occupied the central room of the pavilion and made this location the subject of his work; Müller and Fraser took the side wings. Fraser's theme was the occasion, the Biennale itself, while Müller's was the patron, the Austrian state.
Controversy arose in the Austrian press even before the exhibition, concerning the participants' ostensible threat to national identity. In reaction, the poster for the exhibition showed the three artists in folkloric costume at the table of a stereotypical Austrian pub. In the catalogue for the pavilion, Weibel and others, including Slavoj Zizek, Chantal Mouffe, and Helmut Draxler wrote critical essays on the principle of nationalism and its Austrian history.
These issues are also manifested in the pavilion itself. The building was constructed in 1934 after plans by Josef Hoffmann, although Hoffmann's intent of completely enclosing the Austrian area with a high wall was not carried out. At the time of the 21st Biennale in 1938, Austria had been annexed by Nazi Germany and was thus associated with the German pavilion as the "Ostmark." In 1954, Hoffmann's building was opened toward the group of trees lying behind it. The garden received an asymmetrical enclosure typical of the time, shifting the building out of its previously absolute symmetry.
On his first visit in 1992, Müller found the enclosed area completely overgrown. At the left end of the garden, a double door (an emergency exit) led into the no-man's-land between the pavilion and the barbed-wire enclosure of the "Giardini." Müller had this garden wall completely demolished, removed the underbrush, and replanted the area, thereby opening up the view.
Müller's *Green Border* operates on four levels: as a national boundary separating Austria from neighboring countries: as a historical border shift on the map of Austria, as an architectural boundary separating the Austrian pavilion from the overgrown terrain behind it, and finally, as a reinstallation of the biological and geopolitical features of the green borders in the side-wing of the pavilion.
Dressed as a hiker, Müller followed Austria's green borders, exploring their function as barriers to the former Eastern-block countries of the Czech Republic,

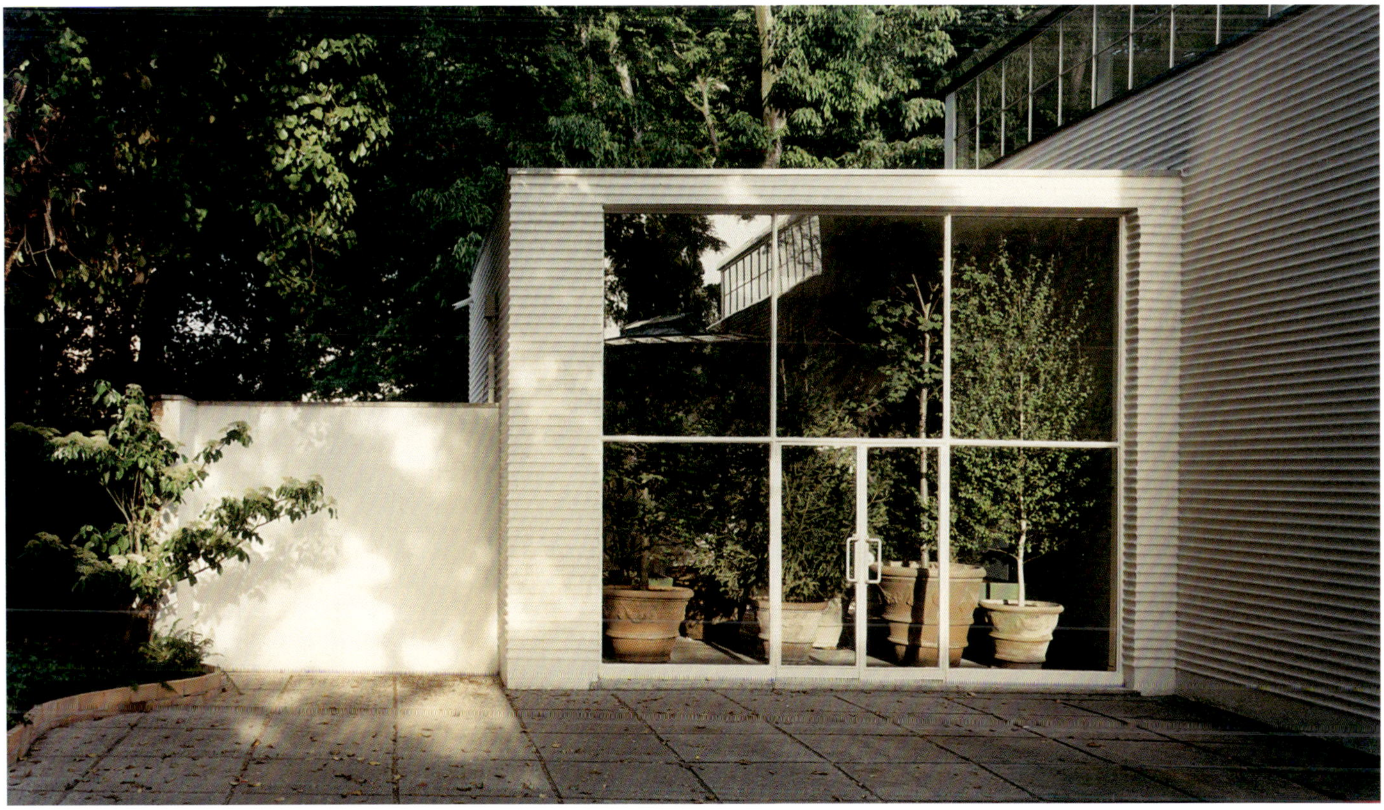

Orangerie des Nordens "Orangery" of the North

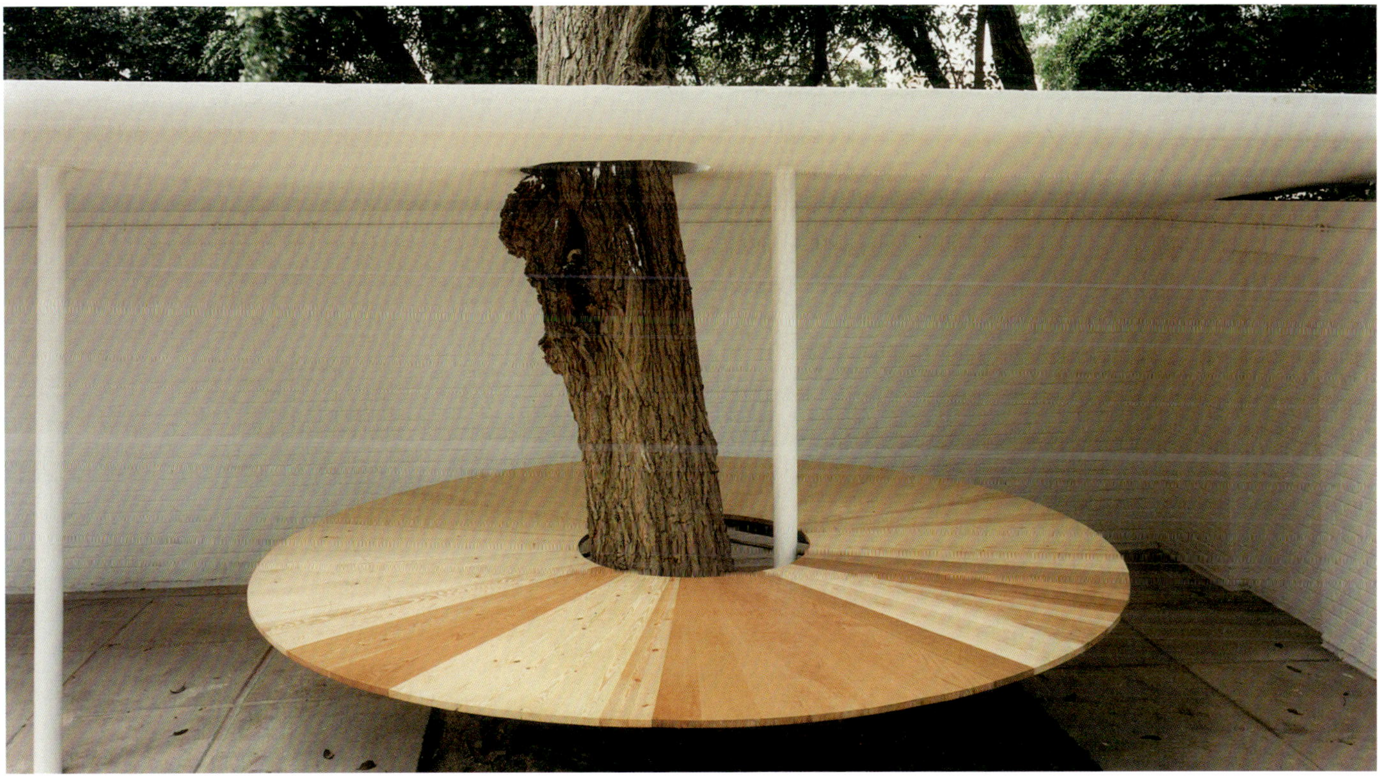

Gartentisch, 1993

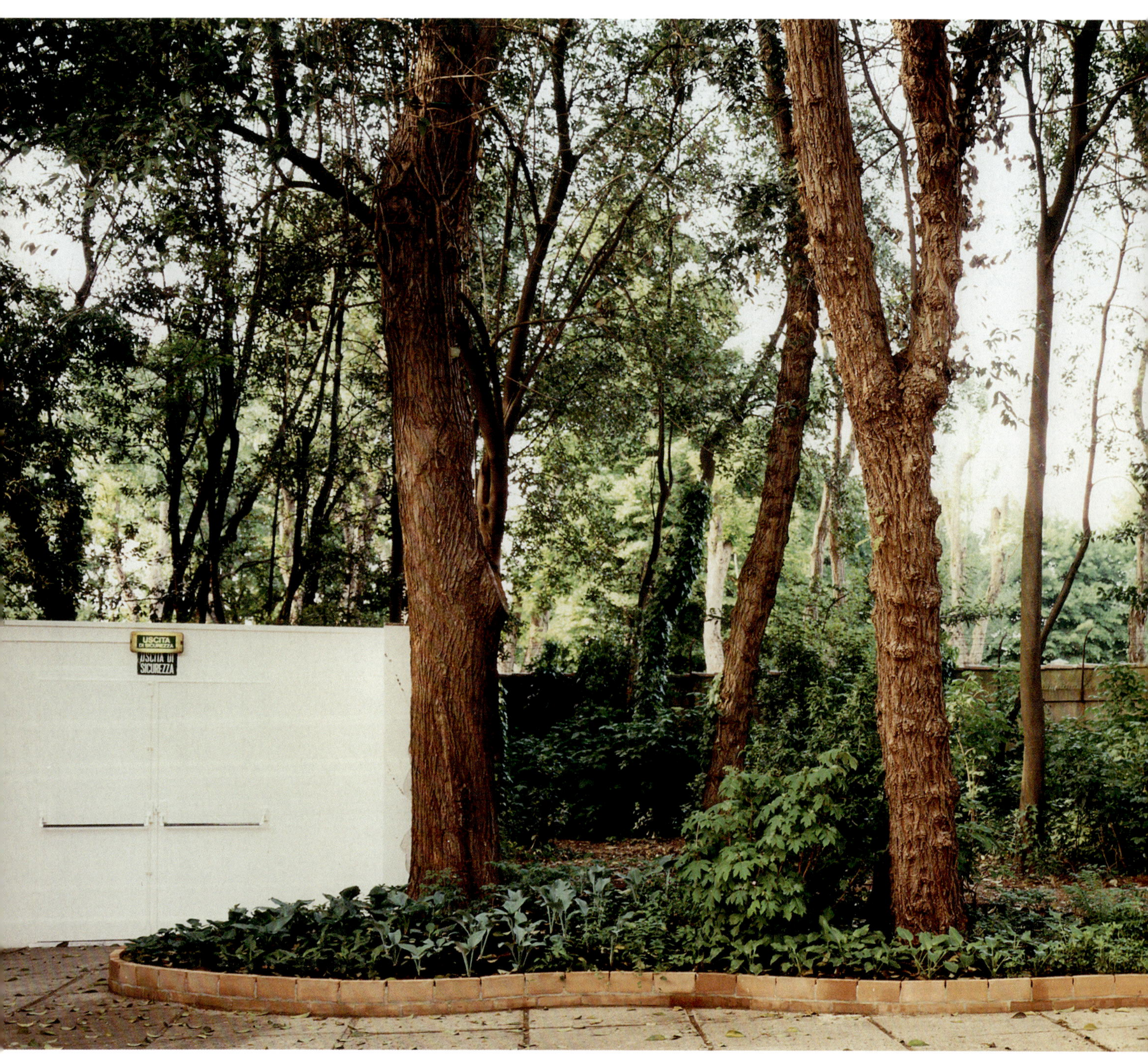

Abgetragene Gartenmauer und neu bepflanzter Skulpturenhof Removed garden wall and newly landscaped sculpture courtyard

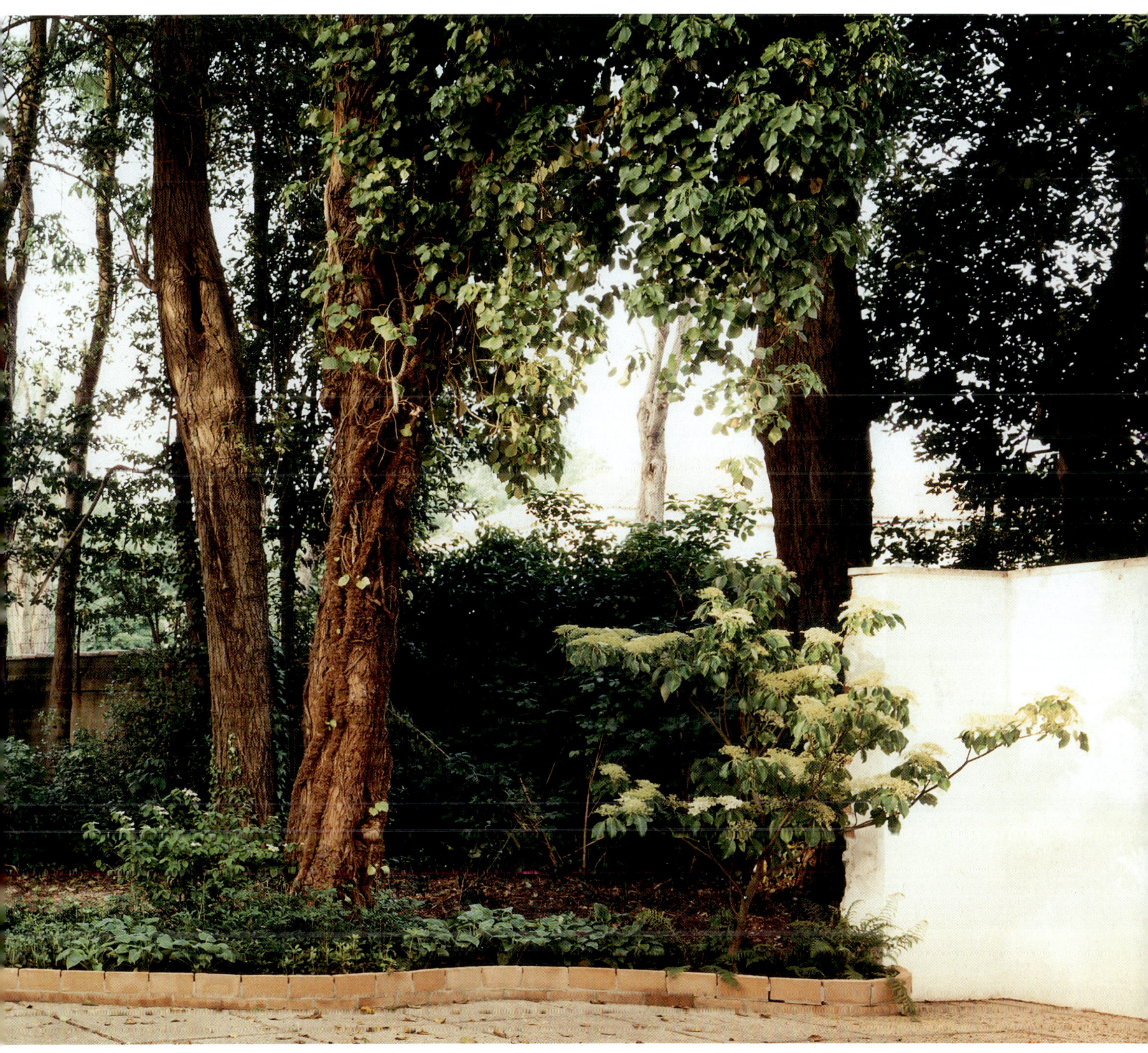

Als Wanderer verkleidet, schritt Müller Österreichs grüne Grenzen ab, untersuchte ihre Funktionen als Riegel zwischen den ehemaligen Ostblockländern (Tschechien, Slowakei, Ungarn, Slowenien) und den westlichen Staaten (Italien, Schweiz, Liechtenstein, Deutschland). Er suchte bewaldete Grenzregionen auf und übertrat an ihnen die Nationalgrenzen.
Beim Übertritt nach Tschechien wurden er und sein Begleiter aufgegriffen und erhielten drei Jahre Einreiseverbot. Von jeder Grenzüberquerung sandte Müller Postkarten an Freunde und Galeristen mit dem an On Kawara angelehnten Wortlaut: »I crossed the border between X and Y and I AM STILL ALIVE.«
Auf der Biennale verlegte Müller die grüne Grenze in den rechten Seitenflügel des Pavillons. Der Besucher trat durch eine Plastikschwingtür ein, hinter der sich das Klima unmittelbar veränderte. Mithilfe einer über der Tür installierten Klimaanlage hatte Müller versucht, die Temperatur so weit als möglich einem idealen konservatorischen Klima anzunähern. Man blickte direkt auf einen Überwachungsmonitor ins Grüne. Eine Kamera, an der Aussenseite des Pavillons angebracht, überwachte die grüne Grenze des Geländes.
An der rechten Wand befanden sich acht Vorzeichnungen zu Landschaftsholzstichen. Auf ihnen waren Gebiete dargestellt, die – heute an Österreichs Aussenrändern – in einer österreichisch-ungarischen Enzyklopädie von 1895, dem *Kronprinzenwerk*, in Holzstichen verewigt worden waren. Die acht Studien, die Müller hier aufgereiht hatte, zeigten Landschaften der acht grünen Grenzen, die er überschritten hatte. Unter ihnen waren Plexiglasscheiben montiert, auf denen jeweils in Deutsch, Englisch und Italienisch die Überquerungen dokumentiert waren. Ihnen gegenüber bildeten acht für die jeweiligen Landschaften typische Bäume eine Orangerie des Nordens. Aus Österreich angeliefert, waren sie in die Terrakottatöpfe der Giardini gepflanzt und mit Schildern versehen worden, die über ihre botanische ebenso wie über ihre geopolitische Herkunft aufklärten.
Diese Rekonstruktion der grünen Grenzen setzte Müller im Hofabschluss fort – auf der einen Seite durch die Neubepflanzung des Gartenbereiches innerhalb der eingerissenen Mauer, auf der anderen durch einen kreisrunden, drehbaren Tisch, der mit 4 Metern Durchmesser einen Baum und eine Säule umschloss. Er wurde im asymmetrischen Hofanbau von 1954 installiert und setzte sich aus den 13 in Österreich am weitesten verbreiteten Holzsorten zusammen. Der Tisch wurde als Display für die von Fraser, Rockenschaub und Müller entworfenen Merchandisingartikel genutzt.

Slovakia, Hungary, and Slovenia as well as to the western states of Italy, Switzerland, Liechtenstein, and Germany. He sought out wooded border regions and here crossed national boundaries. While crossing to the Czech Republic, he and his assistant were arrested and prohibited from reentering the country for three years. At each border crossing, Müller sent postcards to friends and art dealers inscribed with a sentence inspired by On Kawara: "I crossed the border between X and Y and I AM STILL ALIVE."
At the Biennale, Müller transposed the green border into the right-hand wing of the pavilion. As visitors passed through a swinging plastic door, the climate immediately changed: an air conditioning system installed over the door enabled Müller to maintain an ideal conservatorial temperature. A security monitor provided a direct view into the landscape while a camera mounted on the exterior of the pavilion provided surveillance of the green border of the grounds.
On the right-hand wall were eight landscape drawings, preliminary studies for woodcut prints. They represent regions now located on the borders of Austria, sites immortalized in woodcut in the *Kronprinzenwerk*, an Austro-Hungarian encyclopedia of 1895. The eight studies displayed by Müller showed views of the eight green borders over which he had crossed. Plexiglas panels mounted beneath the drawings provided documentation of the border crossings in German, English, and Italian, while across from them eight trees typical of each of the landscapes formed an "orangery" of the North. Brought in from Austria, they were planted in terra cotta pots from the Giardini and equipped with signs giving information on their botanical as well as geo-political origin. Müller continued this reconstruction of the green borders at the edges of the enclosure—on the one hand, by replanting the garden area within the torn-down wall, and on the other, by means of a round, revolving table four meters in diameter, enclosing a tree and a column.
It was installed in the asymmetrical addition to the enclosure from 1954 and was made of the thirteen most common types of wood in Austria. The table was used for the display of merchandise designed by Fraser, Rockenschaub, and Müller.

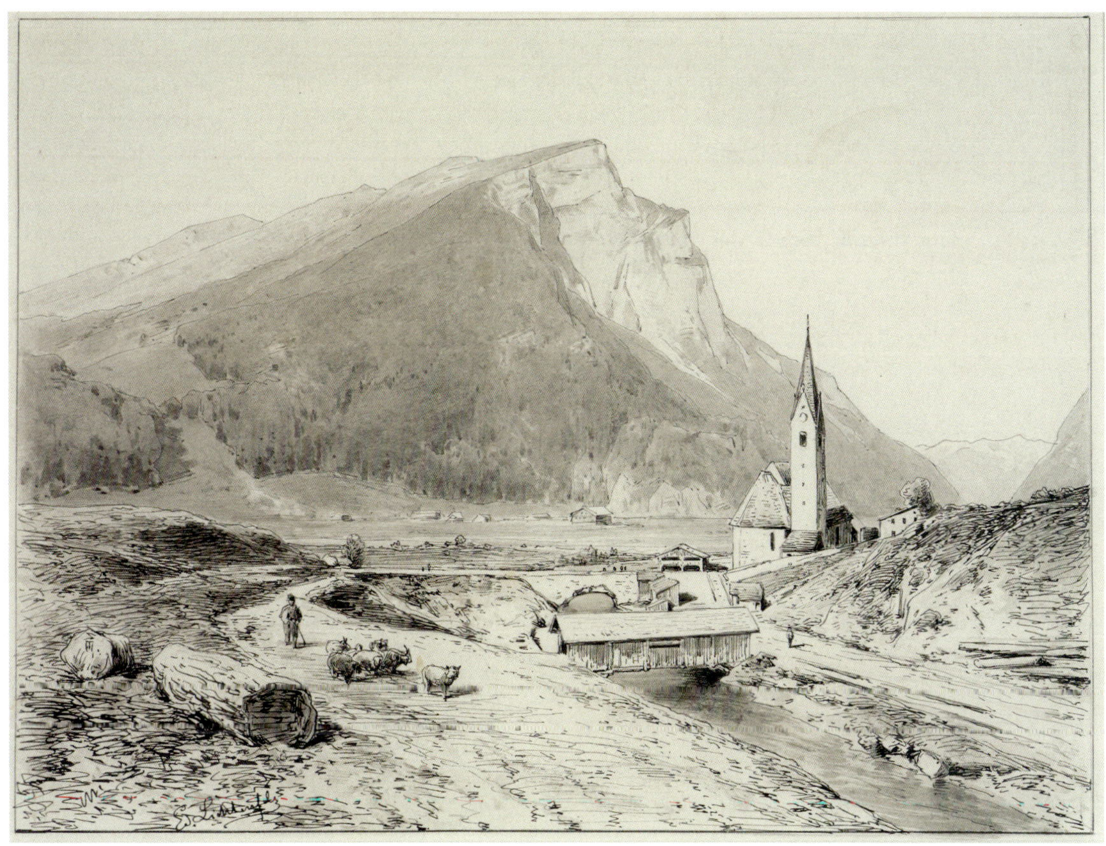

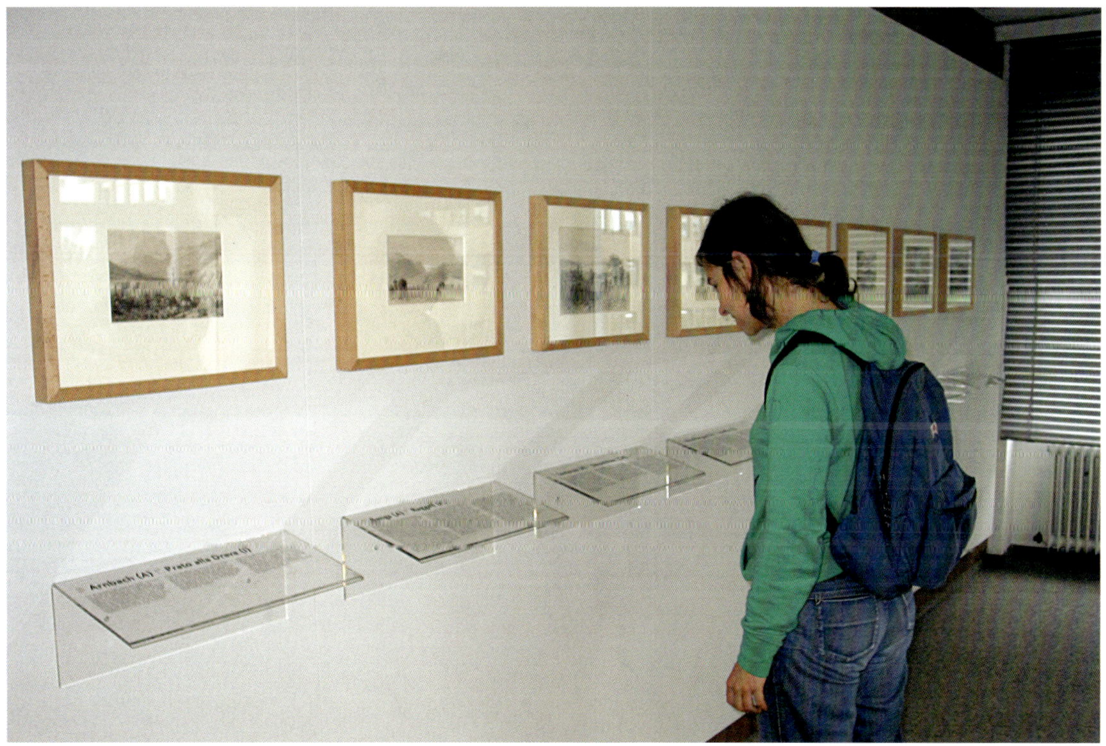

Installationsansicht Installation view *Projekt Migration*, Kölnischer Kunstverein, 2005

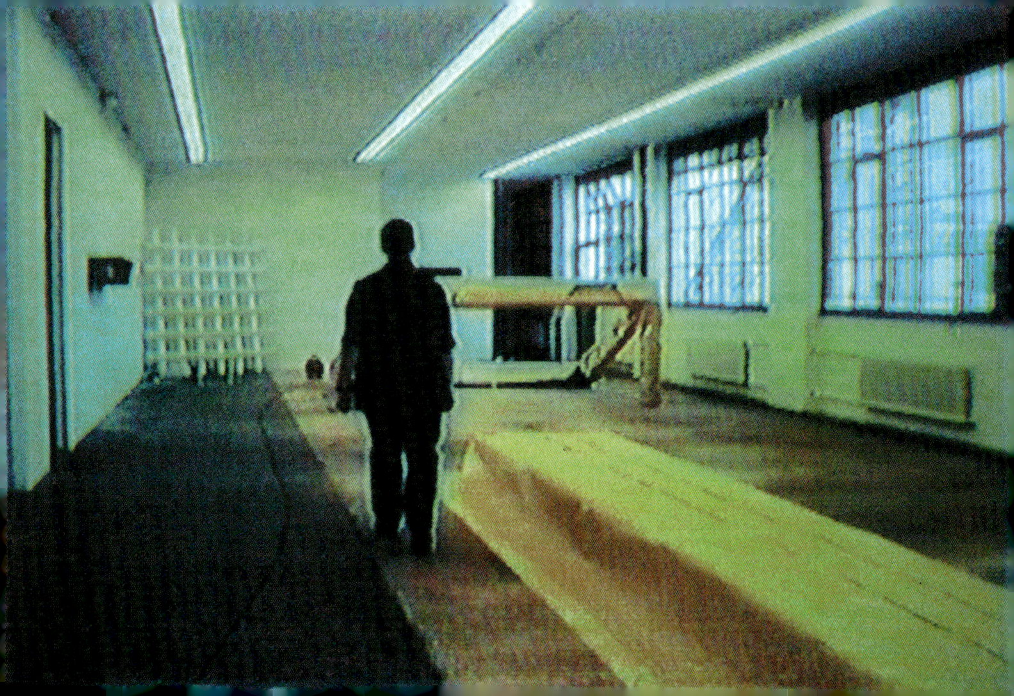

Tour de Suisse

Fri-Art Centre d'Art Contemporain, Fribourg
4. September – 23. Oktober 1994 September 4 – October 23, 1994

Vorraum
– *Hutregal*, 1994, 49 Hüte, beschriftet, in MDF-Regal; Private Collection, Berlin

Ausstellungsraum
– Installation: MDF, lackiert; Metallstützen, aktuelle Publikationen der Schweizer Kunstinstitutionen, sechs Garderobehaken, sechs Hüte, Wandbeschriftung, 60 Holzkästen, davon 35 mit ausgefüllten Fragebögen
– Kino: Videoprojektion *Sketch for a Roadmovie*, 150 Min., Kamera: Michel Ritter; Tisch mit Monitor und Videoarchiv mit Kuratorengesprächen

Preliminary Room
– *Hutregal*, 1994, 49 hats, labeled, in a shelf made of MDF; Private Collection, Berlin

Exhibition Space
– Installation: MDF, painted; metal supports, current publications of Swiss cultural institutions, six coat hooks, six hats, wall text, 60 wooden boxes, 35 with completed questionnaires
– Cinema: video projection *Sketch for a Roadmovie*, 150 min., camera: Michel Ritter; table with monitor and video archive of talks with curators

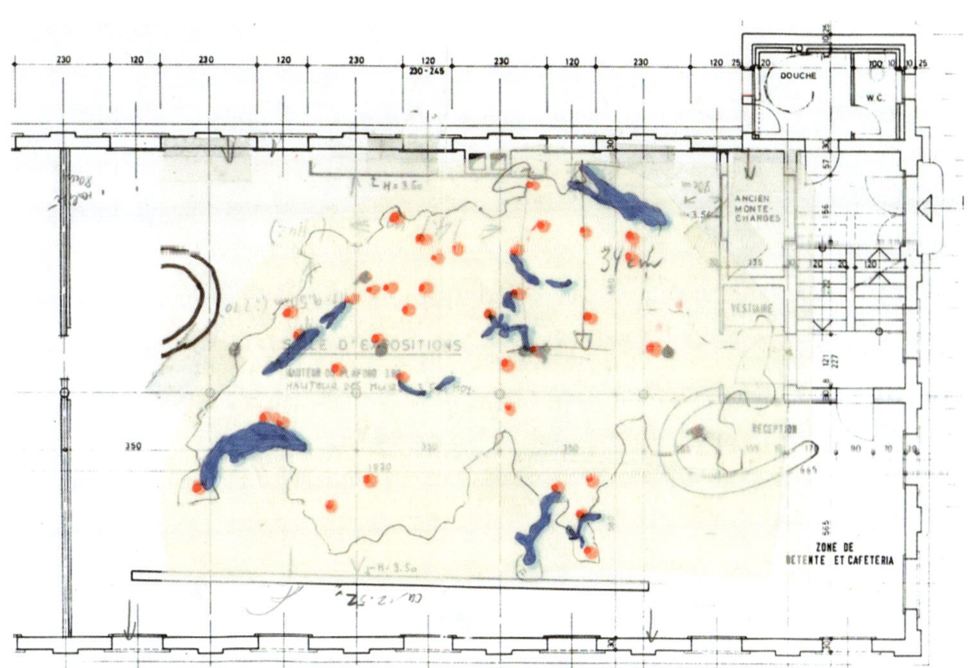

Installationsansicht Installation view Fri-Art Centre d'Art Contemporain, Fribourg, 1994

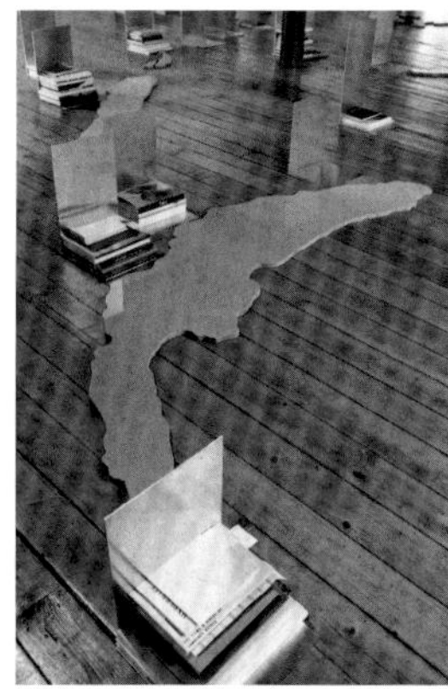

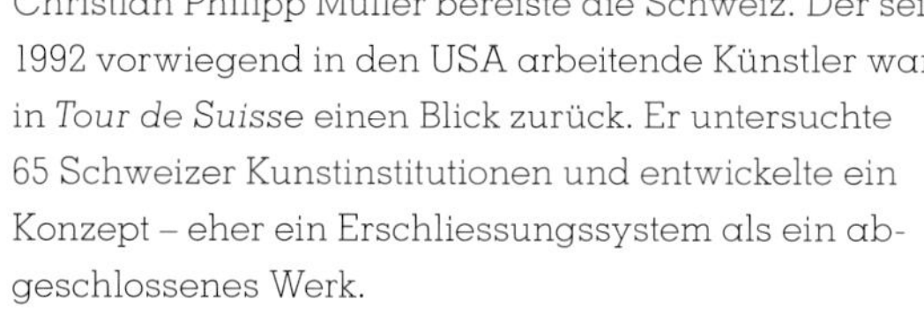

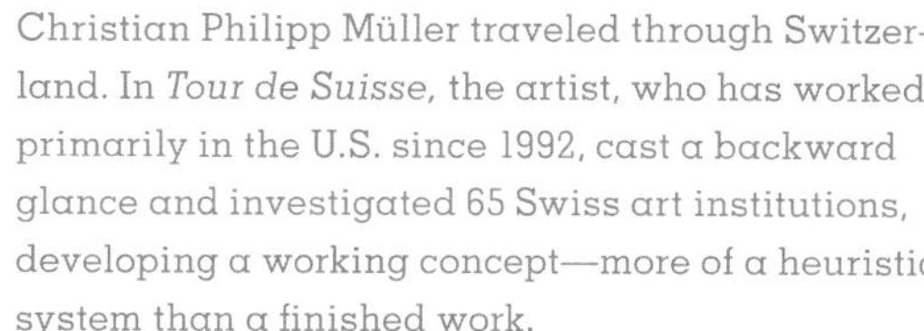

Christian Philipp Müller bereiste die Schweiz. Der seit 1992 vorwiegend in den USA arbeitende Künstler warf in *Tour de Suisse* einen Blick zurück. Er untersuchte 65 Schweizer Kunstinstitutionen und entwickelte ein Konzept – eher ein Erschliessungssystem als ein abgeschlossenes Werk.

An alle ausgewählten Institutionen war ein Fragebogen mit 50 Fragen zu ihrer inhaltlichen, institutionellen und finanziellen Struktur verschickt worden, der gemeinsam mit dem Lüneburger Soziologen Ulf Wuggenig erarbeitet worden war. Die 35 Fragebögen, die zum Zeitpunkt der Ausstellungseröffnung ausgefüllt zurückgesandt worden waren, installierte Müller unausgewertet und alphabetisch in 60 rasterförmig angeordneten Holzkästen.

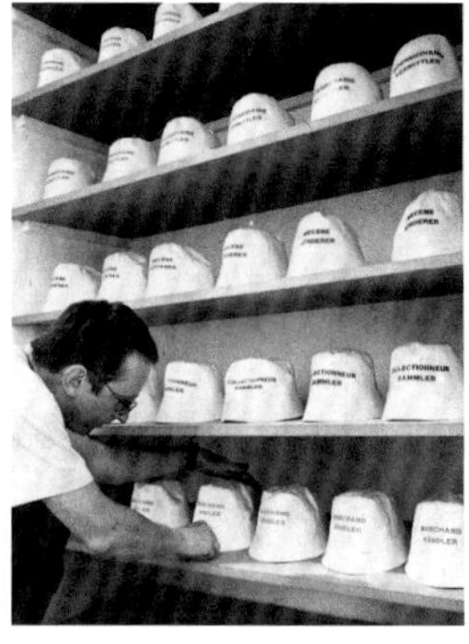

Im Sommer 1994 bereiste Müller dann gemeinsam mit Michel Ritter, dem Leiter des Fri-Art in Fribourg, die 65 Institutionen als Kunsttourist. Auf dieser Reise trat er jedoch auch in der Rolle des Analysten auf: Er führte 25 Interviews mit den Leiterinnen und Leitern der Institutionen, deren Ergebnis das Video *Sketch for a Road Movie* ist.

In der ersten Präsentation, im Ausstellungsraum der Fri-Art, wurde die aktuelle Schweizer Kunstlandschaft anhand ihrer Seen abgesteckt. Zwischen den blau lackierten Orientierungspunkten wurden die Kunstinstitutionen in Form von Buchstützen verzeichnet, auf denen jeweils die zwischen 1992 und 1994 erschienenen Publikationen gestapelt waren. Die Höhen der Metallplatzhalter markierten die Lage des Ortes über dem Meeresspiegel (im Massstab 1000:1), von leicht erreichbaren zentralen Orten wie Zürich bis zu entlegenen Kunststationen in Bergregionen wie zum Beispiel Furkart auf der Furkapasshöhe. Bereits vor dem Betreten des Ausstellungsraums wurde der Besucher mit seiner eigenen Rolle innerhalb des Kunstsystems konfrontiert. In einem temporär die Garderobe ersetzenden Hutregal waren weisse Mützen mit sieben unterschiedlichen Aufschriften in Deutsch und Französisch aufgereiht: »Künstler«, »Kritiker«, »Betrachter«, »Vermittler«, »Förderer«, »Sammler«, »Händler«. In der Ausstellung hingen die Mützen an Garderobenhaken vor der Wand, neben ihnen waren vier Fragen zu lesen: »Welche Rolle möchten Sie spielen? Welche Rolle spielen Sie? Wo kommen Sie her? Wo möchten Sie hin?«

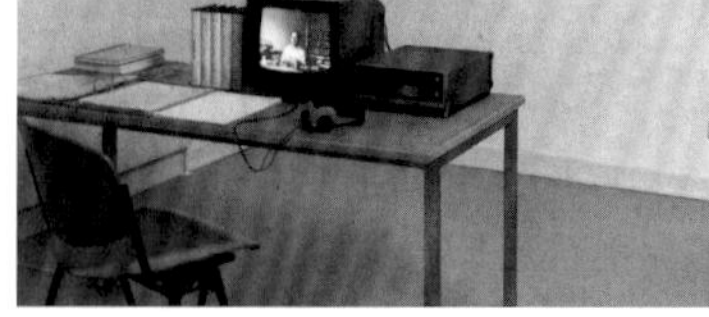

Installationsansicht Installation view *Touring Club*, Kunstraum der Universität Lüneburg, 1994/95

Christian Philipp Müller traveled through Switzerland. In *Tour de Suisse*, the artist, who has worked primarily in the U.S. since 1992, cast a backward glance and investigated 65 Swiss art institutions, developing a working concept—more of a heuristic system than a finished work.

Each of the institutions received a questionnaire, developed in collaboration with Lüneburg sociologist Ulf Wuggenig, with 50 questions regarding their holdings as well as their institutional and financial structure. At the time of the exhibition opening, 35 of them had been filled out and sent back; these were installed by Müller in 60 wooden boxes arranged in a grid, unevaluated and in alphabetical order.Then in the summer of 1994, Müller traveled to each of these 65 institutions as an art tourist, together with Michel Ritter, director of Fri-Art in Fribourg. On this journey, he also appeared in the role of analyst, conducting 25 interviews with directors of the institutions. The result comprises the video *Sketch for a Road Movie*.

In the first presentation, which took place in the Fri-Art exhibition space, the current Swiss art landscape was mapped out in terms of its lakes. These orientation points were painted blue; between them, each art institution was marked by a bookstand bearing its publications from the years 1992 to 1994. The height of the metal placeholders marked the altitude of each site above sea level (on a scale of 1000:1), ranging from easily accessible, central locations such as Zurich to remote art outposts in mountainous regions, such as Furkart at the height of the Furka pass. Even before entering the exhibition space, visitors were confronted with their own role within the art establishment. The coat stand was temporarily replaced by a hat rack bearing white caps with seven different inscriptions in German and French: "Artist," "Critic," "Spectator," "Agent," "Patron," "Collector," "Dealer." In the exhibition, the caps hung on coat hooks on the wall, with four questions next to them: "What role would you like to play? What role do you play? Where do you come from? Where would you like to go?"

Installationsansicht Installation view *ART Basel On Tour*, 1996 Sammlung DuMont Schütte

Installationsansicht Installation view *Double Vision*, Swiss Institute, New York, 1994 *Roadside Movie Pavilion* für for *Tour de Suisse* von by Ken Saylor

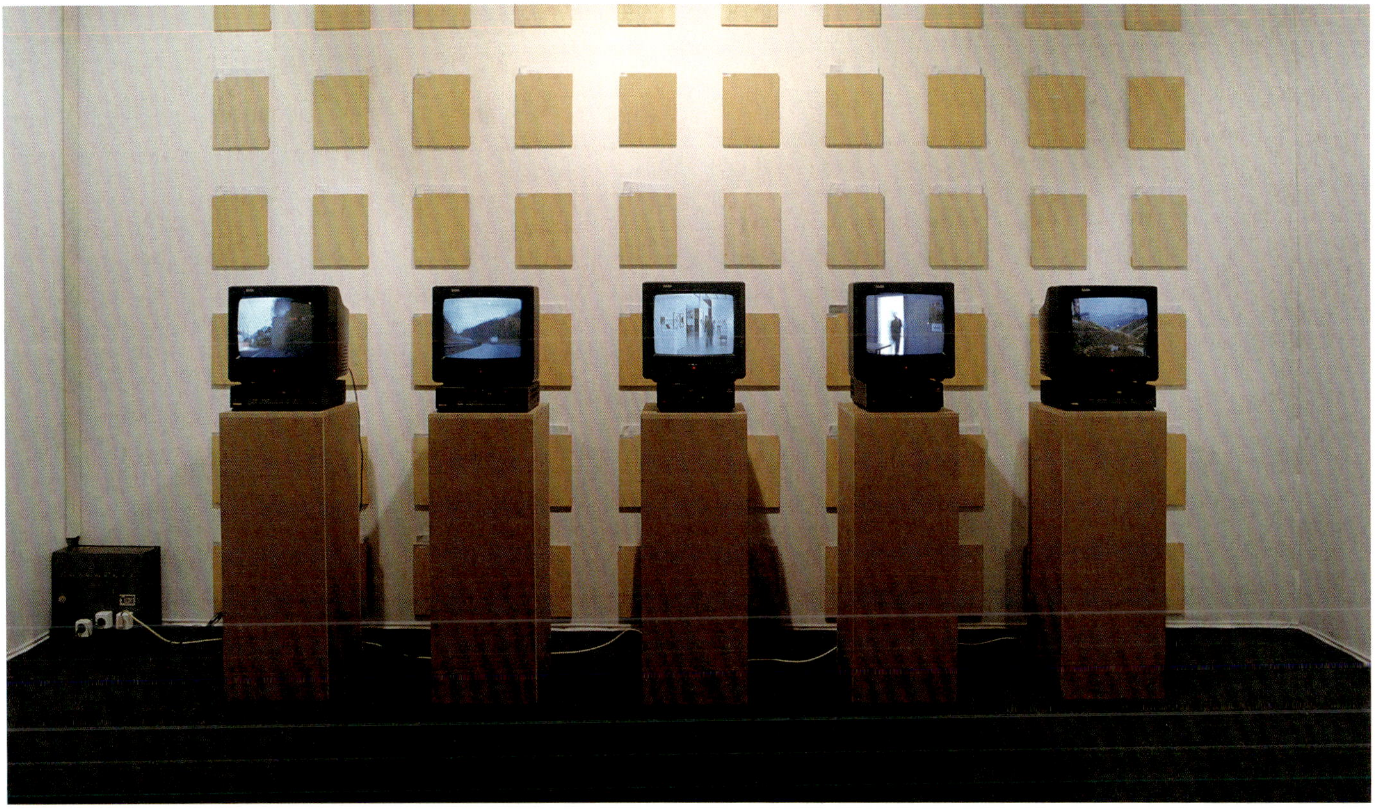

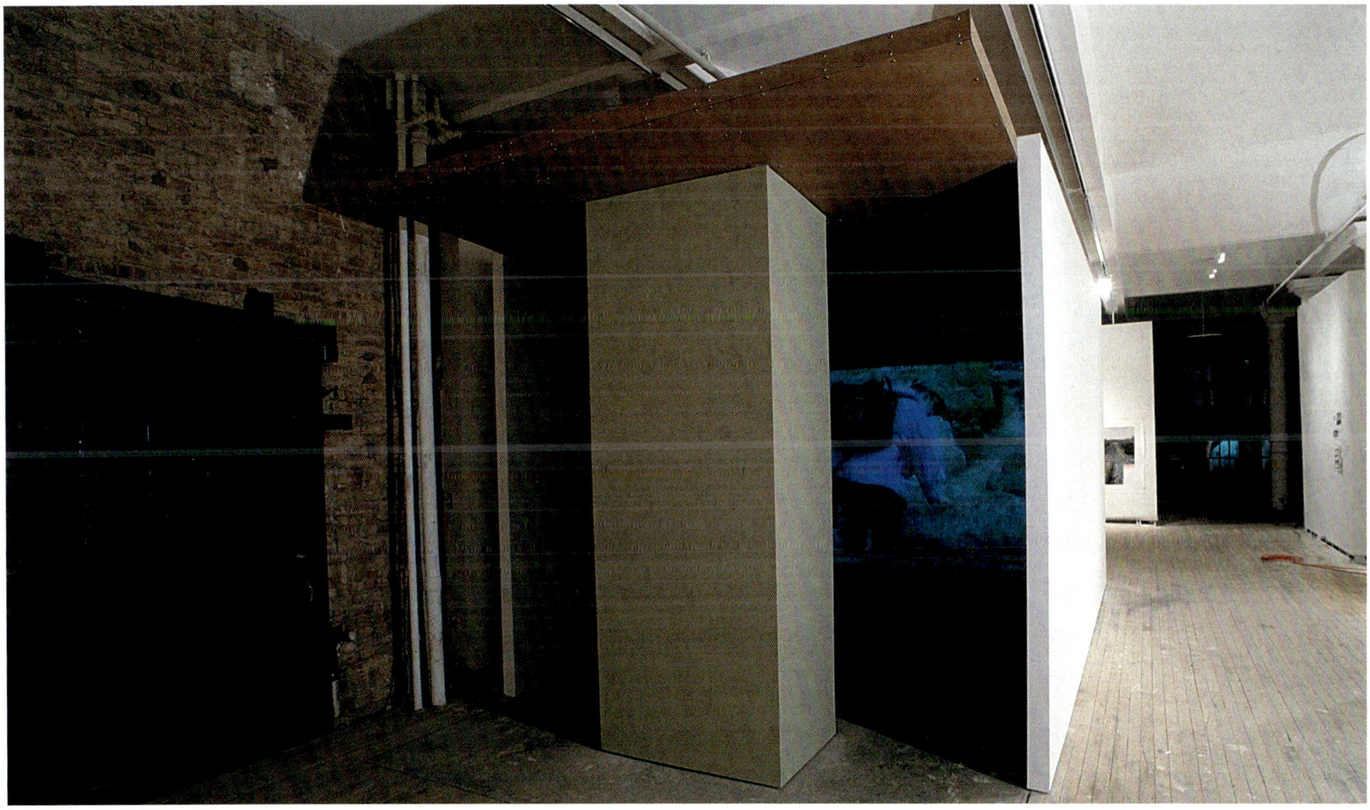

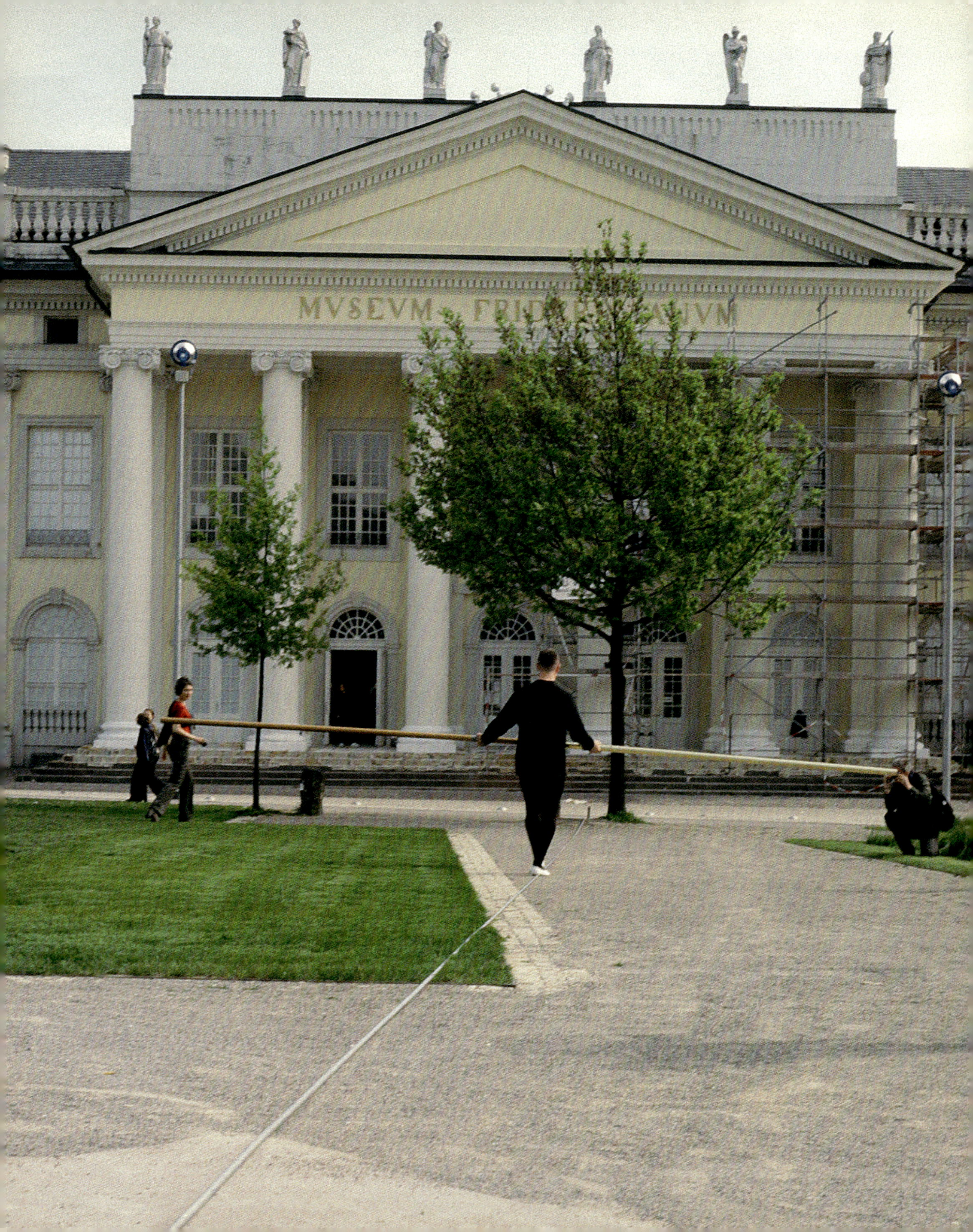
MVSEVM

Ein Balanceakt A Balancing Act

Fridericianum, Kassel, documenta X, 1997

21. Juni – 28. September 1997 June 21 – September 28, 1997

Performance
– *Ein Balanceakt*
Friedrichsplatz Kassel,
Mittwoch, 14. Mai 1997,
10 Uhr, ca. 60 Min.

Bestandteile der Performance
– Hochseil
– Balancestange, Eiche und Messing

Mitwirkender
Heinz Jürgen Weidner

Ausstellungsraum
– *Ein Balanceakt*, 1997, Eiche und Messing auf Sockel, Monitor mit Video *Ein Balanceakt*, 20 Min., Kamera: Jan Lackner, Fotografien und Dokumente, gerahmt und mit Schildern beschriftet, Wandbeschriftung

Performance
– *A Balancing Act*
Friedrichsplatz Kassel,
Wednesday, May 14, 1997,
10:00 am, ca. 60 min.

Elements of the Performance
– Tightrope
– Balancing rod, oak and brass

Contributor
Heinz Jürgen Weidner

Exhibition Space
– *A Balancing Act*, 1997, oak and brass on a base, monitor with the video *A Balancing Act*, 20 min., camera: Jan Lackner, photographs and documents, framed and labeled with signs, wall text

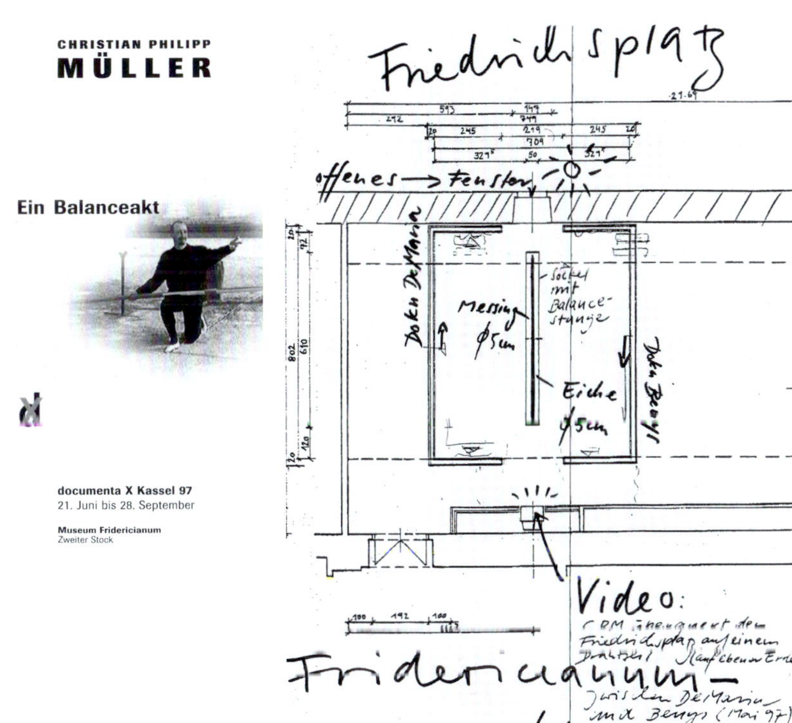

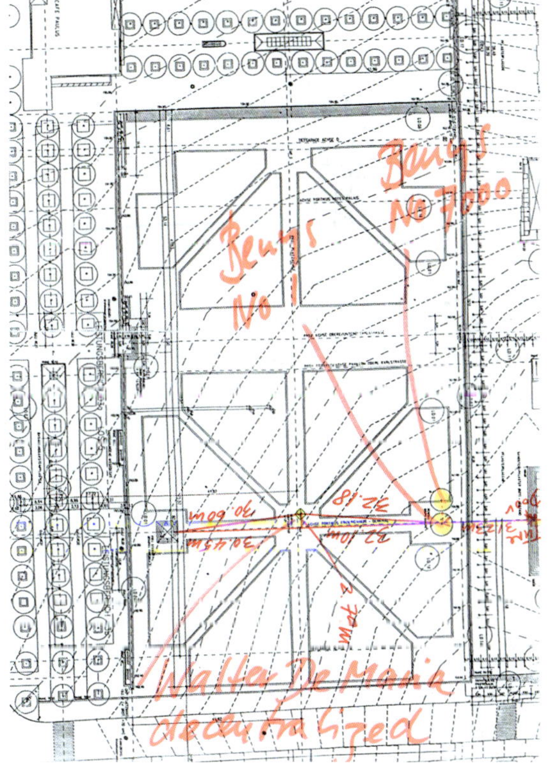

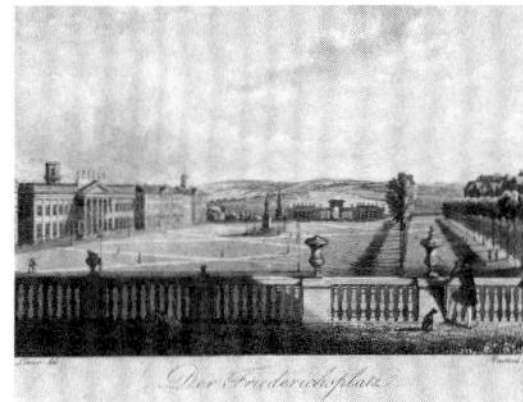

Friedrichsplatz, 18. Jahrhundert
18th century

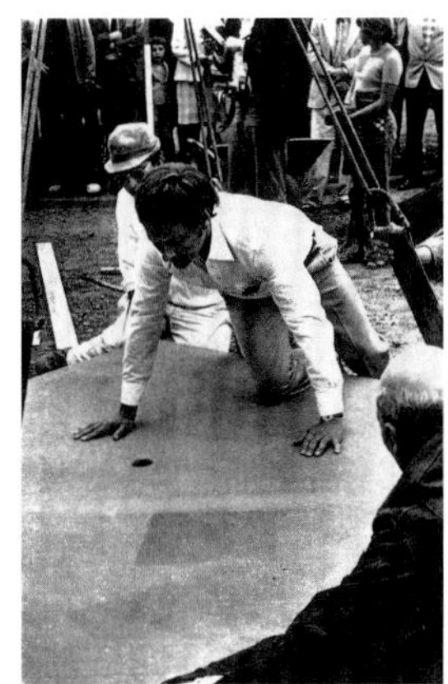

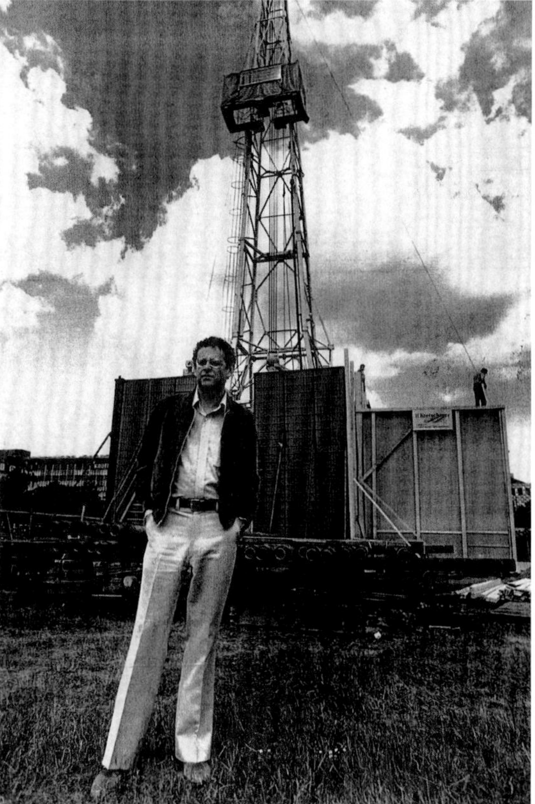

Walter De Maria, Installation *Vertikaler Erdkilometer* *Vertical Earth Kilometer*, 1977

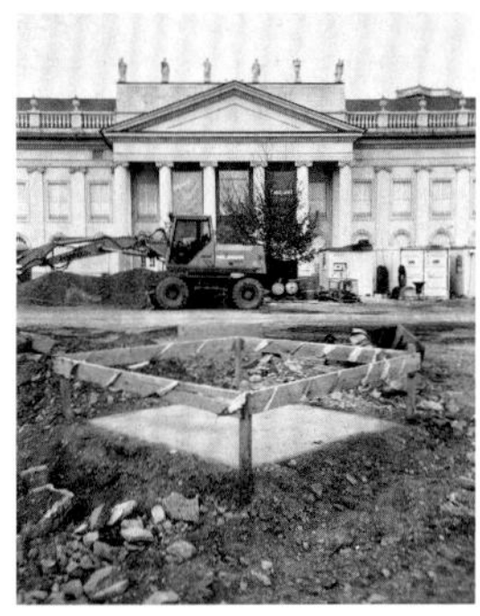

Baustelle Construction site
Friedrichsplatz, 1996

1997 hatte Catherine David als künstlerische Leiterin die *documenta X* in Kassel als »Retroperspektive« konzipiert: als Verortung der Gegenwart in der Rückschau. Christian Philipp Müller bezog diese Rückschau auf den Ort der *documenta* und dessen Veränderungen. Er verfolgte die Spuren, die andere Künstler in der Umgebung des Fridericianums hinterlassen hatten.
Im zweiten Stock des Gebäudes entwarf Müller einen Ausstellungsraum, ausgerichtet auf das einzige Fenster des Geschosses zum Friedrichsplatz, das hinter einer Wand freigelegt wurde. Der Ausstellungsraum selbst beschäftigte sich mit zwei Arbeiten im öffentlichen Raum: Joseph Beuys' *7000 Eichen (documenta VII)* und Walter de Marias *Vertikalem Erdkilometer (documenta VI)*.
De Maria hatte seinen *Vertikalen Erdkilometer* als konzeptuelle Arbeit im öffentlichen Raum realisieren wollen. Von dem fünf Zentimeter dicken Messingstab, der einen Kilometer tief in die Erde eingelassen wurde, sollte die Kasseler Öffentlichkeit nur die Spitze, versenkt im Friedrichsplatz, zu sehen bekommen. Entgegen der Idee De Marias wurde aber die extrem aufwändige Bohrung ebenso zum Spektakel wie der Versuch der Abschirmung der Installationsarbeiten.

Catherine David, artistic director of *documenta X*, conceived the 1997 exhibition in Kassel as a "retroperspective," a situating of the present with a view to the past. Christian Philipp Müller focused his backward gaze on the location of *documenta* and its changes, uncovering the traces left by other artists in the vicinity of the Museum Fridericianum.
On the third floor of the building, Müller designed an exhibition space oriented to the sole window on that floor opening onto Friedrichsplatz, uncovered from behind a wall. The exhibition area itself focused on two works installed in public space: Joseph Beuys's *7000 Oaks* from *documenta VII* and Walter de Maria's *Vertical Earth Kilometer* from *documenta VI*.
De Maria had wanted to realize his piece as a conceptual work in public space.
A five-centimeter-thick brass rod was inserted one kilometer deep into the earth; viewers in Kassel were supposed to see only the tip, sunk into Friedrichsplatz. Contrary to de Maria's intention, however, the elaborate drilling process became as much of a spectacle as the attempts to conceal the installation work. On May 6, 1977, the latter was concluded and the brass rod was inserted into the earth on the site where the paths across Friedrichsplatz intersect in front of the Fridericianum.
Joseph Beuys's action *7000 Oaks*, on the other hand, was a radically participatory work. 6999 basalt steles were piled up in front of the Fridericianum in preparation for planting next to an equal number of oaks throughout the city of Kassel. In 1982, Beuys planted the first oak together with the first stele in front of the Fridericianum; in 1987, his family set the 7000th stele and oak next to it. By that time, 6998 pairs of steles and oaks had been distributed throughout the urban area of Kassel.
Müller's investigation addressed both the fundamental difference between these two works as well as the ongoing effect of the urban structure on both installations. The construction of an underground parking garage beneath Friedrichsplatz in 1996 has changed its structure: De Maria's *Earth Kilometer* is no longer located at the center of intersecting paths, and Beuys's first and last oaks have likewise shifted away from the center of the visual axis.
In a performance for the media, Christian Philipp Müller paced off the distance between Beuys's and de Maria's works. Dressed like the tightrope walker Philippe Petit, he balanced on a rope stretched out on the ground between the two works, carrying a six-meter-long balancing pole made of half oak and half brass. Petit had practiced secretly for a number of years when, in an unannounced and highly sensa-

Am 6. Mai 1977 waren diese beendet und die Messingstange an derjenigen Stelle in die Erde eingelassen, an der sich die Wege über den Friedrichsplatz vor dem Fridericianum kreuzten.
Joseph Beuys' Aktion *7000 Eichen* war im Gegensatz hierzu eine radikal partizipatorische Arbeit. 6999 Basaltstelen wurden vor dem Fridericianum aufgehäuft, um im Kasseler Stadtraum zusammen mit einer gleich grossen Zahl von Eichen verpflanzt zu werden. Beuys setzte 1982 vor dem Fridericianum die erste Eiche neben die erste Stele, seine Familie 1987 das 7000. Stelen- und Eichenpaar daneben. In der Zwischenzeit waren 6998 Paare aus Stelen und Eichen im Kasseler Stadtraum verteilt worden.
Müller thematisiert in seiner Untersuchung sowohl die grundsätzliche Differenz der Arbeiten wie auch den nachhaltigen Einfluss des Stadtgebietes auf beide Installationen. Seit 1996 eine Tiefgarage unter dem Friedrichsplatz gebaut wurde, ist dessen Struktur verschoben. De Marias Erdkilometer befindet sich nicht länger in der Mitte der sich kreuzenden Wege, und auch Beuys' erste und letzte Eichen sind aus dem Zentrum der Sichtachse gerückt.
In einer Performance für die Medien vor der Eröffnung schritt Christian Philipp Müller die Strecke zwischen den Arbeiten von Beuys und De Maria ab. Er trug eine sechs Meter lange Balancierstange, die zur Hälfte aus Eiche, zur Hälfte aus Messing bestand, und balancierte, gekleidet wie der Seiltänzer Philippe Petit, auf einem zwischen den beiden Werken auf dem Boden gespannten Seil. Petit hatte mehrere Jahre heimlich geprobt, um am 7. August 1974 unangekündigt und unter grossem Aufsehen auf einem zwischen den beiden über 400 Meter hohen Türmen des World Trade Center gespannten Stahlseil zu balancieren. Er wurde verhaftet und musste zur Strafe seinen Drahtseilakt vor Kindern im Central Park wiederholen.
Müllers Performance wurde im Ausstellungsraum auf einem Videomonitor gegenüber dem Fenster als vergangener Akt vorgeführt. Die Balancierstange teilte hier, auf einem Sockel platziert, den Raum in zwei Hälften: An seinem einen Ende befand sich das Fenster, von dem aus man auf den Platz hinunterschaute, am anderen das Video des Balanceakts.
Auf der Fensterwand wurde die Geschichte des Friedrichsplatzes mit der der *documenta* kombiniert. Zu ihrer rechten und linken, gerahmt und auf Plexiglasschildern kommentiert, dokumentierten Abbildungen und Texte die Produktion und Finanzierung der beiden Arbeiten vor dem Fenster – und damit die Schwierigkeiten der Kunst im öffentlichen Raum auf der *documenta* –, begleitet von einem Zitat von Gordon Matta-Clark.

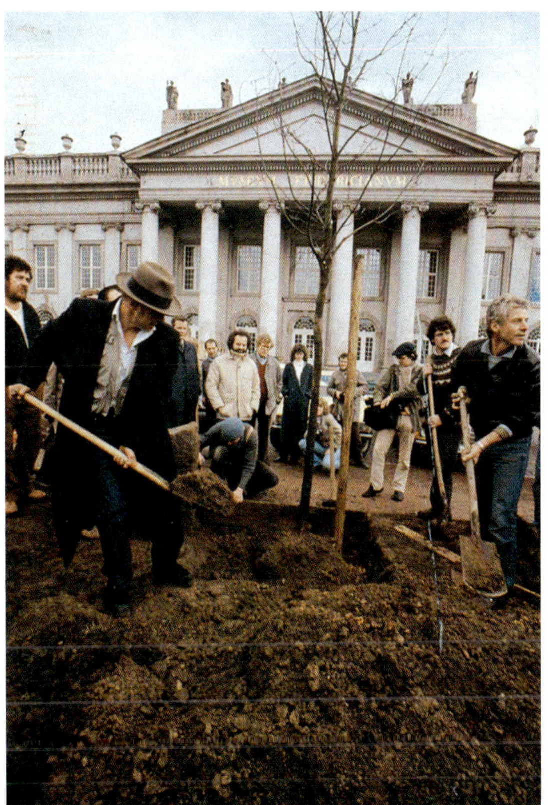

Joseph Beuys pflanzt am 16. März 1982 die erste Eiche für sein Projekt *7000 Eichen*. On March 16, 1982, Joseph Beuys plants the first oak tree for his project *7000 Oaks*

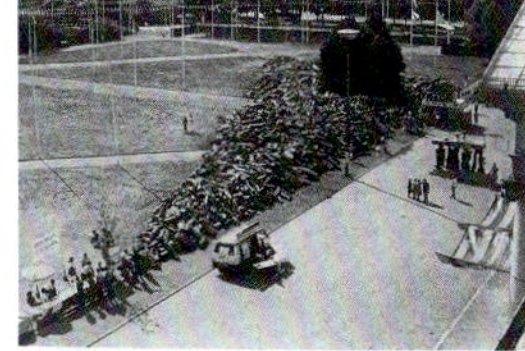

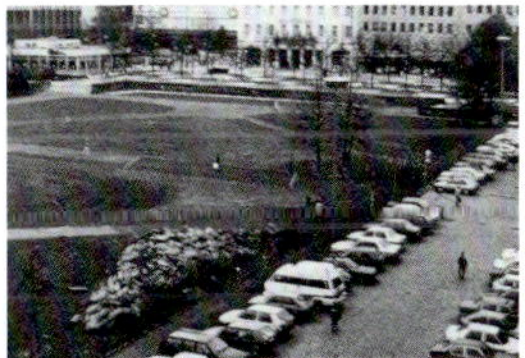

Graduelle Abtragung der Basaltstelen zwischen 1982 und 1987 Partial removal of the basalt steles between 1982 and 1987

tional performance on August 7, 1974, he balanced on a steel cable stretched between the over 400-meter-high towers of the World Trade Center. He was arrested, and as punishment had to repeat his tightrope act for children in Central Park.
In the exhibition space, Müller's performance was presented as a past event on a video monitor across from the window. The balancing rod, placed on a pedestal, divided the space into two: at one end was the window looking out onto the square, at the other was the video of the balancing act. On the window wall, the history of Friedrichsplatz was combined with that of *documenta*. To the left and right of the window, framed and accompanied by commentary on Plexiglas panels, illustrations and texts documented the production and financing of the two works outside the window (and therewith the difficulties of art in public spaces at *documenta*) along with a quotation by Gordon Matta-Clark.

20 L THE NEW YORK TIMES, THURSDAY, AUGUST 8, 1974

A Man on a Tightrope Spans 1,350-Foot Trade Center Towers

By GRACE LICHTENSTEIN

Combining the cunning of a second-story man with the nerve of an Evel Knievel, a French high-wire artist sneaked past guards at the World Trade Center, ran a cable between the tops of its twin towers and tightrope-walked across it yesterday morning.

Hundreds of spectators created a traffic jam shortly after 7:15 A.M. in the streets 1,350 feet below as they watched the black-clad figure outlined against the gray morning sky tiptoeing back and forth across the meticulously rigged 131-foot cable.

Finally, after perhaps 45 minutes of knee bends and other stunts, Philippe Petit, balancing pole in hand, turned himself over to waiting policemen.

"If I see three oranges, I have to juggle. And if I see two towers, I have to walk," the professional stuntman explained afterward in heavily accented English, punctuating his sentences with a Gallic "bon!"

Mr. Petit was arrested by policemen of the Port Authority of New York and New Jersey and booked for disorderly conduct and criminal trespass.

But his performing days in New York apparently are not over. Late yesterday afternoon, the slight, blond man, wearing black ballet shoes, was released from custody at the direction of Richard H. Kuh, the Manhattan District Attorney.

Free Performance Due

Mr. Kuh, with the consultation of Parks Commissioner Edwin Weisl Jr., made a deal with Mr. Petit to drop the charges in exchange for a free aerial performance in a city park "for the children of the city." No date or place has

Associated Press

Philippe Petit walking across a cable between towers of World Trade Center. On leaving wire, he was arrested.

The New York Times/Neal Boenzi

Mr. Petit was examined at hospital and later freed

strung, the men laid guy lines from the cable to the roof to minimize swaying. At one end the cable was wound around a steel stanchion on the roof. At the other, a winch was set up to regulate the tension.

Mr. Petit said he had hesitated about taking the initial steps because there was a stiff breeze. But as soon as he was on his way, he added, "I couldn't help laughing—it was so beautiful."

Not long past dawn, Mr. Petit was ready to walk. And walk he did, to the amazement and cheers of office workers, construction men and police officers alike.

"After the first crossing I look at the people and that was fantastic," Mr. Petit said. "New York wake up and what did they discover? There was a high walker on the twin towers. I was not scared because it was a precise thing. I was dying of happiness."

He was finally brought in by a policeman who shouted, "Get off there or I'll come out and we'll both go down."

As he was led away, street-level spectators booed the police while construction workers tried to shake Mr. Petit's handcuffed hand. He was taken first to Beekman Downtown Hospital, where he was examined and given breakfast.

Later, he was booked at the Ericsson Place station house and kept in the Men's House of Detention for several hours before arraignment.

At a news conference in the Criminal Court Building, Mr. Kuh announced the impending dismissal of charges and suggested that security by the Port Authority, which runs the World Trade Center, was not as "keen" as it should be.

Mr. Petit happily signed an autograph for a policeman, inscribing his name alongside a drawing of the two towers.

Mr. Petit insisted, "I have no ambitions." But, when asked if he had any dreams, he undoubtedly thought about a French high-wire artist of the last century, Blondin, who had crossed from New York State to Canada in a most unorthodox way.

"I have a dream," Mr. Petit said. "Niagara Falls. I would like to cross the falls but, who knows? For that I need permission."

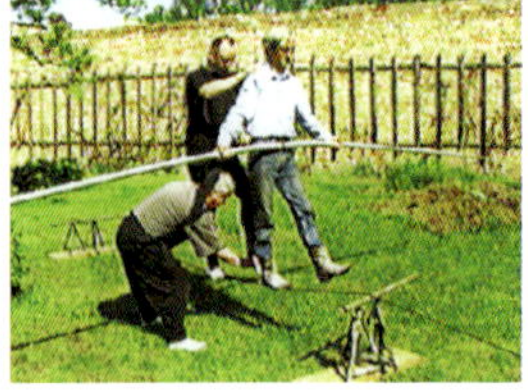

Ein Balanceakt A Balancing Act, 1997, Still

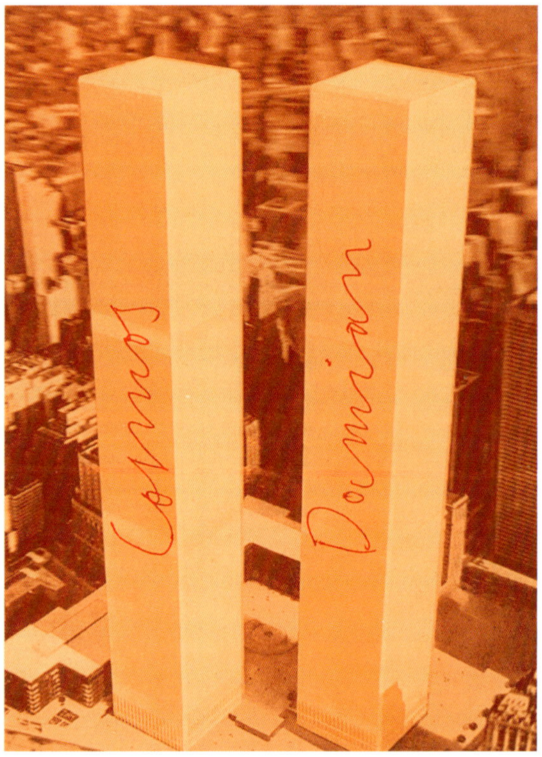

Joseph Beuys, *Cosmos & Damian*, 1974

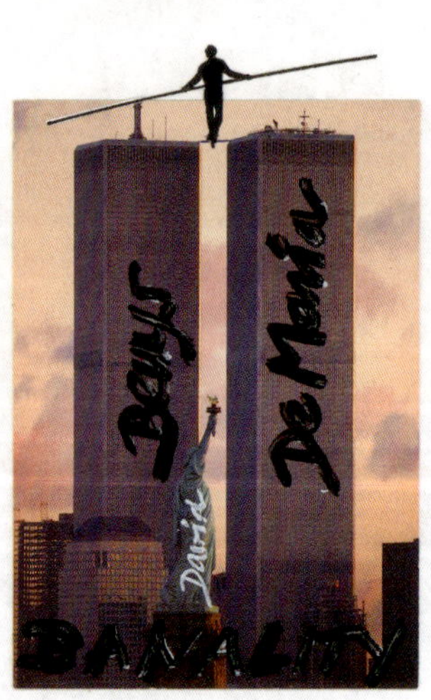

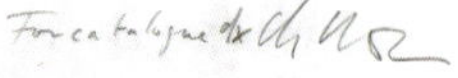

Collage, 1996

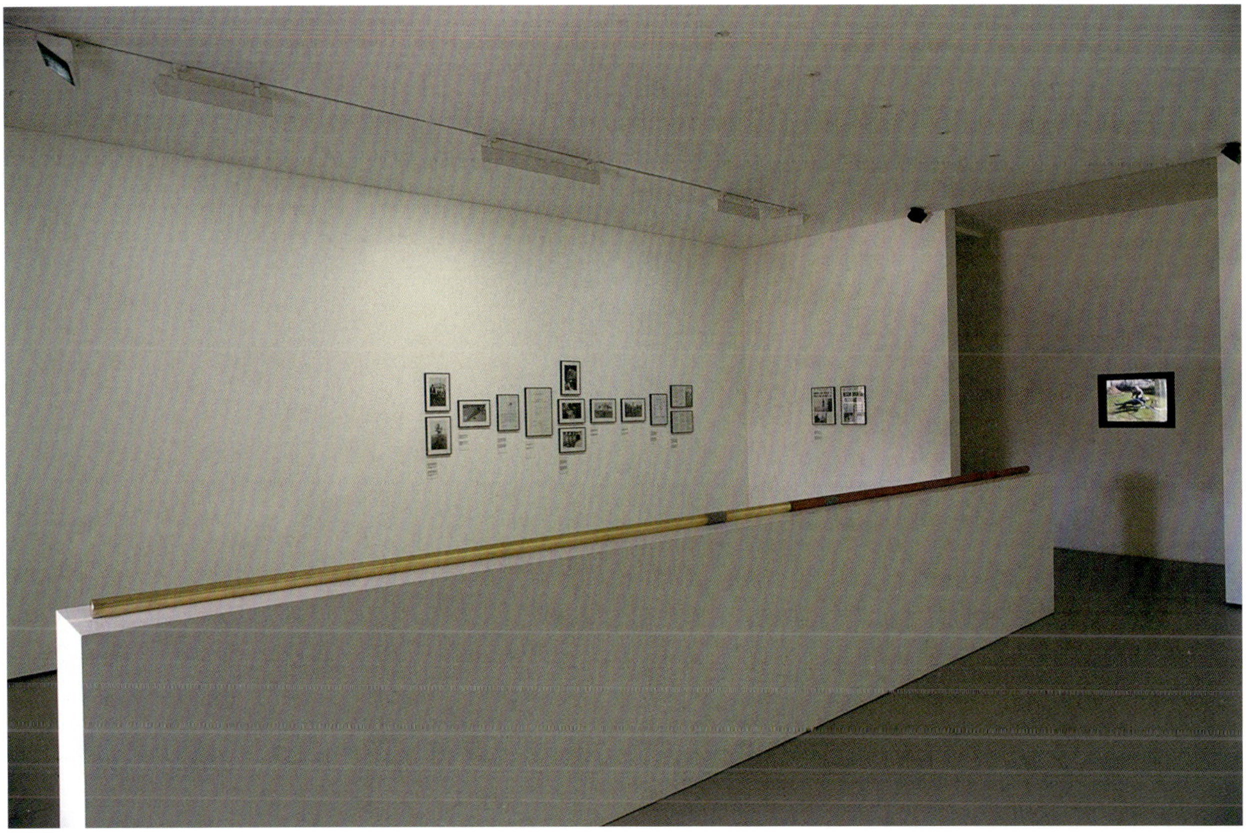

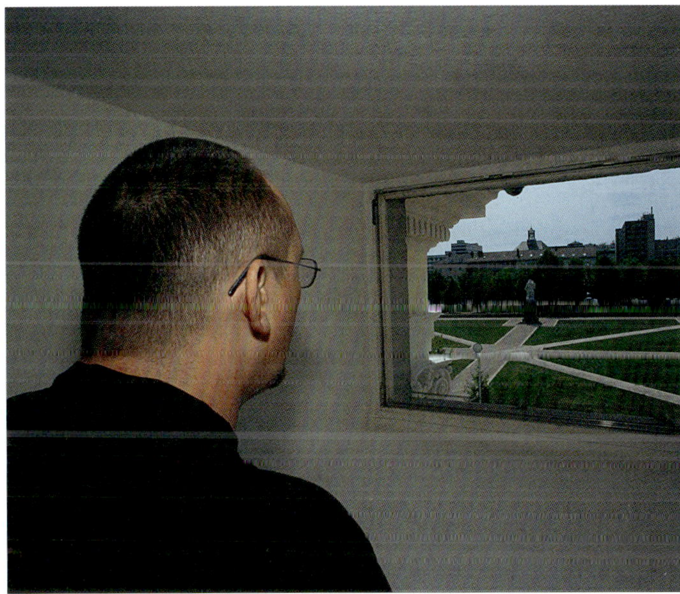

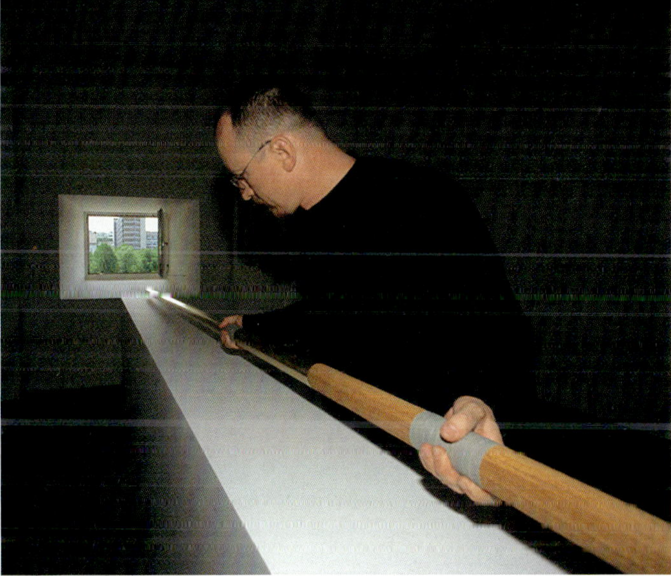

vergleichen und erwägen

to compare and consider

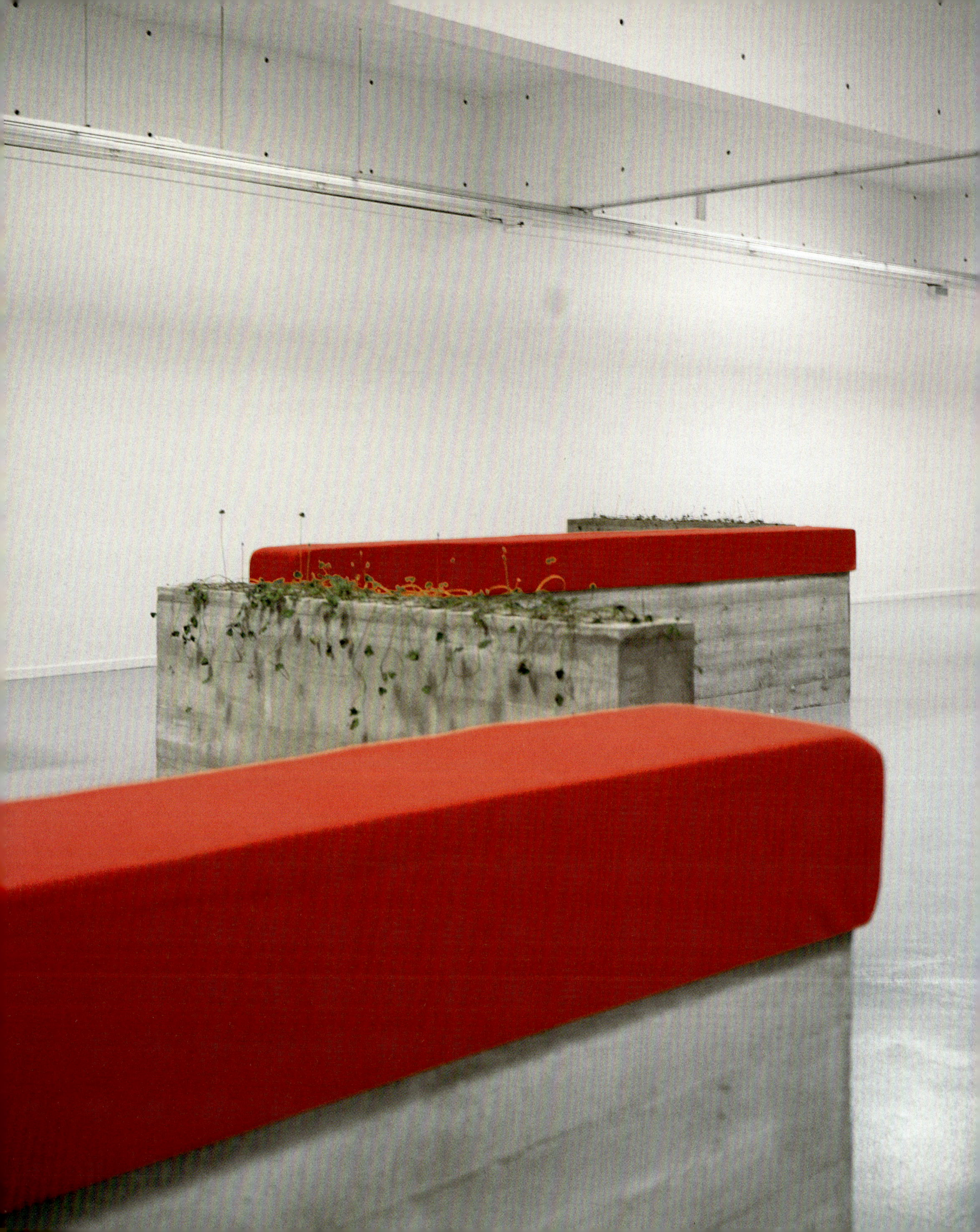

Porte bonheur

Maison de la Culture et de la Communication de Saint-Étienne
8. Juni – 13. Juli 1989 June 8 – July 13, 1989

Vorraum
– *André Malraux*, 1989, Fotografie, Passepartout, gerahmt; 78 x 68 cm

Ausstellungsraum
– 17 Betonelemente, davon neun mit vierblättrigem Klee bepflanzt und acht mit rotem Stoff überzogen

Preliminary Room
– *André Malraux*, 1989, photograph, passe-partout, framed; 30 x 26 inches

Exhibition Space
– 17 concrete components, nine are planted with four-leafed clovers and eight are covered with red cloth

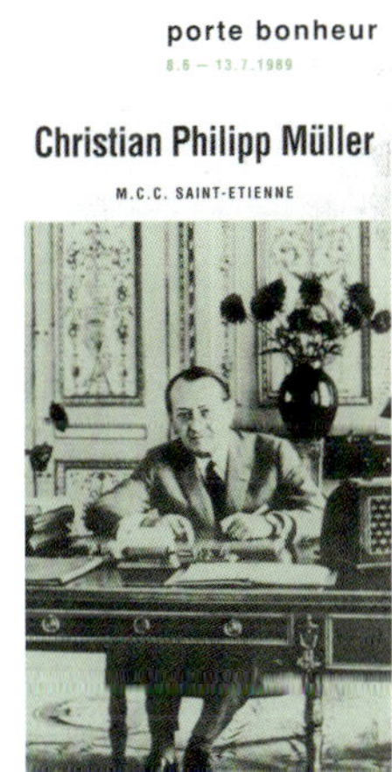

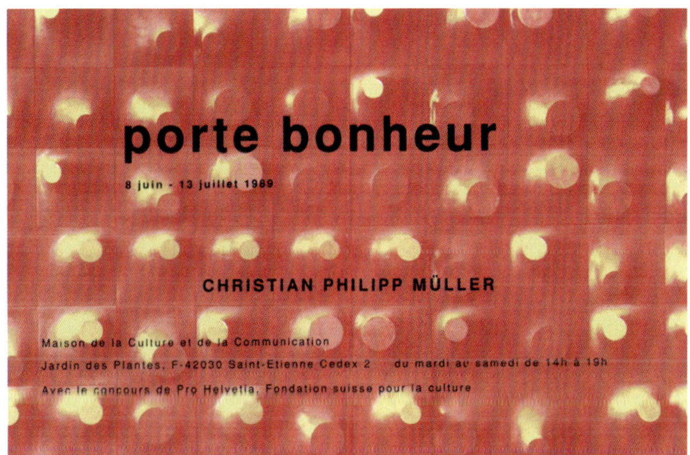

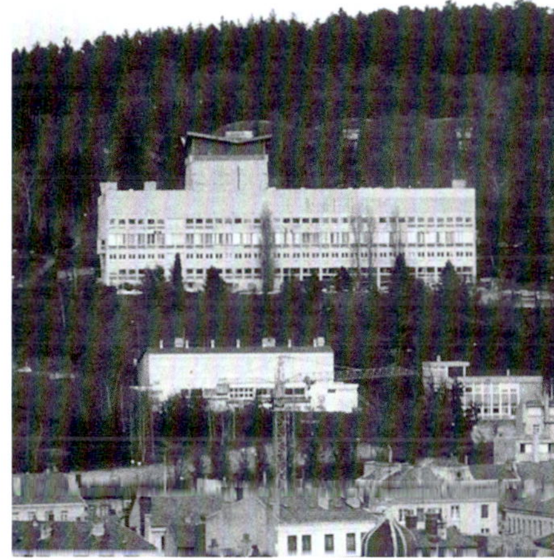

Porte bonheur war Christian Philipp Müllers erste Zusammenarbeit mit Yves Aupetitallot, dem damaligen künstlerischen Leiter des Maison de la Culture et de la Communication de Saint-Étienne. In dessen der Gegenwartskunst vorbehaltenen Räumen im sechsten Stock des Gebäudes installierte Müller 17 Betonelemente in rasterförmiger Anordnung. Die neun rechtwinklig zu den Längswänden gestellten Blöcke wurden mit vierblättrigen Kleeblättern bepflanzt, während die acht parallel zu den Längswänden postierten Elemente mit roten Stoffabdeckungen versehen wurden. Diese 90 Zentimeter vom Boden aufragende Struktur spiegelte die Konstruktion der um dasselbe Mass abgesenkten Deckenbalken aus Beton wider. Durch die Konzentration auf die Struktur ergaben sich Referenzen zur Bedeutung der Institution, zu deren Entstehungskontext, der Aufbruchsstimmung in der französischen Kulturpolitik der Spätmoderne, die Müller in seinem Projekt weiterverfolgte.

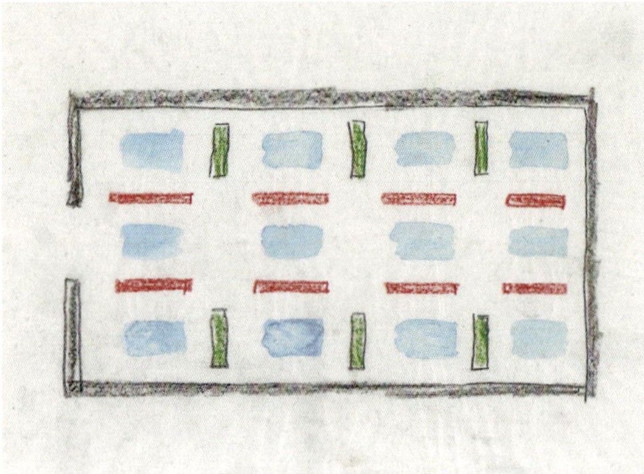

Während seiner Amtszeit als erster französischer Kulturminister (1959 bis 1969) hatte André Malraux eine Politik betrieben, die Aupetitallot in seiner Einleitung zum Katalog als »Malraux' Humanismus« bezeichnet. Malraux wollte die französische Gesellschaft mithilfe der Kultur heilen, weshalb er zunächst die Dezentralisierung der französischen Kulturpolitik forcierte. In der französischen Peripherie sollten sich eigene kulturelle Zentren bilden.

In Anlehnung an Malraux' von Müller im Künstlerbuch aufgegriffener Idee des »musée imaginaire« sollten auch in der Ausstellung die Meisterwerke aus allen Bereichen zusammengeführt, offen gelegt und allgemein zugänglich gemacht werden. Anstelle von dokumentarischen Abbildungen der ortsspezifischen Installation stellte Müller vor Ort handgeschöpftes Papier mit integriertem gepresstem Glücksklee her und liess es für das Künstlerbuch scannen.

»Zum Preis von 25 Autobahnkilometern kann Frankreich dank der Maisons de la Culture in den nächsten zehn Jahren wieder zur ersten Kulturnation der Welt werden.«[1] (André Malraux)

In vielen Städten Frankreichs wurden zu dieser Zeit Maisons de la Culture et de la Communication errichtet, so zum Beispiel in Grenoble, Le Havre und Firminy. Neben Le Corbusier wurden auch weitere berühmte modernistische Baukünstler, darunter Richard Neutra,

Porte bonheur was Christian Philipp Müller's first collaboration with Yves Aupetitallot, then artistic director of the Maison de la Culture et de la Communication of the city of Saint-Étienne. In the spaces reserved for contemporary art on the seventh floor of the building, Müller installed 17 concrete units in a grid-like formation. Nine units were placed perpendicular to the long walls and planted with four-leaf clovers; the other eight, positioned parallel to the long walls, were supplied with red fabric covers. This 90-centimeter-tall configuration mirrored the structure of the concrete ceiling beams, projecting below ceiling level by the same dimension. From this concentration on structure, there emerged references to the institution's significance and the context in which it was founded—the spirit of renewal in the French cultural politics of late modernism—references which Müller explored further in his project.

During his tenure as the first French Minister of Culture (1959–69), André Malraux pursued a policy described by Aupetitallot in his introduction to the catalogue as "Malraux's humanism." Malraux's desire to use culture to revitalize French society led to a program of decentralization in French cultural politics, with the establishment of independent cultural centers in the French periphery.

Inspired by Malraux's "musée imaginaire"—an idea revisited by Müller in his artist's book—masterworks from all areas were brought together in the exhibition, displayed, and made accessible to the public. Instead of documentary reproductions of the site-specific installation, Müller produced handmade paper on site with integrated pressed four-leaf clover leaves and had it scanned for the artist's book.

"For the price of 25 kilometers of motorways and thanks to its Maisons de la Culture, France could, in the next ten years, become the world leader in the realm of culture."[1] (André Malraux)

Maisons de la Culture et de la Communication were established at this time in many cities in France, including Grenoble, Le Havre, and Firminy. Not only Le Corbusier, but other famous modern architects including Richard Neutra were invited by Malraux to develop a formal vocabulary for the Maisons. These institutions represented an attempt to establish culture as a center for society, as a restorative meeting place for diverse forms of expression.

In the Parisian uprisings of 1968, Malraux opposed the student youth and abandoned his vision of salutary culture: "All power to the imagination is a meaningless slogan. Imagination does not grab power; forces, which must be organized, do so. Politics is not what one wants, it is what one does."[2] With the

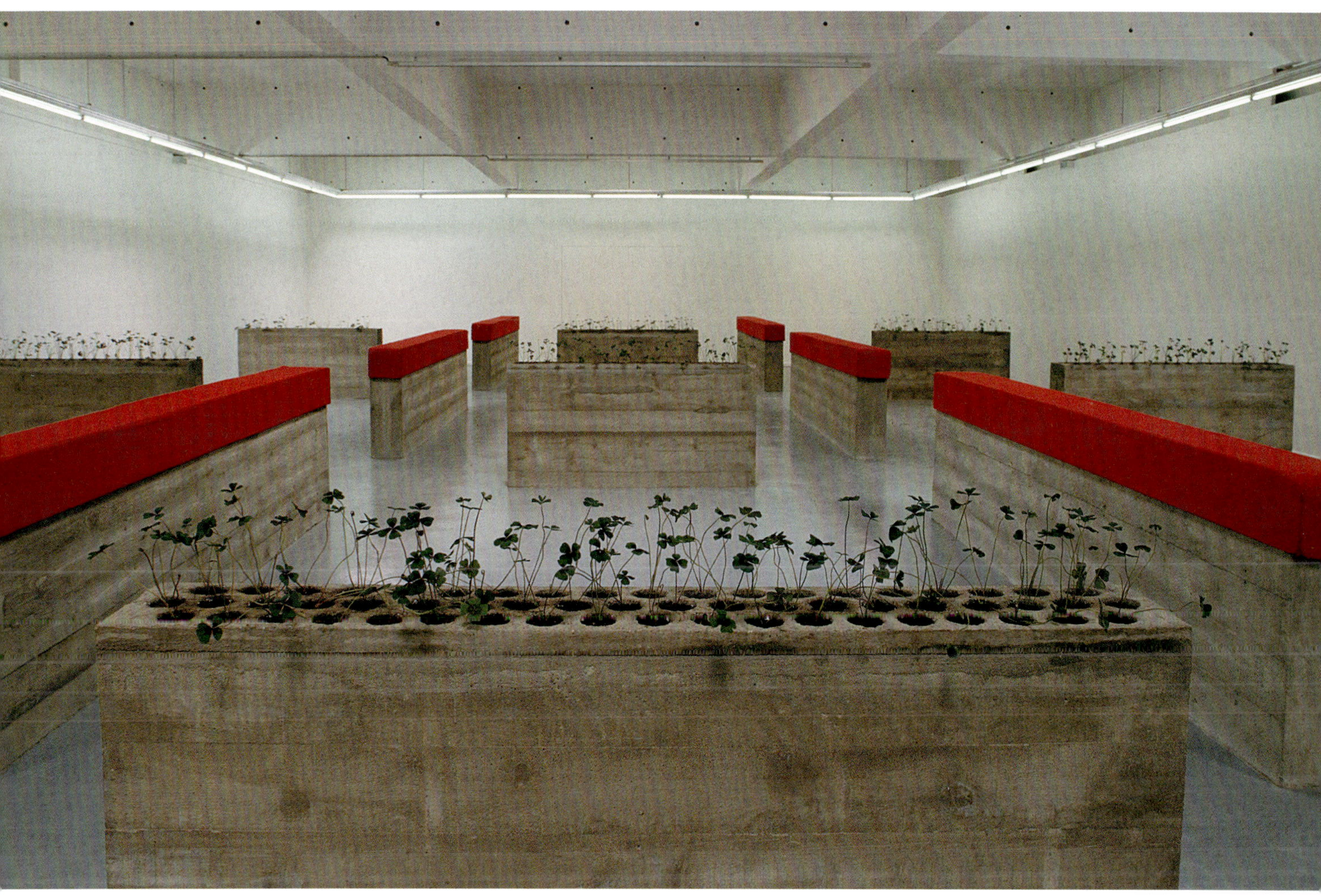

von Malraux eingeladen, ein Formenvokabular für die Maisons zu entwickeln. Sie waren der Versuch, die Kultur als gesellschaftliches Zentrum zu etablieren, als heilenden Treffpunkt unterschiedlichster Ausdrucksformen.
1968 stellte sich Malraux in den Pariser Unruhen gegen die studentische Jugend und beendete seine Vision der heilsbringenden Kultur: »›Die Fantasie an die Macht‹, das ist eine nichtssagende Forderung. Nicht die Fantasie übernimmt die Macht, sondern es müssen Kräfte organisiert werden. Politik ist nicht, was man wünscht, sondern was man tut.«[2] Mit der Ernennung eines neuen Kulturministers und mit einer neuen kulturpolitischen Ausrichtung in Frankreich war die Idee der Maisons de la Culture et de la Communication über Nacht obsolet geworden.

appointment of a new Minister of Culture and a new cultural-political orientation in France, the idea of the Maisons de la Culture et de la Communication became obsolete overnight.

1 – Pour le prix de 25 km d'autoroutes, la France peut, dans les dix années qui viendront, redevenir grâce aux maisons de la culture, le premier pays culturel du monde. Zit. nach cited from Yves Aupetitallot, *Christian Philipp Müller – Porte bonheur*, Saint-Étienne 1989, S. p. 9.

2 – L'imagination au pouvoir, ça ne veut rien dire. Ce n'est pas l'imagination qui prend le pouvoir, ce sont des forces à organiser. La politique n'est pas ce qu'on désire, c'est ce qu'on fait. Zit. nach cited from Aupetitallot 1989 (wie in Anm. 1 as in note 1)

Antwerpen, Linkes Ufer Antwerp, Left Bank

Galerie Micheline Szwajcer, Antwerpen Antwerp
16. Februar – 17. März 1990 February 16 – March 17, 1990

– *Ohne Titel*, 1990, zwei Emailletafeln (Antwerpen / *Villes radieuses*); 105 x 69,5 cm / 218 x 99 cm

– *Three For Antwerp*, 1990, drei Aluminiumelemente, mit Kinoleinwand bespannt; drei Projektoren mit identischen Kleinbilddias; je 183 x 220 x 120 cm

– *Promenade dans une Ville radieuse non realisée*, 1990, Künstlerbuch, Siebdruck auf Karton (16 Seiten); 22,6 x 22,6 cm, Auflage: 125

Courtesy Galerie Micheline Szwajcer, Antwerpen

– *Untitled*, 1990, two enamel plaques (Antwerp / *Villes radieuses*); 41 x 27 inches / 85 x 39 inches

– *Three For Antwerp*, 1990, three aluminum elements covered with a projection screen, three projectors with identical small-format slides; each 72 x 86 x 47 inches

– *Promenade dans une Ville radieuse non realisée*, 1990, artist book, silkscreen on cardboard (16 pages); 9 x 9 inches, edition of 125

Courtesy of Galerie Micheline Szwajcer, Antwerp

In place of so many small, scattered skyscrapers, a few large ones will be set up between 42nd Street and 55th Street, in groups. Distance will be overcome. And hours will be saved and usable.
In Algiers, a single skyscraper will suffice.
In Barcelona, two skyscrapers.
In Antwerp, three skyscrapers.

Le Corbusier, 1935

CHRISTIAN PHILIPP MÜLLER

16/2-17/3/90 — opening op vr 16/2 van 19-22u.

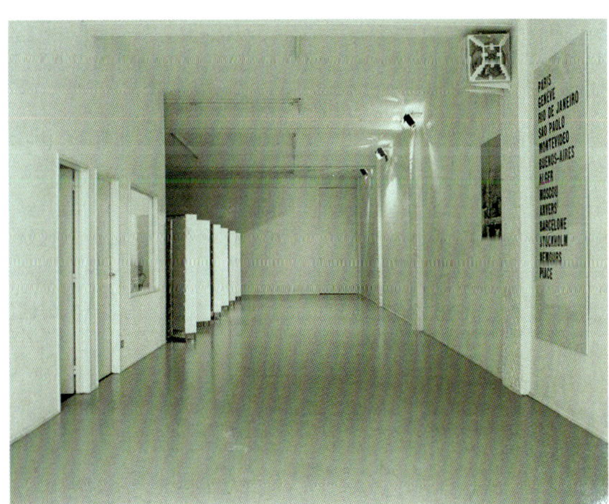

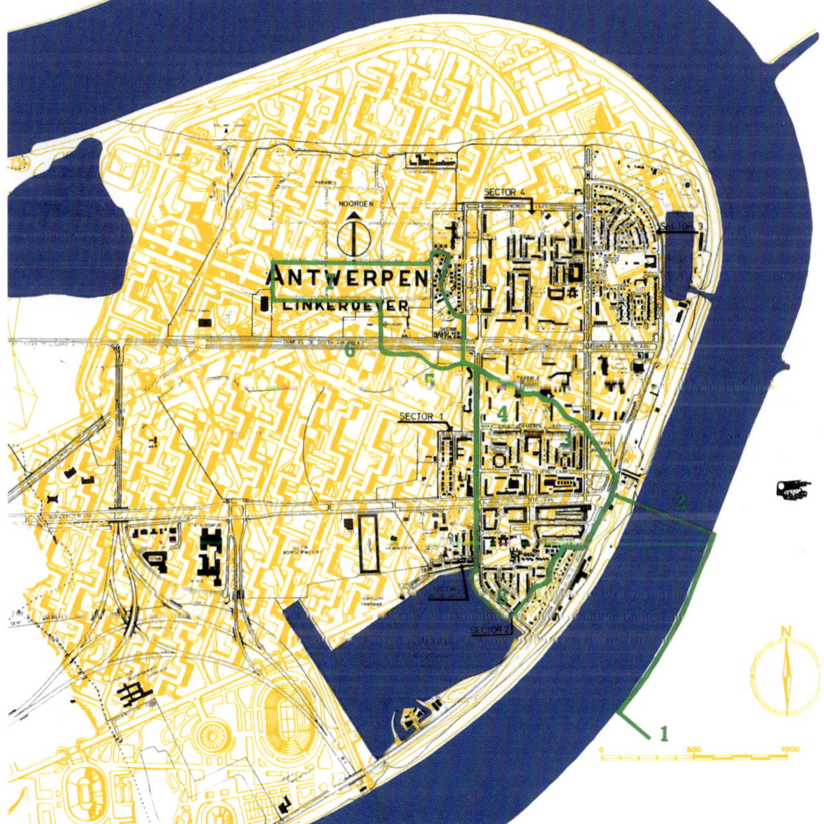

Promenade dans une Ville radieuse non realisée, 1990

In seiner ersten Galerieausstellung präsentierte Christian Philipp Müller eine *Promenade dans une Ville radieuse non réalisée*. Auf der Einladungskarte fand sich ein Zitat aus Le Corbusiers *La Ville radieuse*: »In place of so many small, scattered skyscrapers, a few large ones will be put up between 42nd Street and 55th Street, in groups. Distance will be overcome. And hours will be saved and usable. In Algiers, a single skyscraper will suffice. In Barcelona, two skyscrapers. In Antwerp, three skyscrapers.«
1933 beteiligte sich Le Corbusier an einer städteplanerischen Ausschreibung für Antwerpen. Sein Beitrag war die Konstruktion einer *Ville radieuse*. Le Corbusiers *La Ville radieuse* wurde 1935 publiziert als das Prinzip einer genormten Stadtplanung, einer »ville verte«, eines Urbanismus, der dank der Technik die Natur in die Stadt zurückholt.
Müllers Ausstellung in der Galerie Micheline Szwajcer empfing den Besucher mit einer strassenähnlichen Anordnung. An ihrem Anfang waren zwei Emailleplatten installiert. Auf der rechten Platte mit dem Originalabdruck der Buchtitelseite waren die Städte aufgelistet, für die Le Corbusier *Villes radieuses* entworfen hatte. Antwerpen befand sich hier an neunter Stelle. Links davon zeigte eine Fotografie das zentrale Bauwerk, an dem sich Le Corbusiers Planung orientiert hatte, die Kathedrale von Antwerpen. Über der Kathedrale war das Wort »Antwerpen« platziert, als Vorlage hierzu diente das Cover der aktuellen Tourismusbroschüre der Stadtwerbung Antwerpens (1990). Im Ausstellungsraum am Ende der »Strasse« befanden sich drei je 183 Zentimeter (das Idealmass von Le Corbusiers Modulor-Mann) hohe und 220 Zentimeter breite Objekte aus irisierender Kinoleinwand, geschnürt auf Stahlgerüste, Modelle der drei nicht realisierten Hochhäuser für Antwerpen.
Von ihnen aus wurden identische Dias an die Wand projiziert, die den Ort zeigten, für den die Hochhäuser geplant worden waren. Zu sehen war Gras, eine Holzhütte, vor ihr ein Esel im Sonnenuntergang. Im Hintergrund stand anstelle von Le Corbusiers Bauhaus nur ein banales Hochhaus. Zu der Ausstellung produzierte Müller ein Künstlerbuch: einen Siebdruck aus Le Corbusiers Planungen für Antwerpen, Ausschnitte der Publikation *La Ville radieuse*, Aufnahmen der Antwerpener Kultur und von Müllers Relektüre, einem

PARIS
GENÈVE
RIO DE JANEIRO
SAO PAOLO
MONTEVIDEO
BUENOS-AIRES
ALGER
MOSCOU
ANVERS
BARCELONE
STOCKHOLM
NEMOURS
PIACE

Ohne Titel Untitled (Villes radieuses), 1990

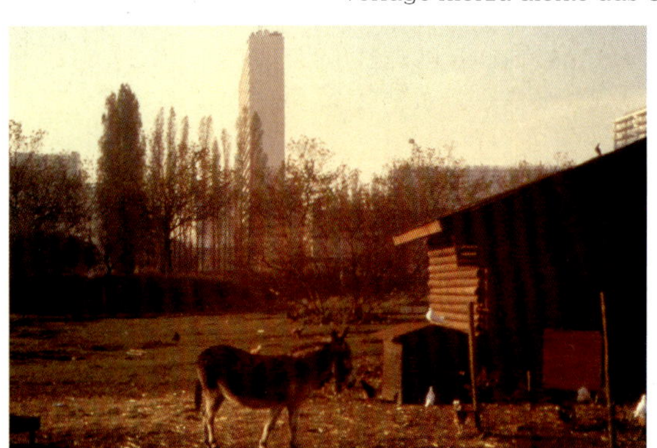

In his first gallery exhibition, Christian Philipp Müller presented a "*Promenade dans une Ville Radieuse non réalisée*." The invitation to the exhibition included a quotation from Le Corbusier's *La Ville radieuse:* "In place of so many small, scattered skyscrapers, a few large ones will be put up between 42nd Street and 55th Street, in groups. Distance will be overcome. And hours will be saved and usable. In Algiers, a single skyscraper will suffice. In Barcelona, two skyscrapers. In Antwerp, three skyscrapers."
In 1933, Le Corbusier participated in a urbanistic competition for the city of Antwerp. His contribution was the construction of a *Ville radieuse*. The competition results remained unrealized, but Le Corbusier's *La Ville radieuse* was published in 1935 as the principle of standardized urban planning, a "ville verte," an urbanism using technology to bring nature back into the city.
At Müller's exhibition at the Galerie Micheline Szwajcer, visitors encountered a street-like arrangement with two enamel panels installed at the beginning. The right panel showed an original impression of the title page of the book with a list of the cities for which Le Corbusier designed *Villes radieuses*. Here, Antwerp appeared in ninth place. To the left, a photograph showed the central building on which Le Corbusier's plan was oriented, the cathedral of Antwerp. Above the cathedral was the word "Antwerpen," modeled on the cover of the 1990 tourist brochure published by the city of Antwerp. In the exhibition space at the end of the "street" were three objects, each 183 centimeters high (the ideal height of Le Corbusier's "Modulor") and 220 centimeters wide. Constructed of iridescent cinema screen tied to steel scaffolds, they served as models of the three unrealized skyscrapers for Antwerp. From these objects, identical slides were projected onto the wall, each showing the site for which the skyscrapers were planned: a scene with grass, a wooden hut, and a donkey in the sunset. In the background, only a banal highrise stood in for Le Corbusier's skyscraper.
For the exhibition, Müller produced an artist's book including a silkscreen of Le Corbusier's plans for Antwerp, sections of the publication *La Ville radieuse*, photographs of Antwerp culture, and Müller's rereading of the city, a walk, the *Promenade dans une Ville radieuse non réalisée*. The loose-leaf notebook described a tour through an unrealized urbanistic design for Antwerp, following Le Corbusier's plans for the left bank of the Schelde. The artist himself did not conduct tours of the city, but gallery visitors were invited to set out with the artist book—unlike any other travel guide in its form and material—

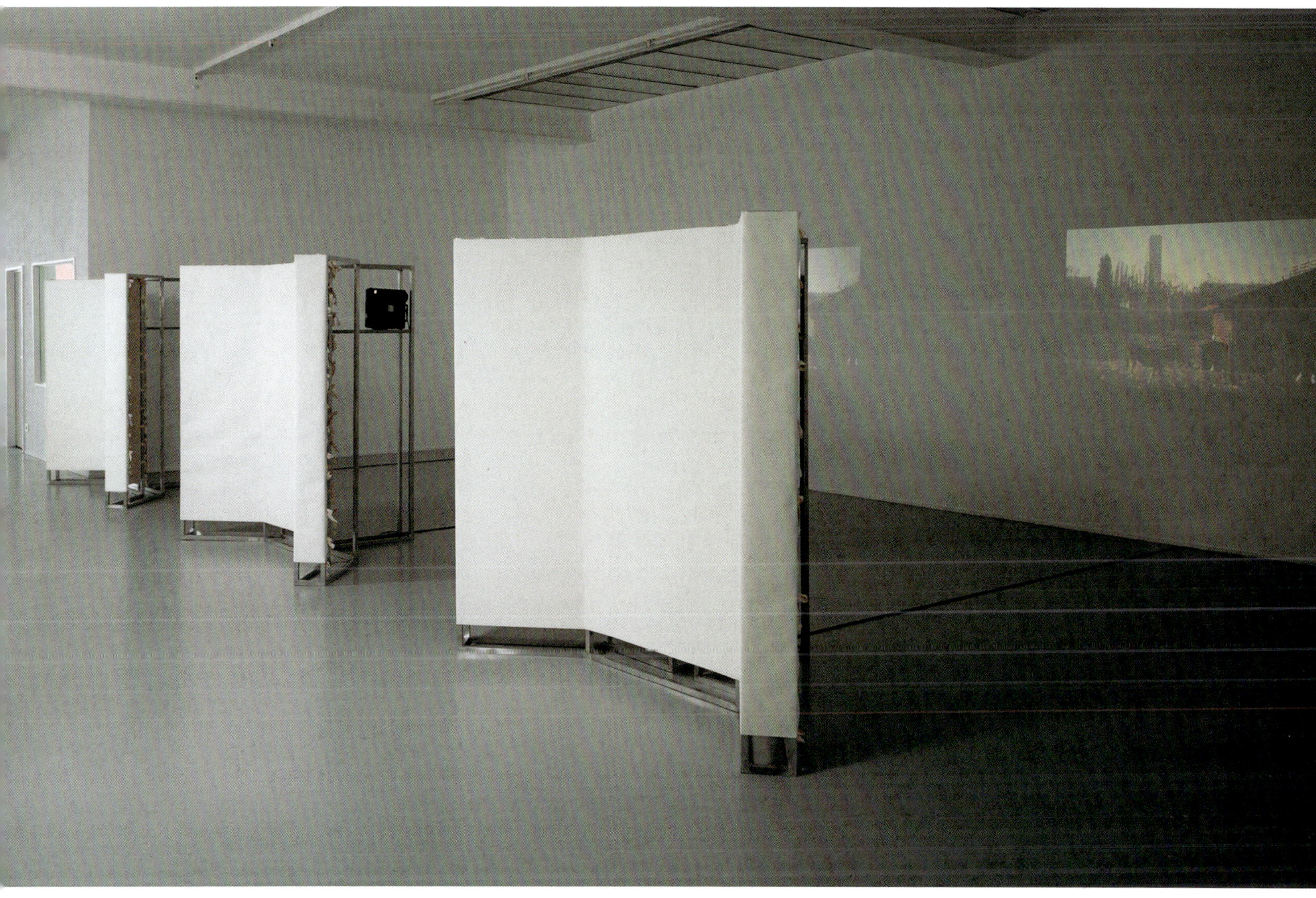

Spaziergang, der *Promenade dans une Ville radieuse non réalisée*. Das Ringbuch führt durch einen unrealisierten Antwerpener Stadtentwurf – er verfolgt Le Corbusiers Planung des linken Schelde-Ufers. Eine Tour durch die Stadt wurde vom Künstler nicht angeboten, sondern es erging die Einladung an die Galeriebesucher, sich mit dem Künstlerbuch, welches in Form und Material keinem Reiseführer gleicht, auf den Weg zu machen in einen unbekannten, kulturarmen Stadtteil von Antwerpen. Am Ende des Ringbuchs haben die Autoren unterzeichnet: Ein Faksimile zeigt Le Corbusiers Signatur mit einem Brief zur Wiederveröffentlichung von *La Ville radieuse* im Jahre 1964. Vis-à-vis, auf der letzten Seite, signierte Christian Philipp Müller selbst mit Editionsnummer sein »Original«. Die Vorlage für das konsequent in Modulorproportionen gestaltete quadratische Buch war die Publikation zum *Poème électronique* im Philips-Pavillon der Weltausstellung in Brüssel (1958).

for an unknown, culturally impoverished district of Antwerp. At the end, the notebook was signed by both authors: a facsimile showed Le Corbusier's signature on a letter regarding the republication of *La Ville radieuse* in 1964, while across from it on the last page Christian Philipp Müller signed the book with the edition number of his "original." The prototype for the square book, designed in consistent "Modulor" proportions, was the publication for the *Poème électronique* in the Philips pavilion of the World's Fair in Brussels in 1958.

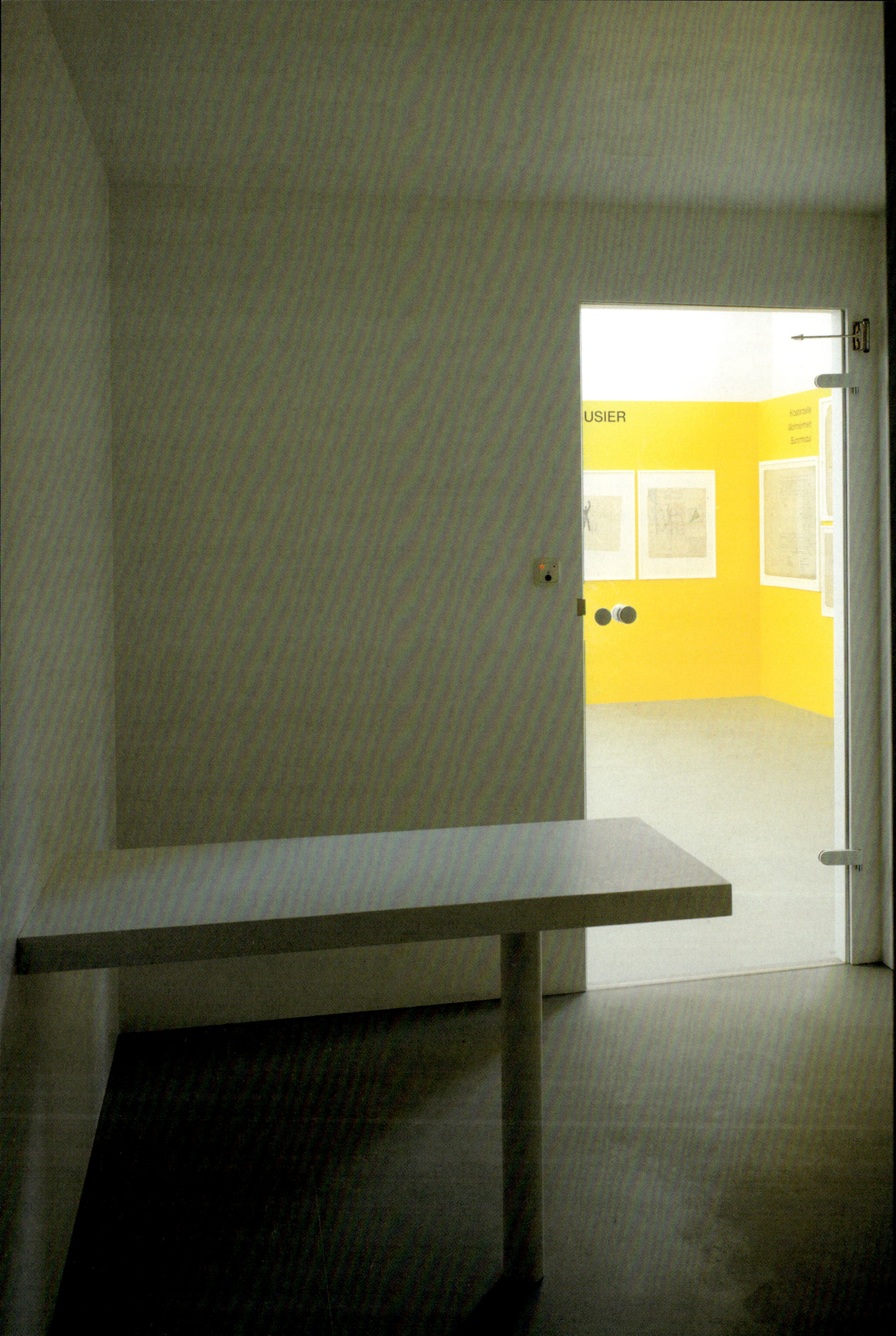
USIER

Vergessene Zukunft Forgotten Future

Kunstverein München Kunstverein Munich
29. April – 28. Juni 1992 April 29 – June 28, 1992

Vorraum
– *Ohne Titel*, 1990, zwei Emailletafeln (Antwerpen / *Villes radieuses*); 105 x 69,5 cm / 218 x 99 cm; Courtesy Galerie Micheline Szwajcer, Antwerpen
– Wandbeschriftung
– Vitrine mit Dokumenten zu *Le poème éléctronique* von Edgard Varèse
– Kinoschaukasten mit Dokumenten zu *Anders als du und ich, § 175* von Veit Harlan

Zentraler Ausstellungsraum
– *Das unvollständige Gedicht*, 1992, Holz, bemalt; Teppich, zwei Glastüren mit elektrischem Schliessmechanismus, Bewegungsmelder, CD-Player mit zwei Lautsprechern (Komposition *Le poème éléctronique* von Edgard Varèse, 8 Min.); 452 x 518 cm, Sammlung Günther Lorenz, München
– *Nomenklatur*, 1992, zwei Projektoren mit 123 Kleinbilddias; Courtesy Galerie Christian Nagel, Köln / Berlin
– Modell des Philips-Pavillons der Weltausstellung in Brussel (1958) auf Sockel
– Gelbes Wandelement: zehn Originalzeichnungen, eine Fotografie von Le Corbusier und vier Partiturfragmente von *Le poème éléctronique*
– Rosa Wandelement: acht Arbeiten auf Papier, eine Fotografie, zwei kinetische Leuchtobjekte und ein Architekturmodell von Nicolas Schöffer

Nebenraum 1
– *und in München*, 1992, Wandbeschriftung; Courtesy Galerie Christian Nagel, Köln / Berlin

Nebenraum 2
– *Das Dritte Geschlecht* (mit Madeleine von Bernsdorff), 1992, Video, 9 Min.; Courtesy Galerie Christian Nagel, Köln / Berlin
– Raumschleuse

Preliminary Room
– *Untitled*, 1990, two enamel plaques (Antwerp / *Villes radieuses*); 41 x 27 inches / 85 x 39 inches; courtesy of Galerie Micheline Szwajcer, Antwerp
– Wall text
– Display case with documents about *Le poème éléctronique* by Edgard Varèse
– Cinema display case with documents about *Anders als du und ich, § 175* by Veit Harlan

Central Exhibition Space
– *Das unvollständige Gedicht*, 1992, wood, painted; carpet, two glass doors with electronic closing mechanisms, motion detector, CD player with two loudspeakers (composition of *Le poème éléctronique* by Edgard Varèse, 8 min.); 178 x 204 inches; collection of Günther Lorenz, Munich
– *Nomenklatur*, 1992, two projectors with 123 small-format slides; courtesy of Galerie Christian Nagel, Cologne / Berlin
– Model of the Philips Pavilion at the World's Fair in Brussels (1958) on a base
– Yellow wall element: ten original drawings, a photograph of Le Corbusier and for fragments of the score of *Le poème éléctronique*
– Pink wall component: eight works on paper, a photograph, two illuminated kinetic objects and an architectural model by Nicolas Schöffer

Side Room 1
– *und in München*, 1992, wall text; courtesy of Galerie Christian Nagel, Cologne / Berlin

Side Room 2
– *Das Dritte Geschlecht* (with Madeleine von Bernsdorff), 1992, video, 9 min.; courtesy of Galerie Christian Nagel, Cologne / Berlin
– Narrow passageway

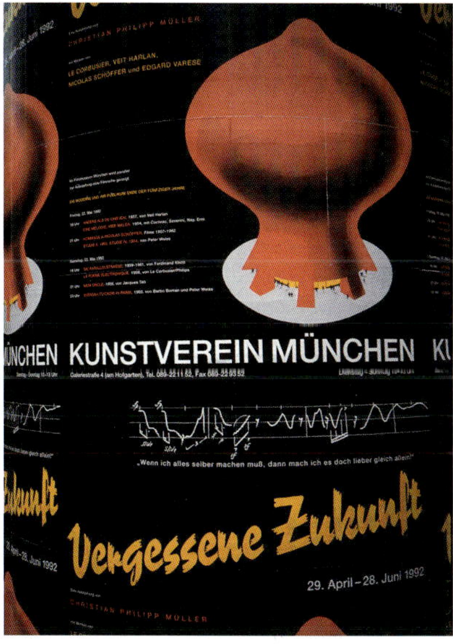

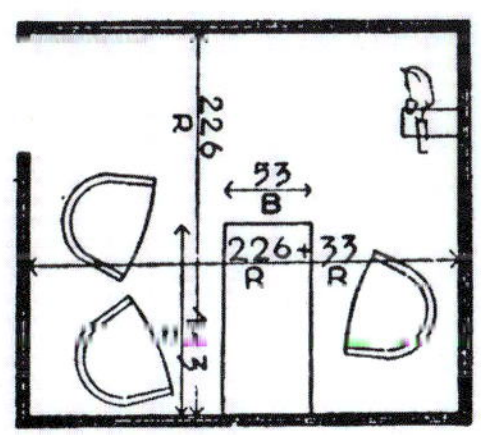

Grundriss von Ground plan of
Le Corbusiers *Un bureau minuscule*

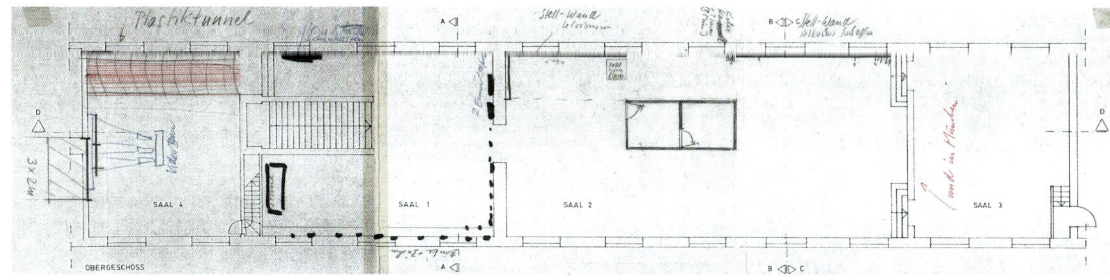

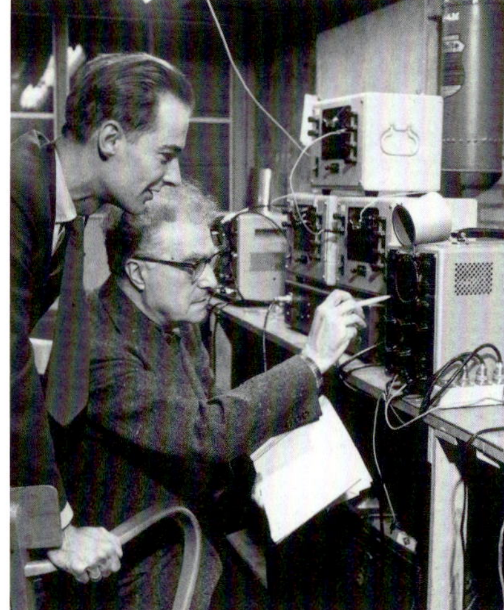

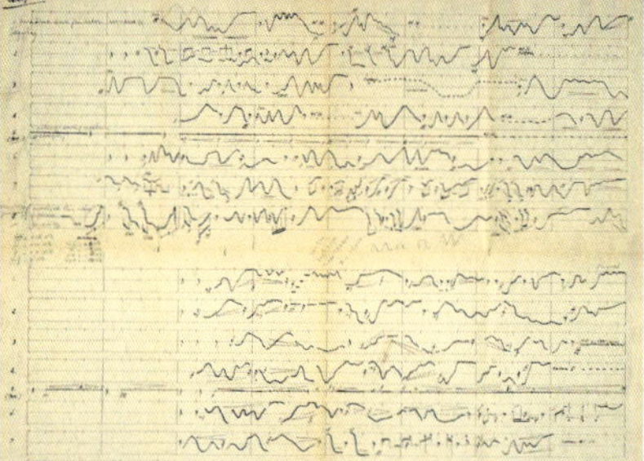

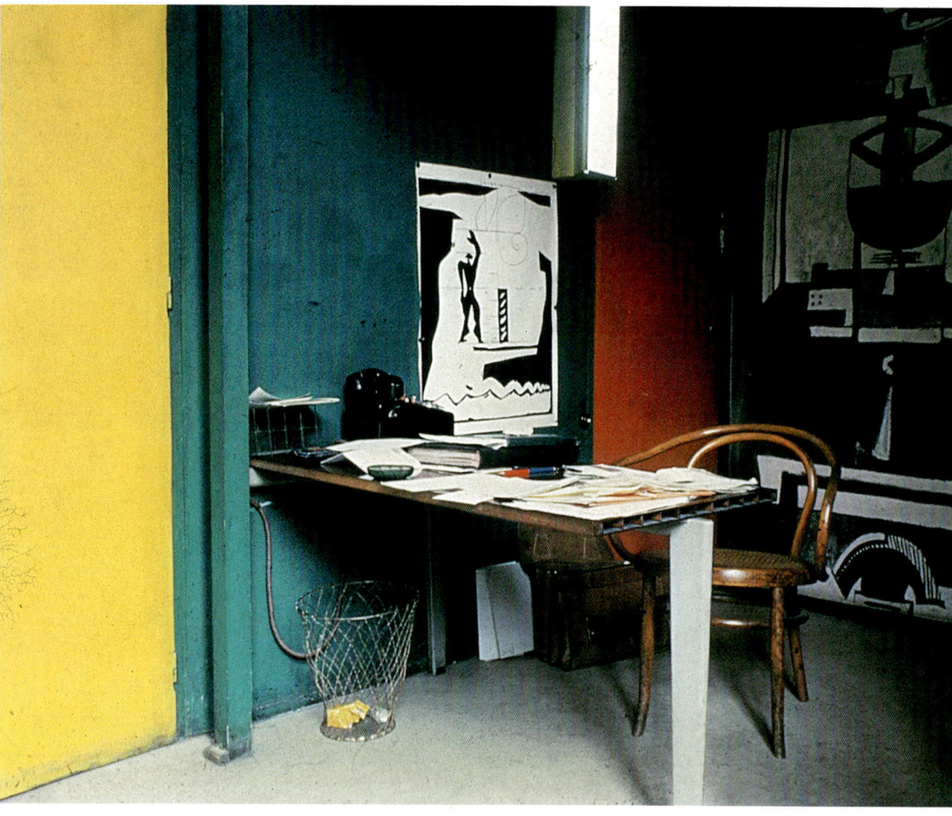

Edgard Varèse mit Assistent im Philips-Labor, Eindhoven
Edgard Varèse with assistant in the Philips laboratories, Eindhoven

Edgard Varèse, *Le poème éléctronique*, Partiturfragment
Fragment of a musical score

Le Corbusier, *Un bureau minuscule*

Im Münchner Kunstverein entwickelte Müller eine Konfrontation mit der Spätmoderne und ihren Utopien: mit Le Corbusiers gemeinsam mit Iannis Xenakis und Edgard Varèse für die Weltausstellung in Brüssel realisiertem Philips-Pavillon (1958), mit Veit Harlans Film *Anders als du und ich* (1957) und mit Nicolas Schöffers Buch *Die kybernetische Stadt* (1969). Auf farbigen Wänden wurden anhand von historischen Dokumenten, Kommentaren und Zitaten diese drei Projekte der Spätmoderne vorgestellt. Neben ihnen präsentierte Müller seine Bearbeitungen des historischen Materials – Modelle und Re-Inszenierungen der Originale.
Der Philips-Pavillon, eine zeltähnliche Konstruktion aus hyperbolischen Paraboloiden, wurde einzig für die Aufführung des *Poème électronique* entworfen: Jeweils 500 Besucher wurden für acht Minuten durch das Gesamtkunstwerk aus Varèses Komposition, Xenakis' Raumgestaltung und Le Corbusiers auf die Innenwände projizierter Weltgeschichte – einer multimedialen Weltschöpfung, die mit den Affen beginnt und mit Le Corbusiers eigener Arbeit endet – geschleust. Im Münchner Kunstverein präsentierte Müller ein Modell des Pavillons und neben diesem Le Corbusiers »minuscule bureau« aus den grossen Ateliers, 35 rue de Sèvres, in Paris. Dieses Arbeits-

In the Munich Kunstverein, Müller developed a confrontation with late modernism and its utopias: with the Philips Pavilion realization designed by Le Corbusier together with Iannis Xenakis and Edgard Varèse for the 1958 World's Fair in Brussels, with Veit Harlan's film, *Anders als du und ich* (1957), and with Nicolas Schöffer's book, *Die kybernetische Stadt* (1969). These three late modernist projects were presented through historical documents, commentaries, and quotations mounted on colored walls, along with Müller's own treatment of the historical material, and models and reinterpretations of the originals.
The Philips Pavilion, a tent-like construction of hyperbolic paraboloids, was designed exclusively for the performance of the *Poème électronique*. During each eight-minute presentation, 500 visitors would be channeled through a *Gesamtkunstwerk* consisting of Varèse's musical composition, Xenakis' spatial design, and Le Corbusier's projection of world history on the interior walls – a multimedia cosmology that began with apes and ended with Le Corbusier's own work. In the Munich Kunstverein, Müller presented a model of the pavilion along with the "minuscule bureau" from Le Corbusier's large studio at 35 rue de Sèvres in Paris. This study was a tiny, windowless room constructed according to "Modulor" proportions

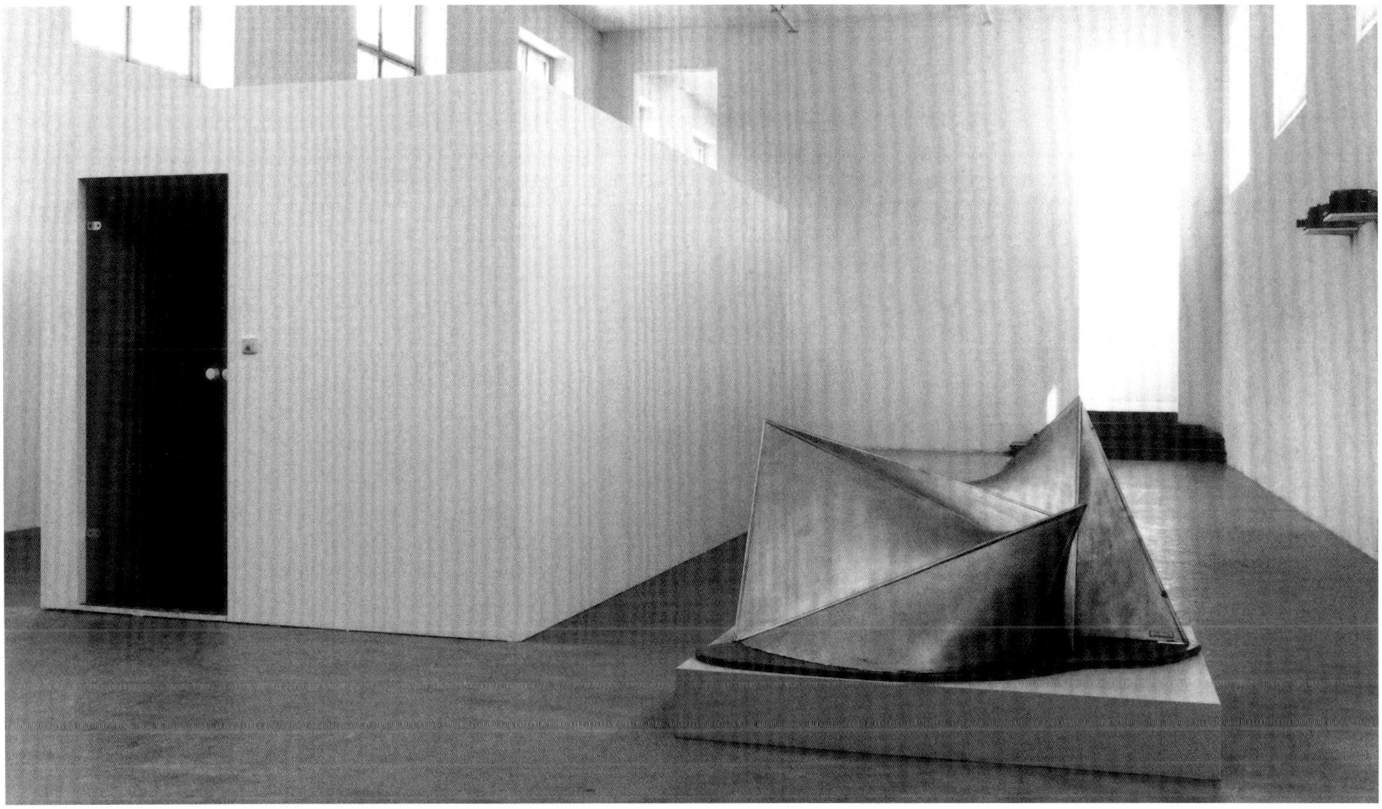

Zentraler Ausstellungsraum mit *Das unvollständige Gedicht*, 1992, Modell des Philips-Pavillons und *Nomenklatur*
Central exhibition space with *Das unvollständige Gedicht*, 1992, model of the Philips Pavilion, and *Nomenklatur*

zimmer, ein winziger, fensterloser Raum, gebaut nach den Modulor-Massen (226 x 259 x 226 cm) und nur aus Tisch, Stuhl, einer Wandmalerei und einer auf einem Podest montierten Skulptur bestehend, war so konzipiert, dass maximal vier Personen empfangen werden konnten. Der beengende Charakter des vollständig in sich abgeschlossenen Raumes sollte, so Le Corbusier, den Besucher dazu drängen, sich kurz zu fassen, sachlich zu sein.

Müller baute eine Raumskulptur in den Abmessungen von Le Corbusiers Büro, die dessen Struktur verdoppelte. Die Masse beider Räume waren identisch mit denjenigen des »minuscule bureau«, und da sie in spiegelbildlicher Anordnung konstruiert waren, liess sich der zweite nur durch den ersten Raum betreten. In ihm befand sich zwar der eingebaute Tisch wie im Original, jedoch keine Stühle. Ausserdem war der Raum im Gegensatz zu Le Corbusiers farbiger Gestaltung in reinem Weiss gehalten, es existierten weder die Wandsegmente noch die Skulptur. Der zweite Raum kehrte dieses Prinzip um. Er war vollständig mit schwarzem Teppich ausgekleidet – ein in seinen Dimensionen für den Besucher nicht deutlich fass-barer schwarzer Kubus.

Um in den weissen Raum, Le Corbusiers Büro, zu gelangen, musste der Eintretende eine Licht- und

(226 x 259 x 226 cm). Containing only a table, a chair, a wall painting, and a sculpture mounted on a pedestal, it was intended to accommodate a maximum of four visitors. The confining character of the fully enclosed space was, according to Le Corbusier, supposed to force visitors to be concise and objective.

Müller used the measurements of Le Corbusier's study to create an installation doubling its structure. The dimensions of both spaces were identical to those of the "minusculo bureau," and since they were constructed as mirror images of each other, the second space could only be entered through the first. The latter contained a built-in table like the original but without chairs. Unlike Le Corbusier's colored design, this space was pure white, with no wall segments or sculpture. The second space reversed this principle. Completely lined with black carpet, it consisted of a black cube whose dimensions the viewer could not easily assimilate.

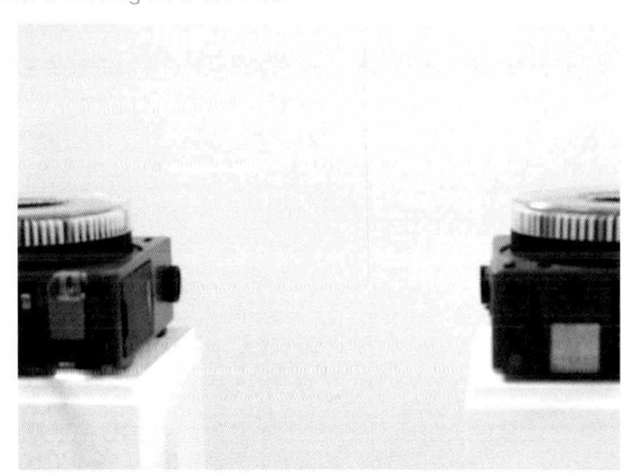

Nomenklatur, 1992, Transformation *Le poème électronique* in Sprache into language
Installationsansicht Installation view *Icestorm*, Kunstverein München Munich, 2005

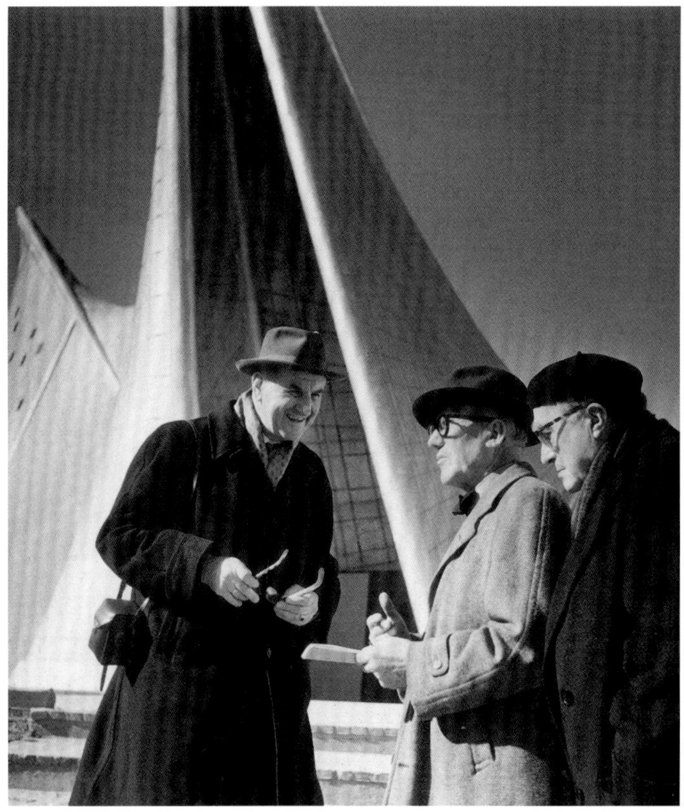

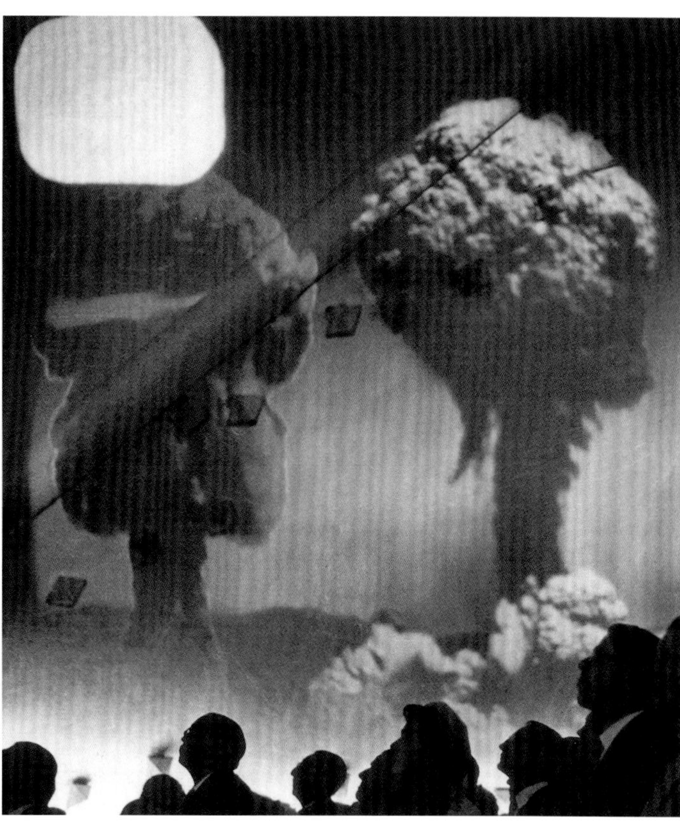

Louis C. Kalff von Philips, Le Corbusier und Edgard Varèse vor dem Philips-Pavillon auf der Brüsseler Weltausstellung, 1958
Louis C. Kalff from Philips, Le Corbusier, and Edgard Varèse in front of the Philips Pavilion at the World's Fair in Brussels, 1958

Elektroschranke passieren. Nur durch sie liess sich die Tür öffnen und schliessen. Eine zweite gesicherte Glastüre blockierte den Zugang zum schwarzen Kubus. Nur wenn die erste Türe geschlossen war, öffnete sich die zweite, um den Besucher eintreten zu lassen und sich hinter ihm wieder zu schliessen. Ausgelöst durch einen Bewegungsmelder, erklang in der schwarzen Box Varèses achtminütige Komposition *Poème électronique*. Die monumentale Präsentation der Weltgeschichte aus dem Philips-Pavillon wiederholte sich hier in einem Raum, dessen Tür sich nur durch einen Alarmknopf wieder öffnen liess. Neben dieser Raumskulptur zeigte Müller auf einer gelben Stellwand Le Corbusiers Original-Modulorzeichnungen und -skizzen. Neben Varèses Partituren waren hier auch Zitate von Le Corbusier zu seinem »bureau minuscule« zu lesen.

Im selben grossen Saal des Kunstvereins wurde auf einer niedrigen hautfarbenen Stellwand eine weitere Utopie der Spätmoderne vorgestellt. In ihr bildete die Idee von der Hygiene der Reproduktion das thematische Zentrum: 1969 hatte Nicolas Schöffer die Vision der »kybernetischen Stadt« Paris entwickelt. Der Lebensablauf der Bewohner war dort vollständig durchgeplant, von der »Wertsteigerung der Zeit« bis zum »Zentrum für sexuelle Freizeitgestaltung«.

To enter the white space of Le Corbusier's study, visitors had to pass through a light-activated electric barrier, the only means by which the door could be opened and closed. A second, secured glass door blocked the entrance to the black cube. Only when the first door was closed did the second one open, allowing visitors to enter, and then closing again behind them. Triggered by a motion sensor, Varèse's eight-minute composition *Poème électronique* would then play in the black box. Here, the monumental presentation of world history originally created for the Philips Pavilion was repeated in a space whose door could only be opened by means of an alarm button. Near this installation, Müller displayed Le Corbusier's original "Modulor" drawings and sketches on a yellow partition wall along with Varèse's scores as well as quotations from Le Corbusier on his "bureau minuscule."

In the same large hall of the Kunstverein, another late modern utopia was presented on a low skin-colored partition wall. Here, the notion of reproductive hygiene was the central theme with the vision of the "cybernetic city" of Paris developed by Nicolas Schöffer in 1969. The life span of the city's inhabitants was completely planned out, from the "value increase in time" to the "Center for Sexual Recreation." In the

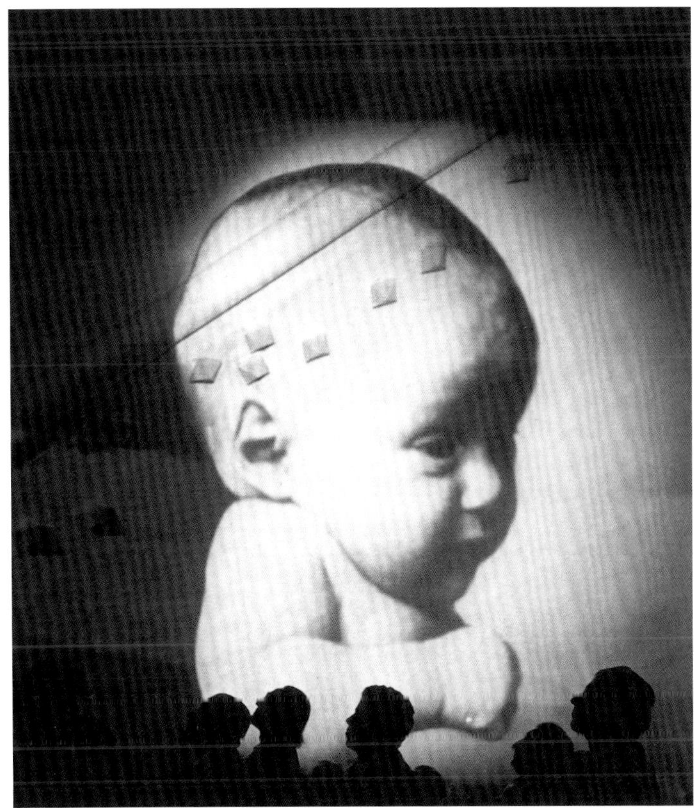

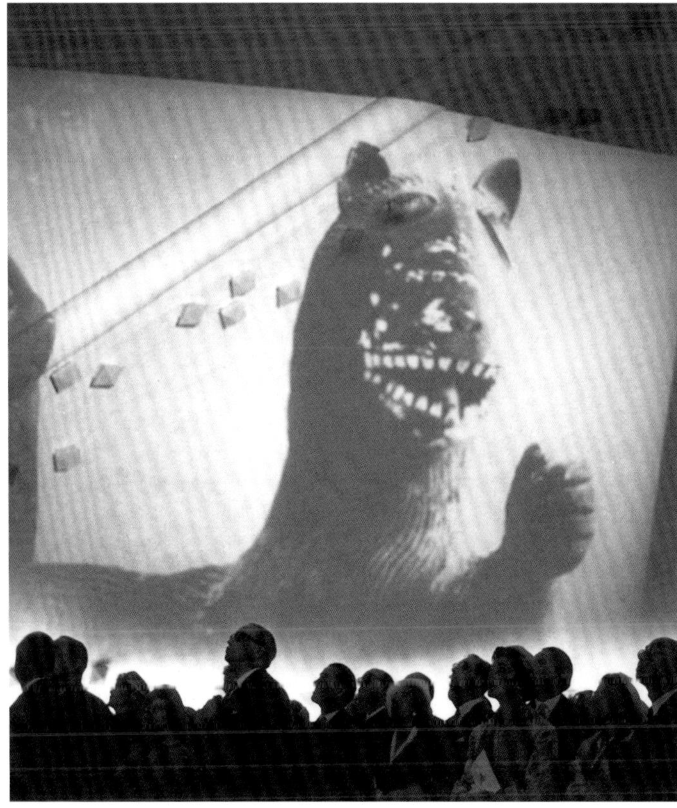

Projektionen von Projections of *Le poème électronique*

Müller präsentierte in München Beispiele aus Schöffers Planung sowie dessen detaillierte Vorgaben und grafische Modelle und setzte sie ins Verhältnis zu Le Corbusiers synästhetischem Pavillon.
Im nächsten Raum waren auf der Wand zum grossen Ausstellungssaal rechts zwei Emailletafeln aus Müllers Ausstellung bei Micheline Szwajcer 1990 (vgl. S. 97) angebracht. Wie bei Szwajcer befand sich rechts eine Auflistung der Weltmetropolen aus Le Corbusiers Planung der *Villes radieuses*, links davon das vergrösserte Cover der Tourismusbroschüre von Antwerpen mit einer Fotografie der Kathedrale. Handschriftlich führte Müller daneben an den Wänden Le Corbusiers Liste in der Horizontalen weiter, indem er chronologisch seine eigenen Ausstellungsorte von 1986 bis 1992 hinzufügte. An der verbleibenden Wand des Raumes stand neben einer langen Holzbank eine verglaste Vitrine mit weiteren Originaldokumenten Le Corbusiers. Den Positionen Le Corbusiers und Schöffers stellte Müller einen prominenten Gegner der Moderne gegenüber, indem er einen Kinoschaukasten zu Veit Harlans Film *Anders als du und ich* einrichtete. Der während des Nationalsozialismus durch antisemitische Hetzfilme wie *Jud Süss* bekannt gewordene Regisseur hatte 1957, in Müllers Geburtsjahr, ein Drama inszeniert, das Homophobie und die Ablehnung

Munich exhibition, Müller presented examples from Schöffer's planning as well as his detailed specifications and graphic models, placing them into relation to Le Corbusier's synaesthetic pavilion.
In the next room, two enamel panels from Müller's 1990 exhibition at the Galerie Micheline Szwajcer (see p. 97) were mounted on the wall adjacent to the large exhibition hall on the right. As in the Szwajcer exhibition, the right-hand panel listed the world "metropolises" from Le Corbusier's plans for *Villes radieuses*, while the left-hand panel showed the enlarged cover of a tourist brochure from Antwerp with a photograph of the cathedral. Müller continued Le Corbusier's list of cities horizontally around the walls of the room, handwriting his own exhibition locations in chronological order from 1986 to 1992. The remaining wall featured a glass vitrine containing other original documents from Le Corbusier that were placed next to a long wooden bench.
As a counterpoint to Le Corbusier and Schöffer, Müller also presented one of the prominent opponents of modernism in a cinematic showcase of Veit Harlan's film, *Anders als du und ich*. The director had achieved recognition in the Nazi era with anti-Semitic agitation films such as *Jud Süss*; in 1957, the year of Müller's birth, he produced a drama

»[…] wenn der Besucher die Schwelle übertritt, wird er sogleich in ein Audiovisuelles Bad mit einer mildwarmen, duftenden Atmosphäre ganz in hellem Rot getaucht, wo der Klang, das farbige Licht und die Gerüche in sehr langsamen Rhythmen pulsieren. Der Besucher wird in einem Aufzug Platz nehmen, wo dasselbe Fluidum herrscht und der ihn rasch, aber sanft zur Spitze hinausbringt. […] Er wandert vorbei an einem wahren Schauspiel abstrakter, statischer und kurvenreicher Formen aus glattem Material, die sich mässig warm anfühlen; andere abstrakte Kurvenformen bewegen sich langsam, pulsierend und rufen ein Gefühl des Anschwellens und Durchdringens hervor; nebenher laufen audiovisuelle Szenen mit Licht-, Duft- und Klimaeffekten. […] Die wandernden Zuschauer bewegen sich in einer Atmosphäre, die die sexuellen Funktionen stimuliert. […] diese Zentren werden eine ungeheuer wichtige soziale Aufgabe erfüllen. Ist das sexuelle Tabu erst einmal entmystifiziert, dann wird sich der von jedem falschen Zwang befreite Mensch endlich entfalten und Zugang zu einem normalen Sexualleben und auch zur Liebe finden können.«

"[…] As soon as the visitor steps in, he's at once being immersed in an audio-visual bath with a mildly warm, nice-smelling atmosphere all in a light red, where sound, colorful light and smells pulsate in a very slow rhythm. The visitor will take a seat in an elevator where the same atmosphere prevails and which swiftly but smoothly takes him up to the top. […] He wanders past a true spectacle of abstract, static forms full of curves of a smooth material with a moderately warm feeling to them; other abstract curve forms move slowly, pulsating and evoke a feeling of swelling and penetrating; alongside there are audio-visual scenes with light, fragrant, and climatic effects. […] The wandering visitors move in a kind of atmosphere which stimulates sexual functions. […] these centers will fulfill an utmost important social task. Once the sexual taboo is demystified, man freed from all false constraint will finally discover his own potential and find access to a normal sex life and also to love."

Nicolas Schöffer, Zentrum für sexuelle Freizeitgestaltung, in: *Die kybernetische Stadt*, Heinz Moos Verlag, München Munich 1970, S. p. 84 ff.

Nicolaus Schöffer, »Zentrum für sexuelle Freizeitgestaltung«

Kinoschaukasten
Cinema display case

Nebenraum 2
mit Raumschleuse,
Das Dritte Geschlecht, 1992
Side Room 2
with narrow passageway,
Das Dritte Geschlecht, 1992

der künstlerischen Abstraktion in einer Erzählung zusammenzog. Die Bekehrung eines homosexuellen, abstrakt malenden Künstlers zu einem heterosexuellen, gegenständlichen Maler stand im Zentrum des Films. In München sah der Besucher im Kinokasten Poster, Filmstills und kritische Rezensionen des Films. Um den nächsten Raum zu betreten, musste er einen zum Tunnel gestreckten Plastikschlauch passieren. Im Raum wurde er mit Müllers Re-Inszenierung konfrontiert, einem gemeinsam mit Madeleine Bernstorff montierten Trailer, der aus Ausschnitten bestand, die in den 1950er-Jahren von der FSK konfisziert worden waren. Müllers *Vergessene Zukunft* rekonstruierte die Spätmoderne anhand eines Gangs durch ihre ungelebten Utopien. Müller zeichnet das Ende der modernen Utopien nicht nach, indem er über sie arbeitet, sondern indem er mitten unter ihnen Zusammenhänge herstellt.

combining homophobia and the rejection of artistic abstraction in a single narrative. The film, *Anders als du und ich*, portrays the conversion of a homosexual abstract artist into a heterosexual representational painter. In Munich, the cinematic showcase presented posters, film stills, and critical reviews of the film. Visitors had to pass through a plastic tube stretched into a tunnel to enter the next room where they were confronted with Müller's own version, created together with Madeleine Bernstorff—a trailer with a montage of scenes the motion picture rating organization FSK confiscated in the nineteen-fifties. *Forgotten Future* reconstructed late modernism through a tour of its unrealized utopias; Müller traced the end of these utopias not simply by studying them, but by producing connections between them.

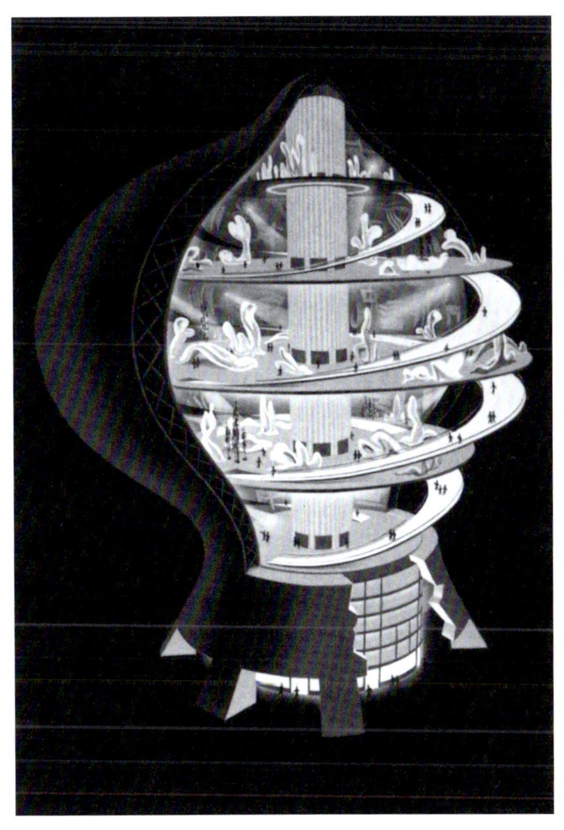

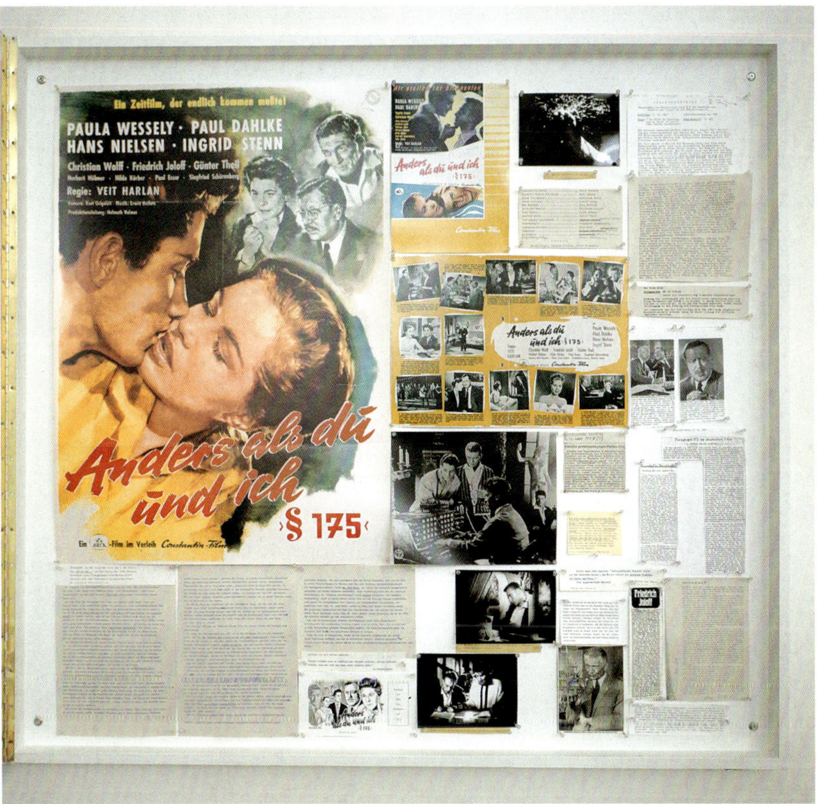
Ein Zeitfilm, der endlich kommen mußte!
PAULA WESSELY · PAUL DAHLKE
HANS NIELSEN · INGRID STENN
Christian Wolff · Friedrich Joloff · Günter Theil
Regie: VEIT HARLAN
Anders als du und ich
§ 175

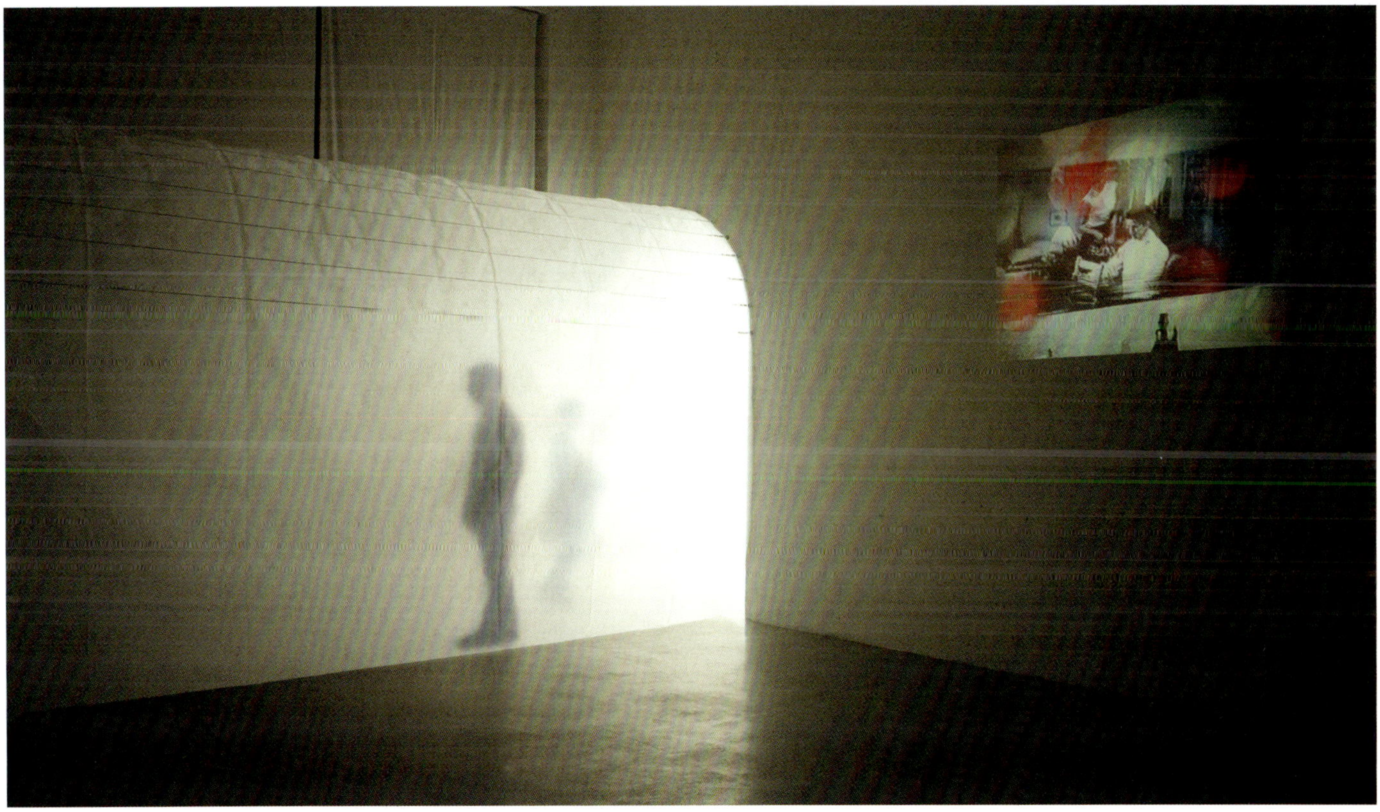

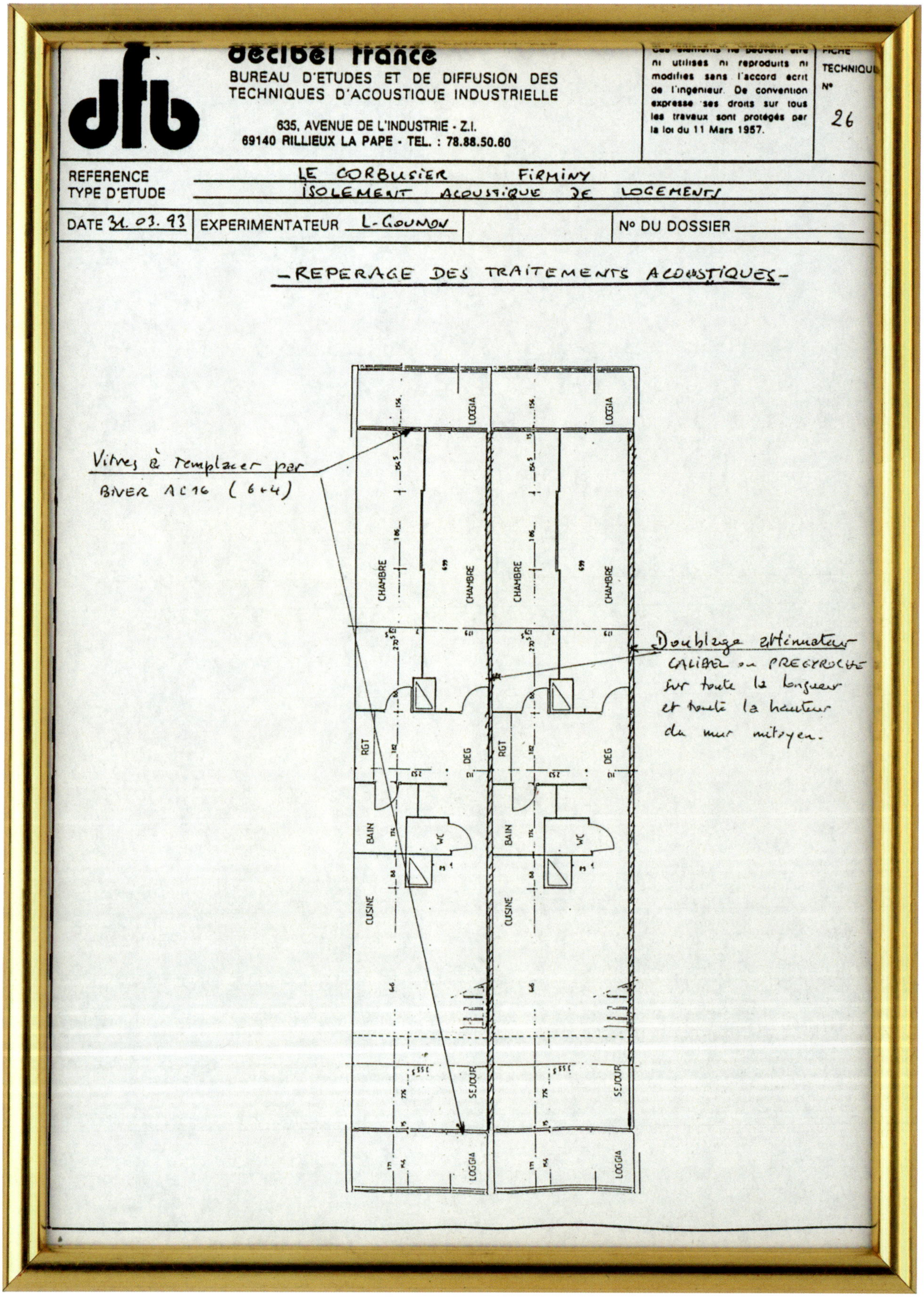

decibel france

BUREAU D'ETUDES ET DE DIFFUSION DES TECHNIQUES D'ACOUSTIQUE INDUSTRIELLE

635, AVENUE DE L'INDUSTRIE - Z.I.
69140 RILLIEUX LA PAPE - TEL. : 78.88.50.60

Ces éléments ne peuvent être ni utilisés ni reproduits ni modifiés sans l'accord écrit de l'ingénieur. De convention expresse ses droits sur tous les travaux sont protégés par la loi du 11 Mars 1957.

FICHE TECHNIQUE Nº 26

REFERENCE LE CORBUSIER FIRMINY
TYPE D'ETUDE ISOLEMENT ACOUSTIQUE DE LOGEMENTS

DATE 31.03.93 EXPERIMENTATEUR L. GOUMON Nº DU DOSSIER

-REPERAGE DES TRAITEMENTS ACOUSTIQUES-

Vitres à remplacer par BIVER AC16 (6+4)

Doublage atténuateur CALIBEL ou PREGYROCHE sur toute la longueur et toute la hauteur du mur mitoyen.

LOGGIA

CHAMBRE

CHAMBRE

RGT

DEG

BAIN

WC

CUISINE

SEJOUR

LOGGIA

Individual Comfort

Project Unité, Unité d'Habitation, Firminy
1. Juni – 30. September 1993 June 1 – September 30, 1993

Wohneinheit 389
– *Individual Comfort*, 1993, Akustikstudie (47 Teile), gerahmt; Isolationsvorhänge, Neonröhren, Wandbemalung; Sammlung Karola Grässlin

Apartment 389
– *Individual Comfort*, 1993, acoustic study (47 elements), framed; sound proofing curtains, neon tubes, wall painting; Sammlung Karola Grässlin

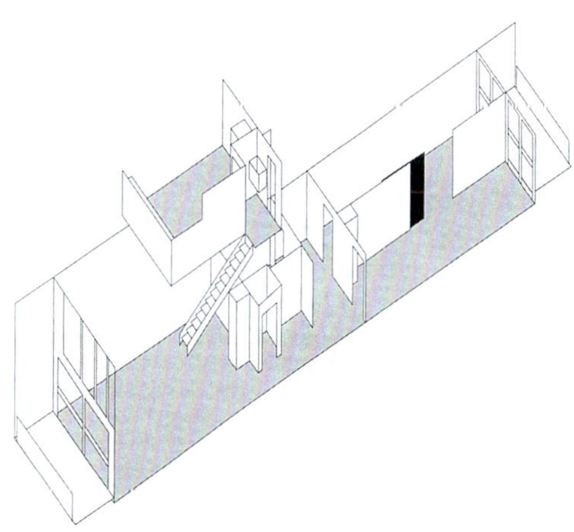

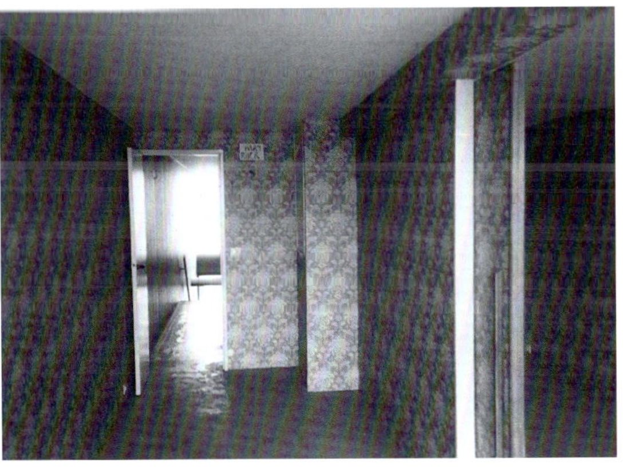

UNITE 1
NOV 92

EXPOSITION/EXHIBITION ART ARCHITECTURE DESIGN
UNITE D'HABITATION LE CORBUSIER FIRMINY FRANCE

Récit de l'histoire préalable d'une exposition particulière

Voici donc le premier numéro du journal d'une exposition localisée dans la partie désaffectée de l'Unité d'Habitation de Le Corbusier à Firminy. Il appelle quelques explications générales assez simples sur l'exposition, le lieu où elle est préparée et sera présentée, sur ce petit journal lui-même.
Le point de départ de ce projet d'exposition pourrait-être résumé par la superposition de l'immeuble de Le Corbusier et d'un certain nombre de questions qui touchent à l'art. Mais cette superposition serait plutôt un enchevêtrement où aucun élément ne précèderait l'autre et où ils ne seraient liés par aucun rapport hiérarchique ou de causalité. L'un et l'autre se sont formés et développés ensemble et mutuellement sans qu'il soit possible de les dissocier.
De manière générale, je m'interrogeais et m'interroge actuellement non pas sur l'art comme objet autonome mais sur ses relations à ce qui l'entoure : ses cadres de détermination (ce qui lui est extérieur et peut le pousser dans telle ou telle direction, ou peut l'aider à identifier son objet) ; ses cadres de production (les faits, les manières et les moyens de former et de faire l'art ; la position, la fonction de l'artiste dans des rapports sociaux de production et d'échange), ses cadres d'inscription (les lieux où il est montré et acheté ; sa situation, sa place au milieu des domaines non artistiques), ses cadres de diffusion (ses destinations, les contextes, les supports et les manières de le présenter et de le faire circuler), et ses cadres de réception (les modalités et les critères de sa compréhension, de son interprétation et de son usage). Ma pratique professionnelle est celle d'un organisateur d'expositions et non celle d'un critique. Face à un tel ensemble de questions, plutôt classiques, je ne puis me satisfaire de leur seul énoncé et cherche très logiquement à les thématiser, à en faire l'objet d'une expérience esthétique matérialisée et déclinée dans le cadre d'une exposition. Mais utiliser ces questions comme la base d'une exposition n'était envisageable que si l'on pouvait réunir un certain nombre de conditions préalables qui pourraient nous permettre de les déplacer, en les élargissant et en les confrontant à la "culture" en général et à des réalités qui leur sont extérieures. Il était impossible d'engager cette réflexion sur l'art à partir de lui seul. Il nous fallait en effet l'inclure dans un ensemble culturel beaucoup plus large où il serait juxtaposé ou lié à des expressions artistiques qualifiées de périphériques ou de mineures. L'art se retrouverait alors dans une situation où sa relation au design, à l'architecture et à la culture de masse induirait des éléments pour sa propre définition. Ce dispositif élargi impliquait d'une part la réunion d'artistes, d'architectes et de designers qui seraient incités à s'interroger sur

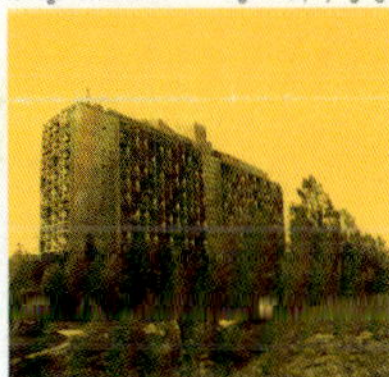

Vue extérieure de l'Unité d'Habitation de Le Corbusier à Firminy.
Exterior view of Le Corbusier's Unité d'Habitation in Firminy.

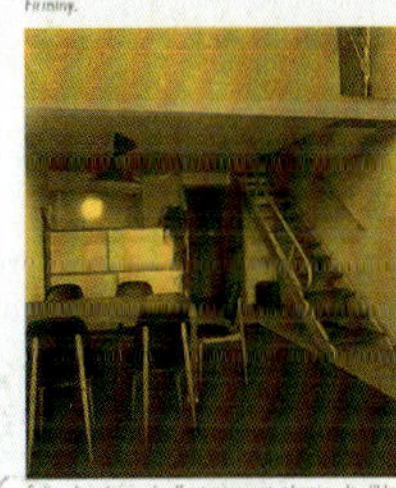

Salle de séjour de l'appartement témoin de l'Unité d'Habitation de Le Corbusier.
The living room of the show apartment in Le Corbusier's Unité d'Habitation.

A preliminary account of a particular exhibition

This is the first issue of a newsletter concerning an exhibition to be staged in an uninhabited section of Le Corbusier's *Unité d'Habitation* in Firminy. A few general comments are in order about the exhibition, about the site where it is being prepared and will be shown, and about this newsletter itself.
The starting point for this exhibition project could be summed up by the superimposition of a number of questions which concern on the one hand art and on the other Le Corbusier's building. This superimposition is, in fact, more of an entanglement in which no one element takes precedence over the other, and in which there are no causal or hierarchical connections between them. These two elements have taken shape and developped together, playing against each other, in such a way that they cannot be dissociated.
Generally speaking, I was, and still am, less concerned with art as an autonomous object than with its relationship to its surroundings : its determining factors (ie. those external elements which channel art in this direction or that, or which serve to help it identify its object), the context in which it is produced (ie. the events, the ways and the means of shaping and producing art, along with the artist's position and function within the social network of production and exchange), the context of its inscription (the places where art is shown or purchased; its situation, its place within other fields), the context of its distribution (art's destination, environment, the means by which it is presented and circulated), the context of its reception, (how, and according to what criteria it is understood, interpreted and employed). I am a curator, however, not a critic. Therefore, it is not enough for me simply to ask these questions : I want also to transform them into themes, to make them the subject of an actual aesthetic experience that can be given material form in an exhibition. But to use these questions as the basis of an exhibition necessarily involved creating a certain set of circumstances enabling one to shift the focus of the questions, applying them to a larger context, using them to address "culture" in a broad sense, as well as a number of realities external to the questions themselves. It was not possible to examine art in this way using art alone as the starting point. We needed to include it in a much wider cultural context where we could juxtapose, contrast or link it to other art forms often considered as peripheral or minor. This way, art would be placed in a context where, in light to its relation to design, architecture or mass culture, we could infer the elements of a definition for art. This broader conception involved, on the one hand, assembling a micro-society of

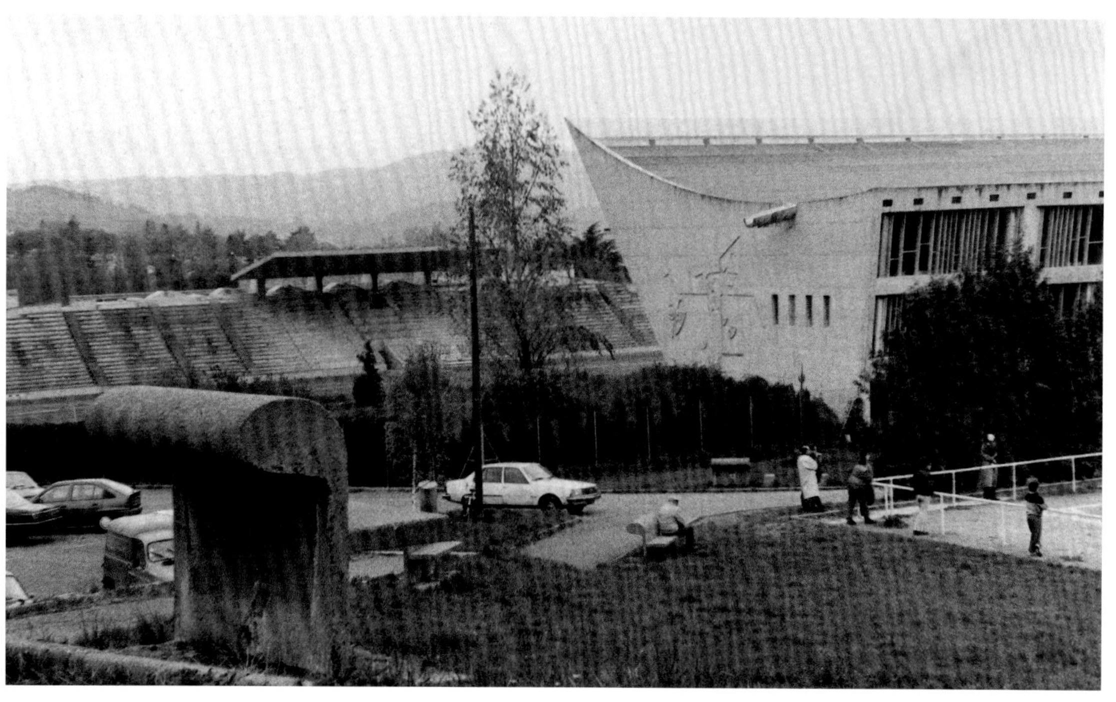

Le Corbusier, Maison de la Culture et Communication (1965), Le stade (1968)

Firminy, nahe Saint-Étienne im Südosten Frankreichs gelegen, war bis in die 1980er-Jahre hinein eine reine Industriestadt, deren Architektur auf die Bedürfnisse der frühkapitalistischen Massenproduktion abgestimmt war. 1954 wurde Le Corbusier vom damaligen Bürgermeister Eugène Claudius-Petit engagiert, um der bereits in den vorausgegangenen Jahren restrukturierten Stadt ein architektonisches Zentrum zu geben. Le Corbusier überzog die Stadt mit einem Netz aus vier Gebäuden, die das Konzept einer antiken griechischen Stadt ins 20. Jahrhundert übertrugen: Ein Sportstadium, eine Kirche, ein Kulturzentrum und eine *Unité d'Habitation* wurden geplant.
Die 14-stöckige *Unité d'Habitation* setzte sich aus 414 Wohneinheiten mit jeweils bis zu sechs Zimmern, »Wohnungserweiterungen«, öffentlichen Räumen, einem Kindergarten, dem Dachbereich mit Spielplatz und Freilufttheater zusammen. Das Gebäude wurde auf einer Nord-Süd-Achse ausgerichtet, sodass die Fenster den Anfangs- und Endpunkt des täglichen Gangs der Sonne markierten. Jede Wohneinheit reichte von der Ost- bis zur Westfensterfront des Hauses mit einem Stockwerkwechsel in der Mittelachse. So entstand in jeder Wohnung ein geöffneter Raum, der sich über zwei Stockwerke zog und in dem sich eine Büroempore (oder manchmal das Elternschlafzimmer) zum Wohnzimmer hin öffnete. Mit dieser und anderen offenen Raumstrukturen wie den durch Schiebetüren abtrennbaren und variierbaren Kinderzimmern hatte Le Corbusier auch in den Wohnungen eine stark auf

Located near Saint-Étienne in southeastern France, Firminy was an exclusively industrial city into the nineteen-eighties, its architecture determined by the needs of early capitalist mass production.
In 1954, Le Corbusier was commissioned by, then Mayor, Eugène Claudius-Petit to create an architectural center for the city, which had already been restructured in the preceding years. Le Corbusier translated a concept from ancient Greek urbanism into the twentieth century by superimposing onto the city a network of four buildings: a sports stadium, a church, a cultural center, and a *Unité d'Habitation*.
The fourteen-story *Unité d'Habitation* consisted of 414 apartments with up to six rooms each, along with "dwelling extensions," public spaces, a preschool, and a roof area with a combined playground and open-air theatre. The building was oriented along a north-south axis, with windows marking the beginning and ending points of the sun's daily passage. Each apartment extended from the east to the west façade of the building, with a change of level in the central axis. In this way, each dwelling was provided with an open space extending over two floors with an office loft (or sometimes the parents' bedroom) opening onto the living room.
Le Corbusier used this and other open spaces, including children's rooms that could be divided and varied by means of sliding doors, to create an architectural environment strongly oriented to communal structures.

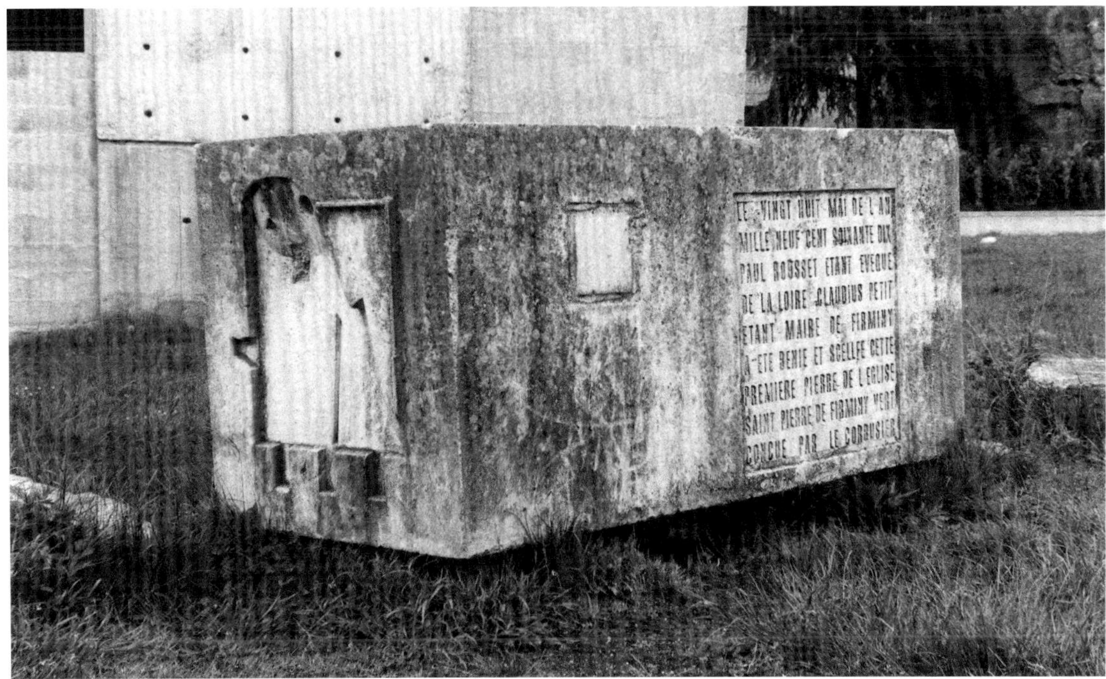

Grundstein der Kirche St. Pierre in Firminy
Foundation stone of church St. Pierre in Firminy

Gemeinschaftsstrukturen abgestimmte Architekturvorgabe geliefert.
Aus dem erst 1967 fertig gestellten Bau waren im Laufe der 1970er-Jahre immer mehr Mieter ausgezogen, bis 1982 schliesslich alle Bewohner in die Südhälfte des Gebäudes umgesiedelt wurden. Der Zugang zur Nordseite wurde durch eine Plexiglasplatte verschlossen, die den Blick auf die verfallende Nordhälfte offen liess. 1988 wurde Christian Philipp Müller im Zuge der Recherche für die Ausstellung *Porte bonheur* (1989) auf den Zustand des Gebäudes aufmerksam.
In der Folge der Ausstellung beschloss er gemeinsam mit Yves Aupetitallot, dem damaligen Kurator des Maison de la Culture et de la Communication Saint-Étienne, die verfallende *Unité d'Habitation* zum Ausgangspunkt einer ortsspezifischen Kunstausstellung zu machen.
Fünf Jahre später wurde in der siebten Etage der verschlossenen Nordhälfte das *Project Unité* realisiert, zu dem Aupetitallot eine Gruppe aus Künstlern und Architekten einlud. Die 28 leeren Apartments wurden an rund 40 Künstler, Künstlergruppen und Architekten übergeben, deren Arbeiten den sozioökonomischen und kulturellen Aspekten der Gegenwart nachgingen, die sich in Firminy auf die gescheiterte Utopie modernistischer Stadtplanung ausgewirkt hatten. Die Wohnungen selbst wurden nur stellenweise renoviert, denn vordringlich sollte Bestehendes erhalten bleiben, um den Ort in seinem aktuellen Verfallsstadium zu zeigen. Der Architektur der *Unité* folgend, bezog

Although the building was eventually completed in 1967, over the course of the nineteen-seventies, more and more tenants moved out. By 1982, all the residents had moved into the southern half of the structure. Access to the north part was blocked by a Plexiglas panel, permitting a view into the decaying north end of the building. Christian Philipp Müller became aware of the condition of the structure in 1988 during research for the exhibition *Porte bonheur* (1989).
Following the exhibition, he and Yves Aupetitallot, then curator of the Maison de la Culture et de la Communication Saint-Étienne, decided to make the decaying *Unité d'Habitation* the focus of a site-specific art exhibition.
Five years later, *Project Unité* was realized on the seventh floor of the closed north half of the building. With Aupetitallot, the 28 empty apartments were handed over to an invited selection of around 40 artists, artists' groups, and architects. Their works explored present-day socio-economic and cultural aspects that contributed to the failed utopia of modernist city planning in Firminy. The apartments themselves were renovated only in part, for the primary concern was to preserve the existing condition of the site to show its current state of decay. In accord with the architecture of the *Unité*, Aupetitallot also included transitional spaces and common rooms in the exhibition, using them as information centers, lounges, and meeting rooms for the presentation of similar projects, along with an information room on the

Aupetitallot auch die Gemeinschaftsräume und Zwischenräume in die Ausstellung mit ein. Sie wurden zu Informations- und Aufenthaltsorten, Treffpunkten für die Vorstellung vergleichbarer Projekte sowie einem von den Bewohnern konzipierten Informationsraum zu ihrer *Unité d'Habitation*. Müller entwarf im Vorfeld der Ausstellung einen Newsletter, der in drei Ausgaben erschien und in dem die Planung des Projekts ebenso skizziert wurde wie die sozialen Umstände in der Unité.

In »seiner« Wohnung 389 produzierte Müller allerdings keine fortschreitende Vergemeinschaftung, wie Le Corbusier sie vorgegeben hatte, sondern eine komfortable Abschottung. Beim Betreten der Wohnung, die weniger Ort als Gegenstand der Ausstellung war, bemerkte der Besucher unmittelbar, dass er sich in einem gedämpften Umfeld befand. Die Wände waren nicht hartweiss, sondern beige gestrichen, das grelle Neonlicht an beiden Enden der Raumflucht wurde indirekt auf den Dämmstoffvorhang geleitet. Müller hatte beide Fensterfronten am östlichen und westlichen Ende mit gegen Feuchtigkeit, Licht und Lärm isolierenden Vorhängen versehen und so eine kokonartige Umgebung geschaffen. Über die gesamte Länge der Wohneinheit verlief auf Augenhöhe eine Serie goldgerahmter Drucke. Auf ihnen waren die Ergebnisse einer Lärmuntersuchung, eines Tests des Isolationsmaterials und der Wohnungen sowie die Berechnungen für eine effektive Schallisolation der Wohnungen einzusehen. Jeder Rahmen zeigte ein Dokument dieser Studie und war durch ein Label ergänzt, auf dem der französische Text in englischer Übersetzung nachzulesen war. Bewohner und Gäste konnten eine kostenlose Kopie der Akustikstudie mitnehmen. Im *Project Unité* wurden unterschiedlichste Nutzungen des Gebäudes, der ihm zugrunde liegenden Wohnutopie und ihres Scheiterns an den Wohnungen selbst entwickelt und zum damaligen Verfallszustand von Le Corbusiers *Unité d'Habitation* in Beziehung gesetzt. Wohneinheit 389 hatte Müller hingegen in einen individuellen Schutzraum mit einem für die sozial schwachen Bewohner der Unité unerschwinglichen Komfort umgewandelt.

Unité d'Habitation of which the residents had conceived. Prior to the exhibition, Müller had designed a newsletter which was published in three issues describing the plans for the project as well as the social conditions in the *Unité*.

In his own project (Apartment 389), however, Müller emphasized not only the progressive communalization Le Corbusier envisioned, but also a luxurious isolation. Upon entering the apartment, which constituted less the site than the object of the exhibition, visitors immediately found themselves in a muted environment. The walls were painted beige rather than bright white, while the glaring neon light at both ends of the spatial axis was softened by insulating curtains. The window fronts on both the east and the west sides were equipped with curtains that provided insulation against moisture, light, and noise, and created a cocoon-like environment. Along the entire length of the apartment, a series of gold-framed prints hanging at eye level showed the results of an acoustic study as well as tests of the insulation material and the apartments, with calculations for effective noise insulation in the dwellings. Each frame showed a document from this study and was accompanied by a label giving an English translation of the French text. Free copies of the acoustic study were available to residents and guests. In *Project Unité*, the diverse uses of the building, the utopian ideals on which it was based and its failures were developed in the apartments themselves and placed into relation to the current state of decay of Le Corbusier's *Unité d'Habitation*. Müller, on the other hand, transformed Apartment 389 into a protected individual space with a level of luxury too costly for the economically disadvantaged residents of the *Unité*.

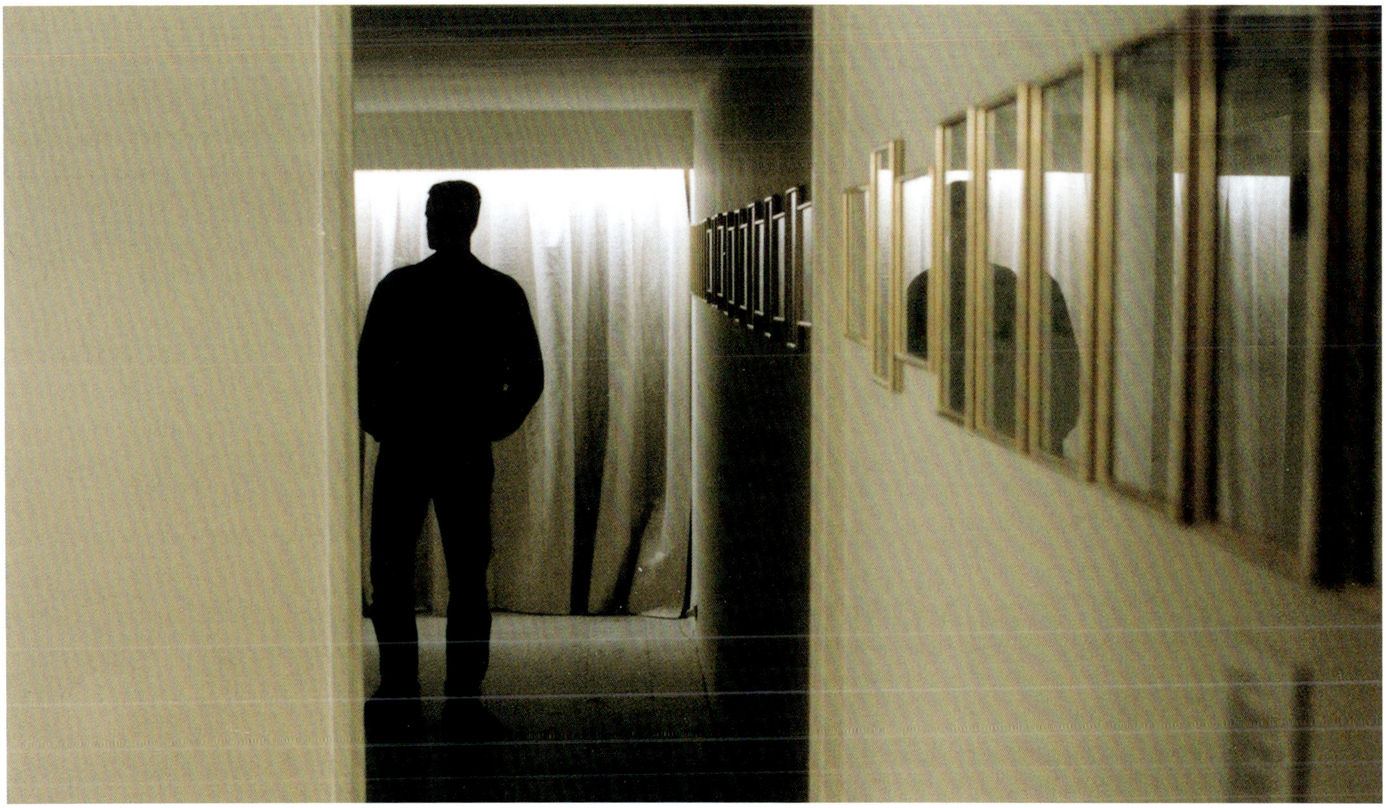

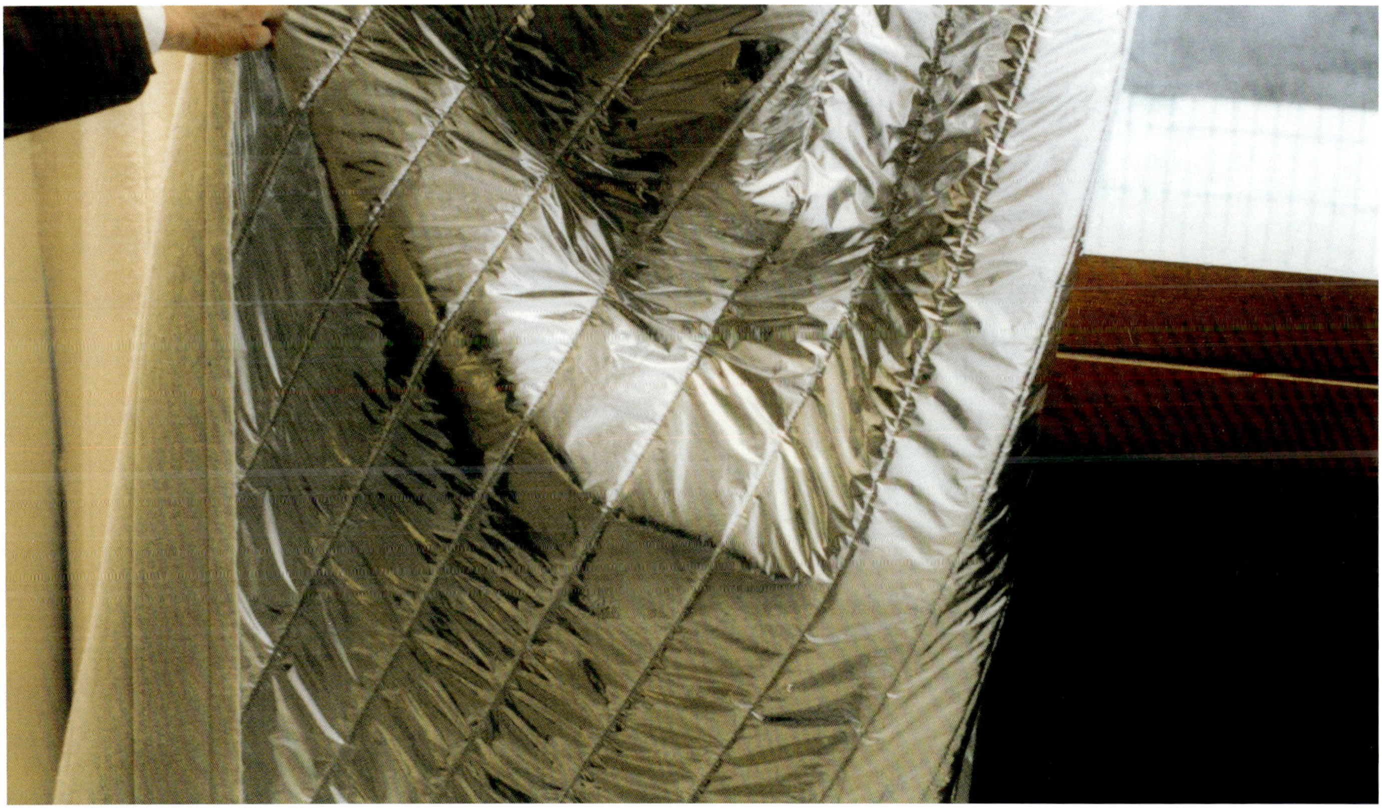

erwägen und aufnehmen

to consider and register

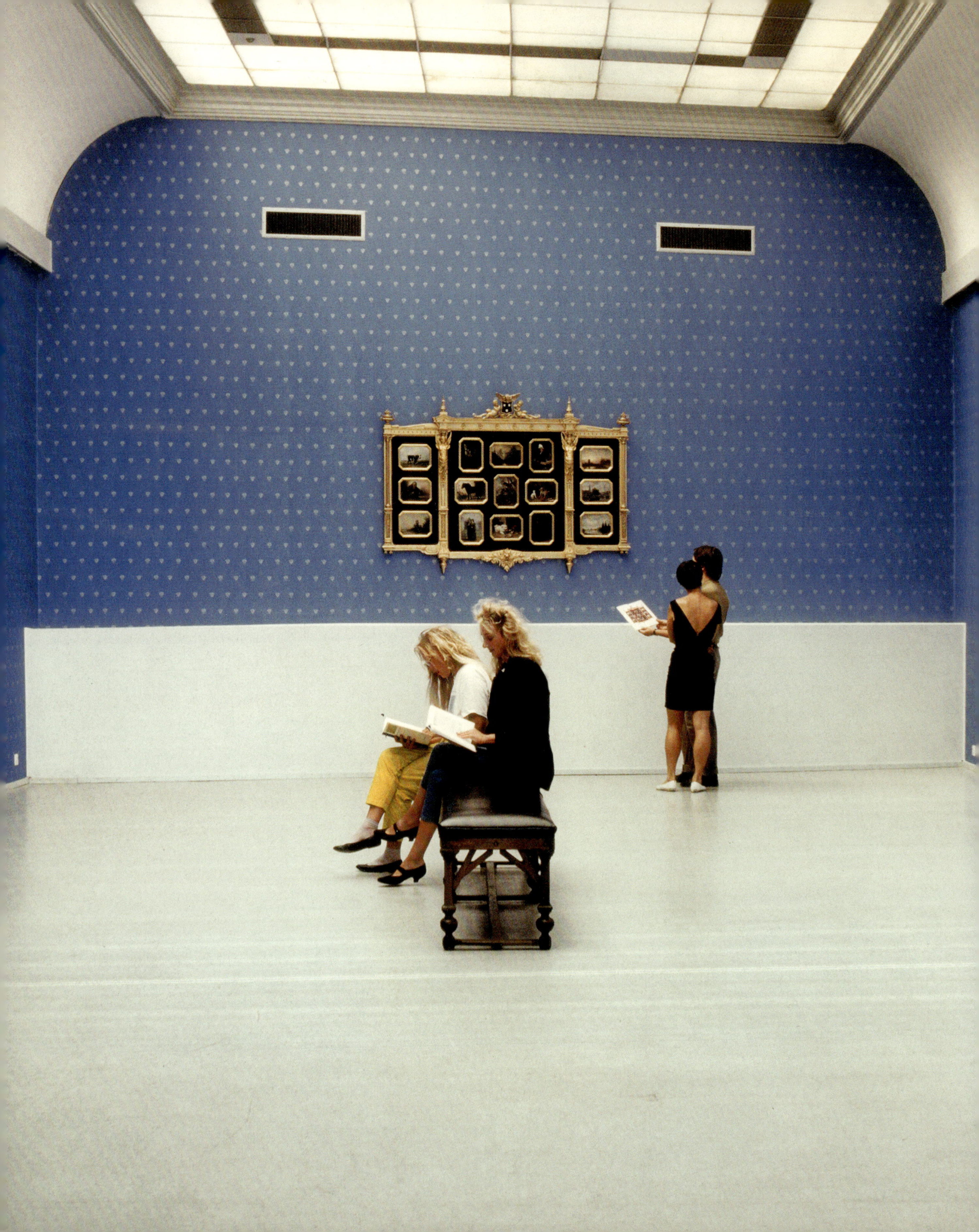

Eh! bien prenons la plume

Arti et Amicitiae, Amsterdam

3. September – 24. September 1988 September 3 – September 24, 1988

Raum I, II, III, VI, VII
Tapeziert mit silbernen St.-Lukas-Motiven auf blauem Grund

Raum III
– *Begrüssung durch den König*, 1988, Monitor mit Video auf Sockel, 3 Min.; Sammlung Karola Grässlin
– Rekonstruktion der Originalarchitektur aus MDF, Vorhangstoff

Raum VI
– Architektonischer Eingriff aus Holz, bemalt
– Kollektivbild (Geschenk von 15 Arti-et-Amicitiae-Mitgliedern an König Wilhelm III., 1874)
– Sitzbank von Hendrik Petrus Berlage, 1893

Treppenhaus / Clubräume
– Ortsspezifische Arbeiten von neuen Arti-et-Amicitiae-Mitgliedern: Fortuyn/O'Brien, Aldert Mantja, Rob Scholte, Ton van Summeren, Martin van Vreden, Peer Veneman

– *Eh! bien prenons la plume*, 1988, Künstlerbuch (96 Seiten); 16,4 x 24,6 cm, Auflage: 1000

Rooms I, II, III, VI, VII
Wallpaper with silver motifs of St. Luke on a blue background

Room III
– *The King's Welcoming Speech*, 1988, monitor and video on base, 3 min.; Sammlung Karola Grässlin
– Reconstruction of the original architecture in MDF, curtain fabric

Room VI
– Architectural intervention in wood, painted
– Group picture (gift of 15 Arti et Amicitiae members to King Wilhelm III, 1874)
– Bench by Hendrik Petrus Berlage, 1893

Stairway / Club Rooms
– Site-specific works by new Arti et Amicitiae members: Fortuyn/O'Brien, Aldert Mantja, Rob Scholte, Ton van Summeren, Martin van Vreden, Peer Veneman

– *Eh! bien prenons la plume*, 1988, artist book (96 pages); 6.5 x 9.5 inches, edition of 1000

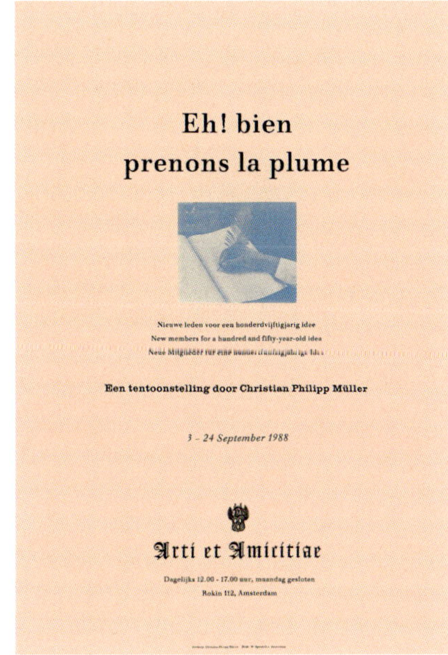

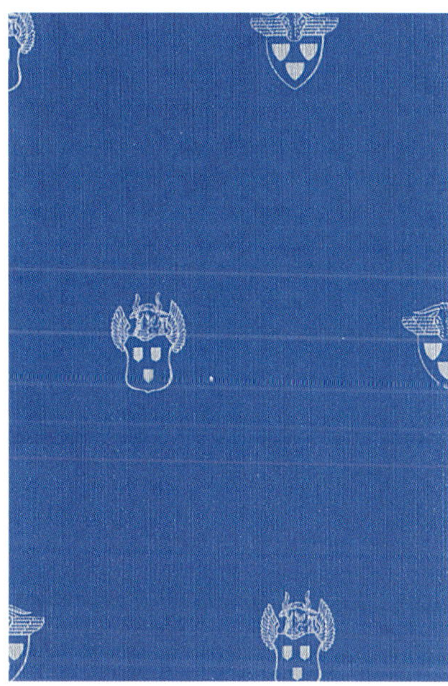

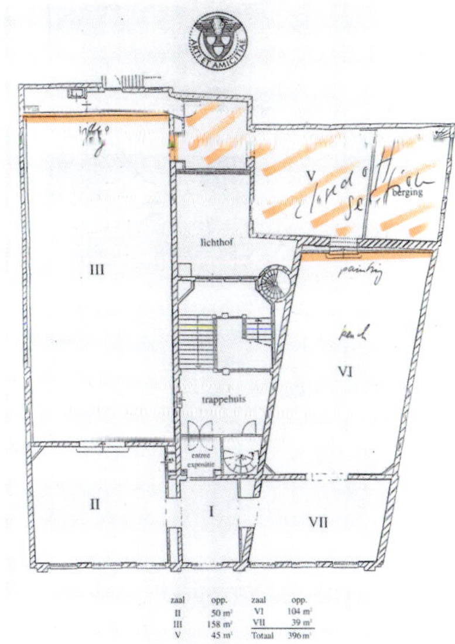

Raum VI Room VI

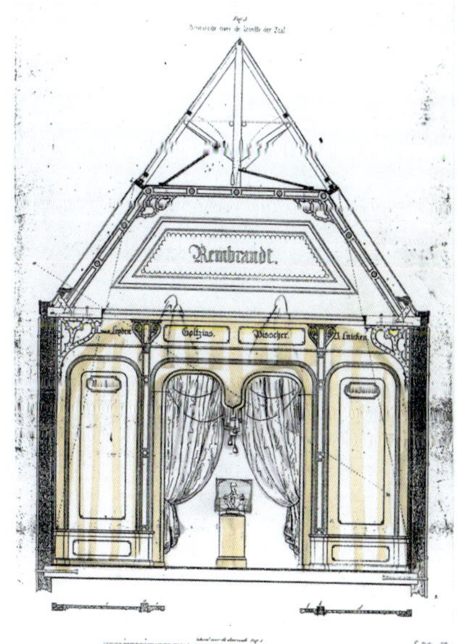

Raum III Room III

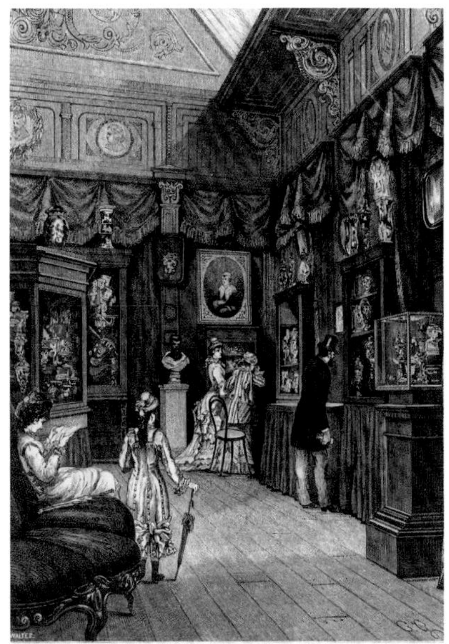

Raum III im 19. Jahrhundert
Room III in the 19th century

Müller war von Arti et Amicitiae in das Gebäude Rokin 112 in Amsterdam eingeladen worden, um die alljährliche Ausstellung der neuen Mitglieder zu kuratieren. Arti et Amicitiae war 1839 als Zusammenschluss von Künstlern gegründet worden, die sich hier einen sozialen Raum, einen Ausstellungsrahmen und damit eine eigene Infrastruktur schufen. Der Titel der Ausstellung wiederholt das Gründungsmotto. 1852 stiftete die Vereinigung der Stadt ein Rembrandtdenkmal, um klar herauszustellen, dass sie nicht allein zur Sicherung finanzieller Interessen existierte, sondern vor allem, um das eigene künstlerische Ansehen zu steigern. 1874 schenkte sie König Wilhelm III. zum 25-jährigen Thronjubiläum mehrere Zusammenstellungen von jeweils 15 Kleinbildern in schweren Goldrahmen – Kostproben der Arti-et-Amicitiae-Künstler, die ihr Können in den Miniaturbildern vorführten, um so die grossformatigen Originale anbieten zu können. Was unter der Voraussetzung der nationalen Historienmalerei und der Königsherrschaft erfolgreich gewesen war, geriet nach ihr in die Krise. Als Mitgliederverein wechselte das Profil der Institution mit den Generationen, die in ihm private und öffentliche Veranstaltungen organisierten.1987 wurde erstmals ein künstlerischer Leiter, Thomas Meyer zu Schlochtern, bestimmt, um Arti et Amicitiae ein klareres Ausstellungsprofil zu geben. Im folgenden Jahr lud er Christian Philipp Müller ein, die Präsentation der 39 neuen Mitglieder zu kuratieren, unter ihnen Lawrence Weiner, Rob Scholte und Jacqueline de Jong. Müller konzipierte die Ausstellung bei Arti et Amicitiae als Führung durch das Haus und seine Geschichte und als Einladung an die neuen Mitglieder, die Zwischenräume, den Klubraum und die Bibliothek des Hauses mit ortsspezifischen Werken zu besetzen. Während ihre Arbeiten in den vorwiegend den Mitgliedern zugänglichen Klubräumen des Künstlerhauses gezeigt wurden, nutzte Müller die eigentliche Ausstellungsfläche, um die Geschichte der Institution zu re-inszenieren. Begleitet wurde beides von dem zur Ausstellung produzierten Künstlerbuch. In ihm erzählt Müller die Geschichte von Arti at Amicitiae anhand seines touristischen Besuchs der Stadt, des Ausstel-

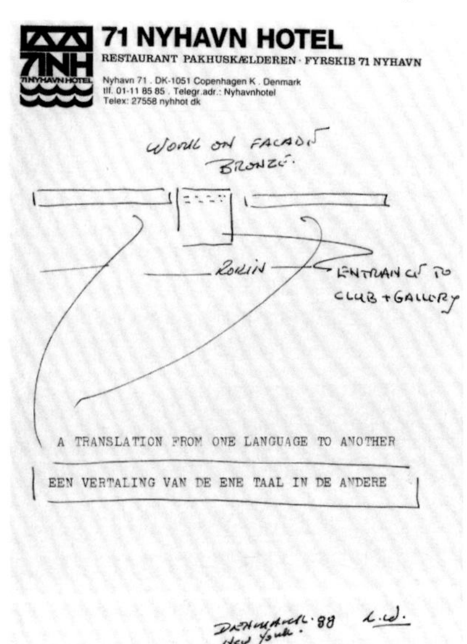

Lawrence Weiner, Skizze sketch, 1988

Müller was invited by Arti et Amicitiae, located in Amsterdam at Rokin 112, to curate the annual exhibition of work by new members. Arti et Amicitiae was founded in 1839 as an artists' union, to provide them with a social setting and an exhibition venue and thereby with an infrastructure of their own. The title of the exhibition echoed the founding motto. In 1852, the association donated a Rembrandt monument to the city, making it clear that they existed not only to secure their own financial interests, but above all to enhance their artistic prestige. In 1874, in honor of the twenty-fifth anniversary of his reign, they presented King Wilhelm III with multiple collections of small pictures in heavy gold frames; these 15-piece sets of miniatures were intended to demonstrate the abilities of the Arti et Amicitiae artists and offer the king an opportunity to acquire the large-scale originals. Though successful in a time of monarchy and national history painting, the institution later experienced a period of crisis. As an association of members, the character of the institution changed with the successive generations and the private and public events they organized.

In 1987, Thomas Meyer zu Schlochtern was appointed as the first artistic director in an effort to give Arti et Amicitiae a clearer exhibition profile. The following year he invited Christian Philipp Müller to curate the presentation of the 39 new members, among them Lawrence Weiner, Rob Scholte, and Jacqueline de Jong. Müller conceived the exhibition at Arti et Amicitiae as a tour of the building and its history and an invitation to the new members to create site-specific works for the transitional spaces, clubroom, and library. The works by members were shown in the clubrooms of the building, spaces accessible primarily to the members themselves; the actual exhibition area was used for a presentation of the institution's history. Both parts of the exhibition were accompanied by a specially produced artist's book in which Müller retold the history of Arti et Amicitiae through his own visit as a tourist to the city and the building with its clubrooms, library, and bar. An appendix to the publication, designed in the organization's own historic typography, listed the new members and reproduced samples of their work. On the second floor of the building, Müller used historical illustrations of the institution to develop a presentation of the repeatedly remodeled exhibition spaces. All the white walls on the second floor were covered in royal blue wallpaper; the silver patterning consisted of variations on the club logo of the Guild of St. Luke from 1839 and its contemporary, abstracted version of 1988. Partition walls enclosed the chambers and divided the second

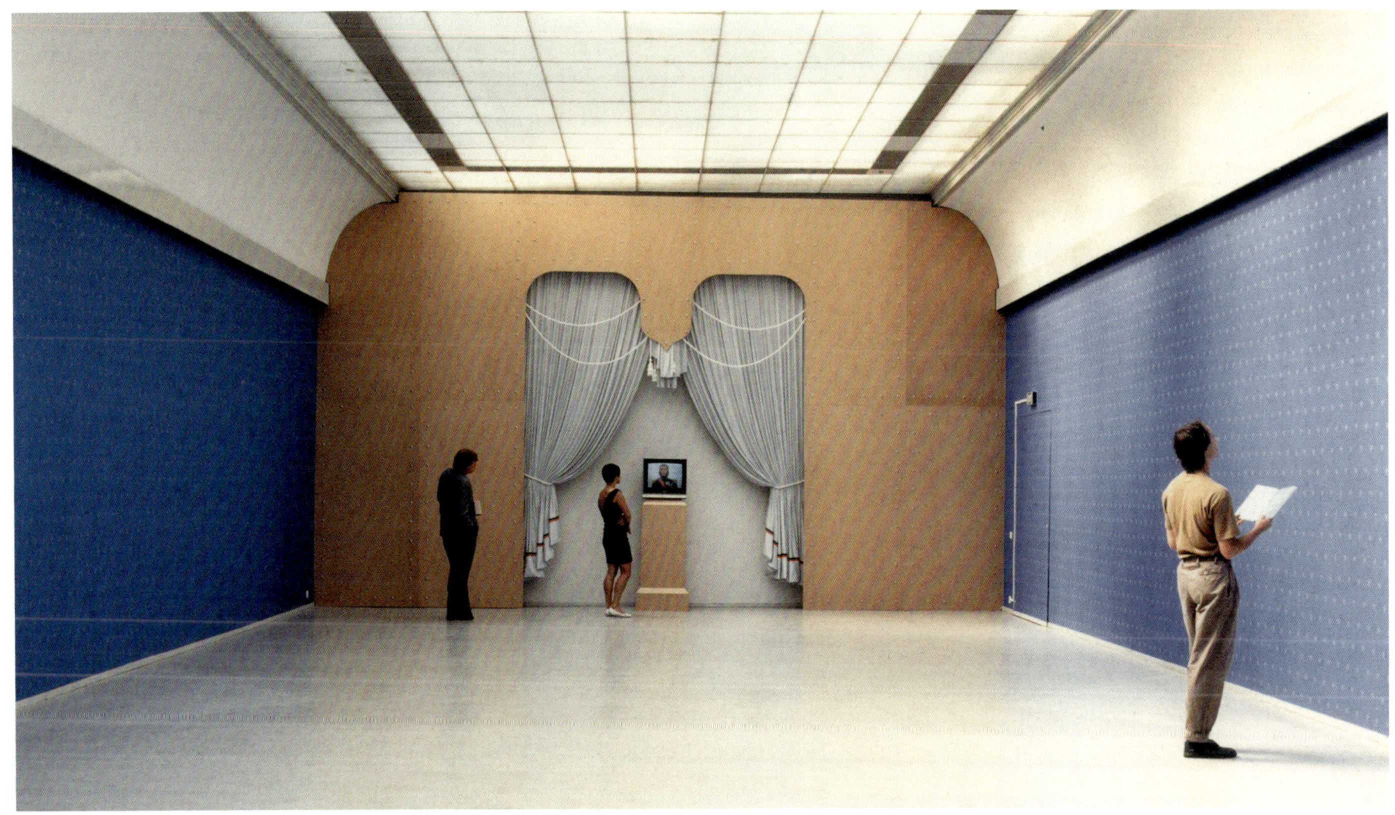

Raum III Room III

lungsgebäudes, seiner Klubräume, der Bibliothek und der Bar nach. Im Anhang der im Stil der hauseigenen historischen Typografie gestalteten Publikation wurden die neuen Mitglieder mit exemplarischer Werkabbildung aufgelistet. Im ersten Stockwerk erarbeitete Müller eine Präsentation der mehrfach umgebauten Ausstellungsräume nach historischen Abbildungen der Institution. Alle weissen Wände im ersten Obergeschoss wurden mit einer königsblauen Tapete bedeckt, deren silberne Musterung aus Varianten des Vereinslogos der St.-Lukas-Gilde von [illegible] und dessen zeitgenössischer, abstrahierter Variante von 1988 bestand. Trennwände verschlossen die Kabinette und teilten den ersten Stock in zwei Flügel: Im ersten Flügel wurden die Probebilder präsentiert, mit denen die 15 Künstler dem König im Jahre 1874 ihr Können demonstrieren und ihn zum Ankauf bewegen wollten. Die Werke befinden sich heute noch im Besitz der königlichen Familie. Im anderen Flügel zeigte Müller auf einem Sockel vor herrschaftlichem Vorhang das Video *Begrüssung durch den König*. Auf dem Video ist Müller selbst in königlicher Verkleidung zu sehen. Er spricht direkt zu den neuen Mitgliedern und Besuchern der Ausstellung über sein persönliches Verhältnis zu Arti et Amicitiae.

floor into two wings. In one wing the sample miniatures of 1874 were exhibited, by which the 15 artists had demonstrated their skill to the king and solicited his patronage. These works are still in the collection of the royal family today. In the other wing, Müller displayed the video *The King's Welcoming Speech* on a pedestal in front of a stately curtain. In the video, Müller himself appeared in royal costume and spoke directly to both new members and exhibition visitors about his personal relationship to Arti et Amicitiae.

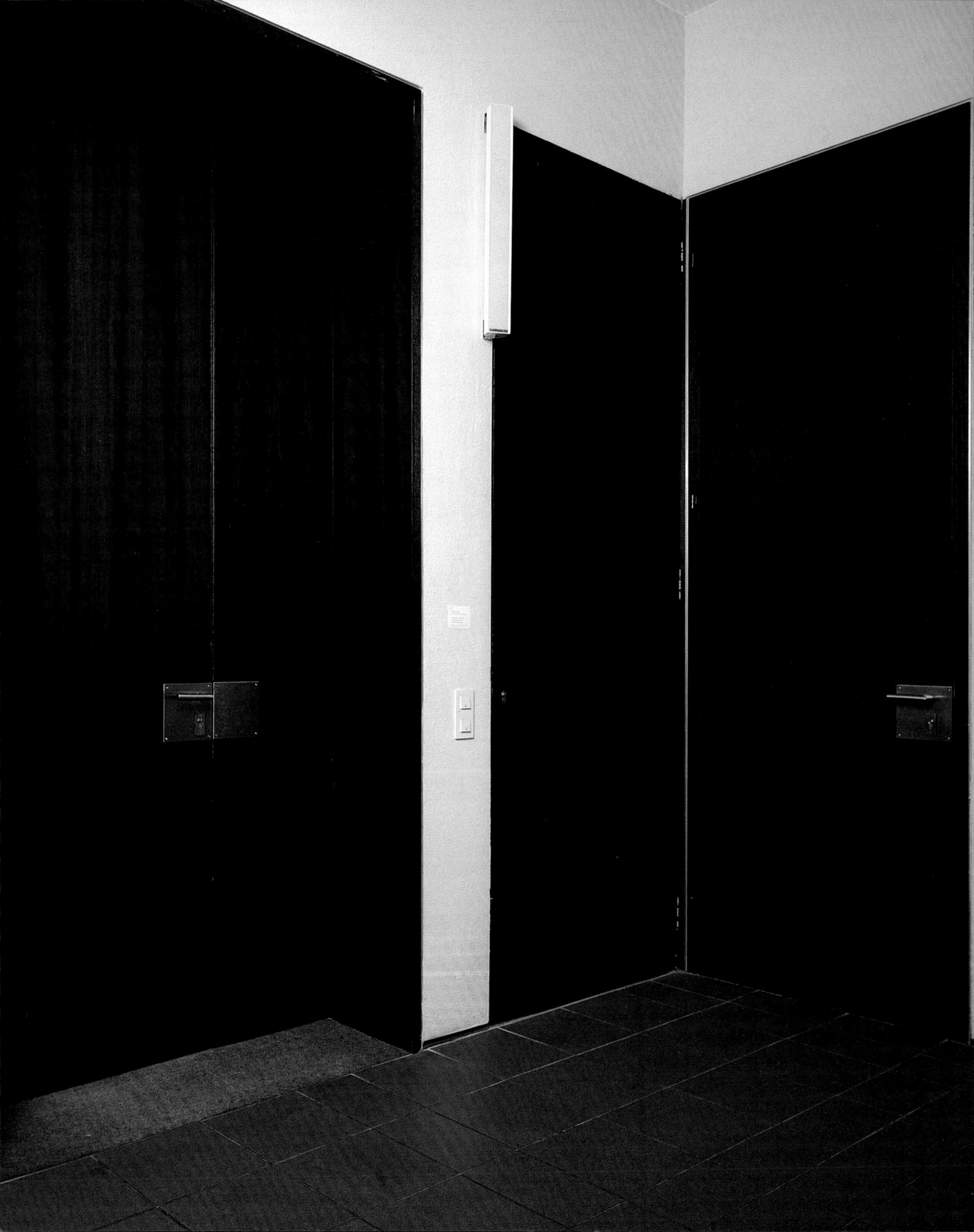

Auftakt

The Köln Show, Galeriegebäude an der Venloer Strasse 21, Köln
The Köln Show, Gallery Building at Venloer Strasse 21, Cologne
26. April – 26. Mai 1990 April 26 – May 26, 1990

Treppenhaus
– *Auftakt*, 1990 (mit Fareed Armaly), vier Lautsprecher, Tonbänder (Muzak Brüssel)

Stairway
– *Auftakt*, 1990 (with Fareed Armaly), four loudspeakers, tapes (Muzak Brussels)

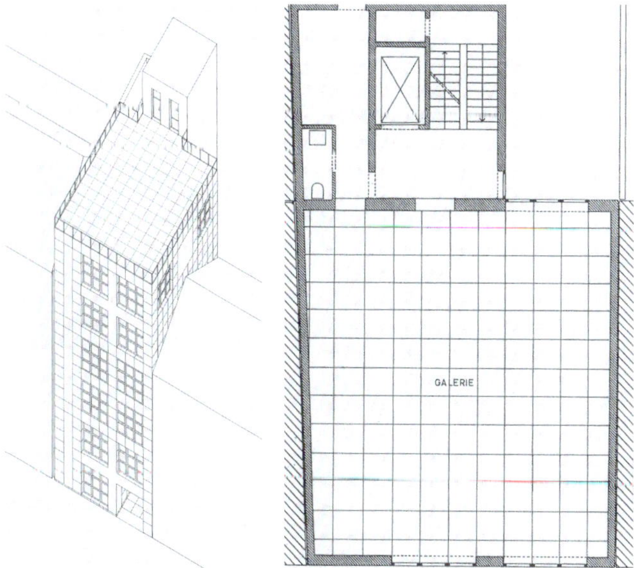

Galeriegebäude Gallery building, O. M. Ungers 1986–1988

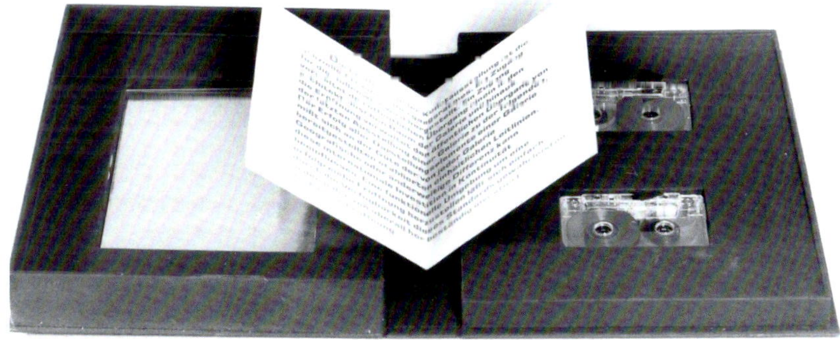

Edition *Auftakt*, 1990

Auftakt entstand 1990 in Kollaboration mit Fareed Armaly. Müller hatte »Muzak Brüssel« mit der Herstellung eines musikalischen Arrangements zur Verkaufsförderung von Gegenwartskunst beauftragt. Gegen eine Nutzungsgebühr erhielten sie einen Koffer mit Muzak-Bändern, die sie während der Eröffnung von *The Köln Show* im Treppenhaus des Hetzler-Galerienhauses abspielten.
Müller nahm das Ambiente während der Eröffnung auf und arbeitete sie in die Muzak-Komposition ein. Im darauf folgenden *Auftakt*, einer Serie von Ausstellungen einiger von der Galerie Christian Nagel vertretener Künstler in Stuttgart (Galerie Ralph Wernicke), Graz (Galerie Bleich-Rossi) und Zürich (Birgit Küng, Fettstr. 7 a), wurde dieser Vorgang wiederholt. Nach der Rückkehr der Ausstellung nach Köln produzierten Müller und Armaly eine Edition mit zwei Tapes – eines mit dem Sound aus der Eröffnung im Hetzler-Galerienhaus und eines mit einem Mix von den Eröffnungen in Stuttgart, Graz und Zürich. Zusätzlich waren fünf zyanblaue Textblätter einer von Müller und Armaly angefertigten Muzak-Studie eingelassen, in der Typologie, Nutzung und Vorteile von Muzak dargelegt wurden. Zwei Texte waren der Bedeutung und der historischen Entwicklung der architektonischen Passagen in den Konsumwelten von Kaufhaus und Galerie gewidmet. Die durch verspiegelte Rückseiten stabilisierten Tafeln waren zuvor in der Galerie Nagel gemeinsam mit der Soundinstallation ausgestellt worden.
Müllers Beziehung zu Muzak entwickelte sich in seinem damaligen Wohnort Brüssel. Dort war er auf das Schaufenster von Muzak Brüssel gestossen, in dem sich Tag und Nacht grosse Tonbänder drehten, während daneben positionierte Tafeln die positiven Einflüsse von Muzak auf das Arbeits- und Verkaufsverhalten erklärten. Daran angelehnt, präsentierte Müller in *Nachschub / Supply*, dem Katalog zu *The Köln Show*, eine Studie zum Einfluss musikalischer Stimulanz auf das Kaufverhalten. Armaly verfasste einen begleitenden Text über Muzak und »transitional spaces«.
Die Gruppenausstellung *The Köln Show* war eine gemeinsame Initiative von neun Kölner Galerien und der Musikzeitschrift *Spex* – eine verkaufsfördernde Massnahme inmitten des Köln-Hypes zu Beginn der 1990er-Jahre. Das Zentrum der Eröffnungen lag hierbei zumeist weniger in den Galerieräumen selbst als vielmehr im dreistöckigen Treppenhaus, in dem Müller und Armaly zur Vernissage in jedem Stockwerk einen schmalen weissen Monolautsprecher installiert hatten, der die zum Kauf animierenden Muzak-Bänder diskret einspielte. Müllers und Armalys Arbeit war sowohl

Auftakt was created in 1990 in collaboration with Fareed Armaly. Müller had commissioned "Muzak Brussels" with the production of a musical arrangement to promote sales of contemporary art. For a usage fee, they received a case of "Muzak" tapes, which they played during the opening of *The Köln Show* in the stairwell of the Hetzler-Galerienhaus. Müller recorded the ambiance sounds during this opening reception and mixed them into the Muzak composition. In *Auftakt*, a series of exhibitions of a number of artists who the Galerie Christian Nagel represented, this procedure was repeated: in Stuttgart at the Galerie Ralph Wernicke, in Graz at the Galerie Bleich-Rossi, and in Zurich at the gallery in Birgit Küng in Fettstr. 7 a. The tape with the functional music, augmented with background noise from the previous event, was played at the gallery openings. When the exhibition returned to Cologne, Müller and Armaly produced an edition that contained two tapes – one with the sound from the opening of the Hetzler-Galerienhaus, the other with a mix from the openings in Stuttgart, Graz, and Zurich. Aditionally there were five cyan-blue text pages of a "Muzak" study compiled by Müller and Armaly, outlining the typology, function, and benefits of "Muzak." Two texts were devoted to the significance and historical development of architectural passages in the consumer world of department store and gallery. The panels, stabilized with mirrored backs, had previously been exhibited at Galerie Nagel.
Müller's interest in "Muzak" developed while he was living in Brussels. There he encountered the display window of the company "Muzak Brussels," where large tapes played day and night with panels next to them explaining the positive influence of "Muzak" on employee and consumer behavior. This scheme was echoed in *Nachschub / Supply*, the catalogue for *The Köln Show*, where Müller presented a study on the influence of musical stimulation on consumer behavior. Armaly composed an accompanying text on "Muzak" and "transitional spaces."
The group exhibition *The Köln Show* was a joint initiative of nine Cologne galleries and the music magazine *Spex*, intended to promote sales in the midst of the Cologne-hype of the early nineteen-nineties. The activity at opening receptions centered less on the exhibition spaces themselves than on the three-story stairwell, and it was here that Müller and Armaly installed a narrow white speaker to discreetly play the "Muzak" tapes intended to promote purchasing. Müller and Armaly's work was both site-specific with respect to particular galleries and general with respect to the sales agenda common to all of them.

ortsspezifisch im Hinblick auf die jeweiligen Galerien als auch allgemein bezüglich des ihnen gemeinsamen Verkaufsinteresses angelegt.

Musik ist human. Sie entspricht einem natürlichen Bedürfnis. Darum erleichtert Musik Kontakte auf wirkungsvolle und mühelose Art und Weise.
Musik entspannt und erhöht die Produktion, während gleichzeitig die Fehlerquote zurückgeht.
Musik schafft eine angenehme Atmosphäre und wirkt reinigend. Denn Verunreinigung ist inhuman.

Music is humane. It meets an innate human need. Which explains why music facilitates contact in a way that is as effective as it is effortless. Music relaxes us and increases our productivity, while reducing the number of mistakes we make. Music creates a pleasant atmosphere and has a purifying impact. For what is impure is also inhumane.

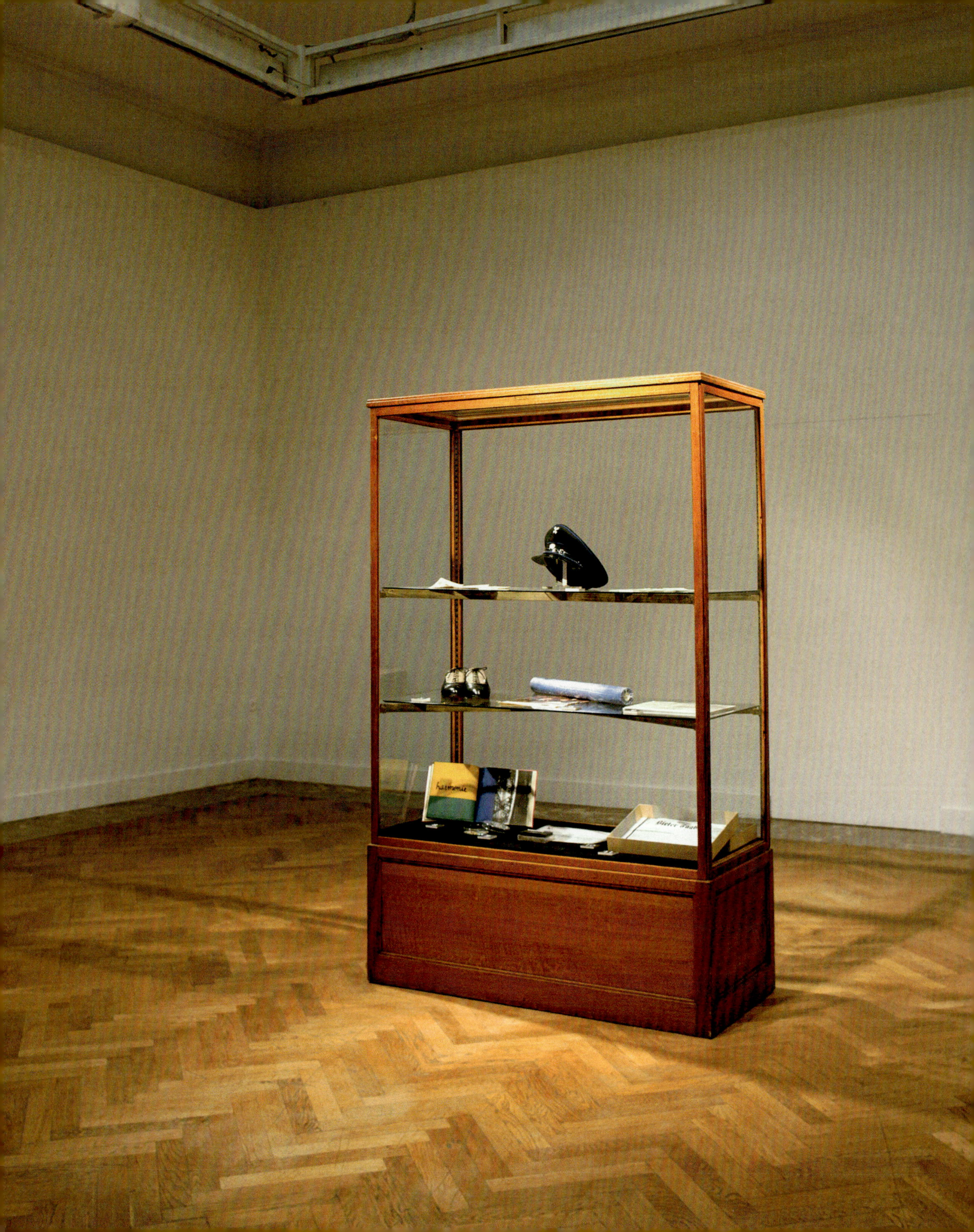
harmonie

Feste Werte Fixed Values

Palais des Beaux-Arts, Brüssel Brussels
14. Dezember 1991 – 19. Januar 1992 December 14, 1991 – January 19, 1992

Rotunde
– *Begrüssung durch den König*, 1988, Monitor mit Video auf Sockel, 3 Min.; Sammlung Karola Grässlin

Raum 1
– *Vitrine*, 1991, Holzvitrine, Performanceobjekte, mit Auktionsnummern versehen (Fotovorlagen aus Deutschland, deutsche Schirmmütze, Eintrittskarten, Herrenschuhe, Tapetenrolle auf Anzeigenseite »Rémy Martin«, Kleeblätter, *Le poème électronique* von Le Corbusier, Zeichnung *Progressive Stimulierungskurve*, Tonband, Farbfotografie mit Deckblatt, Schachtel mit aufgeklebter Zeitungsseite); Collection Bruno van Lierde, Brussels

Raum 2
– *Sich vordrängender Hintergrund*, 1991, Papier, Aufhängevorrichtung, abgerollte Länge variabel; 365 x 3000 cm; Courtesy Galerie Christian Nagel, Köln / Berlin
– *Two Important Dates in My Life*, 1991, Acryl auf Leinwand, zwei Teile; 25,5 x 33 cm / 155,5 x 195 cm; Daled Collection, Brussels

Raum 3
– Installation: Wandbespannung aus Stoff, 16 Halogenspots, Filz und Schilder mit Auktionsnummern
– *Köln – Düsseldorf*, 1990, 16 Plexiglaskuben, zerlegt, Grösse variabel; Sammlung Karola Grässlin

Rotunda
– *The King's Welcoming Speech*, 1988, monitor with video on base, 3 min.; Sammlung Karola Grässlin

Room 1
– *Vitrine*, 1991, wooden display case, objects from performance labeled with their auction number (photo originals from Germany, German peaked cap, entry tickets, men's shoes, roll of wall paper on top of a page with a "Rémy Martin" ad, clover, *Le poème électronique* by Le Corbusier, drawing *Progressive Stimulierungskurve*, tape recorder, color photograph with cover, box with glued-on piece of newspaper); Collection Bruno van Lierde, Brussels

Room 2
– *Sich vordrängender Hintergrund*, 1991, paper, mechanism for hanging, rolled-up length variable; 143 x 1181 inches; courtesy of Galerie Christian Nagel, Cologne / Berlin
– *Two Important Dates in My Life*, 1991, acrylic on canvas, two parts 10 x 13 inches / 61 x 76 inches; Daled Collection, Brussels

Room 3
– Installation: fabric wall covering, 16 halogen spotlights, felt and signs with auction numbers
– *Köln–Düsseldorf*, 1990, 16 Plexiglas cubes, disassembled, varying dimensions; Sammlung Karola Grässlin

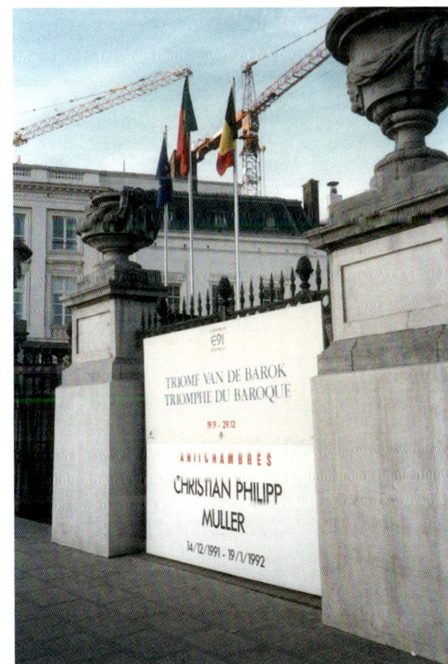

Eingang Nordflügel Entrance to the north wing

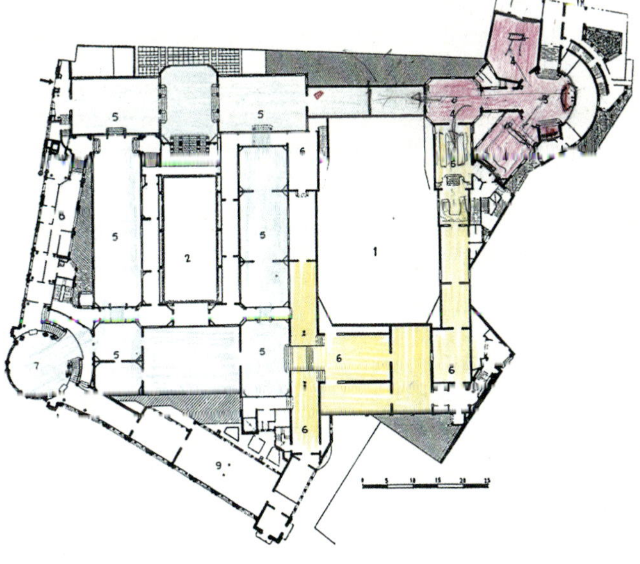

Grundriss Palais des Beaux-Arts; lila: Vorraum zur Ausstellung *Christian Philipp Müller*; gelb: Auktionen; grau: Ausstellungsfläche
Ground plan of the Palais des Beaux-Arts; purple: preliminary room of the exhibition *Christian Philipp Müller*; yellow: auctions; gray: exhibition space

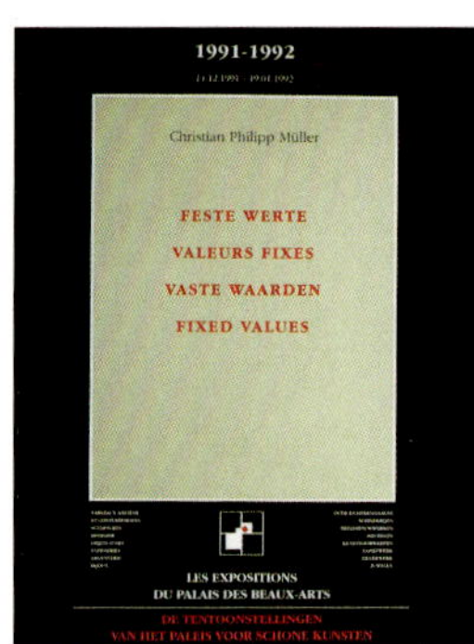

Ausstellungs- und Auktionskatalog Exhibition and auction catalogue

In *Feste Werte* nahm Christian Philipp Müller, nur sechs Jahre nach seinem ersten öffentlichen Auftritt, eine vollständige Selbsthistorisierung vor. Er inszenierte eine Einzelausstellung als musealisierte Auktion seiner eigenen Geschichte als Künstler. In den vier Räumen im Ostflügel des Palais des Beaux-Arts, des Brüsseler Museumskomplexes, versammelte er Requisiten und Objekte seiner zurückliegenden Projekte: Eintrittskarten der *Düsseldorf-Hellerhof*-Performances, Kleeblätter aus *Porte bonheur*, das Video *Begrüssung durch den König* aus dem Antwerpener Künstlerclub Arti et Amicitiae und die Plexiglaskuben der *Köln–Düsseldorf*-Ausstellung in der Galerie Nagel. Die Tatsache, dass Müller meist Zusammenhänge, selten nur Objekte produziert, mündete hier umgekehrt in eine Ausstellung von Hinweisen. Diese Hinweise bezogen sich ebenso auf Müllers eigene Geschichte wie auf diejenige des Palais des Beaux-Arts. Ab 1922 von Victor Horta erbaut, beherbergt das riesige, in einen Berg gebaute Gebäude drei Konzertsäle, mehrere Ausstellungs- und Tagungsräume, ein Auktionshaus, eine Theaterbühne, ein Kino sowie Bars und Restaurants. Die Inszenierung der Objekte wie auch das Layout des Ausstellungskatalogs in *Feste Werte* waren an der Gestaltung des an das Museum angeschlossenen Auktionshauses ausgerichtet. Im Nordflügel des Gebäudes gelegen und durch Müllers Ausstellung im Antichambre zu erreichen, fanden hier Auktionen statt, über deren Erlös das Museum sich mitfinanzierte. Sie vermischten Mobiliar mit Malerei und präsentierten einen schwer überschaubaren Block von Kulturgütern, der im Katalog nach Kategorien wie Schmuck, Skulptur, Malerei, Mobiliar und Glas- und Silbergut unterteilt und komplett mit Schätzpreisen versehen war. In Layout, Papier und Farben identisch mit dem Auktionskatalog, wurden diejenigen Exponate aufgelistet, als Video, Vitrinen- und dekorative Objekte klassifiziert, durchnummeriert und mit Schätzwerten angegeben, die nicht für die Ausstellung produziert worden waren, sondern bereits zuvor existierten. Wie bei Auktionsstücken wurden das edle Material und der Seltenheitswert der Stücke gepriesen, und der Besucher konnte sich mithilfe des Kataloges in der Ausstellung an der Nummerierung der Artefakte orientieren.

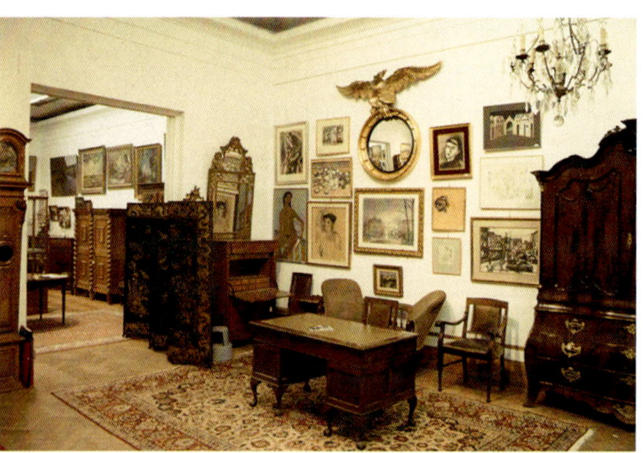
Auktionssaal Auction room

In der Eingangsrotunde waren Müllers Katalog ausgelegt und seine vorhergehenden Künstlerbücher

In *Fixed Values*, only six years after his public debut, Christian Philipp Müller undertook a complete self-historicization: a solo exhibition in the guise of a museum auction of his own artistic history. In four rooms in the east wing of the Palais des Beaux-Arts in Brussels, he presented props and objects from his previous works: admission tickets from the *Düsseldorf-Hellerhof* performances, clover leaves from *Porte bonheur*, the video *The King's Welcoming Speech*, from the Antwerp artists' club Arti et Amicitiae, and Plexiglas cubes from the *Köln–Düsseldorf* exhibition at Galerie Nagel. Müller's work generally consists of contexts rather than mere objects; here, that fact resulted, conversely, in an exhibition of references, both to Müller's own history and to that of the Palais des Beaux-Arts. Constructed by Victor Horta and beginning in 1922, the gigantic museum complex is set in a mountainside and houses three concert halls, numerous exhibition and meeting spaces, an auction house, a theater, and a cinema as well as bars and restaurants.

In *Fixed Values*, both the presentation of the objects and the layout of the exhibition catalogue were inspired by the auction house annexed to the museum. The auction house was located in the north wing of the building; the path to its entrance led through Müller's exhibition in the Antichambre. The auctions that took place there provided a source of income for the museum, with items sold ranging from furniture to paintings. In the auction catalogues, this indiscriminate mass of cultural goods was divided up into such categories as jewelry, sculpture, painting, furniture, glass, and silverware, with estimated prices provided for each object. Müller's exhibition catalogue was identical to the auction catalogues in layout, paper, and color. His objects, not produced for this exhibition, but pre-existing, were listed and classified as video, vitrine or decorative objects. They were numbered consecutively, and assigned an estimated value. As in the auction catalogues, the pieces were praised for their rarity and fine materials, and visitors could use the numbering of the artifacts in the catalogue as a guide to the exhibition.

Müller's catalogue was displayed in the entrance rotunda, where his previous artist's books from 1984 to 1991 were also arranged in vitrines. In accord with the numbering in the catalogue, visitors encountered *The King's Welcoming Speech* while still in the round entrance foyer; passing to the right into a virtually empty, dimly lit room, they saw a spotlighted vitrine with artifacts from the preceding performances. To the left of the *King* was a second large room, hidden behind a strip of white paper hanging from ceiling

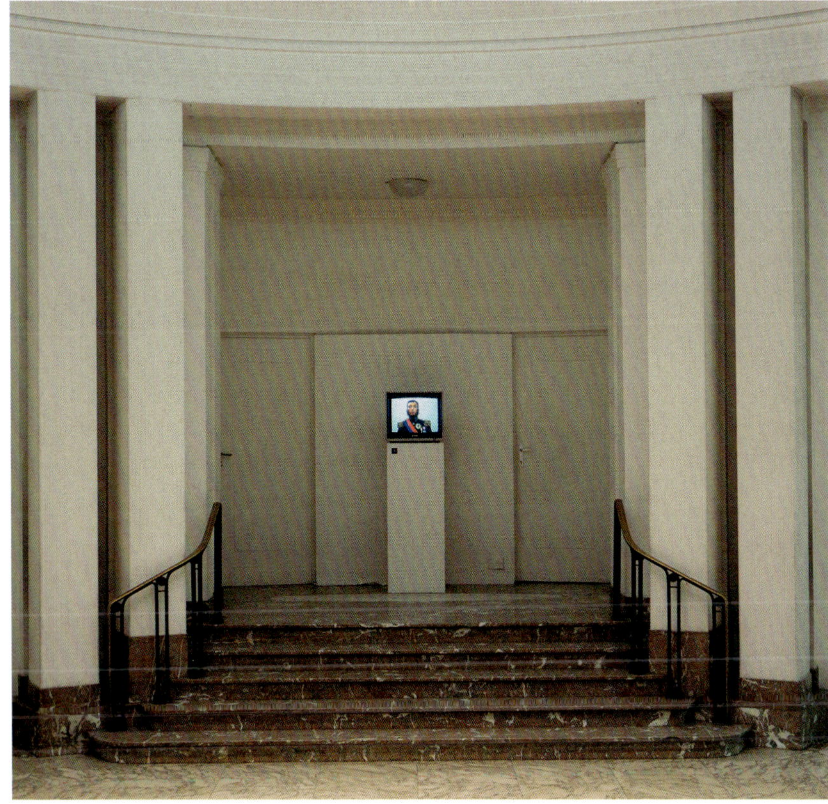

Begrüssung durch den König The King's Welcoming Speech, 1988

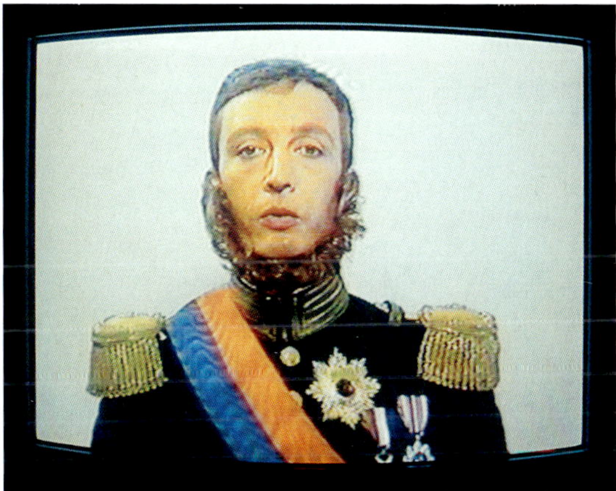

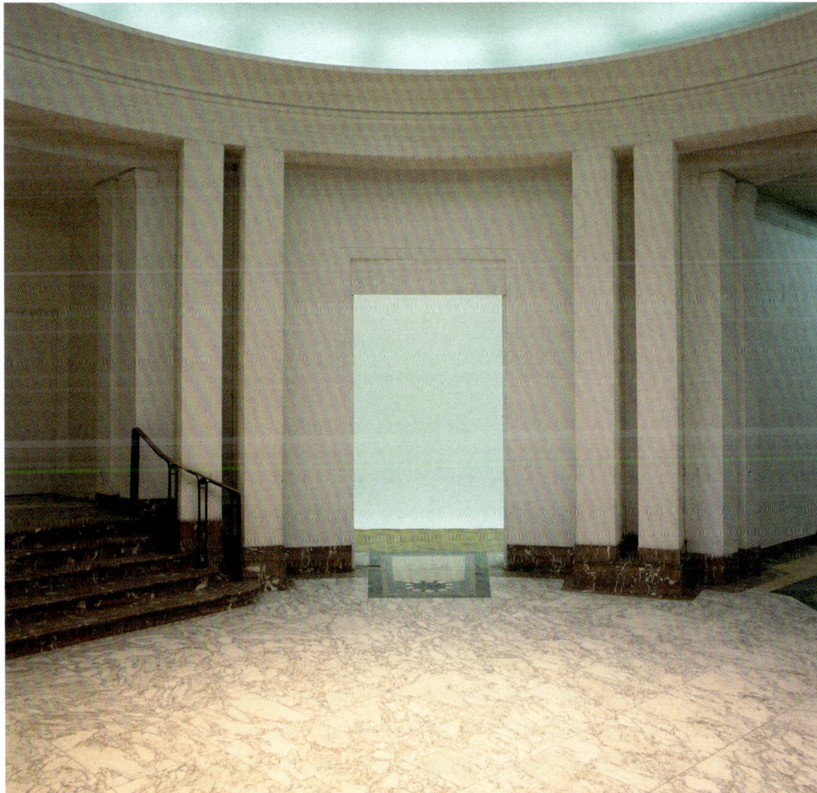

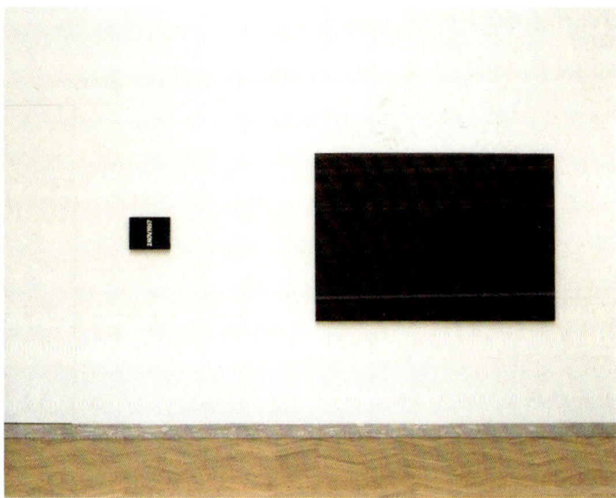

Two Important Dates in My Life, 1991

Sich vordrängender Hintergrund, 1991

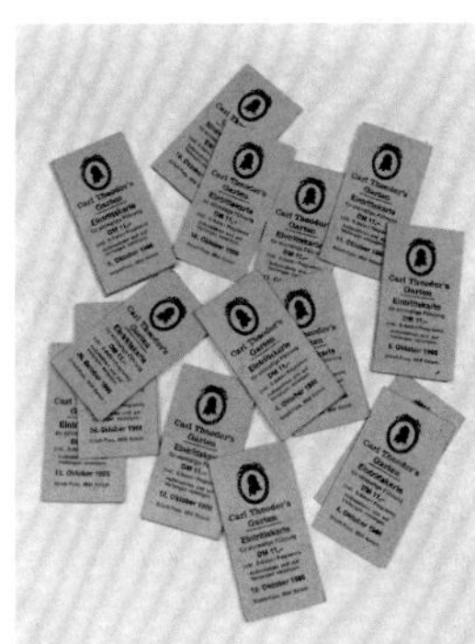

Sehr seltene Eintrittskarten
Very rare entrance tickets, 1991

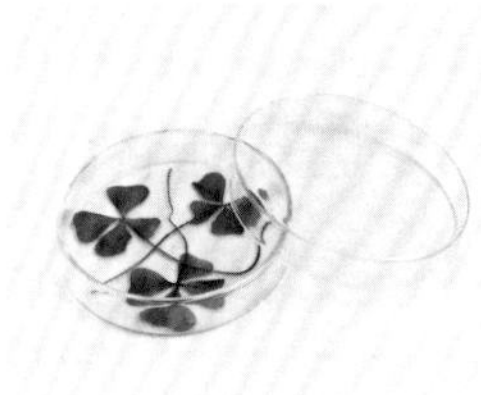

Merkwürdige gepresste Kleeblätter Strange pressed cloverleaves, 1991

aus den Jahren 1984 bis 1991 in Vitrinen aufgereiht. Der Nummerierung im Katalog folgend, traf man noch im runden Eingangsfoyer zunächst auf die *Begrüssung durch den König*, bevor man rechts in einen fast leeren, spärlich beleuchteten Raum trat, in dem eine angestrahlte Vitrine mit Artefakten der zurückliegenden Performances stand. Zur Linken des »Königs« befand sich ein zweiter grosser Raum, der jedoch hinter einer weissen Papierbahn verborgen war, die von der Decke auf den Boden hing. Hinter diesem oft von Fotografen verwendeten Mittel der Raumneutralisierung stiess der Besucher im Ausstellungsraum auf zwei neue Objekte, die Müller als Reverenz an On Kawara produziert hatte: zwei Bilder. Bei dem kleineren der beiden, auf dessen dunkelblauem Untergrund in weissem Text »2.Nov.1957« zu lesen war, handelte es sich um ein Cover-Artwork für das belgische Kunstmagazin *Forum International*. Das Datum benennt Müllers Geburtstag. Ihm korrespondierte das Vitrinenobjekt Nummer 11, eine Pappschachtel, deren Innenseite mit dem Cover des *Bieler Tagblatts* vom 2. November 1957 ausgelegt war. Es handelte sich um die Box des Datumsbildes, dessen Grösse sich nach dem kleinsten von On Kawara in den Tagesbildern verwendeten Format richtete, das Müller hier ins Hochformat gekippt hatte. Die erheblich grössere, monochrom dunkelbraune Leinwand bezog ihre Masse ebenfalls von On Kawaras Formaten, in diesem Fall vom grössten, das Kawara nur sehr selten und nur für wichtige Anlässe verwendete. Die Leinwand ist bis heute noch nicht beschrieben. Der Besitzer der zweiteiligen Arbeit *Two Important Dates in My Life* (1991) wird darauf verpflichtet, Müllers Sterbedatum auf dem Bild einzufügen.

Von der Eingangsrotunde selbst ging ein dritter Ausstellungsraum ab, ein Durchgangsraum, durch den die Besucher der Ausstellung das Auktionshaus sowie die gleichzeitig stattfindende Ausstellung *Triumph des Barock* erreichen konnte, von der Müller die Inszenierung der Objekte und die dramatische Beleuchtung übernommen hatte. Wie im ersten Raum war daher auch hier die Beleuchtung auf Spotlights reduziert. Die 15 in ihre Einzelelemente zerlegten Plexiglasboxen der Ausstellung *Köln–Düsseldorf* (1990) waren auf Filz gelagert und gestapelt.

In jedem Raum waren die Objekte in unterschiedlichen Variationen wie für eine Verkaufspräsentation arrangiert. Hierin schuf Müller nicht nur eine Verbindung zum angrenzenden Auktionshaus, sondern auch zur Praxis eines Künstlers, der für Müllers eigenen Bezug auf die Stadt Brüssel und ihren Palais des Beaux-Arts entscheidend war: Marcel Broodthaers.

to floor, a device for neutralizing space photographers often use. Behind it, visitors encountered two new objects, oil paintings produced by Müller in homage to On Kawara. The smaller of the two, with the text "2.Nov.1957" in white on a dark blue background, was a cover piece for the Belgian art magazine *Forum International*. The date is Müller's own birthdate. Corresponding to it was vitrine object number 11, a cardboard box lined on the interior with the cover of the *Bieler Tagblatt* from November 2, 1957. It was the box for the date painting, its size matching the smallest format used by On Kawara for his date paintings, though rotated to a vertical format. The measurements of the much larger, monochromatic, dark-brown canvas also matched one of On Kawara's formats, in this case his largest size, which he rarely used and only for important occasions. To this day, Müller's canvas has not been inscribed; the owner of the two-part work, *Two Important Dates in My Life* (1991), is obligated to enter Müller's date of death on the painting. A third exhibition space also opened off the entrance rotunda, through which visitors could pass to reach the auction house as well as the simultaneous exhibition *Triumph of Baroque*. The display of jewels in the latter exhibition was echoed in Müller's presentation of his objects under dramatic lighting. Here as in the first room, the lighting was done exclusively by spotlight, while the fifteen Plexiglas boxes from the exhibition *Köln–Düsseldorf* (1990) were dismantled into individual pieces, positioned on felt, and displayed.

In each room, the objects were presented in variations reminiscent of sales displays. In so doing, Müller established a connection not only to the adjacent auction house, but also to the practice of an artist crucial to his own relationship to the city of Brussels: Marcel Broodthaers.

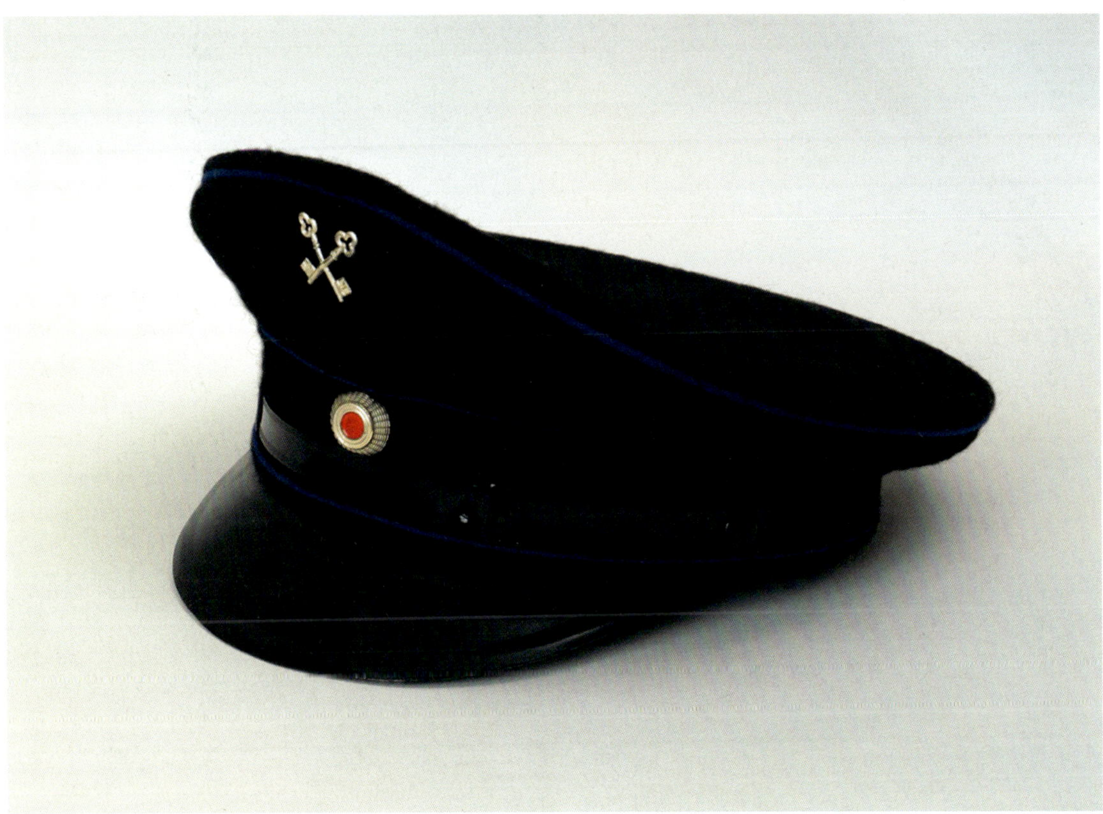

Deutsche Schirmmütze German peaked cap, 1991

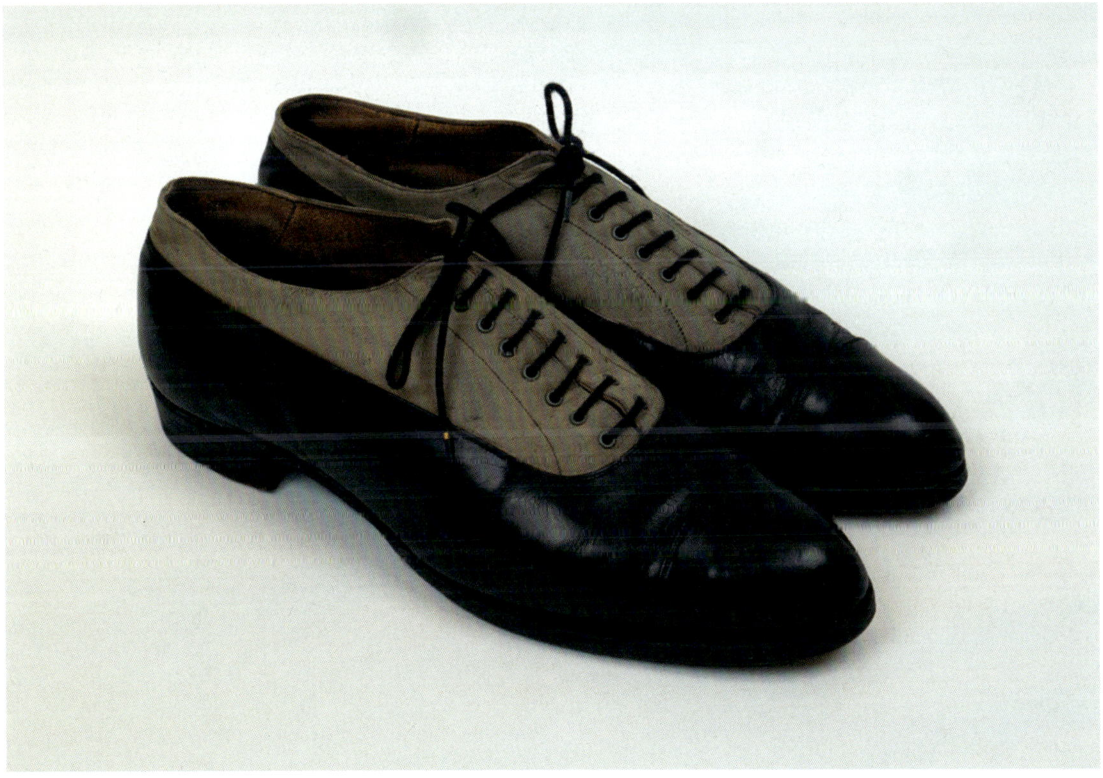

Sehr kostbare Herrenschuhe Pair of very precious men's shoes, 1991

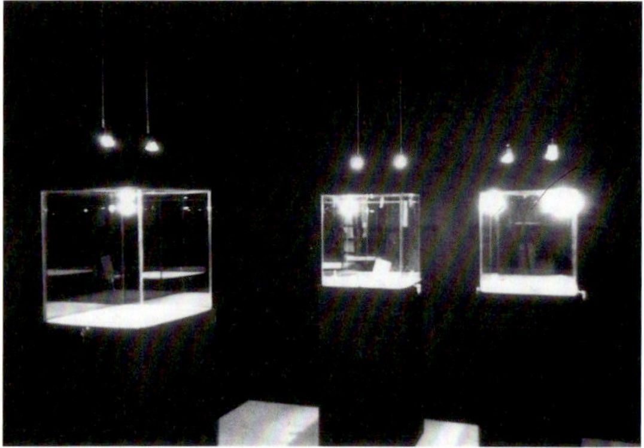

Schaukästen der portugiesischen Kronjuwelen in der Ausstellung *Triumph des Barock* Display cases of the Portuguese crown jewels from the exhibition *Triumph of Baroque*

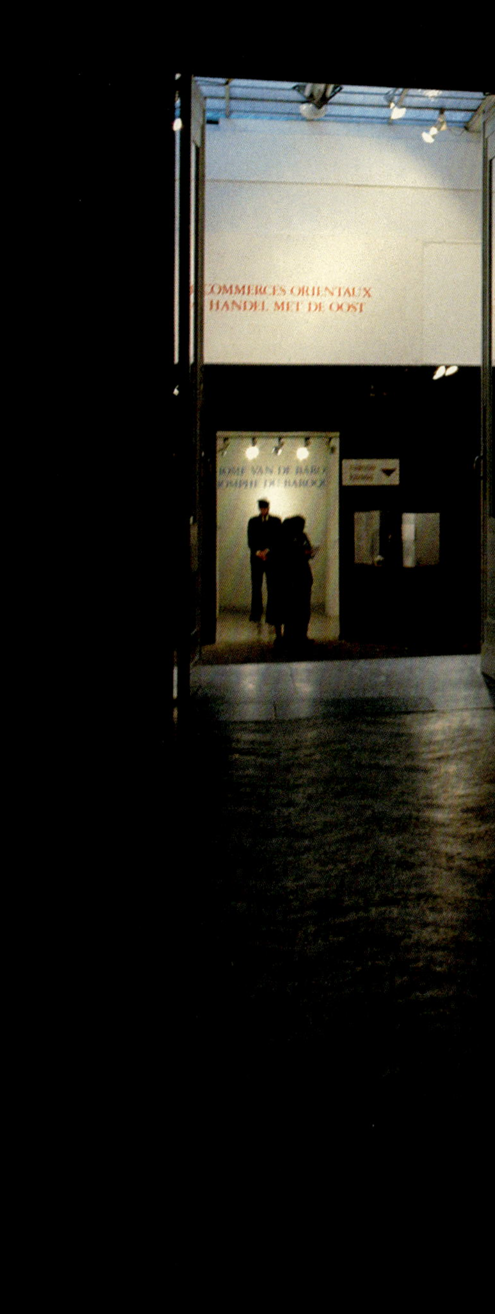

Köln–Düsseldorf, 1990

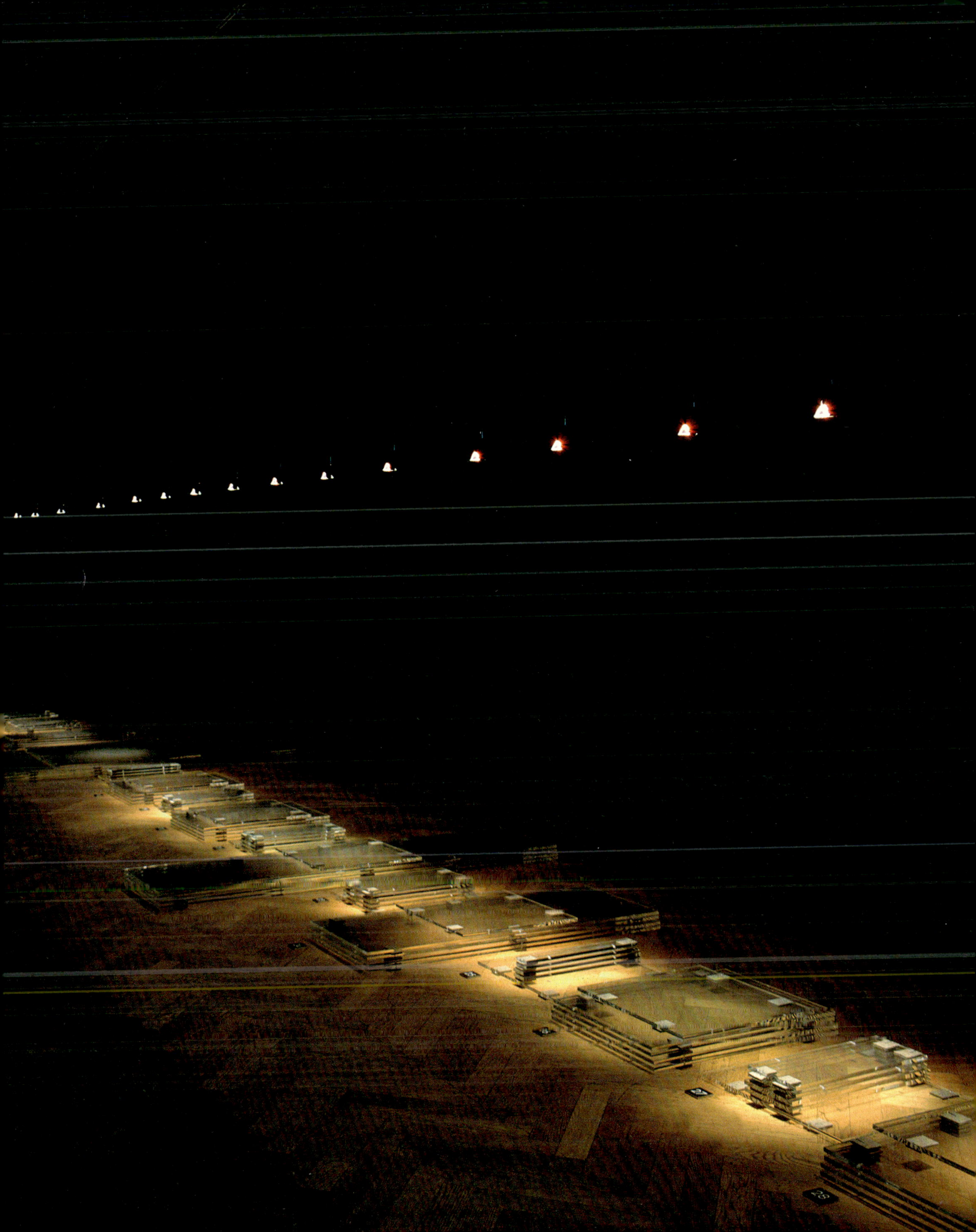

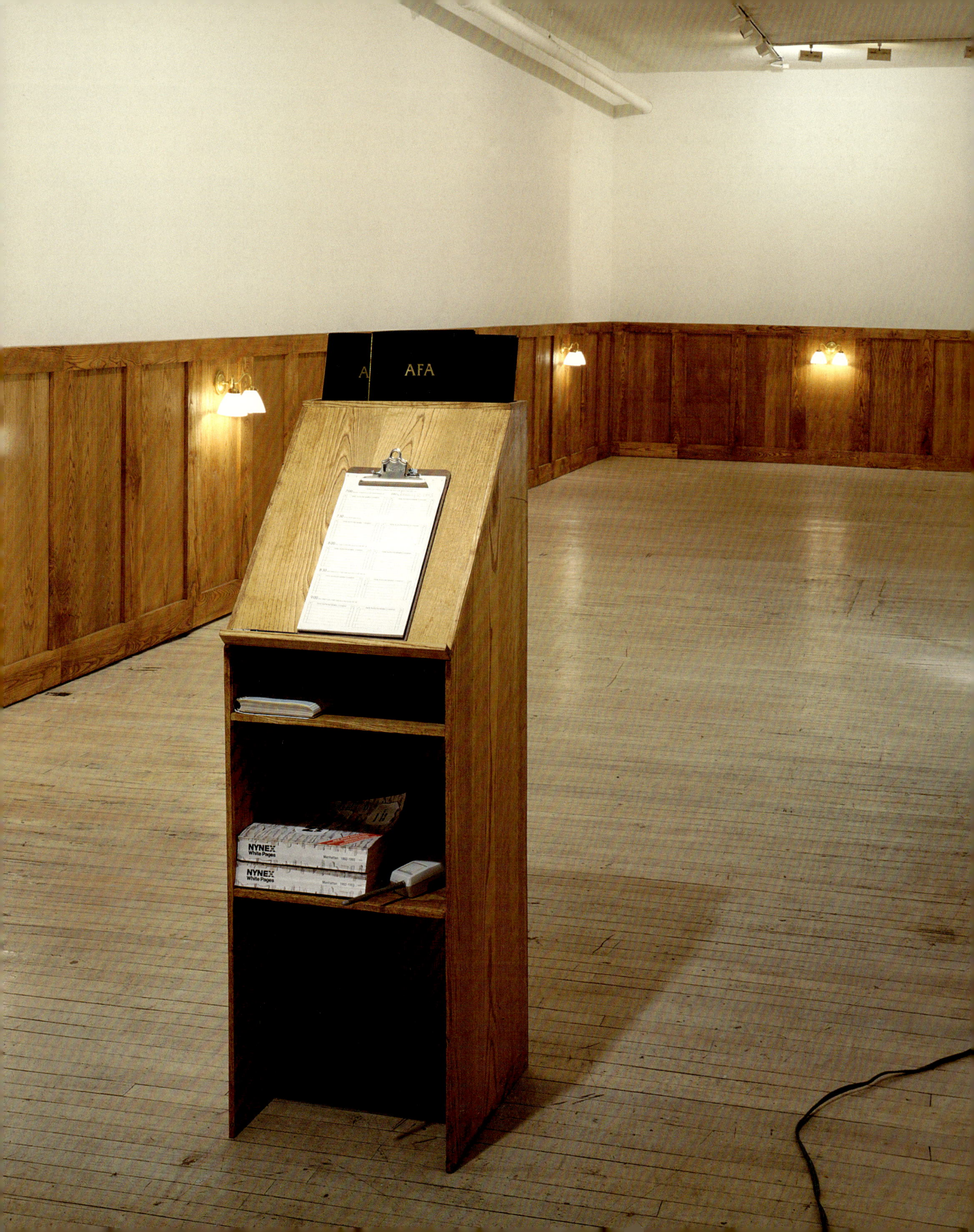
AFA
NYNEX White Pages
NYNEX White Pages

A Sense of Friendliness, Mellowness, and Permanence

American Fine Arts, Co., New York
22. November – 23. Dezember 1992 November 22 – December 23, 1992

Ausstellungsraum
– *Ohne Titel*, 1992, Filzvorhang, Kunstleder, Messing; zwei Teile; 228 x 165 cm / 228 x 216 cm, The Museum of Contemporary Art, Los Angeles
– *Maître d'Stand*, 1992, Esche, American-Fine-Arts-Speisekarten (Anzahl variabel), Gästeliste, Gelbe Seiten und zwei Telefonbücher von New York, Mobiltelefon); 141 x 47 x 49 cm; The Museum of Contemporary Art, Los Angeles
– *Disguise*, 1992, Holzvertäfelung aus Esche, Wandleuchten aus Messing und Glas; Höhe: 141 cm, Breite: variabel; Teilbesitz: Themistocles und Dare Michos, San Francisco; The Museum of Contemporary Art, Los Angeles; Sammlung Peter Weibel; Sammlung Wiese, München

Büro des Galeristen
– *Ma Bibliothèque*, 1992, Tapete, Esche, Künstlerbücher, Cognac-Karaffe, vergoldet; 241 x 201 x 33 cm; Collection Barbara and Howard Morse, New York

Exhibition Room
– *Untitled*, 1992, felt curtain, faux leather, brass; two components; 90 x 65 / 90 x 85 inches, The Museum of Contemporary Art, Los Angeles
– *Maître d'Stand*, 1992, oak, American Fine Arts menus (number variable), guest list, yellow pages and two telephone books from New York, mobile telephone); 55.5 x 19.25 x 18.5 inches; The Museum of Contemporary Art, Los Angeles
– *Disguise*, 1992, wooden planks made of oak, wall lamps made of brass and glass; height: 55 inches, width: variable; partially owned by: Themistocles and Dare Michos, San Francisco; The Museum of Contemporary Art, Los Angeles; collection of Peter Weibel; Sammlung Wiese, München

Office of the Gallery Owner
– *Ma Bibliothèque*, 1992, wall paper, oak, artists books, cognac carafe, gilded; 95 x 79 x 13 inches; Collection Barbara and Howard Morse, New York

CHRISTIAN PHILIPP MÜLLER

A Sense of Friendliness, Mellowness, and Permanence

AMERICAN FINE ARTS, CO.
COLIN DE LAND FINE ART
40 WOOSTER STREET, NYC 10013 (212) 941-0401

RECEPTION SATURDAY, NOVEMBER 21 6PM

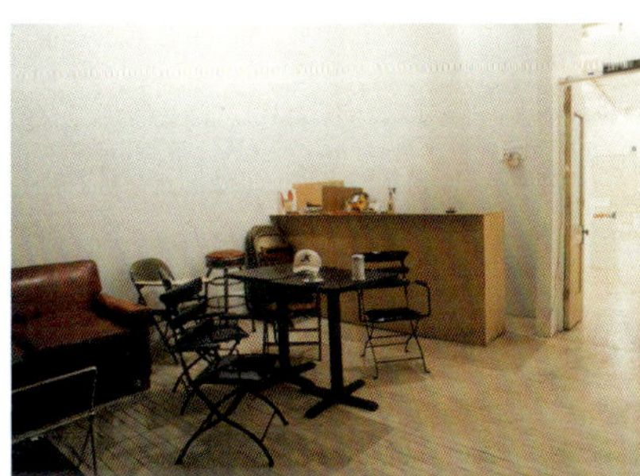

Café-Bar American Fine Arts, Co., New York, Sommer Summer 1992

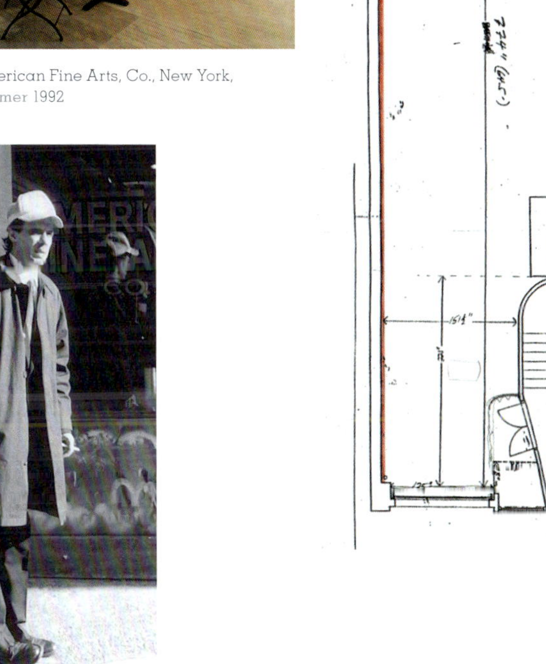

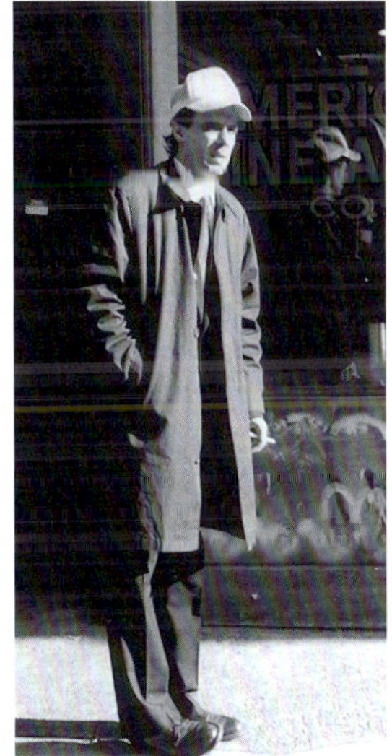

Colin de Land

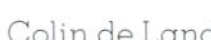

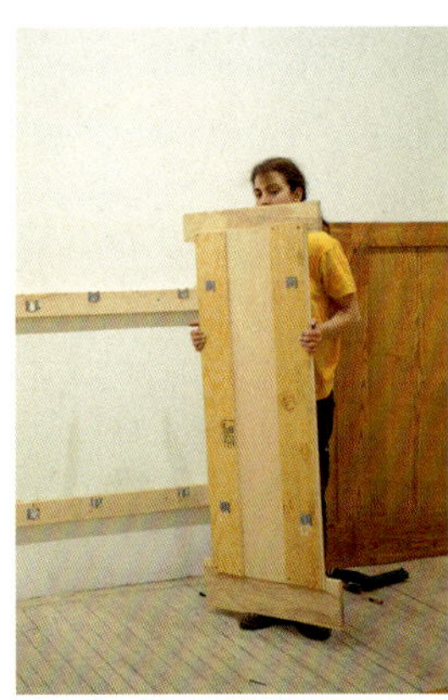

Installationsaufbau Installation set-up

Christian Philipp Müllers erste Einzelausstellung bei American Fine Arts, Co., in New York im Jahre 1992 handelte von Positionierungen – der Positionierung von Müller selbst, einem Europäer im New Yorker Galerienumfeld, und derjenigen der Galerie American Fine Arts als Vertreterin eines prekären Modells zwischen Verkaufswillen und institutionskritischem Interesse.

Im Sommer desselben Jahres hatte Galeriedirektor Colin de Land eine Auswahl konzeptuell arbeitender Künstler vorgestellt. Die Arbeiten von Tom Burr, Mark Dion, Andrea Fraser und Christian Philipp Müller wurden gemeinsam mit Referenzpositionen von Dan Graham, Douglas Huebler, John Knight, Louise Lawler, Stephen Prina und Christopher Williams gezeigt.

De Land hatte hierfür den Ausstellungsraum in zwei Zonen unterteilt. Im vorderen Drittel der Galerie entstand eine improvisierte Café-Bar. Von ihr aus führte eine mit »art gallery« überschriebene Tür vom »sozialen« in den »kommerziellen« Raum. Dieser Versuch, den vorgegebenen Rahmen der Verkaufsflächenorganisation zu umgehen und stattdessen einen Aufenthaltsort, einen sozialen Schnittpunkt herzustellen, scheiterte in mehrfacher Hinsicht. Zum einen, weil weder die materiellen noch die personellen Ressourcen vorhanden waren, um ein Café betreiben zu können, zum anderen, weil eben diese Vermengung des Kommerziellen mit dem Persönlichen bereits mehr und mehr zum Normalfall des Galerieverkaufs geworden war.

Müllers Ausstellung *A Sense of Friendliness, Mellowness, and Permanence* fand kurze Zeit später im November und Dezember statt. Orientiert an de Lands Versuchen, das Galeriensystem durch die Einführung eines sozialen Raums zu durchbrechen, verfolgte Müller die Implementierung eines solchen sozialen Raums radikal weiter. Der Eingang zur Galerie wurde von einem Windfang aus braunem Filz geschützt, wie er in Wiener Cafés üblich ist. Vom Eingang aus trat man an den »maître d'stand«, das Reservierungspult, den Ort der sozialen Kontrolle in der gehobenen New Yorker Restaurantkultur. Hier konnte die Menükarte in Empfang genommen werden, in der die Geschichte der Galerie mitgeteilt und die im Angebot befindlichen Künstler mit verfügbaren Arbeiten und Preisen aufgelistet wurden. Das neutralisierende Weiss der Galeriewände wurde durch eine massive Eschenholzvertäfelung ersetzt, ebenfalls nach einem Wiener Vorbild von Adolf Loos. Die Installation wurde durch in der Vertäfelung montierte Leuchter erhellt, welche den Raum in ein warmes Halbdunkel tauchten.

Das Mobiliar fehlte gänzlich. Wollte man sich setzen, musste man zum Schreibtisch des Galeristen und

Christian Philipp Müller's first solo exhibition at American Fine Arts, Co., in New York in 1992 explored positionings—Müller's own position as a European in the New York art world and that of the gallery American Fine Arts (as a representative of a precarious model balancing between commercial interest and institutional critique).

In the summer of that year, gallery director Colin de Land had presented the works of a selection of conceptual artists, namely, Tom Burr, Mark Dion, Andrea Fraser, and Christian Philipp Müller, together with reference positions by Dan Graham, Douglas Huebler, John Knight, Louise Lawler, Stephen Prina, and Christopher Williams. In this context, de Land had divided the exhibition space into two zones. The front third of the gallery was turned into an improvised café-bar; from there, a door designated "art gallery" led from the "social" to the "commercial" space. This attempt to circumvent the prescribed organization of a sales floor and produce a leisure space for social interaction failed in a number of respects. In the first place, neither the material nor the personnel resources were available for running a café; moreover, this mix of the commercial with the informal and personal was, more than ever, common in the gallery business.

Müller's exhibition *A Sense of Friendliness, Mellowness, and Permanence* took place shortly thereafter in November and December. Taking as his point of departure de Land's attempt to introduce social spaces into the gallery system, Müller pushed the implementation of this kind of social space to a more radical extreme. The entrance to the gallery was protected by a vestibule of brown felt as seen in cafés in Vienna. Upon entering, visitors encountered a "maître d'stand," the reservation podium that serves as the locus of social control in upscale New York restaurants. Here, a menu was provided, outlining the history of the gallery and listing the artists on view with their available works and prices. The neutral white of the gallery walls was overlaid with heavy ash-wood paneling, likewise inspired by a Viennese prototype by Adolf Loos. Sconces mounted in the paneling bathed the room in a warm half-light. There was no furniture whatsoever; if visitors wanted to sit they had to walk over to the art dealer's desk, forcing them to engage in a sales conversation. The office area was cleaned up out for the exhibition; here, along with the paneling, a book-pattern wallpaper was installed from floor to ceiling, an American luxury item showing the spines of exclusively European publications. In front of this imaginary library, Müller placed a cabinet with his own production of European publications, the only real books in the installation.

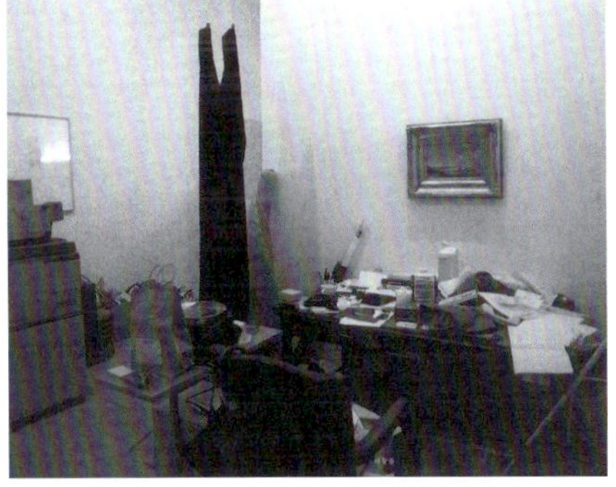

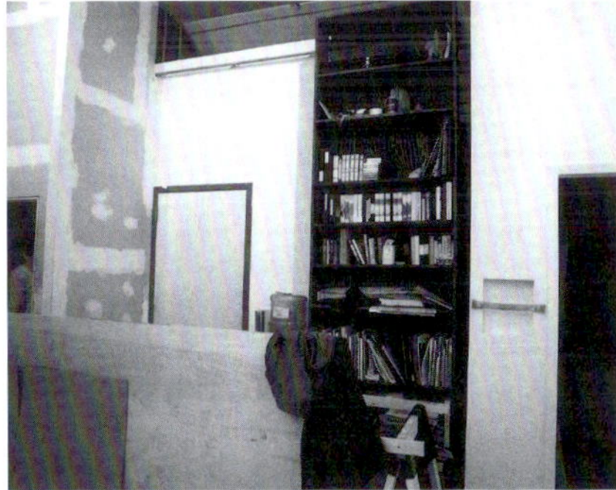

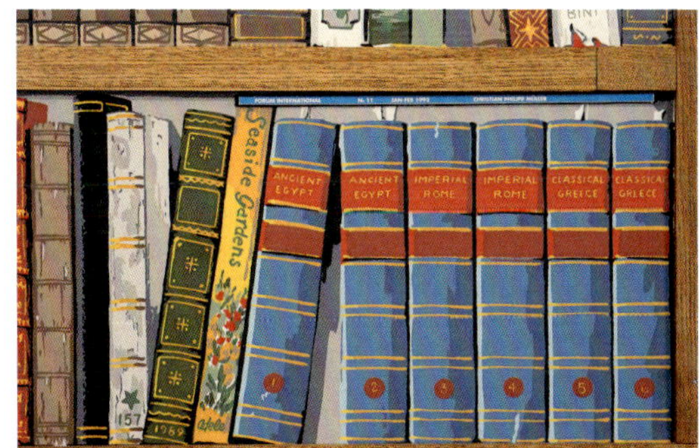

Büro Office Colin de Land, American Fine Arts, Co., New York
(vor der Ausstellung before the exhibition)

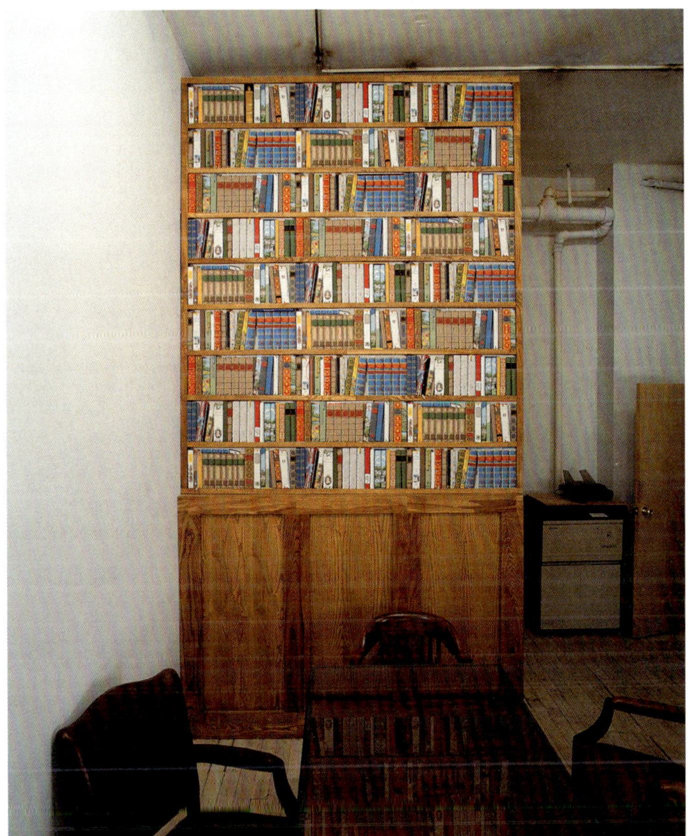

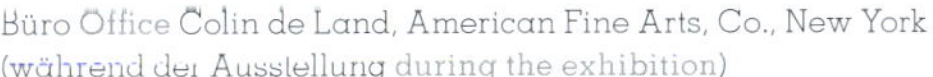

Büro Office Colin de Land, American Fine Arts, Co., New York
(während der Ausstellung during the exhibition)

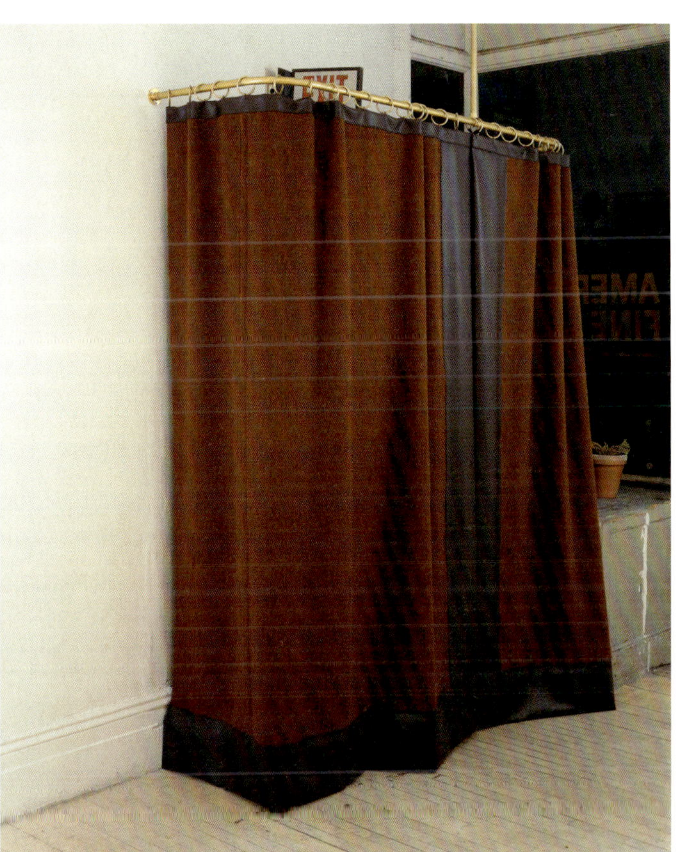

Ohne Titel *Untitled*, 1992
(während der Ausstellung during the exhibition)

somit zwangsläufig zum Verkaufsgespräch übergehen. In dem für die Ausstellung aufgeräumten Büroraum war mit der Vertäfelung eine bis unter die Decke reichende Büchertapete installiert worden, ein amerikanisches Luxusobjekt, auf dem die Buchrücken ausschliesslich europäischer Publikationen zu sehen waren. Vor dieser imaginären Bibliothek integrierte Müller in einem Schrank seine eigene Produktion an europäischen Publikationen als einzige reale Bücher in die Installation.

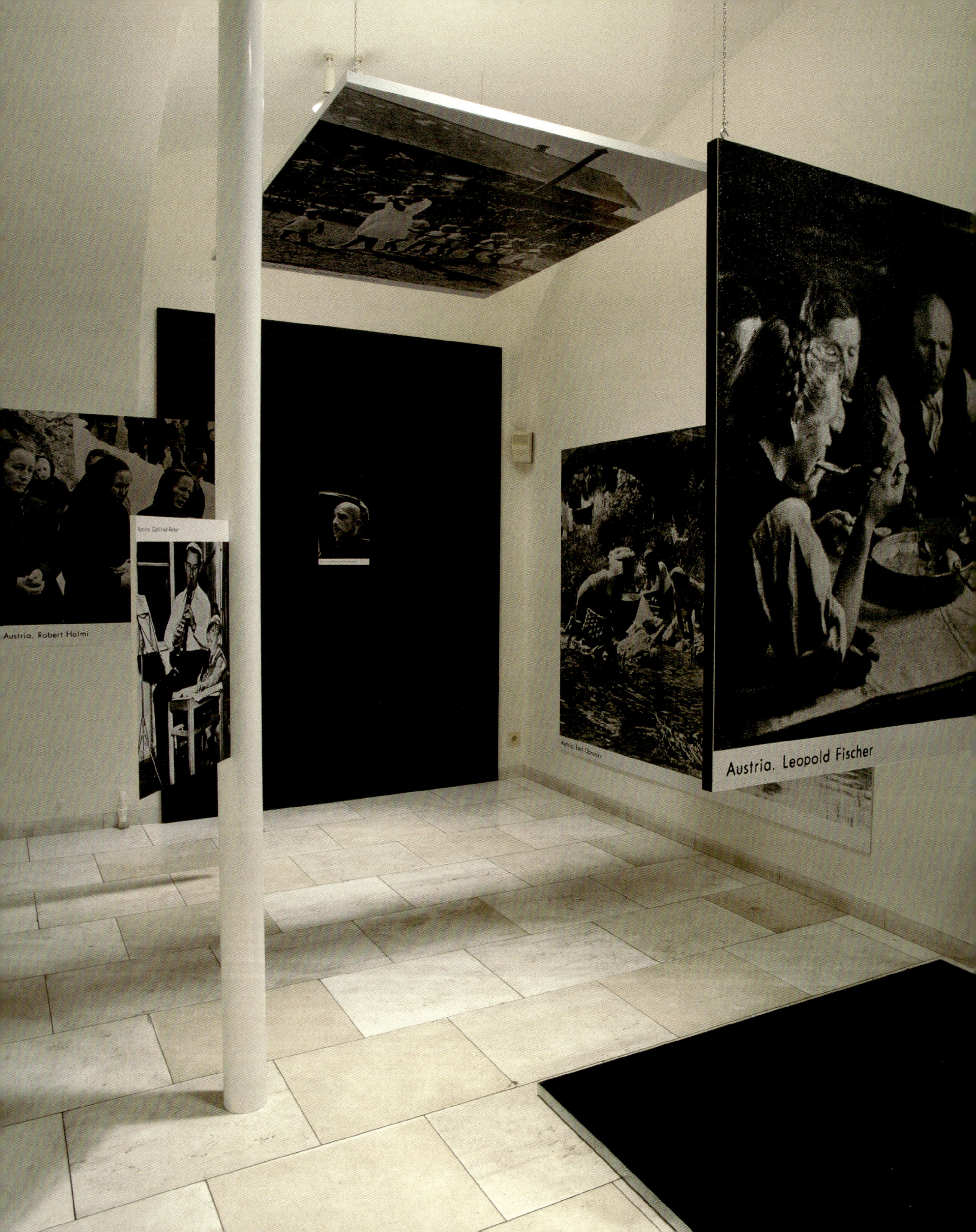

Austria, Robert Halmi
Austria. Leopold Fischer

The Family of Austrians

Galerie Metropol, Wien Vienna
19. Oktober – 30. November 1993 October 19 – November 30, 1993

Schaufenster
– *The Family of Austrians*, 1993, bearbeiteter Ausstellungskatalog *The Family of Man* (1955), Leinenschuber, geprägt; Sammlung Karola Grässlin

Raum 1
– *The Family of Austrians 1:10*, A, 1993, Modell auf Sockel, MDF, bemalt; Plexiglas, sieben Schwarzweissfotografien, Klebebuchstaben, Draht; gesamt: 129,5 x 70 x 39,5 cm; Ernst Ploil, Wien
– *The Family of Austrians 1:10*, B, 1993, Modell auf Sockel, MDF, bemalt; Plexiglas, sieben Schwarzweissfotografien, Klebebuchstaben, Draht; gesamt: 129,5 x 70 x 39,5cm; Georg Kargl, Vienna

Raum 2
– *Ohne Titel*, 1993, Schwarzweissfotografie, Passepartout, gerahmt; Auflage: 3; 50,4 x 57 cm
– *Ohne Titel*, 1993, Birnenholztisch, Linoleum, Stahl, Versandhauskataloge (Trachtenmode Saison 1993); 180 x 100 x 95 cm
– Drei Vitrinen mit Bregenzerwälder Frauentrachten; Sammlung Institut für Kostümkunde, Hochschule für Angewandte Kunst, Wien
– Monitor mit zwei Lehrfilmen zu Bregenzer Frauentrachten von Annemarie Bönsch; Österreichisches Bundesinstitut für den Wissenschaftlichen Film, Wien

Raum 3
– *The Family of Austrians*, 1993, Installation: sieben Schwarzweissfotografien, aufgezogen; 700 x 390 cm; Ernst Ploil, Wien

Display Window
– *The Family of Austrians*, 1993, reworked exhibition catalogue *The Family of Man* (1955), linen slipcase, embossed; Sammlung Karola Grässlin

Room 1
The Family of Austrians 1:10, A, 1993, model on base, MDF, painted; Plexiglas, seven black and white photographs, adhesive letters, wire; total dimensions: 51 x 27 x 15 inches; Ernst Ploil, Vienna
– *The Family of Austrians 1:10*, B, 1993, model on base, MDF, painted; Plexiglas seven black and white photographs, adhesive letters, wire; total dimensions: 51 x 27 x 15 inches; Georg Kargl, Vienna

Room 2
– *Untitled*, 1993, black and white photograph, passepartout, framed; edition of three; 20 x 22 inches
– *Untitled*, 1993, table made of pear wood, linoleum, steel, mail order catalogue (traditional fashion, 1993 season); 71 x 39 x 37 inches
– Three display cases with traditional Bregenzerwälder women's costumes; collection of the Institute for Costume Studies, Hochschule für Angewandte Kunst, Vienna
– Monitor with two educational films about traditional women's costumes from Bregenz by Annemarie Bönsch; Österreichisches Bundesinstitut für den Wissenschaftlichen Film, Vienna

Room 3
– *The Family of Austrians*, 1993, installation: seven black and white photographs, enlarged; 275 x 153 inches; Ernst Ploil, Vienna

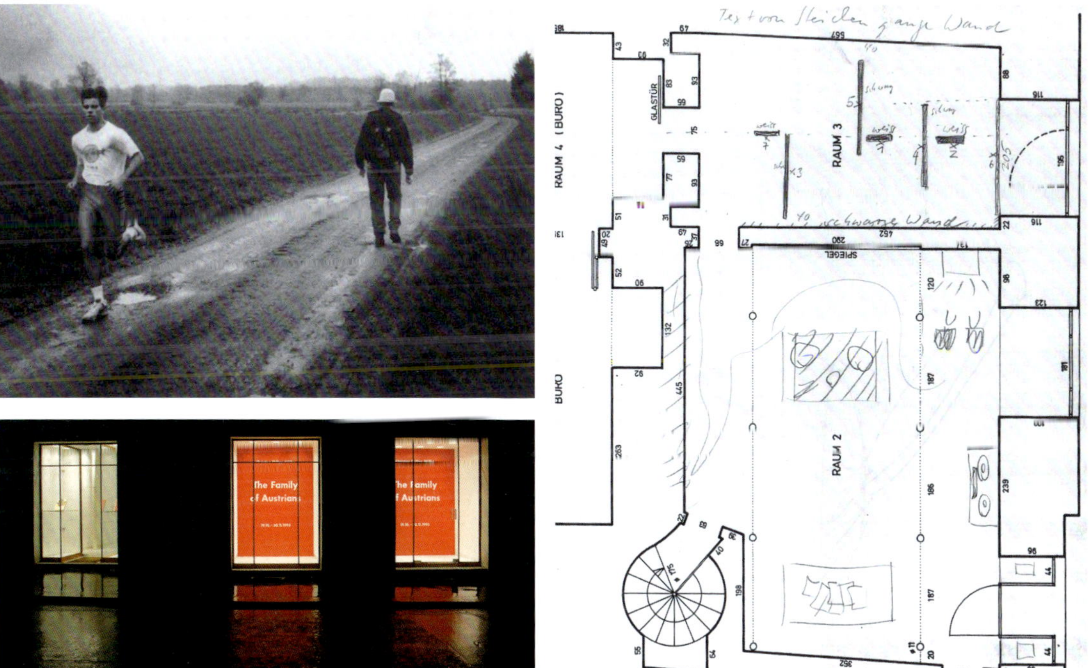

Raum 3 Room 3

Die drei Auslagen der Wiener Galerie Metropol in der Dorotheergasse waren für die Ausstellung *The Family of Austrians* von Christian Philipp Müller mit leuchtend roten Abdeckplatten verschlossen worden. Nichts deutete auf das hin, was den Besucher im Inneren erwartete. Nur der Name des Künstlers, der Titel der Ausstellung und die Ausstellungsdaten durchbrachen als überdimensionierte Zeichen die roten Flächen. In der Galerie konnte der Besucher unterschiedliche Repräsentationen österreichischer Nationalkultur besichtigen. Wie bereits bei seiner Beteiligung am österreichischen Pavillon der Venedig-Biennale im selben Jahr untersuchte Müller auch hier

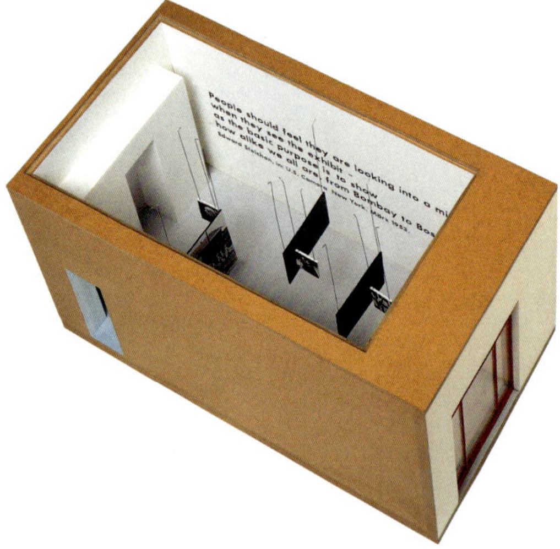

das Selbst- und Fremdverständnis der Nation. In diesem Fall bildeten der österreichische Architekt Adolf Loos und Edward Steichens New Yorker Ausstellung *The Family of Man* (1955) die Ausgangspunkte.
In seinem Text über Wäsche von 1898 hatte Loos das soziale Gefüge betrachtet, in dessen Umfeld Trachtenbekleidung Verwendung findet. Deren Zurechnung zum Antiurbanen, zum Ländlichen, zum Rückständigen hatte er zum Anlass genommen, sie einer stilistischen Untersuchung zu unterziehen. In Vitrinen stellte Müller nun österreichische Trachten aus Vorarlberg aus. Ergänzend zeigte er Unterrichtsfilme der Hersteller, die die Beschaffenheit und die Produktion der Stoffe und ihre Drapierung am Körper erklärten, sowie Verkaufskataloge für zeitgenössische Trachtenmoden, die das Volkstümelnde als ungebrochen authentische Idylle anpriesen.
Aus Steichens Ausstellungspublikation *The Family of Man*, in der 503 Fotografien aus 68 Ländern zu einer enzyklopädischen Studie der ethnografischen Kartografie der Welt zusammengetragen worden waren, hatte Müller die sieben Abbildungen von Österreichern extrahiert. Im Unterschied zu Steichen, der einen vollständigen ethnografischen Überblick über die Menschheit angestrebt hatte, isolierte Müller eine »Nationalfamilie«. Und obwohl die Aufnahmen aus den 1950er-Jahren stammten, waren ihre Szenerien durchweg folkloristisch, ländlich karg und rückständig. Müller rekonstruierte ein Fragment von Paul Rudolphs Ausstellungsaufbau im Museum of Modern Art in New York, der ersten Station der damaligen

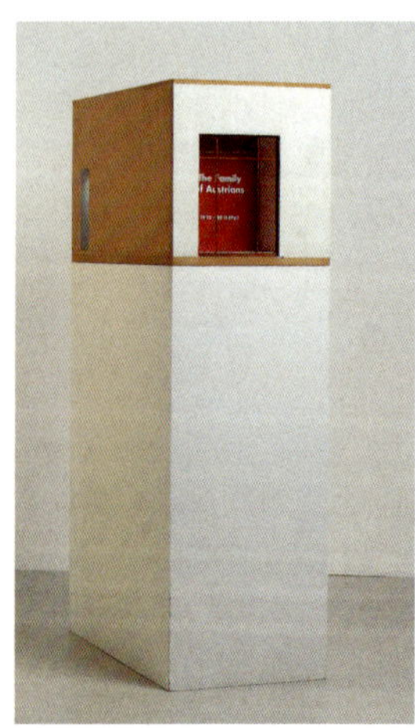

Detail *The Family of Austrians 1:10*, 1993

In Christian Philipp Müller's exhibition, *The Family of Austrians*, bright red panels concealed three display windows of the Galerie Metropol on Dorotheergasse in Vienna. No indication was given in terms of what awaited visitors on the interior, only the oversized lettering of the artist's name, the title, and the dates of the exhibition punctuated the red surfaces. In the gallery, viewers encountered various representations of Austrian national culture. As in his contribution to the Austrian pavilion at the Venice Biennale of the same year, Müller explored the image and self-image of the nation. In this case, Austrian architect Adolf Loos as well as Edward Steichen's New York exhibition, *The Family of Man* (1955), provided Müller with points of departure.
In his 1898 essay "Wäsche," Loos had observed how a traditional costume functioned in social structures, taking the costume's association with the anti-urban, rural, and retrogressive as occasion for a stylistic investigation. In Müller's exhibition, Austrian costumes from Vorarlberg were displayed in vitrines. Along with them, he showed the manufacturers' instructional films which explained the composition and production of the fabric and its draping on the body as well as sales catalogues for contemporary costume fashions that praised the traditional and folkloric as an authentic, unbroken idyll.
In the publication for *The Family of Man*, Steichenhad compiled 503 photographs from 68 countries in an encyclopedic study of world ethnography. From these, Müller extracted the seven depictions of Austrians. In contrast to Steichen, who strove for a complete ethnographic survey of humanity, Müller isolated a "national family." And although the photographs were made in the nineteen-fifties, the scenes they showed were thoroughly folkloric, rurally austere, and retrogressive. Müller reconstructed a fragment of Paul Rudolph's exhibition structure from the Museum of Modern Art in New York, at that time the first station of the large traveling exhibition. Ranging from small, intimate pieces to over-life-size black and white panels, the images hung vertically in the space and horizontally under the ceiling, determining the visitors' direction of movement and integrating them into the structure of the exhibition. In Müller's exhibition, Steichen's evolutionary history returned as a collection of antiquated stereotypes. In two models on a scale of 1:10, Müller recombined a quote from Edward Steichen, "People should feel they are looking into a mirror when they see the exhibit—as the basic purpose is to show how alike we all are, from Bombay to Boston" with the seven photographs. The eight exhibition elements could also have been configured in countless other ways.

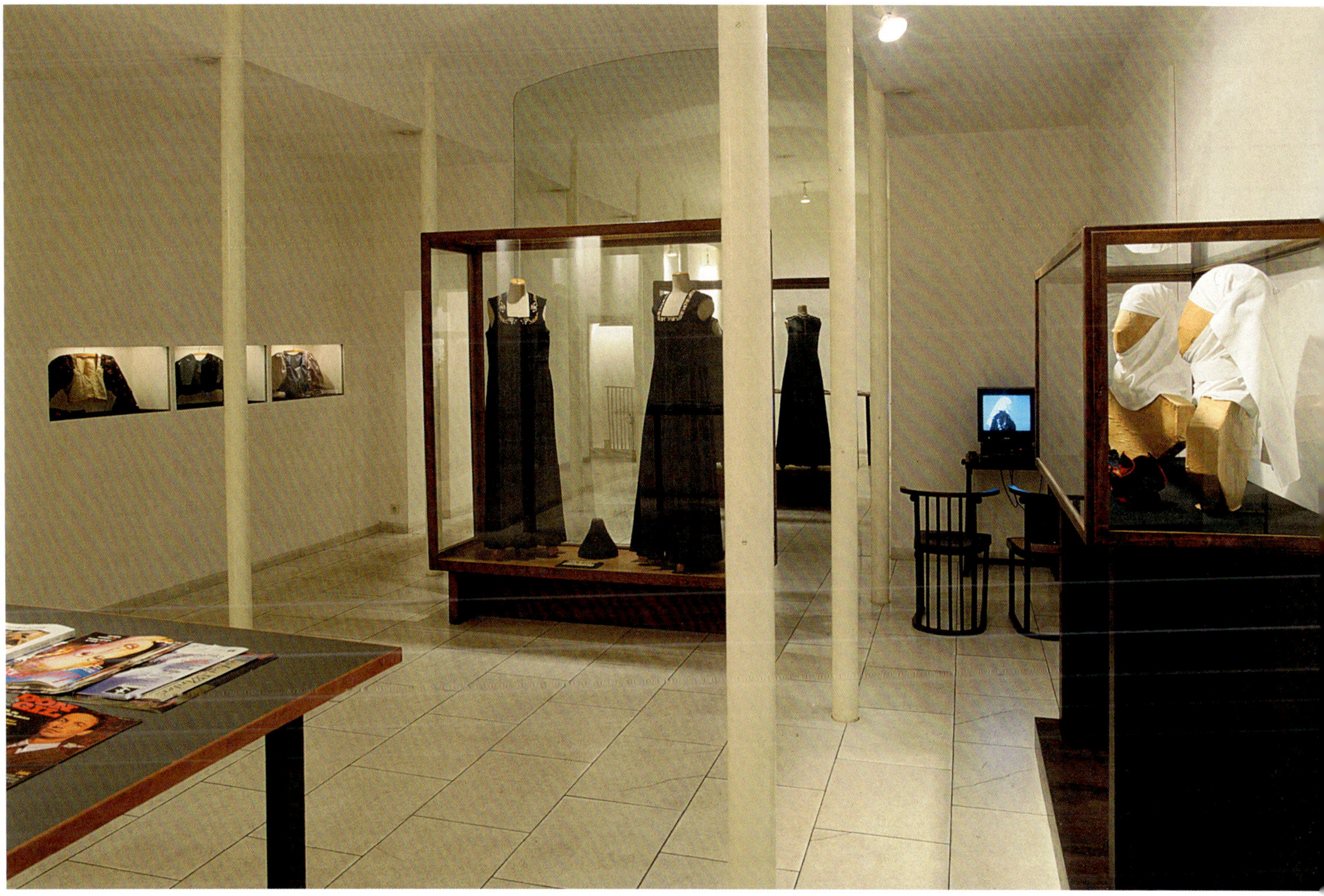

grossen Wanderausstellung. Von intimen Formaten bis hin zu überlebensgrossen Schwarzweisstafeln hingen die Abbildungen hier vertikal im Raum und horizontal unter der Decke, bestimmten so die Bewegungsrichtung der Besucher und schlossen diese gleichsam in den Ausstellungsaufbau ein. Steichens Evolutionsgeschichte kehrt bei Müller als Sammlung antiquierter Stereotypen zurück. In zwei Modellen im Massstab 1:10 rekombinierte Müller ein Zitat Edward Steichens, »People should feel they are looking into a mirror when they see the exhibit – as the basic purpose is to show how alike we all are, from Bombay to Boston«, mit den sieben Fotografien. Unendlich viele andere Kombinationen der acht Elemente zu einer Ausstellung wären denkbar.

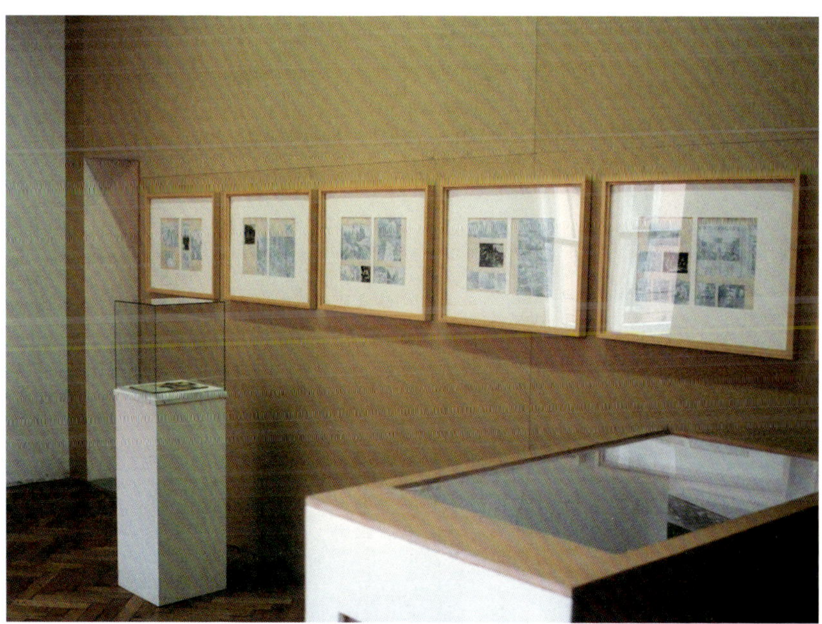

Bearbeiteter Katalog Reworked catalogue *The Family of Man*, 1955

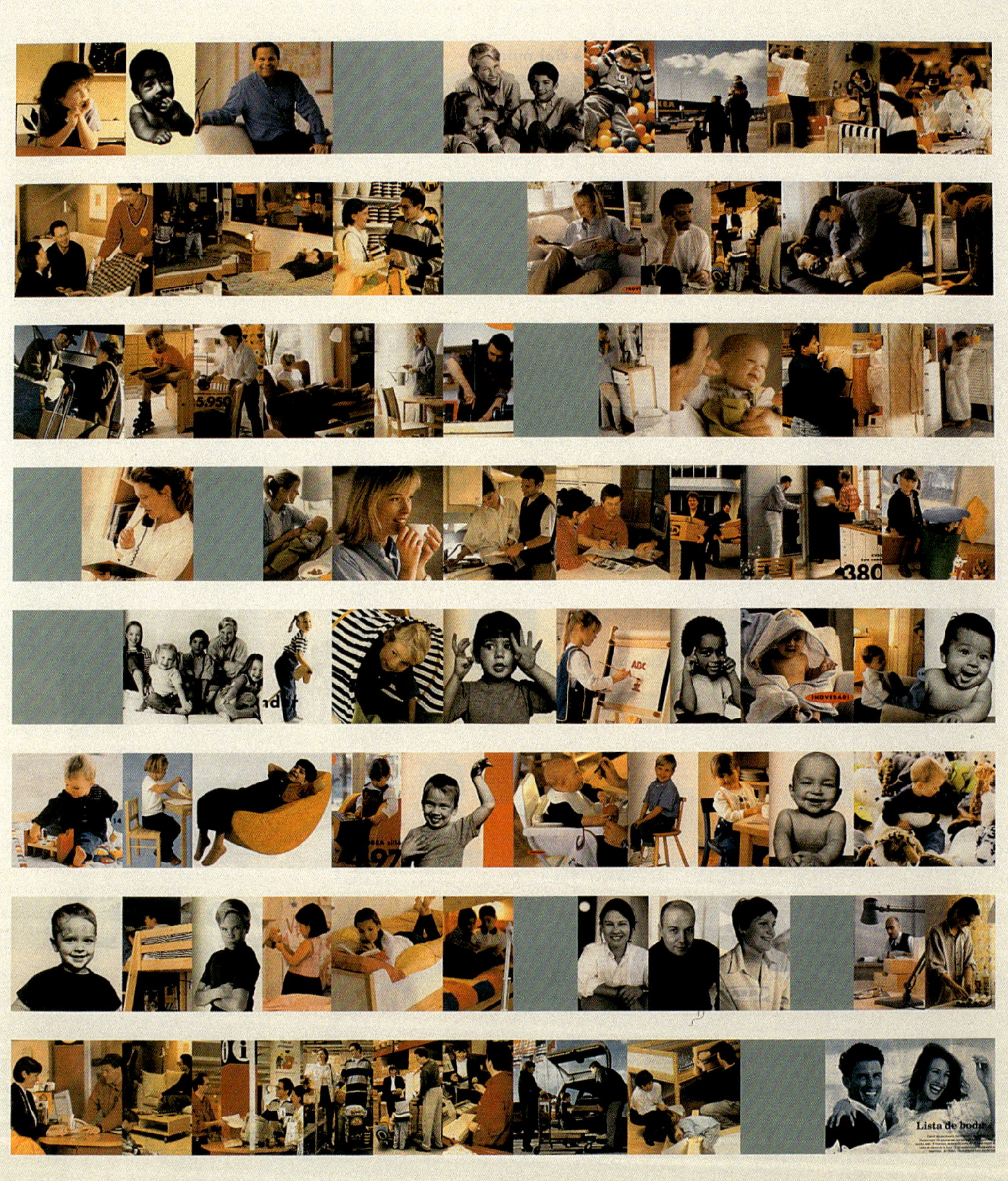

Naturalezas Muertas

Galeria Oliva Arauna, Madrid
13. Februar – 25. März 1998 February 13 – March 25, 1998

– *Spanish Family of Ikea / US Family of Ikea*, 1998, Laserchrome; je 107,5 x 97 cm; Besitz des Künstlers
– *The Party Girls*, 1998, Iris-Print, Auflage: 3; 102 x 142 cm
– *The Entertainer*, 1998, Iris-Print, Auflage: 3; 102 x 142 cm
– *The Collector*, 1998, Iris-Print, Auflage: 3; 102 x 142 cm
– *What You Can't See Is How Well It Goes with Your Student Loans*,1998, Requisiten auf Sockel, Plexiglas, Ikea-Tisch »Lack«; 151 x 60 x 60 cm
– *You'll Probably Never Need It*, 1998, Requisiten auf Sockel, Plexiglas, Ikea-Tisch »Lack«; 173,5 x 60 x 60 cm; Themistocles und Dare Michos, San Francisco
– *Wenn Ansprüche wachsen*, 1998, Requisiten auf Sockel, Plexiglas, Ikea-Tisch »Lack«; 151 x 60 x 60 cm

Courtesy Galeria Oliva Arauna, Madrid

– *Spanish Family of Ikea / US Family of Ikea*, 1998, laserchrome; each 42 x 38 inches; collection of the artist
– *The Party Girls*, 1998, iris print, edition of 3; 40 x 56 inches
– *The Entertainer*, 1998, iris print, edition of 3; 40 x 56 inches
– *The Collector*, 1998, iris print, edition of 3; 40 x 56 inches
– *What You Can't See Is How Well It Goes with Your Student Loans*, 1998, props on a base, Plexiglas, Ikea table "Lack;" 59 x 23 x 23 inches
– *You'll Probably Never Need It*, 1998, props on a base, Plexiglas, Ikea table "Lack;" 68 x 23 x 23 inches; Themistocles and Dare Michos, San Francisco
– *Wenn Ansprüche wachsen*, 1998, props on a base, Plexiglas, Ikea table "Lack;" 59 x 23 x 23 inches

Courtesy of Galeria Oliva Arauna, Madrid

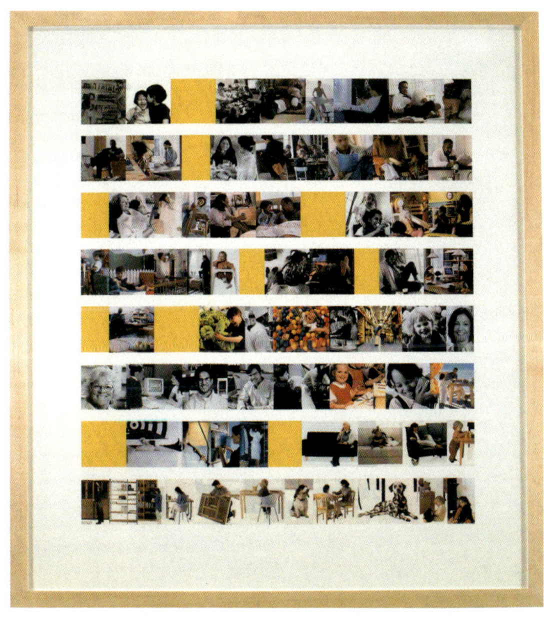

US Family of Ikea, 1998

CHRISTIAN PHILIPP MÜLLER

NATURALEZAS MUERTAS

INAUGURACION 13 FEBRERO 1998 21 horas

GALERIA OLIVA ARAUNA
CLAUDIO COELLO 19 28001 MADRID (91) 435 18 08

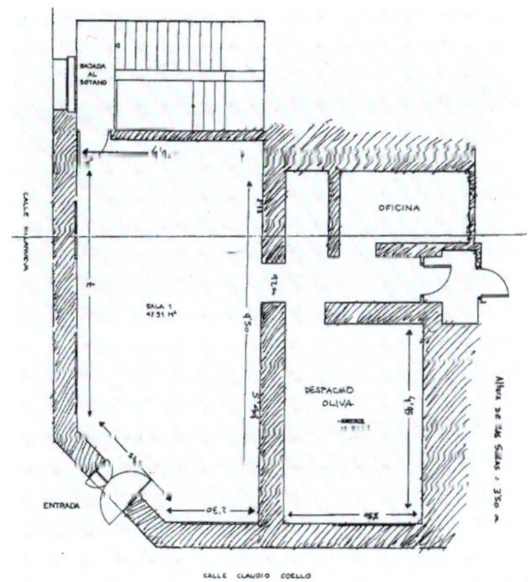

Spanish Family of Ikea, 1998

In seiner Madrider Galerieausstellung zeigte Christian Philipp Müller drei skulpturale Stillleben, zwei Gruppenporträts und drei digitale Collagen, deren Motive den Katalogen der schwedischen Möbelfirma IKEA entstammten.
IKEA wurde 1943 in Schweden gegründet, heute werden die über 10000 Produkte des Konzerns in 35 Ländern angeboten und verkauft. Zum Zeitpunkt der Ausstellung wurden 39 unterschiedliche Editionen des Kataloges in 17 Sprachen vertrieben. IKEA war gerade neu auf dem spanischen Markt und versuchte, sich dort als gehobene Marke zu etablieren. Für *Naturalezas Muertas* verglich Müller die spanische, die deutsche und die amerikanische Ausgabe des Katalogs und verfolgte in seinen Re-Inszenierungen der dort beworbenen Lebensart die Zuschreibungen und stereotypen Variationen, mit denen die immer gleiche Produktpalette präsentiert wird.
Im Diptychon *US Family of IKEA – Spanish Family of IKEA* isolierte Müller aus beiden Katalogversionen die abgebildeten Personen und montierte sie zu Familienporträts. Dabei wurden Menschen aus allen Altersgruppen mit den ihnen im Katalog zugeordneten Farben zu grossformatigen Porträts ihrer jeweiligen nationalen IKEA-Welt zusammengeschnitten. Während in der US-Version multikulturelle Familien in Szene gesetzt wurden, war die spanische IKEA-Welt von blonden Menschen bevölkert. In den skulpturalen Stillleben griff Müller die inszenierten Lebenswelten der IKEA-Familie auf und extrahierte aus ihnen drei Objektgruppen. Er kopierte die im Katalog vorgeschlagene Kombination von Wohnaccessoires und arrangierte auf »LACK«, so die Bezeichnung der weissen IKEA-Kaffeetische, alle auf der doppelseitigen Präsentation zu sehenden Objekte, welche nicht bei IKEA erhältlich waren. Durch die Darbietung auf Sockeln unter Plexiglashauben wurde ihr Erscheinen zusätzlich musealisiert.
In drei gerahmten Wandarbeiten wurde die Typisierung der angesprochenen Käufergruppen weiterverfolgt. Die Digitalcollagen *The Collector, The Entertainer* und *The Party Girls* wiederholten die Re-Inszenierungen der Ikea-Lebenswelten auf zweidimensionaler Ebene. Aus ihrem Katalogumfeld isoliert, verloren die Objekte ihre scheinbare Individualität, wodurch sie extrem austauschbar wurden.

In his gallery exhibition in Madrid, Christian Philipp Müller showed three sculptural still lifes, two group portraits, and three digital collages with motifs taken from catalogues of the Swedish furniture company IKEA.
IKEA was founded in Sweden in 1943; today, it sells over 10,000 products in 35 countries. At the time of the exhibition, 39 different editions of the catalogue were available in 17 languages. IKEA had just appeared on the Spanish market and was attempting to gain a foothold as an upper-middle-class brand. In *Naturalezas Muertas*, Müller compared the Spanish, German, and American editions of the catalogue and, in his re-stagings of the lifestyle promoted there, explored the characterizations and stereotypical variations used to present an identical palette of products.
In the diptych *US Family of IKEA—Spanish Family of IKEA*, Müller isolated the persons illustrated in both versions of the catalogue and combined them into family portraits. Here, people of all age groups with the ethnicities assigned to them in the catalogue were combined into large-scale group portraits of their own national IKEA world. While the American version showed multicultural families, the Spanish world of IKEA was populated by blond people.
In the sculptural still lifes, Müller explored the staged lifestyles of the IKEA family and extracted from them three groups of objects. He copied the combination of decorating accessories suggested in the catalogue, taking all the objects illustrated on a double-page spread that were not sold through IKEA. He then arranged them on "LACK" (the white IKEA coffee table), giving them an even more museum-like appearance by placing them on pedestals under Plexiglas covers.
The three framed wall pieces further explored the typology of targeted consumer groups. The digital collages *The Collector, The Entertainer*, and *The Party Girls* repeated the presentation of IKEA lifestyles in two-dimensional form. Isolated from their catalogue setting, the objects lost their apparent individuality, making them highly interchangeable.

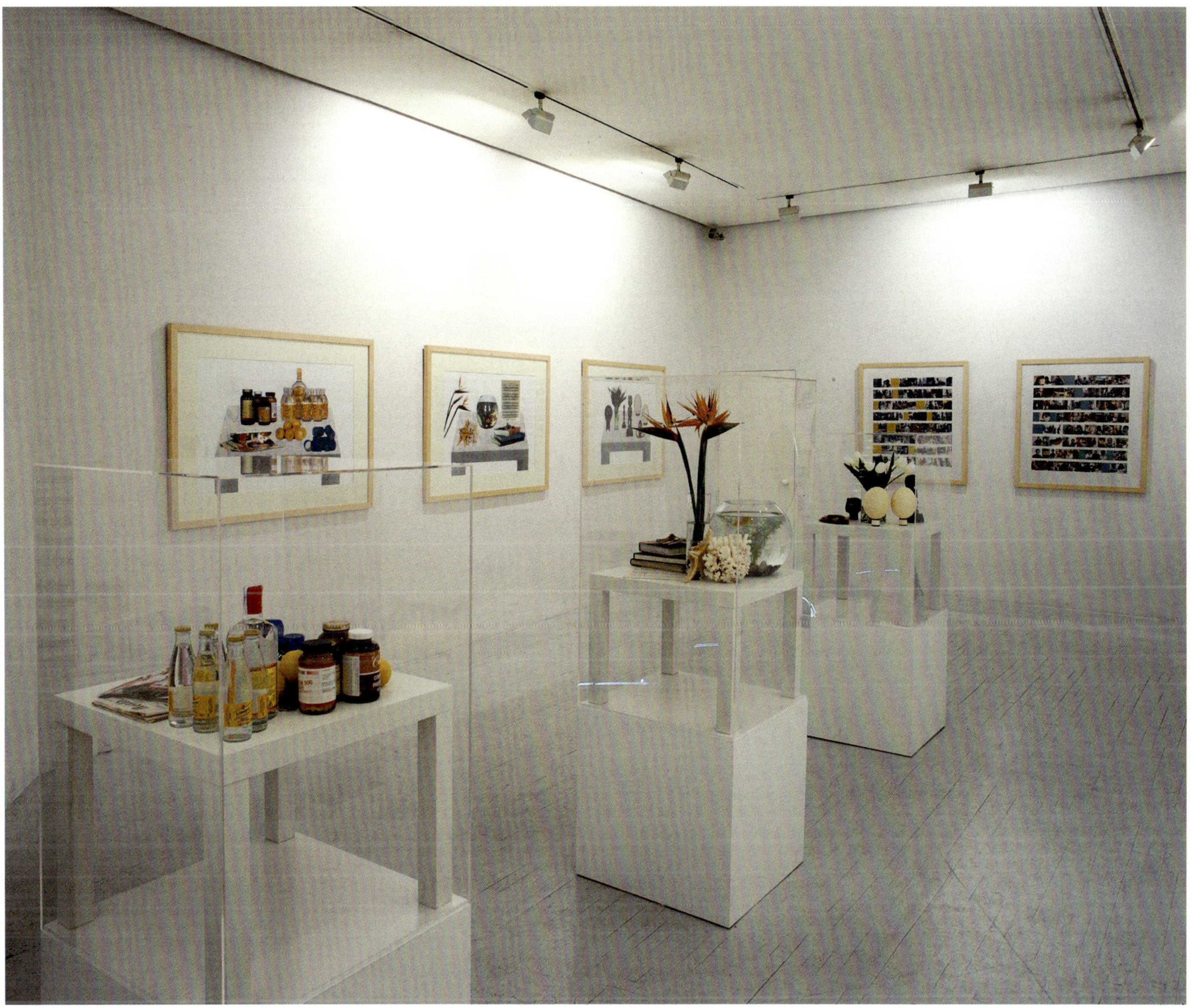

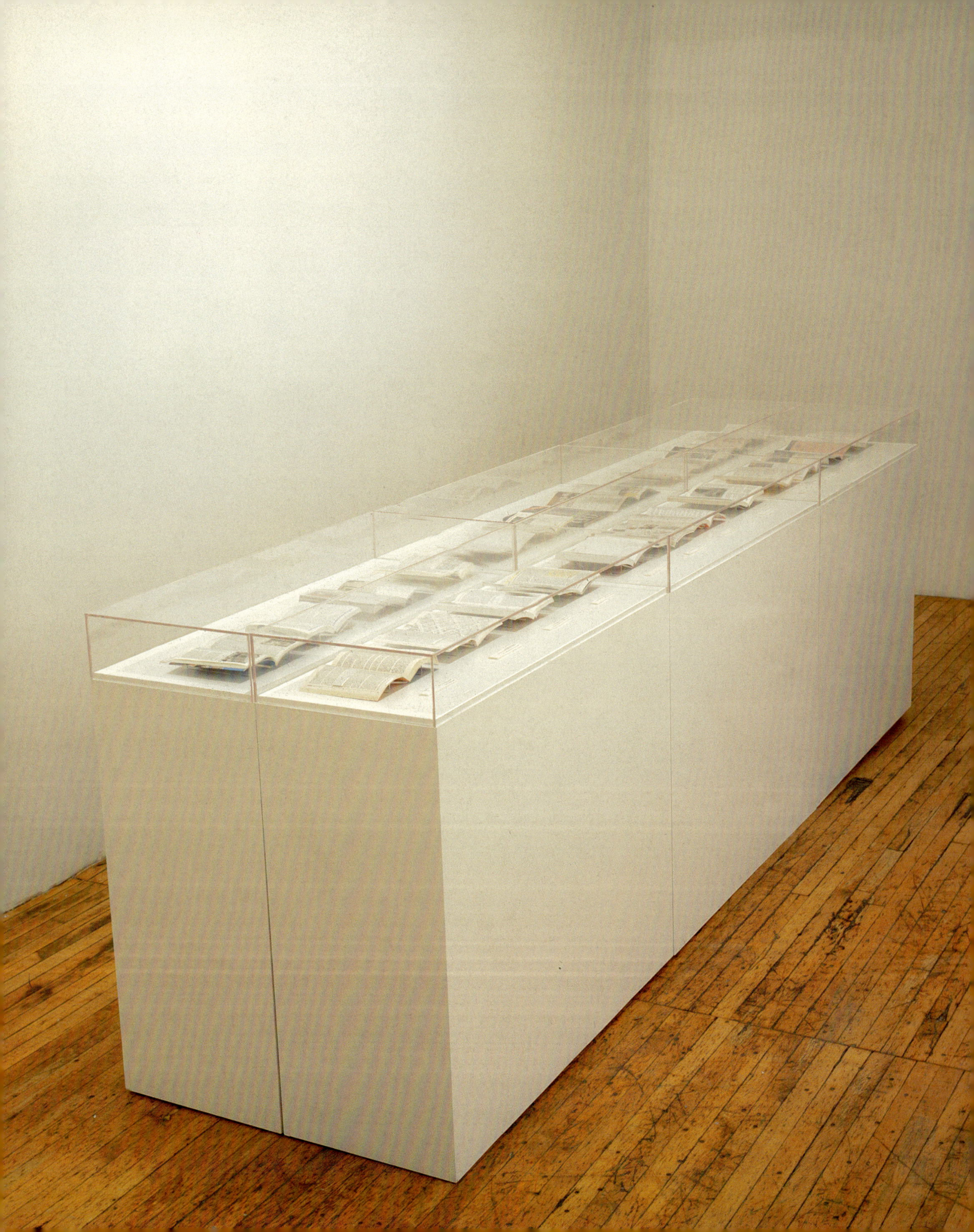

Interpellations

American Fine Arts, Co., New York
16. April – 7. Mai 1994 April 16 – May 7, 1994

Ausstellungsraum
Sechs Vitrinen, Spanplatte, bemalt; Plexiglas, Buchständer, je 117 x 122 x 45,5 cm; gesamt: 117 x 366 x 91 cm
– *Vitrine 1*, 1994, vier englischsprachige Reiseführer, manipuliert; Privatbesitz, New York
– *Vitrinen 2, 3*, 1994, je vier englischsprachige Reiseführer, manipuliert
– *Vitrinen 4, 5, 6*, 1994, je vier deutschsprachige Reiseführer, manipuliert

Büro des Galeristen
– *Tablevitrine*, 1994, zwei englischsprachige Reiseführer, manipuliert; Spanplatte, bemalt; Plexiglas, Buchständer; 46 x 66 x 17,2 cm; Themistocles und Dare Michos, San Francisco

Exhibition Space
Six display cases, chipboard, painted; Plexiglas, bookracks, each 46 x 48 x 18 inches; total dimensions: 46 x 144 x 36 inches
– *Vitrine 1*, 1994, four English-language travel guides, manipulated; Private collection, New York
– *Vitrines 2, 3*, 1994, four English-language travel guides each, manipulated
– *Vitrines 4, 5, 6*, 1994, four German language travel guides each, manipulated

Office of the Gallery Owner
– *Tablevitrine*, 1994, two English-language travel guides, manipulated; chipboard, painted; Plexiglas, bookracks; 18 x 26 x 6 inches; Themistocles and Dare Michos, San Francisco

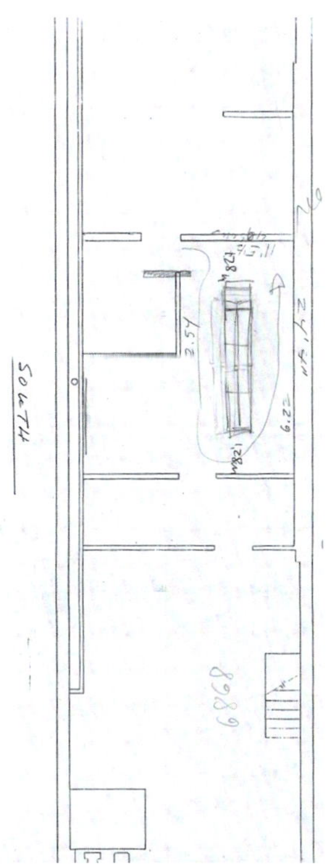

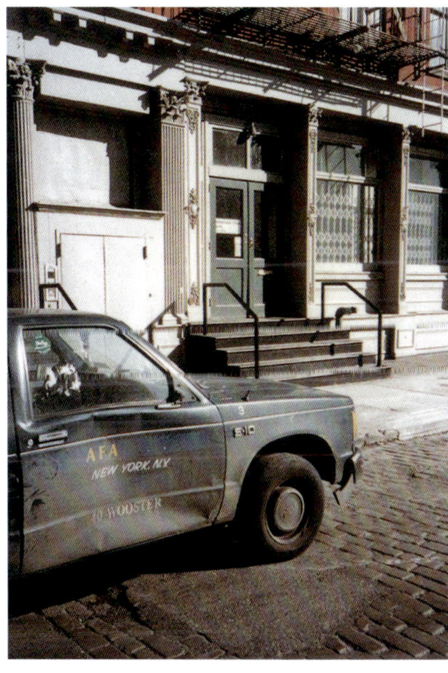

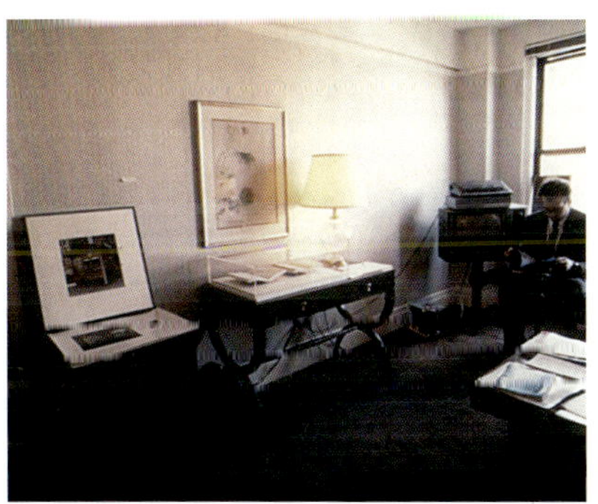

Tablevitrine, Privatbesitz Private collection, San Francisco, 1994

In *Interpellations* zeigte Müller in sechs Vitrinen Reiseführer von New York, in denen die Galerie American Fine Arts, Co., nicht verzeichnet war. Drei Vitrinen mit englischsprachigen Publikationen standen drei Vitrinen mit deutschsprachigen Publikationen gegenüber. In den grossen weissen Schaukästen, deren Monumentalität schon die Kostbarkeit ihres Inhalts erahnen lassen sollte, wurden akkurat montierte, aufgeschlagene und etikettierte Buch- und Zeitschriftenreihen museal zur Schau gestellt. Wie in Müllers anderen Ausstellungen bei American Fine Arts wurden auch hier nur Einzelteile der Installation, nie die gesamte Installation zum Verkauf angeboten. In jedem der Reiseführer wurde American Fine Arts als »interpellation« eingearbeitet. Über transparenten Folien wurden die Korrekturen auf weissem Fotopapier ausgelegt. Alle gestalterischen Details, die Typografie, der Schreibstil und die Art der Fotografien wurden möglichst genau reproduziert. So wurde unter anderem ein Foto von Leo Castelli in einer seiner Ausstellungen durch eines von Colin de Land in Müllers Installation von *A Sense of Friendliness, Mellowness, and Permanence* ersetzt. In anderen Fällen wurden die Wegbeschreibungen zu bekannten New Yorker Ausstellungsräumen »korrigiert«, indem diejenige zu American Fine Arts an ihre Stelle trat. In Ergänzung der Vitrinen wurde James Meyers Artikel »The Condition of Bohemia« ausgestellt. Der Text war im Galerieraum an die Wand geheftet worden, wodurch die früheren vom Autor kuratierten Ausstellungen bei American Fine Arts in Beziehung zu den *Interpellations* gesetzt wurden. Nach ihrem Umzug in die Wooster Street am äussersten Ende von Soho im Jahre 1994 war American Fine Arts zunächst nur durch die eigene Anzeige im Artforum verzeichnet. Monatelang fehlte ein Schild an der Aussenfassade des Gebäudes. Konträr zum etabliert anmutenden Namen war das Programm weder spezifisch »American« noch je dem klassischen Begriff der »Fine Arts« verschrieben gewesen. American Fine Arts war ein Verkaufsraum, der sich seinen potenziellen Kunden nicht sofort zu erkennen gab, weder nach aussen noch nach innen. Vertreten wurden von Colin de Land insbesondere konzeptuell arbeitende Künstler. Die Selbstmarginalisierung, die hieraus entsprang, die kommerzielle wie auch populäre Randexistenz wurden in den *Interpellations* von Müller sichtbar gemacht. Seine Auseinandersetzung mit dem Galerieraum und dessen Formen der Repräsentation reiht sich ein in die Idee der »nicht mehr schönen Künste«, der konzeptuellen Auseinandersetzung und damit der eigenen Unauffindbarkeit auf dem Markt.

In *Interpellations*, Müller designed six vitrines for the display of New York travel guides in which the gallery American Fine Arts, Co., was not listed. Three of the vitrines contained English-language publications; across from them stood the other three with German publications. The monumentality of the large white showcases gave an air of preciousness to the open books and magazines within, meticulously mounted and labeled in museum-like fashion. As in Müller's other exhibitions at American Fine Arts, only individual parts of the show were for sale, not the entire installation. In each of the travel guides, American Fine Arts was incorporated as an "interpellation." The corrections were laid out on white photographic paper by means of transparencies, with design details, typography, writing style, and type of photographs reproduced as closely as possible. For example, a photograph of Leo Castelli at one of his exhibitions was replaced by a photograph of Colin de Land at Müller's installation *A Sense of Friendliness, Mellowness, and Permanence*. In other instances, street directions to famous New York exhibition spaces were "corrected" to guide the reader to American Fine Arts. Along with the vitrines, James Meyer's article, "The Condition of Bohemia," was also exhibited. Stapled to the wall of the gallery, the text placed the author's previously curated exhibitions at American Fine Arts in relation to *Interpellations*. After its move to Wooster Street at the far end of Soho in 1994, American Fine Arts was listed in *Artforum* at first only in its own advertisement. For months, the exterior façade of the building bore no sign. Despite the traditional-sounding name, the program of the gallery was neither specifically "American" nor obligated to the classical notion of "Fine Arts." American Fine Arts was a commercial space that did not immediately disclose itself to potential clients on either the outside or the inside. Colin de Land's primary focus was on conceptual artists. Müller's *Interpellations* made visible the self-marginalization resulting from this position on the periphery of both the commercial and the popular. His treatment of the gallery space and its forms of representation resonated with the "no longer fine arts" idea, the gallery's conceptual emphasis, and therewith its own invisibility on the market.

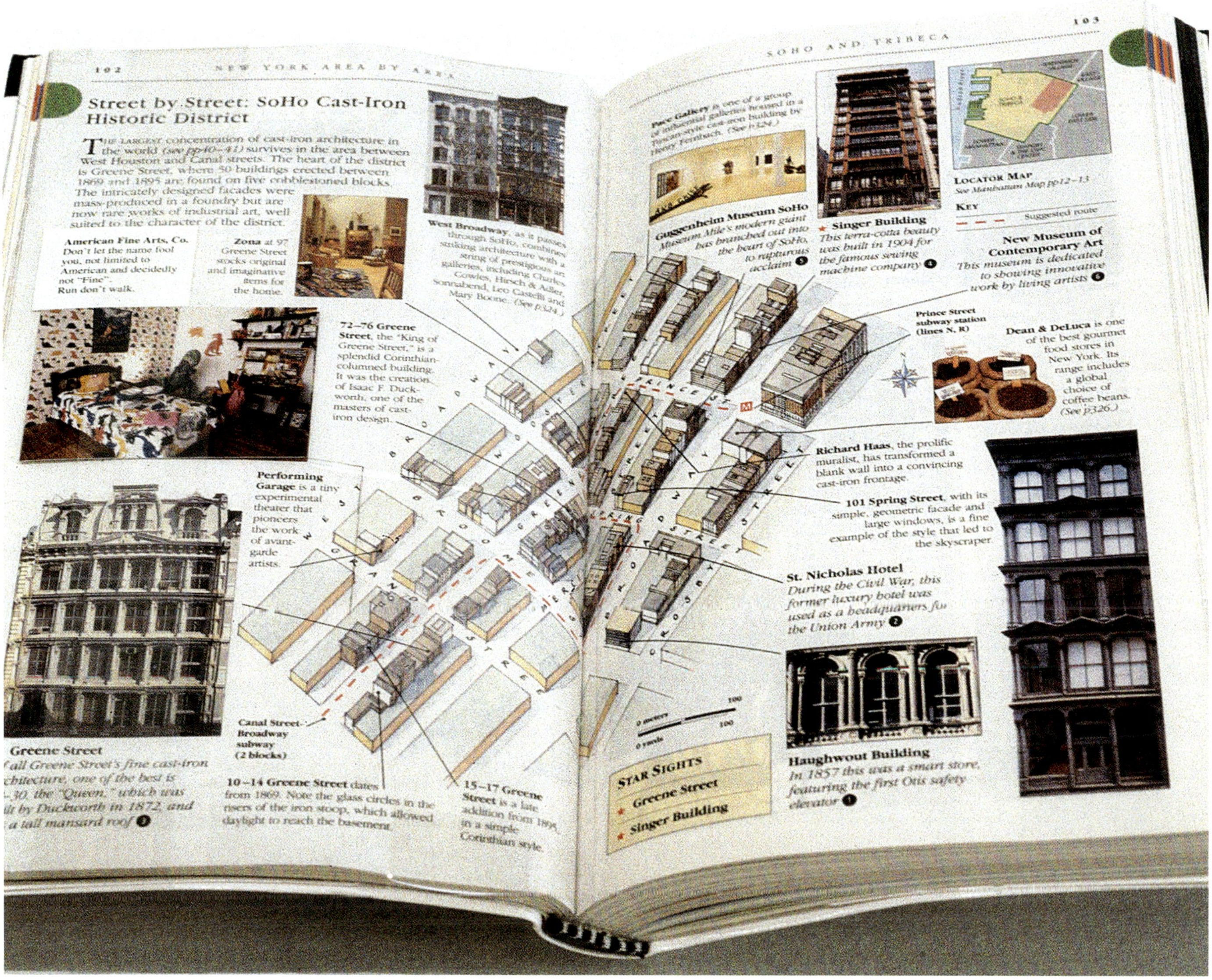

102 NEW YORK AREA BY AREA

Street by Street: SoHo Cast-Iron Historic District

The largest concentration of cast-iron architecture in the world (see pp40–41) survives in the area between West Houston and Canal streets. The heart of the district is Greene Street, where 50 buildings erected between 1869 and 1895 are found on five cobblestoned blocks. The intricately designed facades were mass-produced in a foundry but are now rare works of industrial art, well suited to the character of the district.

American Fine Arts, Co. Don't let the name fool you, not limited to American and decidedly not "Fine". Run don't walk.

Zona at 97 Greene Street stocks original and imaginative items for the home.

West Broadway, as it passes through SoHo, combines striking architecture with a string of prestigious art galleries, including Charles Cowles, Hirsch & Adler, Sonnabend, Leo Castelli and Mary Boone. (See p324.)

72–76 Greene Street, the "King of Greene Street," is a splendid Corinthian-columned building. It was the creation of Isaac F. Duckworth, one of the masters of cast-iron design.

Performing Garage is a tiny experimental theater that pioneers the work of avant-garde artists.

Greene Street
All Greene Street's fine cast-iron architecture, one of the best is No. 28–30, the "Queen," which was built by Duckworth in 1872, and has a tall mansard roof ❸

Canal Street–Broadway subway (2 blocks)

10–14 Greene Street dates from 1869. Note the glass circles in the risers of the iron stoop, which allowed daylight to reach the basement.

15–17 Greene Street is a late addition from 1895, in a simple Corinthian style.

SOHO AND TRIBECA 103

Pace Gallery is one of a group of influential galleries housed in a Tuscan-style cast-iron building by Henry Fernbach. (See p324.)

Guggenheim Museum SoHo
Museum Mile's modern giant has branched out into the heart of SoHo, to rapturous acclaim ❺

★ **Singer Building**
This terra-cotta beauty was built in 1904 for the famous sewing machine company ❹

Locator Map
See Manhattan Map pp12–13

Key
Suggested route

New Museum of Contemporary Art
This museum is dedicated to showing innovative work by living artists ❻

Prince Street subway station (lines N, R)

Dean & DeLuca is one of the best gourmet food stores in New York. Its range includes a global choice of coffee beans. (See p326.)

Richard Haas, the prolific muralist, has transformed a blank wall into a convincing cast-iron frontage.

101 Spring Street, with its simple, geometric facade and large windows, is a fine example of the style that led to the skyscraper.

St. Nicholas Hotel
During the Civil War, this former luxury hotel was used as a headquarters for the Union Army ❷

0 meters 100
0 yards 100

Haughwout Building
In 1857 this was a smart store, featuring the first Otis safety elevator ❶

Star Sights
★ Greene Street
★ Singer Building

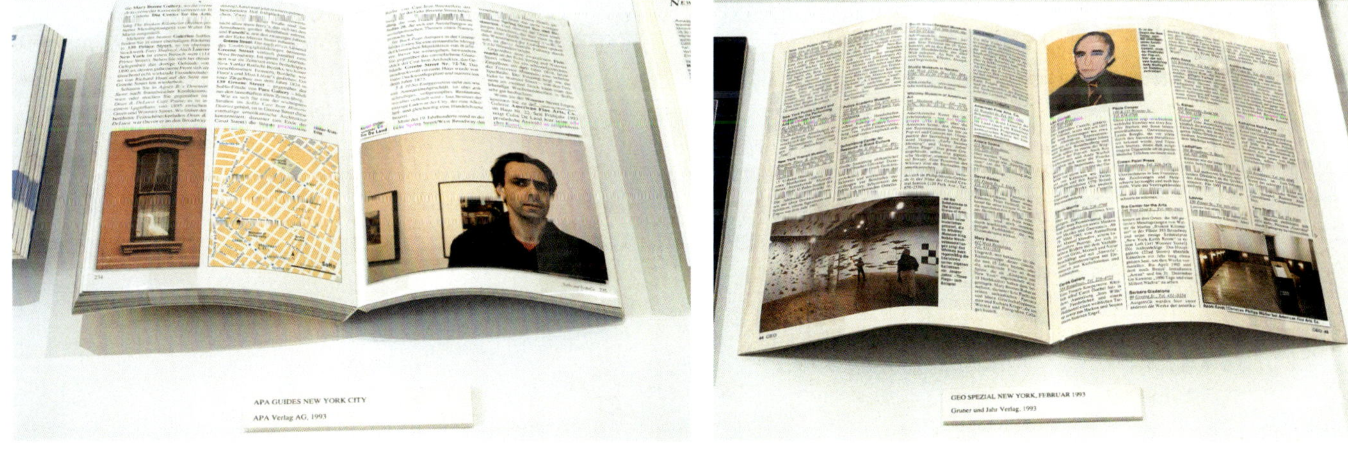

APA GUIDES NEW YORK CITY
APA Verlag AG, 1993

GEO SPEZIAL NEW YORK, FEBRUAR 1993
Gruner und Jahr Verlag, 1993

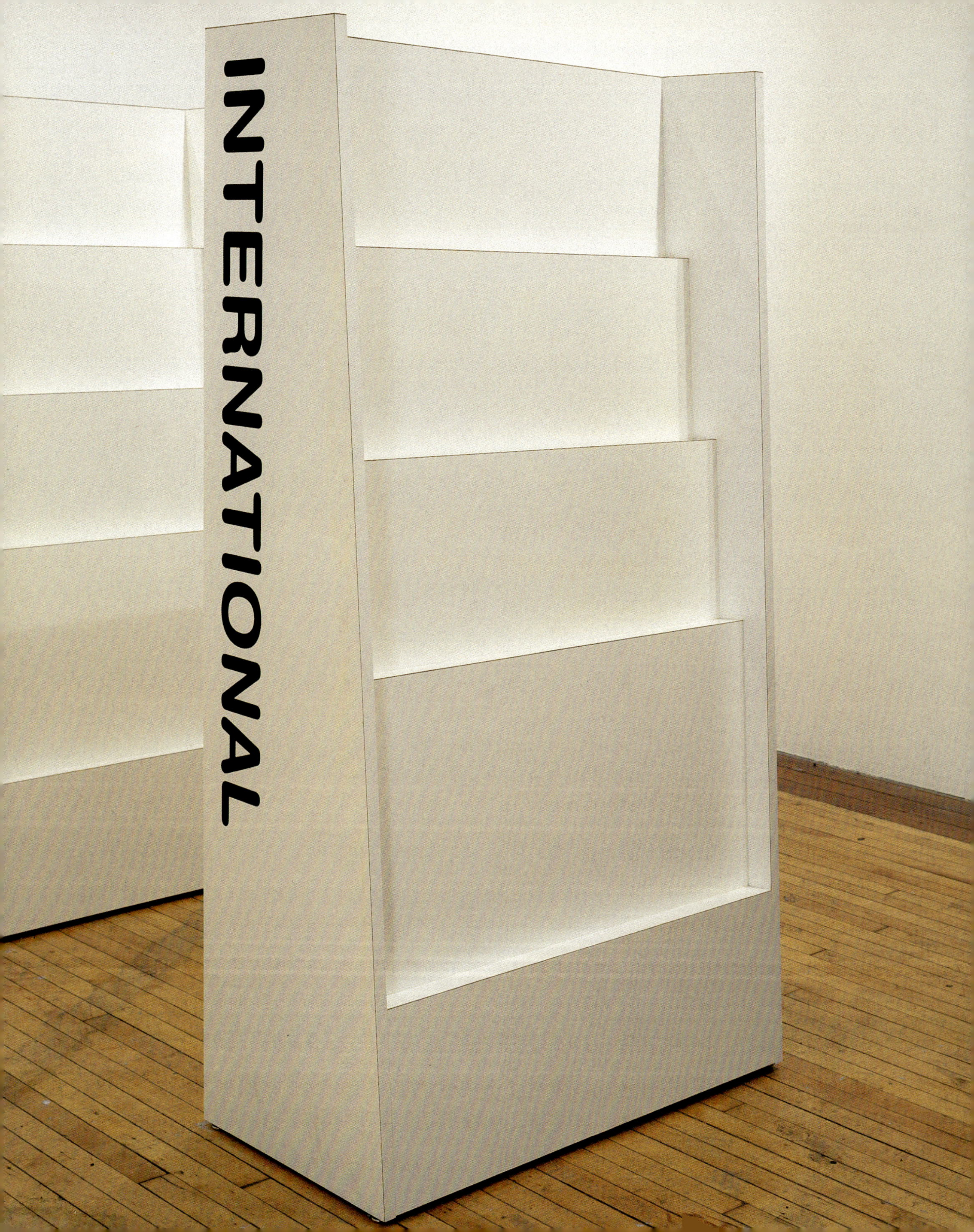
INTERNATIONAL

News and Gifts

American Fine Arts, Co., New York
November 1995

Vorraum
– *News and Gifts*, 1995, Siebdruck auf laminierter Spanplatte, 132,5 x 91,5 cm

Raum 1
Installation: sechs Ausstellungsdisplays, Spanplatte, laminiert, Siebdruck; je 167,5 x 91,5 x 45,5 cm

– *Newsstand Local*, 1995; Private Collection, Berlin
– *Newsstand National # 1*, 1995
– *Newsstand National # 2*, 1995; zerstört
– *Newsstand International # 1*, 1995; Barbara and Howard Morse, New York
– *Newsstand International # 2*, 1995; Themistocles and Dare Michos, San Francisco
– *Newsstand International # 3*, 1995; Sammlung F. C. Gundlach, Hamburg

Raum 2
Installation: zwei Warenpyramiden, Spanplatte, laminiert; je 183 x 183 x 145 cm

– *Pyramid 1*, 1995
– *Pyramid 2*, 1995

Preliminary Room
– *News and Gifts*, 1995, silkscreen on laminated chipboard, 52 x 36 inches

Room 1
Installation: six exhibition displays, chipboard, laminated, silkscreen, each 66 x 36 x 18 inches

– *Newsstand Local*, 1995; Private collection, Berlin
– *Newsstand National # 1*, 1995
– *Newsstand National # 2*, 1995; destroyed
– *Newsstand International # 1*, 1995; Barbara and Howard Morse, New York
– *Newsstand International # 2*, 1995; Themistocles and Dare Michos, San Francisco
– *Newsstand International # 3*, 1995; collection of F. C. Gundlach, Hamburg

Room 2
Installation: two pyramids for products, chipboard, laminated; each 72 x 72 x 57 inches

– *Pyramid 1*, 1995
– *Pyramid 2*, 1995

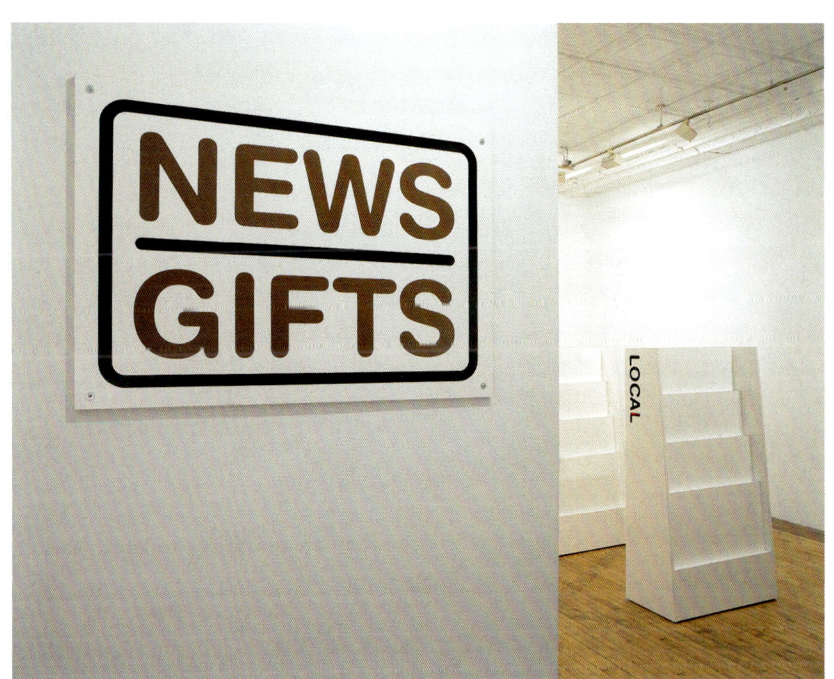

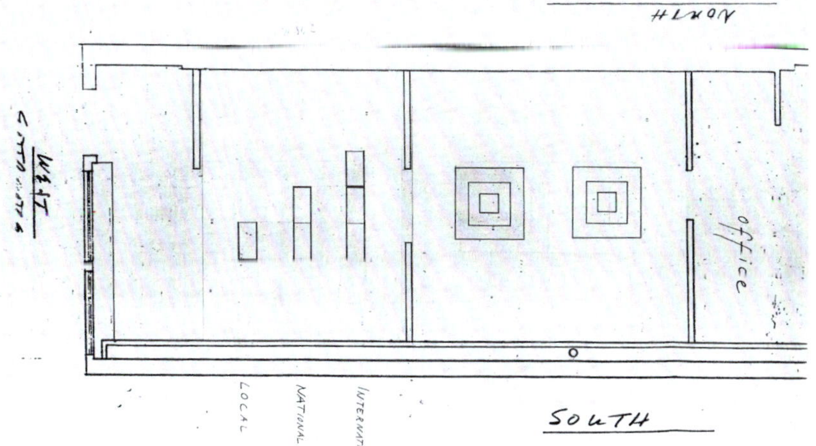

News and Gifts reflektierte den Standort der Galerie American Fine Arts, Co., im New Yorker Stadtteil Soho, in dem sich Mitte der 1990er-Jahre Newsbars und Flagshipstores zu den Galerien gesellten und die altmodischen Zeitungskioske und lokalen Shops zusehends ersetzten. Wie im Fall des von Donald Judd gestalteten Calvin-Klein-Flagshipstore, die zu dieser Zeit auf der Madison Avenue eröffnet wurde, orientierte sich die Materialästhetik der Verkaufslandschaften an der Minimal Art der 1960er-Jahre und der Galerieästhetik der White Cubes; verchromte und lackierte Auslagen präsentierten, kunstvoll drapiert, einzelne Waren. Im Eingangsbereich kündigte ein grosses Schild »News – Gifts« an. Im ersten Raum waren drei Reihen von weissen laminierten Displays aufgebaut. Diese drei leeren Regale waren nach ihrer Anzahl gestaffelt und seitlich in grossen, schwarzen Siebdrucklettern beschriftet: Auf einem Element war »LOCAL« zu lesen, auf zweien »NATIONAL« und auf dreien »INTERNATIONAL«. Im zweiten Raum befanden sich zwei identische raumgreifende Pyramiden aus schwarzem, braunem und weissem Laminat. Die Regale wie auch die beiden Pyramiden waren leer, wodurch sie die Enttäuschung des Betrachters in seiner Rolle als Konsument zeigten.

News and Gifts took as its point of departure the New York district of Soho, home of the gallery American Fine Arts, Co.. Here in the mid-nineteen-nineties, news bars and flagship stores were increasingly springing up around the galleries and replacing the old-fashioned newsstands and local shops. As in the case of the Calvin Klein flagship store designed by Donald Judd, which opened around the same time on Madison Avenue, the material aesthetic of the retail landscape was oriented toward Minimal Art of the nineteen-sixties and to the gallery aesthetic of "White Cubes," with chromed and painted displays, artfully draped, and presenting individual products. In the entrance area, a large sign announced "News—Gifts." In the first room, three rows of white laminated displays shelves were installed. These three empty units were arranged by number; on their sides, large black silkscreened letters read "LOCAL," and "NATIONAL," "INTERNATIONAL" respectively. The second room housed two identical large-scale pyramids of black, brown, and white laminate. Like the shelves, the two pyramids were empty, reflecting the viewers' disappointment in their role as consumers.

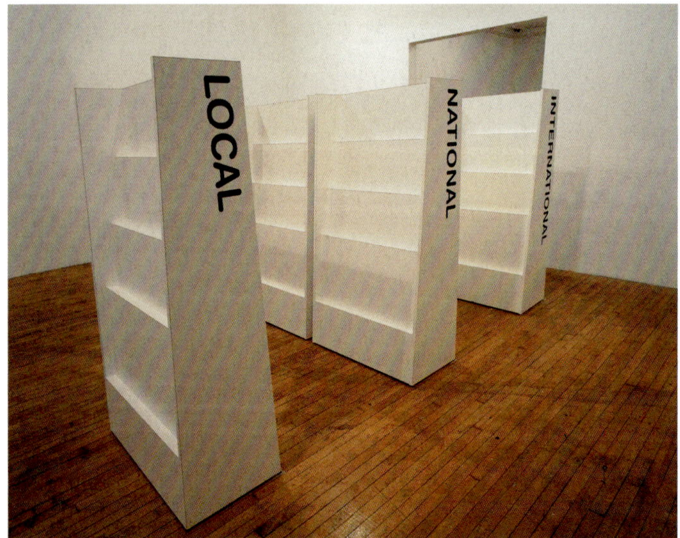

Raum 1 Room 1

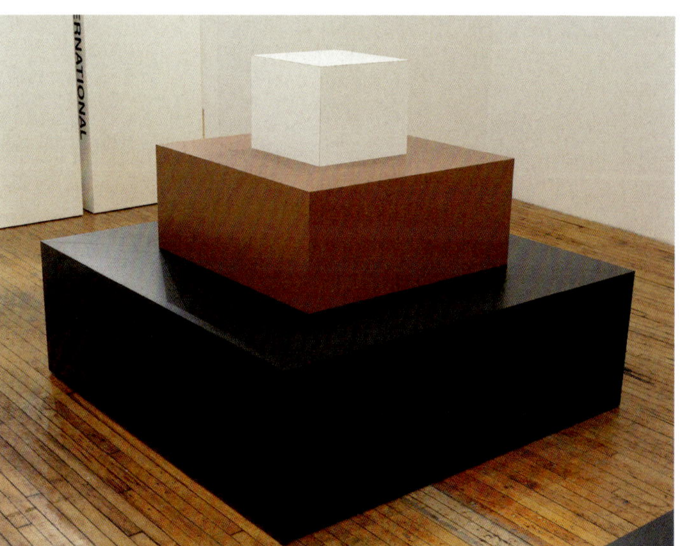

Raum 2 Room 2

Newsstand Local, 1995, arrangiert von arranged by Alexander Schröder, Privatbesitz Private collection, Berlin

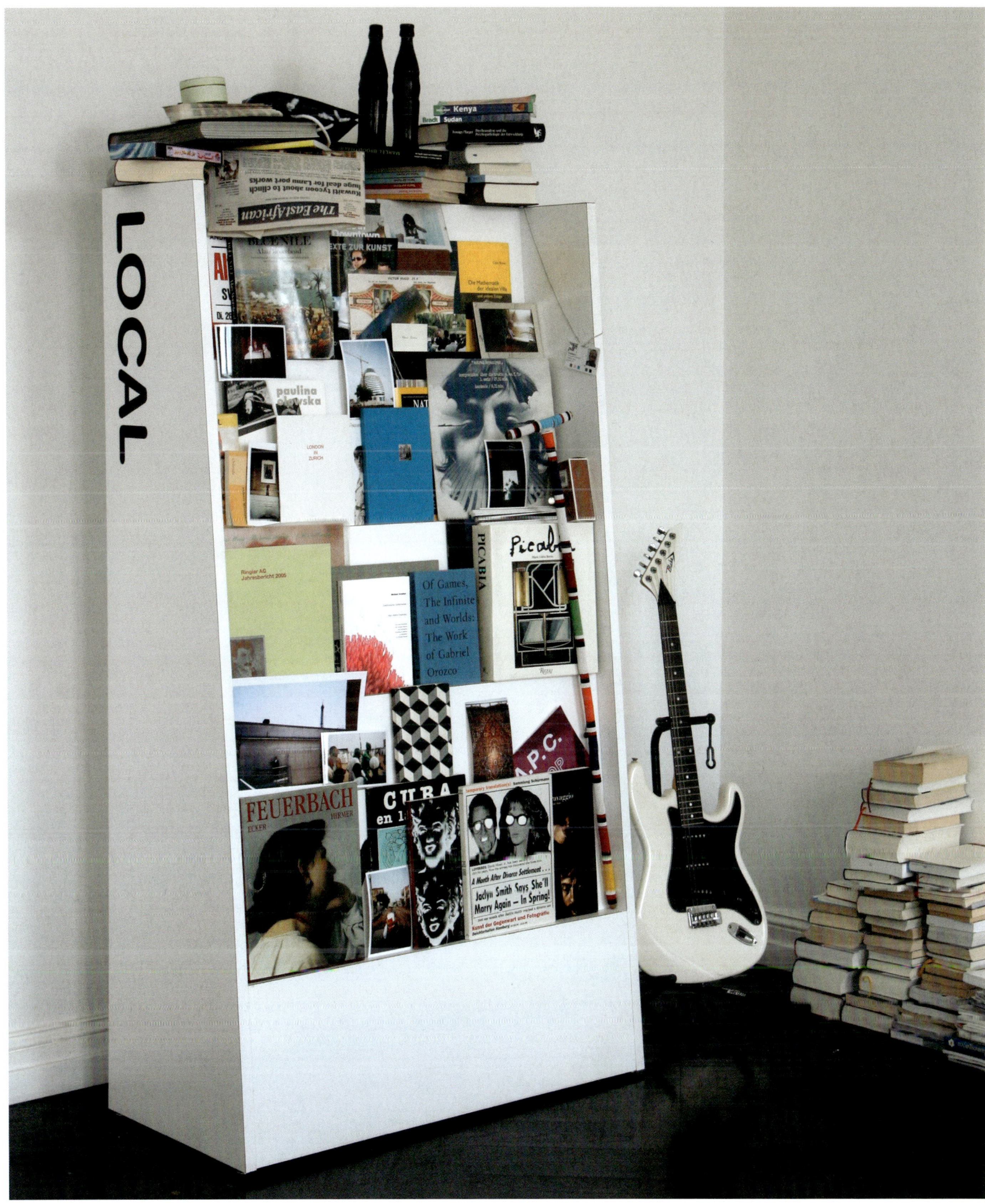
LOCAL
Kenya
Sudan
The EastAfrican
Kuwaiti tycoon about to clinch huge deal for Lamu port works
Downtown
TEXTE ZUR KUNST
Die Mathematik der idealen Villa
paulina olowska
LONDON IN ZURICH
Ringier AG Jahresbericht 2006
Of Games, The Infinite and Worlds: The Work of Gabriel Orozco
PICABIA
Picabia
FEUERBACH
HIRMER
CUBA
A.P.C.
A Month After Divorce Settlement
Jaclyn Smith Says She'll Marry Again — In Spring!
Kunst der Gegenwart und Fotografie

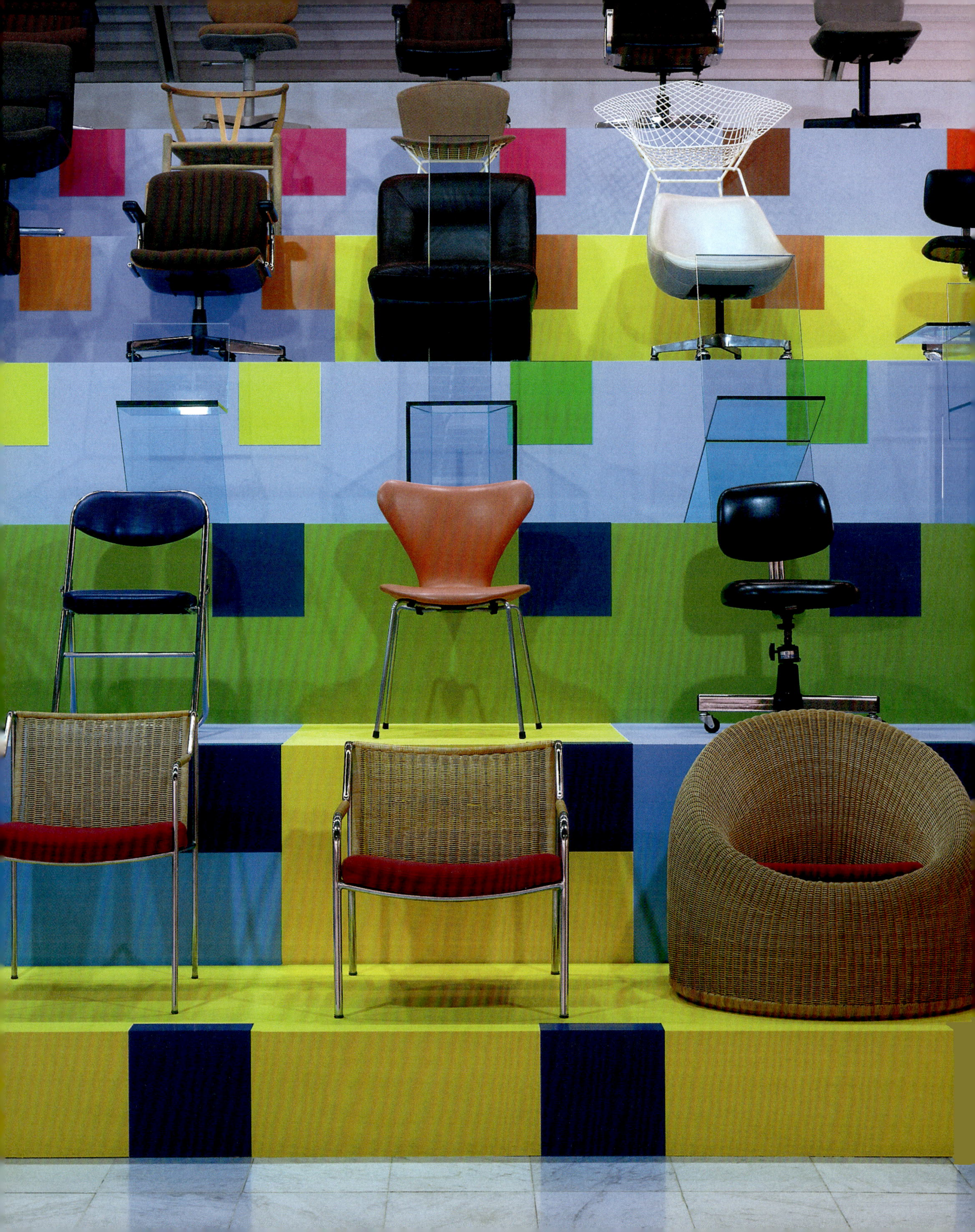

Portrait of the Museum as a Chair

Museum as Subjects, The National Museum of Art, Osaka

25. Oktober – 11. Dezember 2001 October 25 – December 11, 2001

Portrait of the Museum as a Chair, 2001, temporäre Installation: 52 Stühle, Infoblätter (Japanisch / Englisch), Tribüne; gesamt: 330 x 900 x 600 cm

Portrait of the Museum as a Chair, 2001, temporary installation: 52 chairs, information sheets (Japanese / English), podium; total dimensions: 130 x 354 x 236 inches

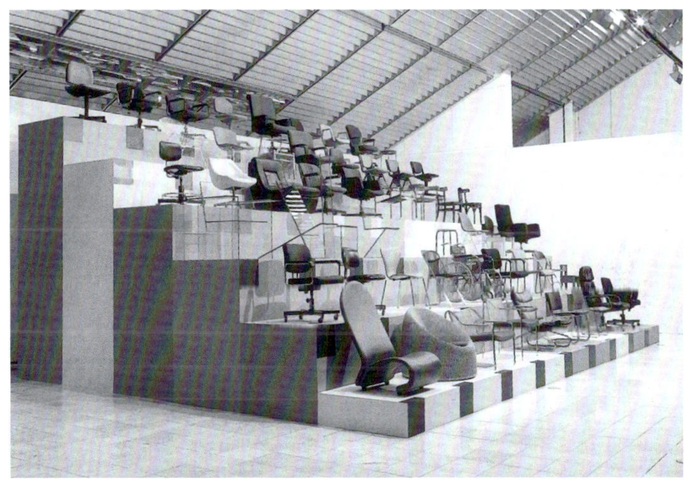

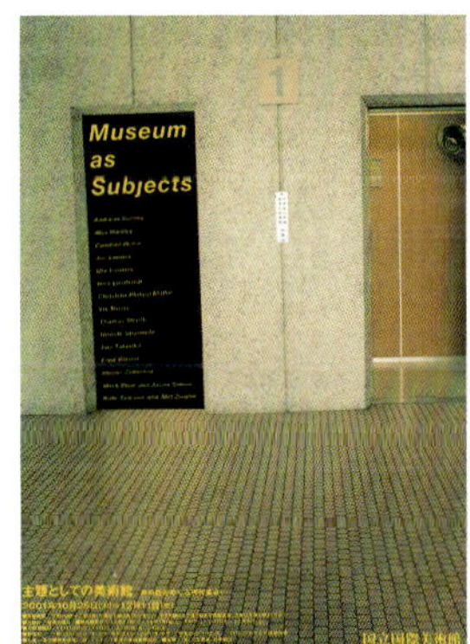

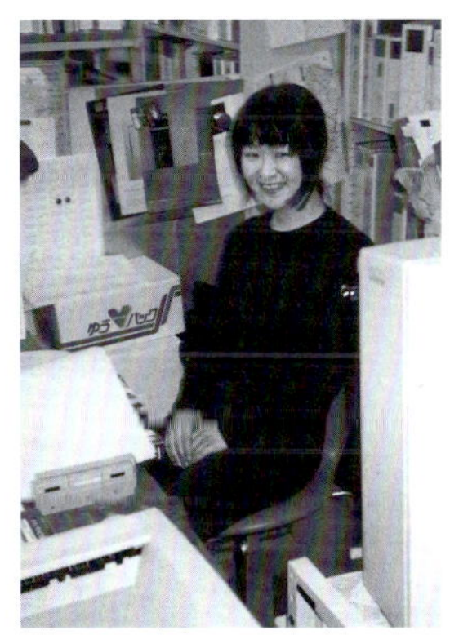

Yuka Tokuyama an ihrem Arbeitsplatz im National Museum of Art, Osaka
Yuka Tokuyama at her desk at the National Museum of Art, Osaka

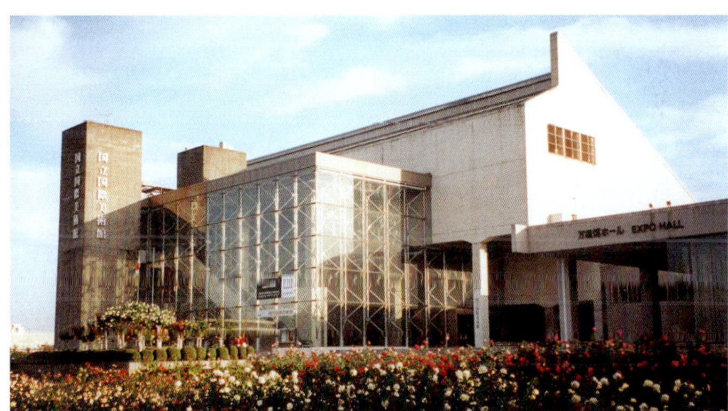

The National Museum of Art, Osaka, 2004 abgerissen knocked down in 2004

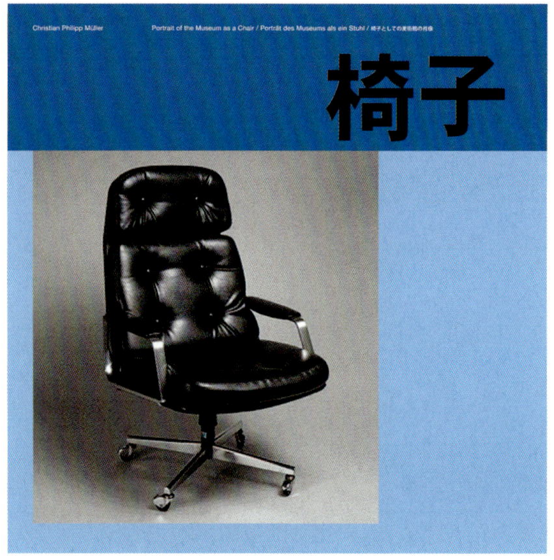

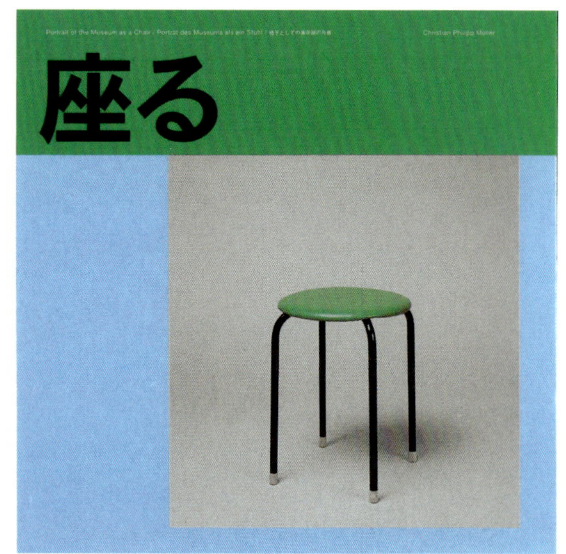

Im Jahr 2001 lud Hiroyuki Nakanishi, Kurator des Nationalen Kunstmuseums in Osaka, Christian Philipp Müller ein, für seine Ausstellung *The Museum as Subjects* ein Projekt zu entwickeln. Das Museum stand noch bis 2004 im EXPO-Park von 1970, der Suita-City, einer Landschaft aus Architekturresten der EXPO und dem nach Plänen von Kisho Kurokawa errichteten Museumsneubau des Ethnologiemuseums. Das Nationale Kunstmuseum selbst war 1977 in einem von Kyoshi Kawasaki für die EXPO entworfenen und dann für den Dauerbetrieb modifizierten Ausstellungsgebäude eröffnet worden. 1978 fand hier die erste Designausstellung statt, *Design and Art of Modern Chairs*.
Die Lage des Museums und die kuriose Verteilung unterschiedlichster Designerstühle inmitten des Ausstellungsbetriebs waren für Müller der Anlass, das Museum selbst anhand seiner Stühle ins Zentrum des Projekts zu rücken. Er porträtierte es, indem er eine Typologie der 54 Stuhlsorten im Nationalen Kunstmuseum entwarf. In der Ausstellung selbst stellte Müller auf einer tribünenartigen Konstruktion die verschiedenen Stuhltypen – geordnet nach ihrem Ankaufsjahr – vor. Die Stellflächen wurden farbig markiert, um die Position der Objekte in den unterschiedlichen Hierarchie- und Funktionsebenen der Institution voneinander abzusetzen. An der Positionierung und der Farbumgebung liessen sich das Ankaufsjahr wie auch der Status des Stuhls innerhalb des Museumsbetriebs ablesen. Die Einteilung verlief zwischen Besucherstühlen (blau), Mitarbeiterstühlen (gelb) und den sechs Stühlen, die zur Sammlung des Museums zählten (grün). Den Angestellten wurden für die Dauer der Ausstellung ähnliche Stühle überlassen, während das Sitzen auf den ausgestellten Objekten verboten war.

In 2001, Hiroyuki Nakanishi, Curator at the National Art Museum in Osaka, invited Christian Philipp Müller to develop a project for his exhibition, *The Museum as Subjects*. Until 2004, the museum stood in the EXPO park (built in 1970) in Suita-City, a landscape of architectural remnants from the EXPO and the new Museum of Ethnology edifice, built according to the plans of Kisho Kurokawa. Kyoshi Kawasaki designed The National Art Museum in 1977 for the EXPO. After modifications, it was then opened as a permanent exhibition space. The museum's first design exhibition, *Design and Art of Modern Chairs*, took place in 1978.
The site of the museum and the odd distribution of various designer chairs throughout the exhibition apparatus inspired Müller to use the museum as the central theme of his project, based on its chairs. He made a portrait of the museum, in which he created a typology of the 54 kinds of chairs in the National Museum of Art. In the exhibition itself, Müller placed the different types of chairs, organized according to their year of purchase, on a podium-like construction. The surfaces where they were positioned were color coded to differentiate the various hierarchical and functional levels of the institution from one another. The year of purchase as well as the status of the chair within the workings of the museum could be construed from the positioning and color environment of the chairs. The groupings ranged from visitor chairs (blue), employee chairs (yellow), and the six chairs that belonged to the collection of the museum (green). Employees were given similar replacement chairs for the duration of the exhibition, since it was not allowed to sit on the exhibited chairs.

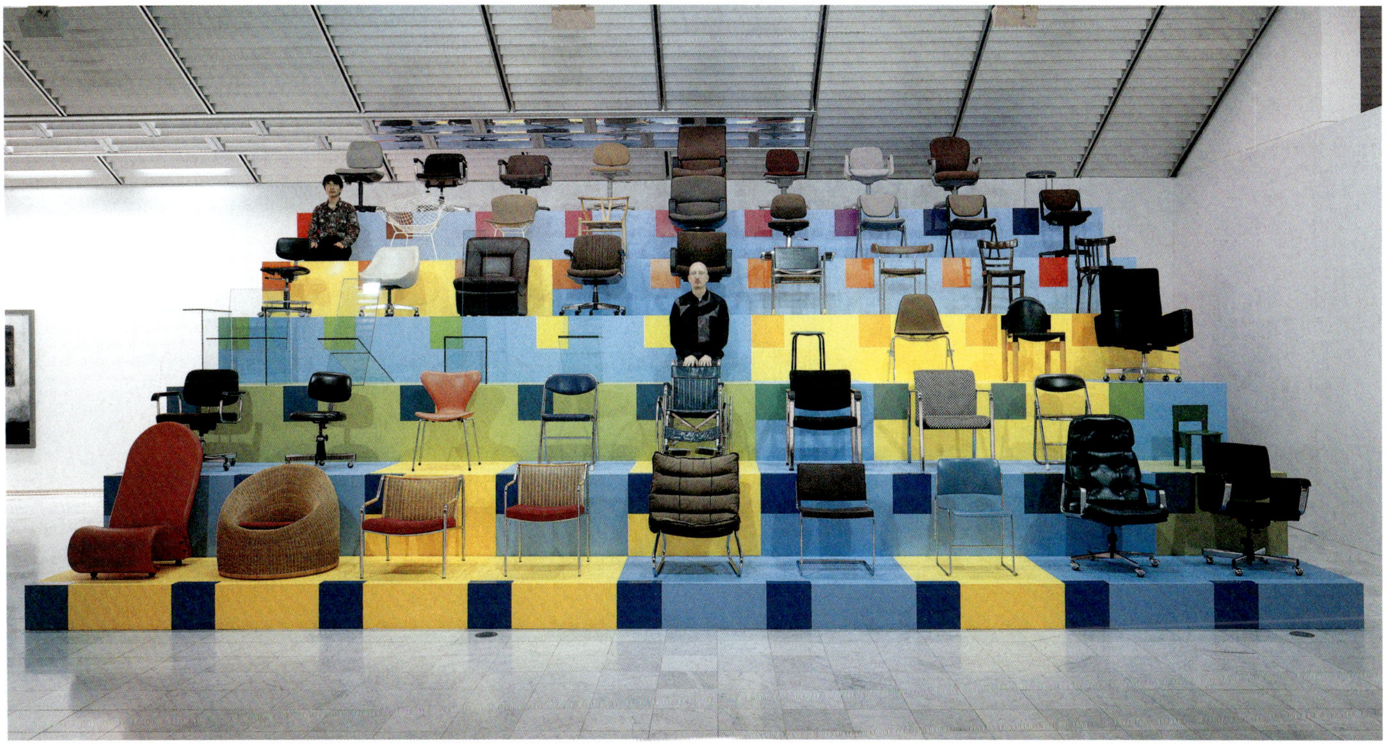

2006 veröffentlichte Müller in der Publikationsreihe »Bawag Foundation Edition«, ein Buch: *Portrait of the Museum as a Chair* schlüsselt nicht nur die zurückliegende Ausstellung auf, sondern bietet vor allem einen vollständigen Katalog der Stuhltypen. Fotografiert im Stil modernistischer Designkataloge, werden im Buch sowohl die Farbmuster des Ausstellungsaufbaus wiederholt als auch eine genauere Zuordnung vorgenommen, indem neben Ankaufsjahr und BenutzerInnengruppe auch der Designer, die Ausführung und der genaue Standort im Museum angegeben werden.
Im Typenkatalog wie auch im dazugehörigen tabellarischen Verzeichnis lassen sich so die Hierachien der Institution anhand eines ausgewählten Möbelstücks nachverfolgen. Wie in vielen seiner zurückliegenden Arbeiten verliess sich Müller auch hier nicht allein auf das vorliegende Material, sondern weitete seine Forschung innerhalb der institutionellen Bestände aus, indem er auch die Ankaufs- mit den Bestandslisten verglich. In Entsprechung zu dieser Genauigkeit finden sich im Katalog auch zwei leer gebliebene Seiten, auf denen die katalogisierenden Angaben von keinem Bild begleitet werden. Ein Stuhl ging der Institution nach dem Ankauf im Lager verloren, ein anderer wurde für eine publikumswirksame Ausstellung ägyptischer Altertümer vom Museumscafé angemietet, aber nach Ablauf der Ausstellung nicht angekauft.

In 2006, Müller published a book in the "Bawag Foundation Edition:" *Portrait of the Museum as a Chair*. Not only does the book describe the past exhibition, but it also provides a complete catalogue of the chair types. With photographs in the style of modern design catalogues, the book reproduces the color patterning of the exhibition design, and provides a more precise classification in which the designer, model, and exact location of the chair within the museum are indicated. Through the catalogue of chair types and in the accompanying table, the hierarchies within the institution can be garnered from a selected piece of furniture. As in many of his previous works, in this case, not only did Müller rely on given material, but he extended his research within the museum's holdings by comparing purchasing and holding lists. In correspondence with this accuracy, there are two empty pages that lack an image for the catalogued entry. One chair got lost in storage after it was purchased, and the museum café rented another during a popular exhibition of Egyptian antiquities, but when the exhibition closed, the chair was not purchased.

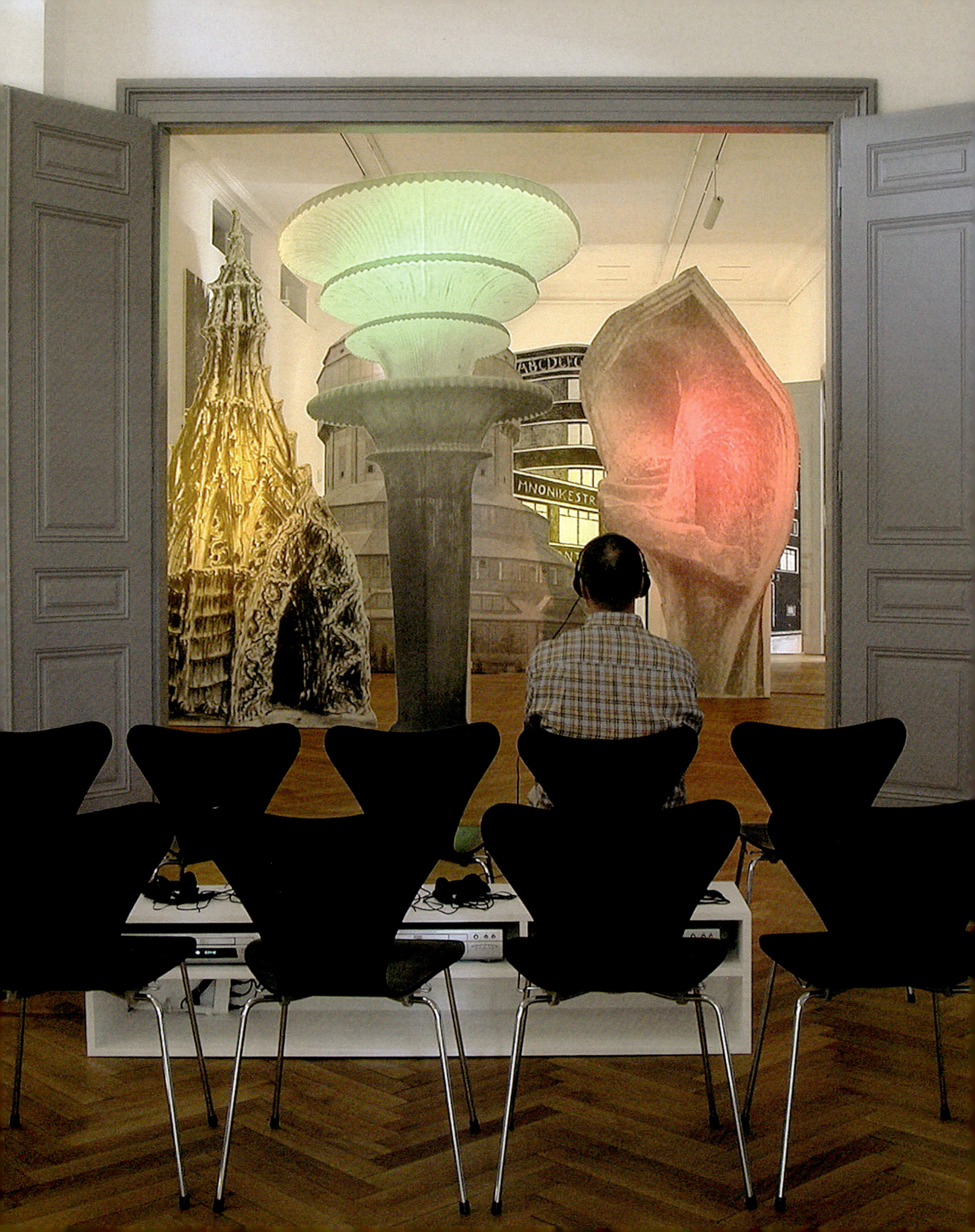
ABCDEFG
MNONIKESTR

Im Geschmack der Zeit – das Werk von Hans und Marlene Poelzig aus heutiger Sicht

Weydinger Strasse 20, Berlin
3. Oktober – 20. Dezember 2003 October 3 – December 20, 2003
IG Farben, Johann-Wolfgang-Goethe-Universität, Frankfurt am Main
11. März – 23. April 2004 March 11 – April 23, 2004
Architekturmuseum Basel
11. September – 14. November 2004 September 11 – November 14, 2004

– Bühnenbild mit fünf Architekturfragmenten, Theaterscheinwerfer
– *Poelzig Serie*, 2003, 24 Fotografien, Passepartout, gerahmt; je 48,3 x 39,3 cm
– *Im Geschmack der Zeit*, 2003, Video, 16 Min., Kamera: Madeleine Bernstorff
– *Im Geschmack der Zeit*, 2003, CD, 34:20 Min.
– *Filmkunsthaus Babylon*, 2003, CD, 24:41 Min.
– *Rosa-Luxemburg-Platz und Bebauung Babylonblock*, 2003, CD, 70:40 Min.
– Zahlreiche Pläne, Dokumente und Fotografien von Hans und Marlene Poelzig

Verein zur Förderung von Kunst und Kultur am Rosa-Luxemburg-Platz e. V.

– Stage set with five architectural fragments, theater spotlights
– *Poelzig Serie*, 2003, 24 photographs, passe-partout, framed; each 19 x 15 inches
– *Im Geschmack der Zeit*, 2003, video, 16 min., camera: Madeleine Bernstorff
– *Im Geschmack der Zeit*, 2003, CD, 34:20 min.
– *Filmkunsthaus Babylon*, 2003, CD, 24:41 min.
– *Rosa-Luxemburg-Platz und Bebauung Babylonblock*, 2003, CD, 70:40 min.
– Various plans, documents, and photographs by Hans and Marlene Poelzig

Verein zur Förderung von Kunst und Kultur am Rosa-Luxemburg-Platz e. V.

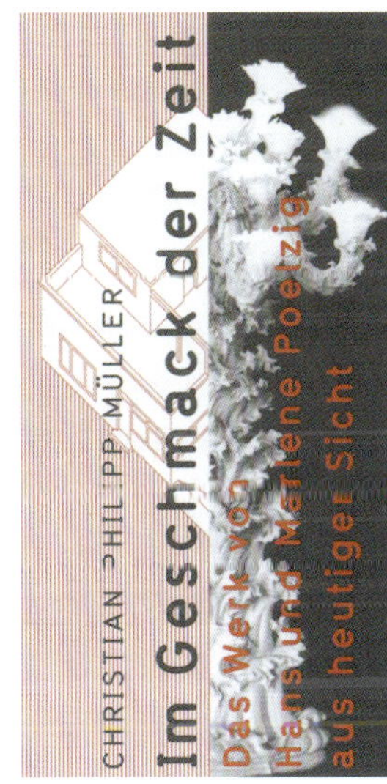

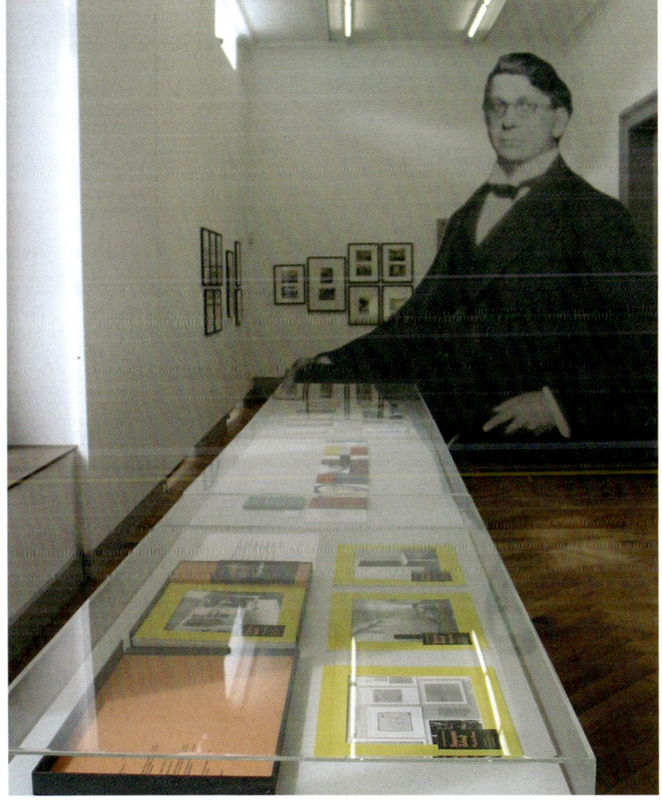

Ausstellung Exhibition Architekturmuseum Basel, 2004

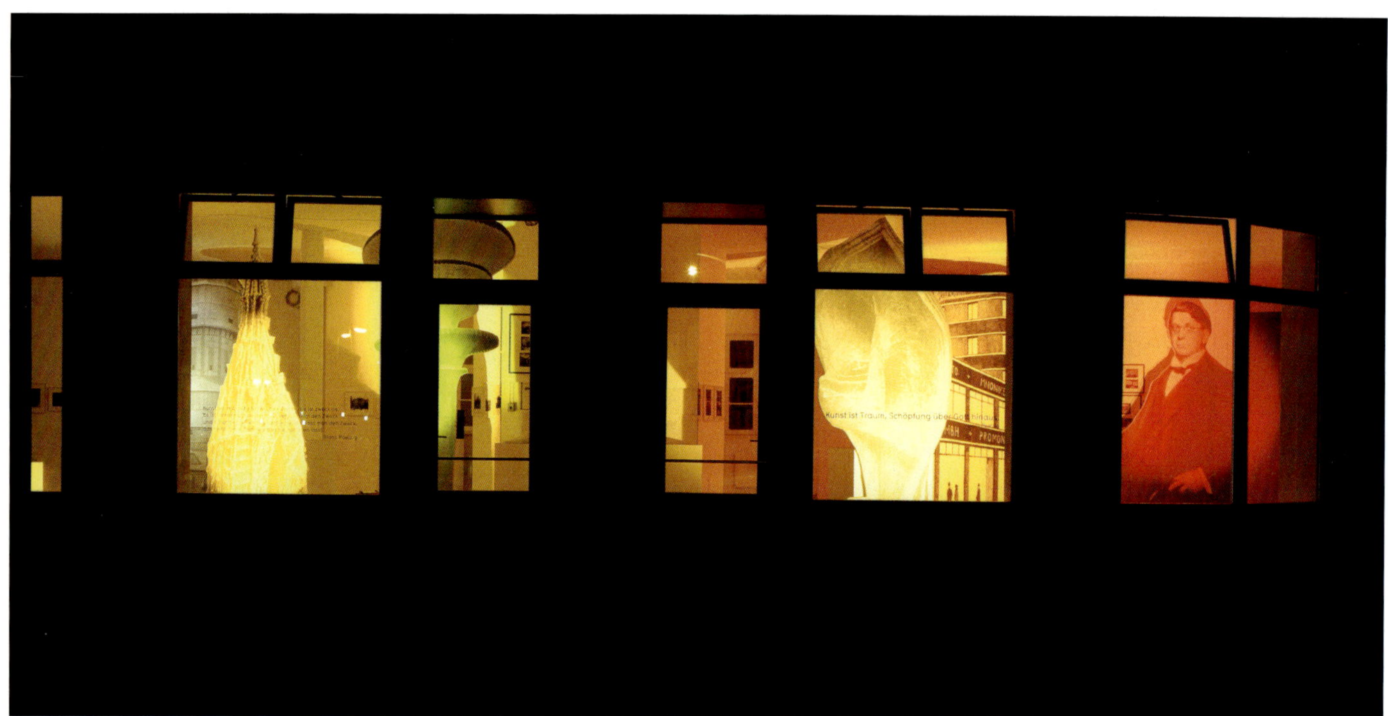

Aussenansicht External view
Weydinger Strasse 20, Berlin, 2003

In seiner Ausstellung zeigte Christian Philipp Müller ein Panorama des Schaffens des Architekten Hans Poelzig und seiner Frau Marlene. In den von Müller errichteten Kulissen, die mit unterschiedlicher Beleuchtung für die Tages- und Nachtansicht ausgestattet waren, bewegte sich der Besucher durch Poelzigs Architekturen, durch seine Installationen für Theater und Film und durch die Stationen seines Lebens.

Das Haus in der Weydingerstrasse war eines von sieben Häusern, die Poelzig in den 1920er-Jahren für die Gesamtgestaltung des Rosa-Luxemburg-Platzes entworfen und in Ansätzen realisiert hatte. Parallel zur Renovierung wurde Müller beauftragt, eine Würdigung des Werks Poelzigs zu erarbeiten. Im Ausstellungsraum durchschritt der Besucher sechs »Kapitel«, die der Lehrtätigkeit des Architekten, der von ihm konzipierten Industriearchitektur, den kunstgewerblichen und dekorativen Arbeiten sowie wie den Produktionen für Theater und Film gewidmet waren. Das fünfte Kapitel zeigte die ursprünglich geplante Blockbebauung am Rosa-Luxemburg-Platz, das sechste schloss ab mit einer Darstellung von Poelzigs Leben, seines Umfelds und seiner engsten Mitarbeiterin, seiner Frau Marlene. Jeder Akt wurde als Bühnenbild eingerichtet, vor dem Poelzig selbst ebenso überlebensgross zu sehen war wie die Fotos seiner Skizzen zu einer nicht verwirklichten Majolika-Kapelle oder eine Szenerie für den Spielfilm *Der Golem, wie er*

In his exhibition, Christian Philipp Müller installed a panorama of the work of architect Hans Poelzig and his wife Marlene. Müller had the stage sets equipped with different lighting for day and night—visitors moved through Poelzig's architecture, through his installations for theater and film, and along the stations of his life.

The house on Weydingerstrasse was one of seven buildings Poelzig designed and partially realized in the nineteen-twenties as part of the overall design of Rosa-Luxemburg-Platz. In context of the renovation of the structure, Müller was commissioned to develop a tribute to Poelzig's work. In the exhibition space, visitors progressed through six "chapters" devoted to: the architect's teaching activities, his industrial architecture, his applied art and decorative works, and his productions for theater and film. The fifth chapter showed the block structure at Rosa-Luxemburg-Platz as originally planned, and the sixth concluded with a representation of Poelzig's life, his world, and his closest collaborator and wife Marlene. Each act was arranged as a stage set against which Poelzig himself appeared in over-life-size form along with such items as photos of his sketches for an unrealized majolica chapel or sets from the feature film, *Der Golem, wie er in die Welt kam* (1920).

The backs of these set pieces showed sketchbooks from the family estate and original designs, along with contemporaneous photographs and literature

in die Welt kam (1920). Auf den Rückseiten dieser Versatzstücke befanden sich Skizzenbücher aus dem Familiennachlass, Originalentwürfe sowie zeitgenössische Fotografien und Literatur zu den besprochenen Werkgruppen. Neben seiner Haupttätigkeit als Architekt, Möbeldesigner, Bühnenbildner und Filmausstatter verstand sich Poelzig auch als Maler.

In Vorbereitung der Ausstellung unternahm Müller auf den Spuren von Poelzig eine Reise von Berlin nach Breslau (heute Wrocław) in Polen mit vielen Zwischenstationen. Ergebnis dieser Reise war ein Video, das in der Ausstellung gezeigt wurde. Müller besuchte Poelzigs Bauten, zitierte vor ihnen aus historischen Werken zu dessen Schaffen. Die Kontraste zwischen den Texten und dem heutigen Zustand der Gebäude, die im Film hervortraten, wurden durch eine Fotoserie, die die Poelzig-Bauten in ihrer gegenwärtigen Umgebung zeigte, noch verstärkt. Im Ausstellungsraum wurden Text und Bild mit Audioaufnahmen kombiniert, Ausschnitten aus Interviews, die Müller mit Anwohnern, Nachfahren, Architekten, Film- und Architekturhistorikern geführt hatte. Im ebenfalls von Poelzig erbauten Kino Babylon am Rosa-Luxemburg-Platz kuratierte zudem Madeleine Bernstorff eine Filmreihe zu Poelzigs Arbeit.

In der Ausstellung selbst fand sich der Besucher weniger in einer Inszenierung künstlerischer Artefakte als vielmehr in einer wiederentdeckten Welt wieder – ein Effekt, der in der Nachtvariante der Ausstellung noch intensiviert wurde: Angestrahlt von Bühnenscheinwerfern in leuchtenden Farben, reflektierten die Objekte das Treiben auf dem Platz. In der Reflektion schien der Betrachter in der Kulisse zu stehen, während die auf den Scheiben aufgebrachten Zitate sich über die Kulissen legten und den Eindruck einer »Stadt in der Stadt« unterstrichen.

related to the works discussed. In addition to his primary activity as architect, furniture designer, stage set designer, and film artist, Poelzig also thought of himself as a painter.

In preparation for the exhibition, Müller traced Poelzig's activities in a journey from Berlin to Breslau (now Wrocław) in Poland, with many intermediary stops, a journey that resulted in a video shown at the exhibition. Müller visited Poelzig's buildings and, standing in front of them, quoted from historical works on his oeuvre. The visible contrast in the film between the texts and the current condition of the buildings was further intensified by a photo series showing Poelzig's buildings in their present environment. In the exhibition space, texts and images were combined with audio recordings of excerpts from interviews Müller conducted with residents, descendents, architects, and film and architectural historians. In addition, a Poelzig film series, curated by Madeleine Bernstorff, was shown in the movie theater, "Kino Babylon," on Rosa-Luxemburg-Platz, a structure also built by Poelzig.

In the exhibition itself, visitors encountered less of an arrangement of artistic artifacts than of a rediscovered world—an effect further intensified in the night version of the exhibition. Illuminated by stage lights in glowing colors, the objects reflected the activity on the square. In the reflection, the viewers themselves seemed to stand amidst the stage set while the quotations mounted on the windows superimposed themselves on the backdrops and emphasized the impression of a "city within a city."

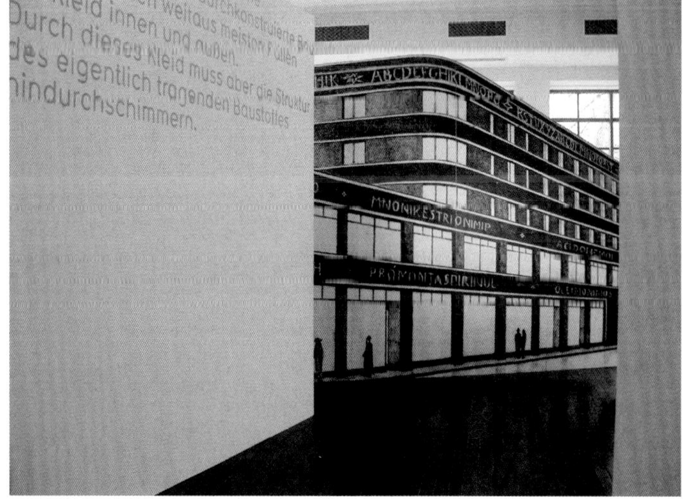

Ausstellung Exhibition Johann-Wolfgang-Goethe-Universität, Frankfurt am Main, 2004

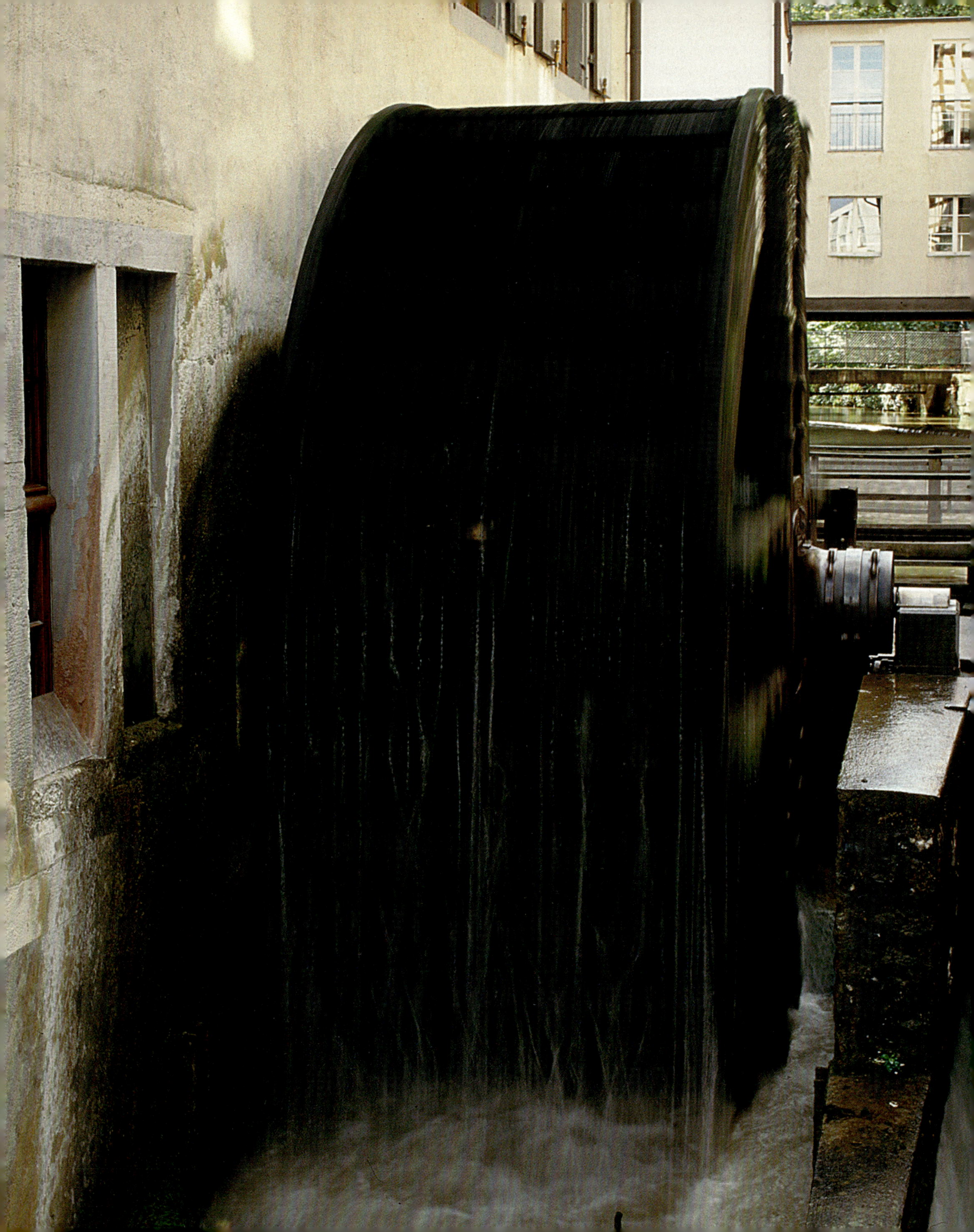

Basics

Museum für Gegenwartskunst Basel, plug.in und and Basler Papiermühle Basel Paper Mill
19. Januar – 15. April 2007 January 19 – April 15, 2007

– *Wasserrad*, 2007,
Holz, Metal ø 480 x 180 cm
– *Wäschekorb*, 2007, Weiden und Baumwolle 110 x 60 cm
– *Inventar*, 2007, 4193 Bücher, Bibliothek Papiermühle Basel, 79 A4-Seiten Laserausdrucke
–*Wasserbar*, 2007, 3 Glaskaraffen und 12 Gläser, Ablage, 200 x 30 cm
– *Ohne Titel*, 2007,
Drei Papierbögen, handgeschöpft, mit Wasserzeichen, Siebdruck, 50 x 70 cm

– *Wasserrad*, 2007,
wood, metal
diameter: 189 x 70.9 inches
– *Wäschekorb*, 2007,
wicker and cotton,
43.3 x 23.6 inches
– *Inventar*, 2007, 4193 books, Papiermühle Basel library, 79 A4-laser printouts
– *Wasserbar*, 2007, 3 glass carafes and 12 glasses, rack 78.7 x 11.8 inches
– *Untitled*, 2007,
Three sheets of paper, hand made with water mark, silkscreen, 19.7 x 27.6 inches

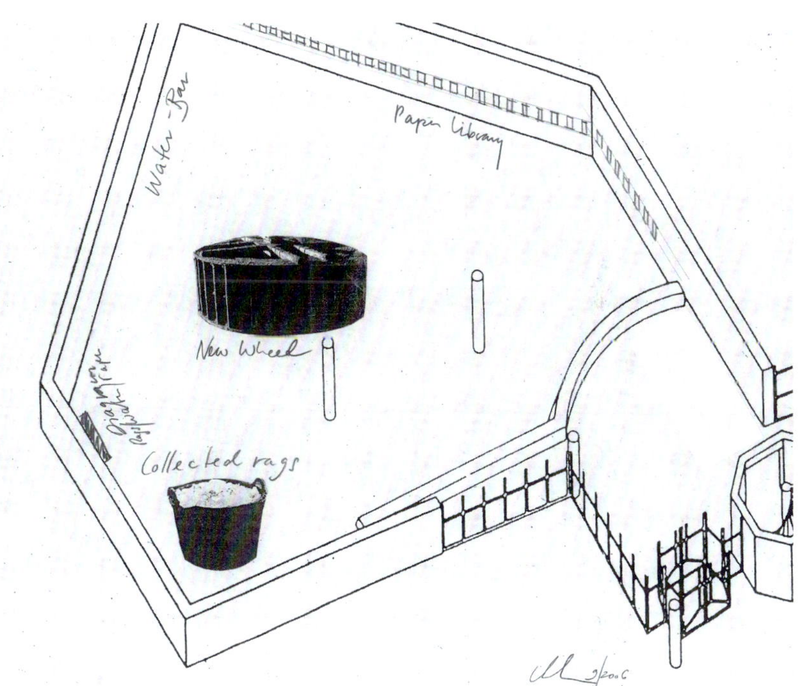

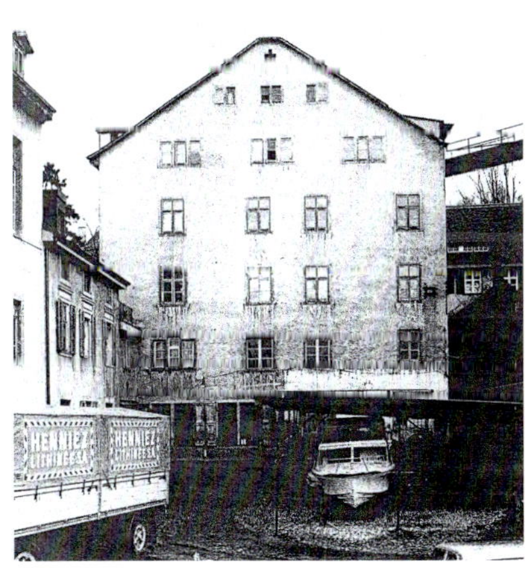

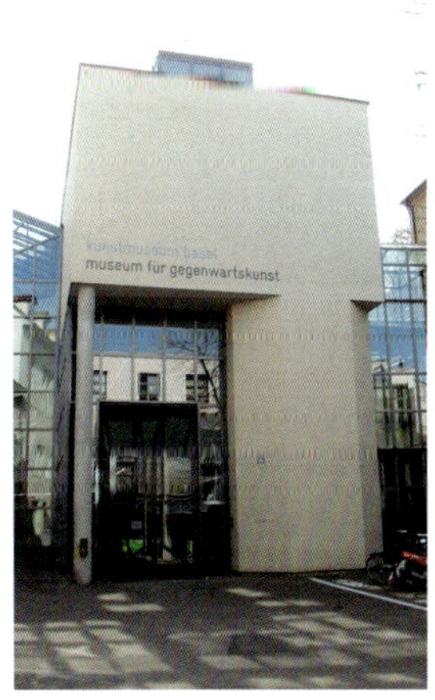

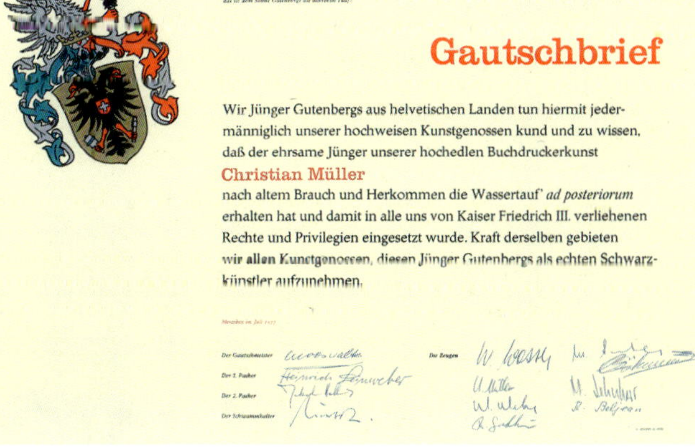

Gautschbrief

Wir Jünger Gutenbergs aus helvetischen Landen tun hiermit jedermänniglich unserer hochweisen Kunstgenossen kund und zu wissen, daß der ehrsame Jünger unserer hochedlen Buchdruckerkunst

Christian Müller

nach altem Brauch und Herkommen die Wassertauf' *ad posteriorum* erhalten hat und damit in alle uns von Kaiser Friedrich III. verliehenen Rechte und Privilegien eingesetzt wurde. Kraft derselben gebieten wir allen Kunstgenossen, diesen Jünger Gutenbergs als echten Schwarzkünstler aufzunehmen.

Der Gautschmeister
Der 1. Packer
Der 2. Packer
Der Schwammhalter

Die Zeugen

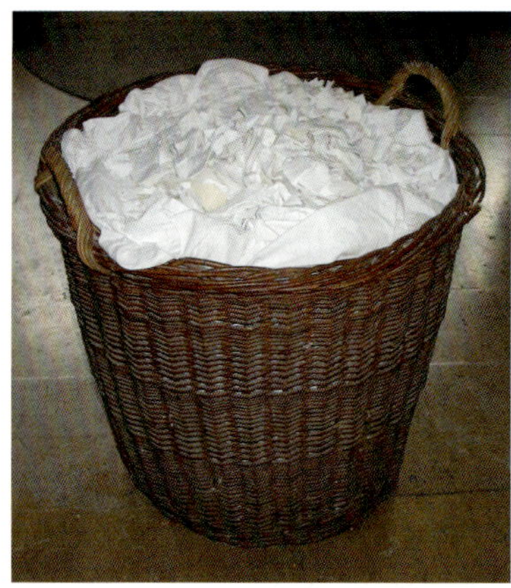

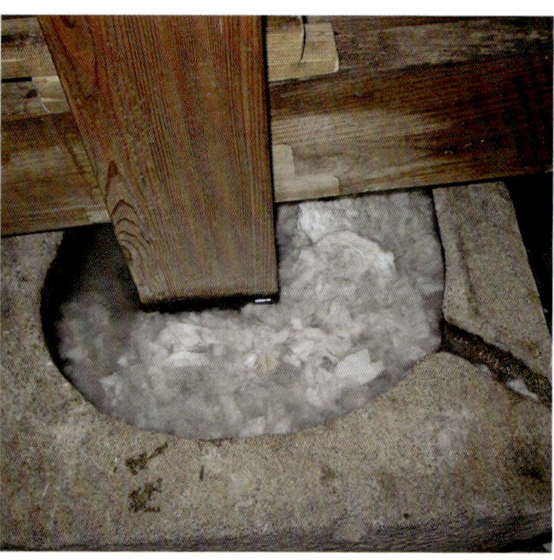

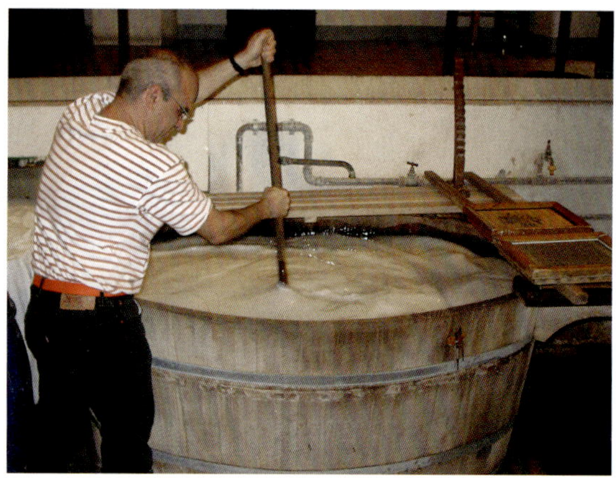

Anlässlich seiner Ausstellung *Basics* im Museum für Gegenwartskunst Basel ging Christian Philipp Müller den historischen Produktionsstätten des St.-Alban-Tals auf den Grund und setzte diese in Beziehung zu seiner eigenen Geschichte.
Als grösstes zusammenhängendes Altstadtsanierungsgebiet der Schweiz wurde das mittelalterliche St.-Alban-Tal zwischen 1974 und 1987 vollständig restauriert und als idyllischer Raum in Szene gesetzt. Mit den beiden benachbarten neuen Museen, der Basler Papiermühle und dem Museum für Gegenwartskunst, sollte das rekonstruierte Gebiet belebt werden. Bereits seit dem Spätmittelalter wurde an diesem Ort Papier geschöpft. In Reformationszeiten wurde Basel für Hans Holbein d. J., Erasmus von Rotterdam und andere besonders wegen der Buchdruckerkunst, die sich hier angesiedelt hatte, zu einem europäischen Zentrum des Humanismus. In den darauf folgenden Jahrhunderten schwand die Bedeutung der Papiermühlen. Grosse Wassermengen wurden für die im frühen 19. Jahrhundert stark angewachsene Basler Bevölkerung als Trinkwasser benötigt. Heute speist eine sogar in Reiseführern gepriesene Quelle die Klimaanlage des Museums für Gegenwartskunst. Das Museum wurde 1980 als erstes europäisches Haus für zeitgenössische Kunst eröffnet. Es besteht aus zwei Gebäudeteilen: der umgebauten historischen Papierfabrik Stöcklin aus dem späten 19. Jahrhundert und einem Neubau, der von den Architekten Wilfried und Katharina Steib hinzugefügt wurde.
Die Geschichte des St.-Alban-Tals mitsamt seiner Neugestaltung verweist in erster Linie auf die obsolet gewordene Ökonomie des Gutenberg-Zeitalters, aber zugleich auch auf deren Transformation in neue Institutionen der Kultur. Christian Philipp Müllers Arbeit *Basics* nimmt diese historische Ausgangslage zum Anlass, die institutionelle Geschichte mit seinem eigenen Werdegang als Schriftsetzer in Relation zu

For his *Basics* exhibition at the Museum für Gegenwartskunst Basel, Christian Philipp Müller decided to explore the historic production sites of the St.-Alban-Tal (Valley of St. Alban) and to view these in relation to his own history.
The medieval St.-Alban-Tal in Basel, Switzerland's largest contiguous area ever to be earmarked for urban renewal, was so comprehensively restored between 1974 and 1987 that it has since become an urban idyll. Two new museums were built close to each other, the Basel Paper Mill and the Museum für Gegenwartskunst, the aim being to attract more people to what had been a relatively unfrequented part of town. Starting in the Middle Ages, St.-Alban-Tal once had a thriving papermaking industry. Indeed, one main reason for Basel's ascendancy as a center of humanism in the days of Hans Holbein the Younger, Erasmus of Rotterdam, and others, was the presence of countless quality book printers—all of whom required paper. In the following centuries, the importance of the paper mills dwindled. Large volumes of water were used as drinking water for a population that had doubled by the early nineteenth century.
In yet another reversal of fortune, a spring once deemed worthy of mention in travel guides, today, supplies water to the air-conditioning system of the Museum für Gegenwartskunst. When it opened in 1980, this museum was the first of its kind in Europe. It consists of two buildings: a nineteenth-century factory building that once belonged to the Papierfabrik Stöcklin, and a new building designed by the architects Wilfried and Katharina Steib.
The history of the St.-Alban-Tal, including its facelift in the late nineteen-seventies and early nineteen-eighties, tells us about the now obsolete economy of the age of Gutenberg, and also how that same economy has since metamorphosed into modern cultural institutions. This history, in relation to his own as

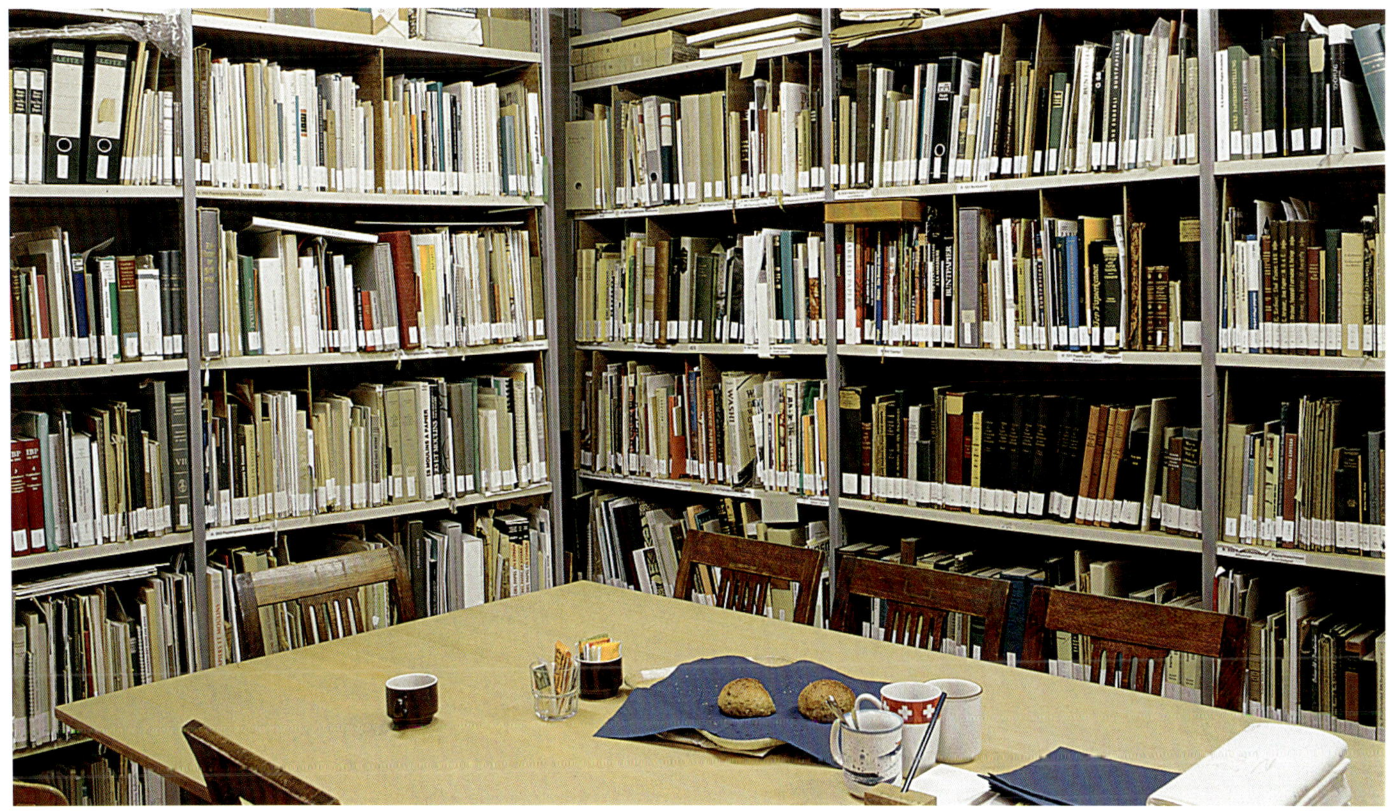

bringen. Beim Eintritt in das Museum für Gegenwartskunst werden die Besucherinnen und Besucher zunächst mit Müllers gerahmtem Gautschbrief von 1977 konfrontiert. Das Diplom ist der verbriefte Beweis der absolvierten Berufslehre und bestätigt die Teilnahme an einem traditionsgebundenen Ritual der Buchdrucker, welches die Gesellen zu einer abschliessenden Wassertaufe zwingt.

In der Ausstellungshalle steht eine exakte Kopie eines grossen geflochtenen Wäschekorbs, wie er im benachbarten Papiermuseum zu finden ist. Dieser dient der Sammlung von Lumpen für die Papierherstellung. Waren früher die benötigten Baumwoll-Lumpen Mangelware, werden heute in der Schweiz Unmengen von Altkleidern pro Jahr gesammelt. Für die anspruchsvollste Verwendung von Papier in Form von Banknoten werden Baumwoll-Lumpen noch heute verwendet. Während der Ausstellungsdauer können die Besucherinnen und Besucher des Museums ihre eigenen weissen Baumwoll- und Leinen-Altkleider abgeben, die zwischenzeitlich nach Sortierung und Reinigung im Wäschekorb gelagert werden, um schliesslich vom Künstler in handgeschöpfte Papierbögen mit eigens entworfenen Wasserzeichen verwandelt zu werden. An der Rückwand befinden sich eine »Wasserbar« und zwölf Gläser mit frischem Wasser aus dem König-

a typesetter, provides the starting point for Müller's exploration in *Basics*. Upon entering the Museum für Gegenwartskunst, visitors first encounter Müller's very own framed *Gautschbrief* of 1977. This *Gautschbrief* is documentary evidence of his having completed his apprenticeship as a typesetter and of having undergone the journeyman's initiation ritual, which traditionally involved ducking.

In the gallery space a large wicker laundry basket can be seen, which can be found in the neighboring paper museum. This basket was used to collect rags for papermaking. Cotton rags were once in short supply—unlike today, when vast quantities of unwanted clothes are discarded and collected every year. Although cotton rags are now used only for exclusive paper, such as those to make banknotes, visitors to the exhibition will be invited to contribute their own 'rags.' After being sorted and cleaned, these garments made of white cotton and linen will end up in a basket. The artist will then use them to make his own handmade paper that will bear his own specially designed watermark. On the rear wall, meanwhile, there is a "Water Bar" and twelve glasses containing fresh water from the King David Fountain on the swanky St.-Alban-Vorstadt—the same spring that now supplies water to the museum's air-conditioning

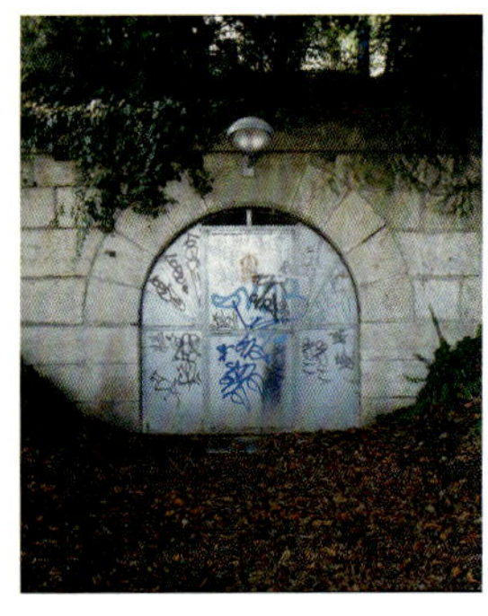

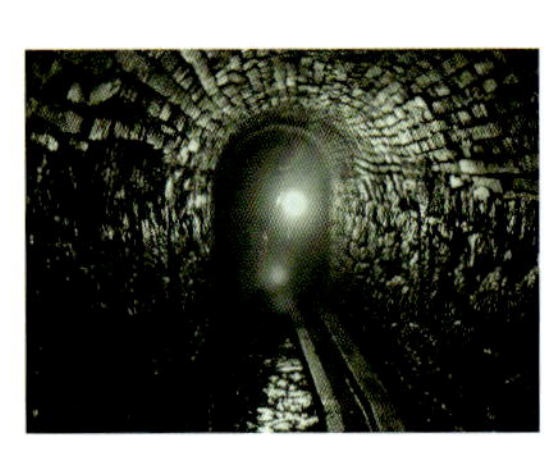

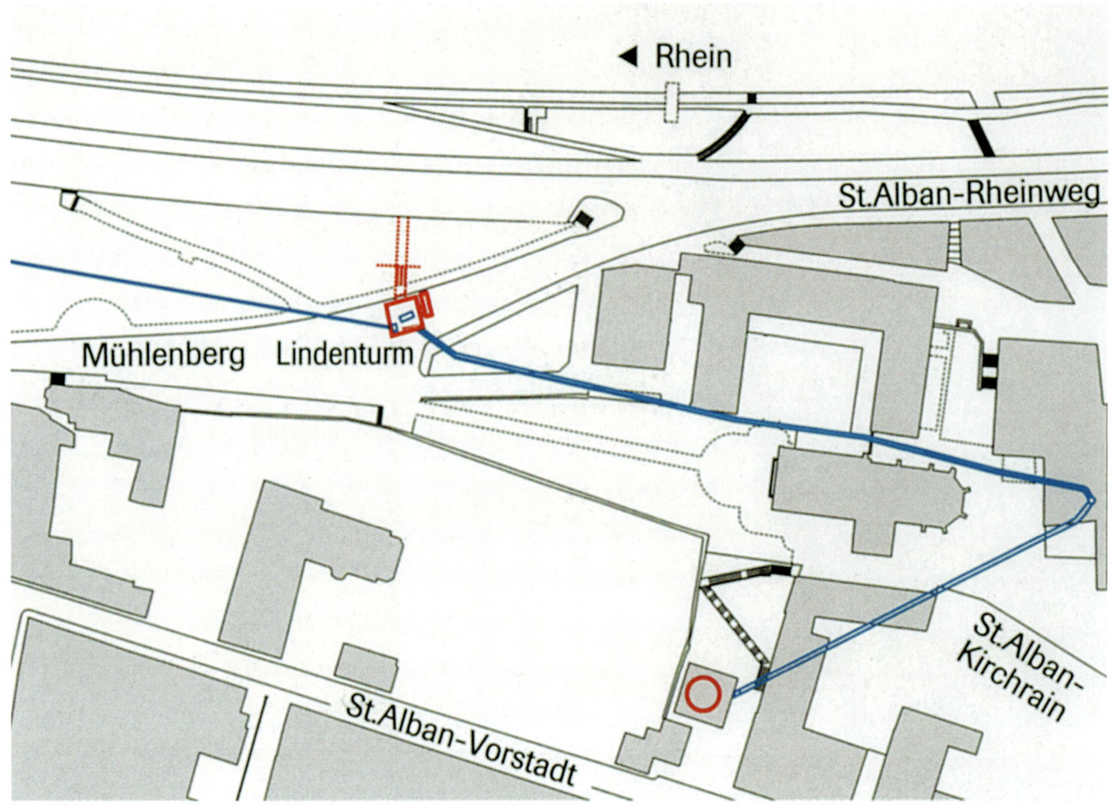

David-Brunnen in der vornehmen St.-Alban-Vorstadt. Das Quellwasser wird unten am Berg für die Klimaanlage des Museums für Gegenwartskunst verwertet. An der gegenüberliegenden Wand befinden sich 79 angepinnte Seiten, auf denen alle 4193 Publikationen zum Thema Papierherstellung aufgelistet sind: der Bestandeskatalog der Papiermuseumsbibliothek. An der dritten Wand hängt ein grossformatiger aktueller Plan der verzweigten Wasserläufe des St.-Alban-Tals. In der Mitte des Ausstellungsraumes liegt ein neues und aus seinem Funktionszusammenhang der Energiegewinnung herausgelöstes Wasserrad, dessen romantisches, moosbewachsenes 1980 gebautes »Original« die Mühle des Papiermuseums antreibt. Als Reminiszenz an Marcel Duchamps *Grosses Glas* und als Zeichen für die Transformation der Geschichte, des Wertes und des Kontextes vereint das stillgelegte Rad sämtliche Teile der neuen ortspezifischen Installation. Ausgehend vom St.-Alban-Tal, konzipiert Müller eine reflexive Skulptur, die auf der Ebene des Mikro- wie auch des Makrokosmos funktioniert. Die seinen Installationen oft inhärente Verästelung wird hier bildhaft, einerseits durch die Pläne der Wasserzufuhr, dem Kreislauf der Wassernutzung vom symbolischen Akt der Taufe über die Energiequelle, den gesundheitsfördernden Kneipp-Brunnen beim Altbau,

system. The opposite wall features a seventy-nine-page list of all 4,193 publications on the theme of paper-making listed in the catalogue of the Swiss Paper Museum, while the third wall displays a large-format plan of the many canals and conduits of the St.-Alban-Tal. The installation's centerpiece, however, is a new waterwheel, forcibly cut-off from its functional context, which is, of course, the generation of energy. This wheel is a copy of the romantic, moss-clad 1980 'original' that now drives the mill of the paper museum. What unites the redundant waterwheel with other constituent parts of this new, site-specific installation and its relation to Marcel Duchamp's *Large Glass* is its concern with the transformation of history, value, and context. Taking the St.-Alban-Tal as his starting point, Müller has created a reflective sculpture that works on both a micro and macrocosmic level. The divarication so often inherent in his installations is rendered visible here not only through his inclusion of the water grid plans in the St.-Alban-Tal, but also through the cycle of water usage, from the symbolic act of baptism to water as a source of energy, as the provider of wellness, as drinking water, and as a means of maintaining an artificial climate inside the museum. His involvement of several institutions based there also renders them visible. In addition

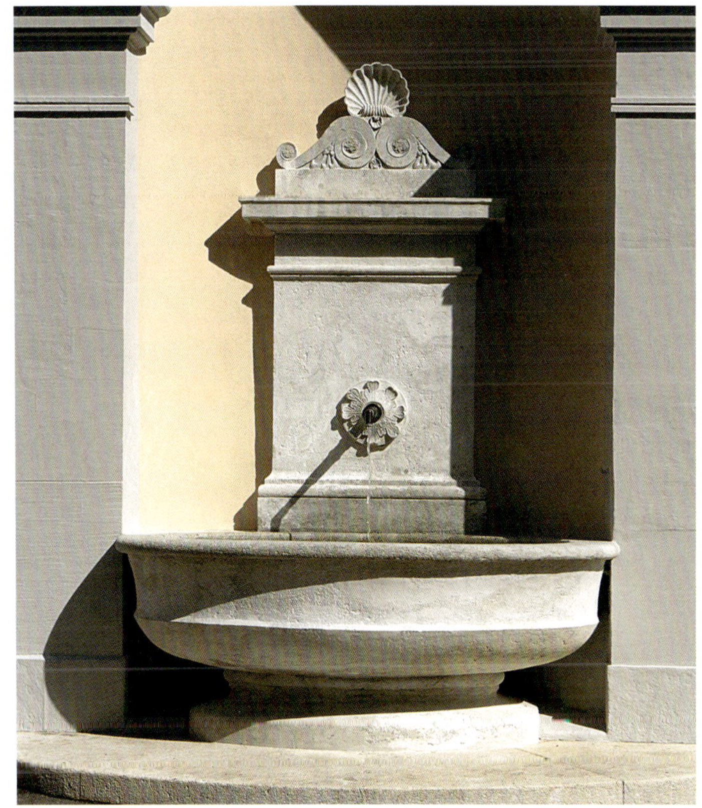

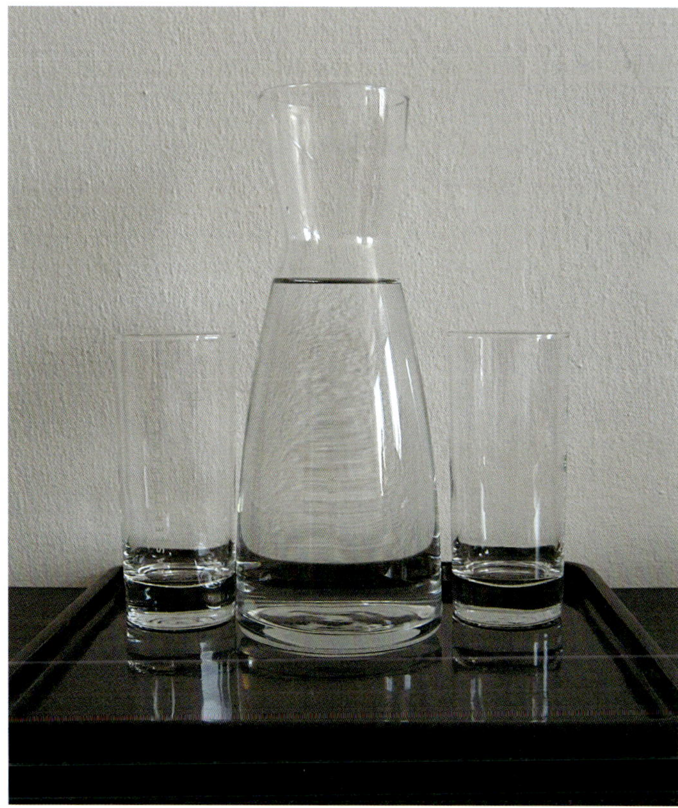

das Trinkwasser bis hin zur Erzeugung des beständigen Kunstklimas im Museum, andererseits durch die Vereinigung der unterschiedlichen Institutionen. Neben dem Schweizerischen Papiermuseum hat Christian Philipp Müller das benachbarte plug.in – Forum für Neue Medien als Zweigstelle erkoren, in dem er eine Installation veralteter Computer und die Abhängigkeit des digitalen Zeitalters vom alten Medium Papier zeigt. Das institutionelle Feld des White Cube, wie es vom Museum für Gegenwartskunst vorgegeben wird, scheint durchlässig geworden zu sein. In diesem Zusammenhang erscheint es auch aufschlussreich, dass Müller während der Ausstellung eine öffentliche Führung anbietet und die Wasserwege erlebbar macht. Die vielfältigen Institutionen im St.-Alban-Tal werden damit zu porösen Einheiten, die sich im Austausch mit dem Aussenraum erst zu definieren scheinen.

to the Swiss Paper Museum, Müller realizes a related project for the neighboring plug.in Forum for New Media, an installation consisting of obsolete computers. This work exposes the extent to which the digital age is built on planned obsolescence and is still dependent on the old medium of paper. The institutional white cube of the Museum für Gegenwartskunst appears to have become porous. As part of the show, Müller is offering guided tours of the local canals and conduits. The diverse institutions based in the St.-Alban-Tal will become permeable entities, defined primarily by the exchange taking place between inside and out.

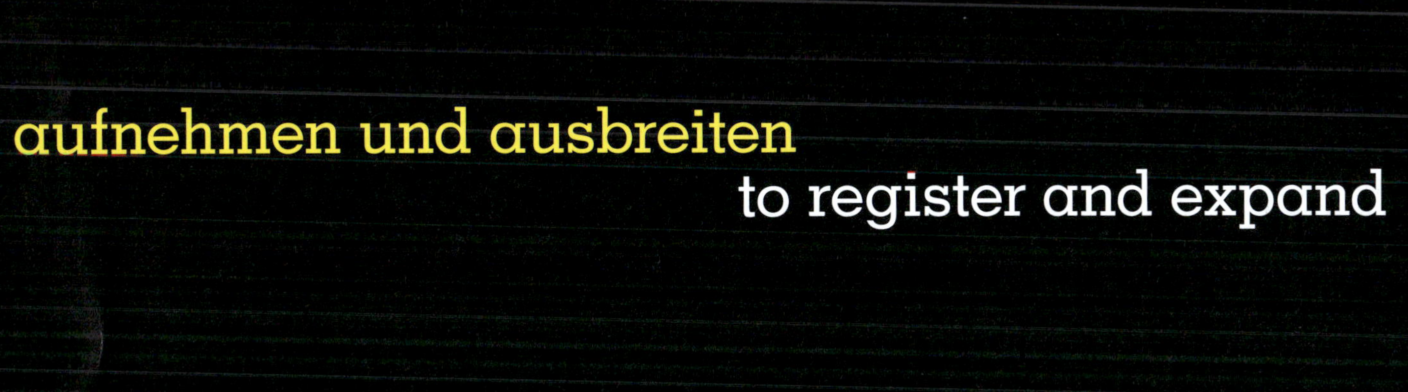
aufnehmen und ausbreiten
to register and expand

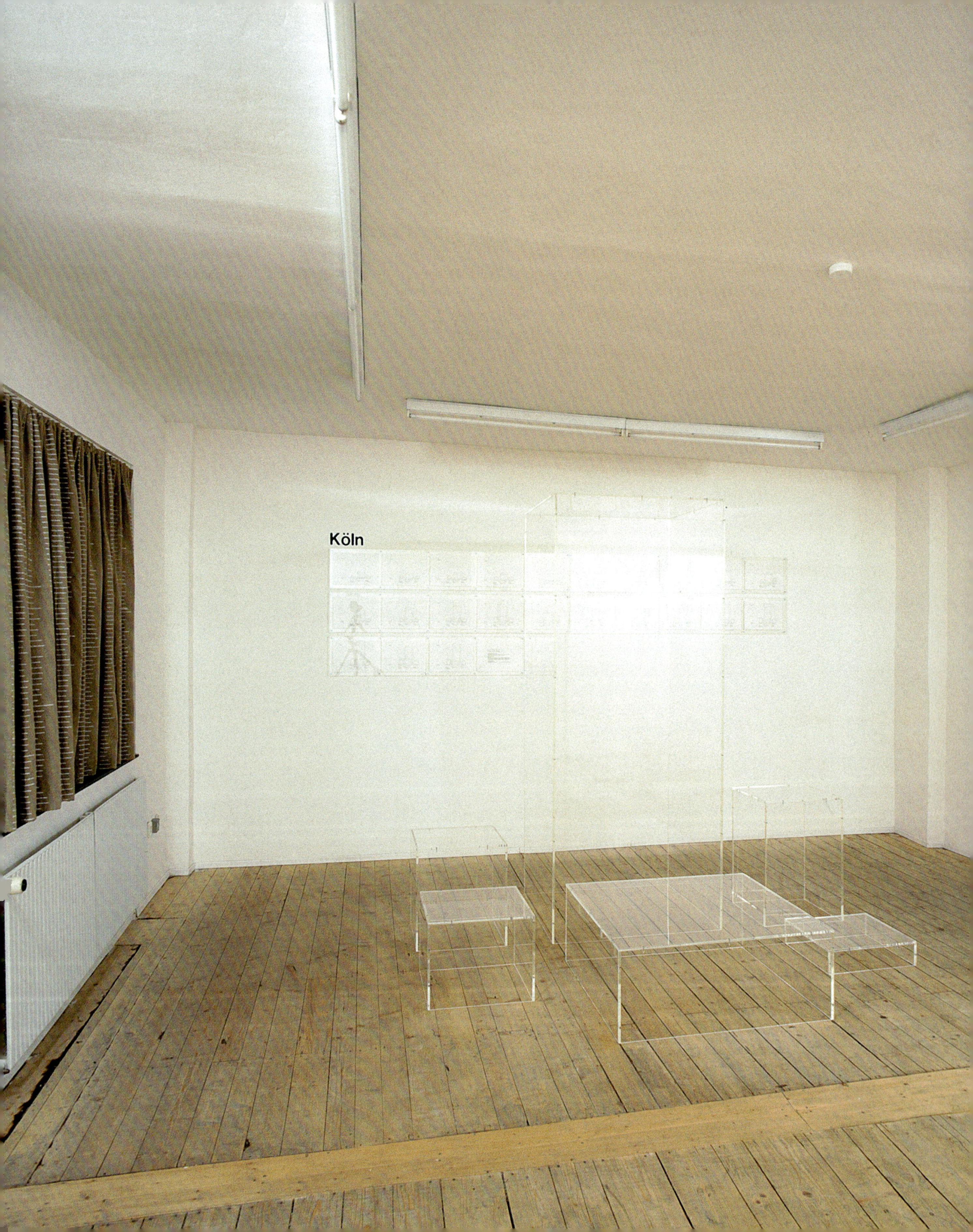
Köln

Köln–Düsseldorf

Galerie Christian Nagel, Köln Cologne
6. Oktober – 10. November 1990 October 6 – November 10, 1990

– *Köln–Düsseldorf*, 1990,
16 Plexiglaskuben,
46 Computergrafiken in Plexiglas, gerahmt;
Grösse variabel;
Sammlung Karola Grässlin
– *Kölner Künstler*, 1990,
Siebdruck auf Malleinen;
150 x 210 cm
– *Düsseldorfer Künstler*, 1990,
Siebdruck auf Malleinen;
150 x 210 cm

Galerie Christian Nagel, Köln/Berlin

– *Köln–Düsseldorf*, 1990,
16 Plexiglas cubes,
46 computer-generated designs in Plexiglas, framed;
dimensions variable;
Sammlung Karola Grässlin
– *Kölner Künstler*, 1990,
silkscreen on canvas linen;
59 x 82 inches
– *Düsseldorfer Künstler*, 1990,
silkscreen on canvas linen;
59 x 82 inches

Galerie Christian Nagel, Cologne/Berlin

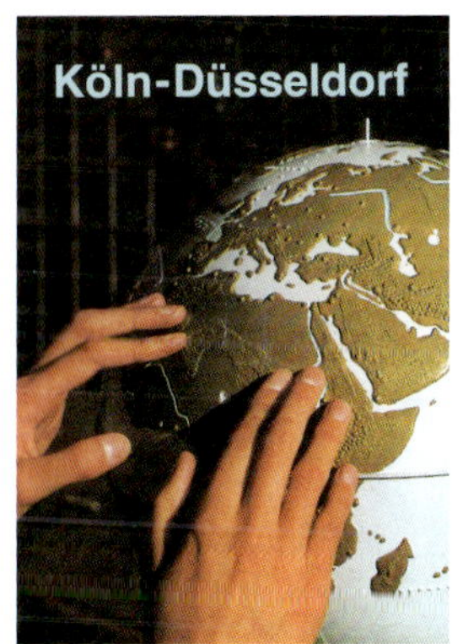

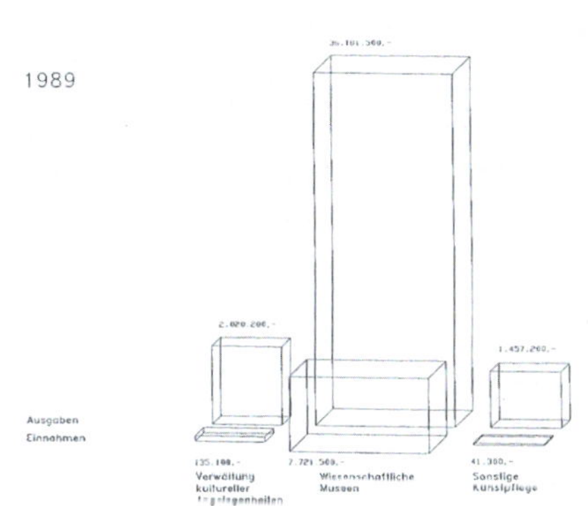

Köln–Düsseldorf, 1990 (Kulturetat der Stadt Köln City of Cologne, cultural budget)

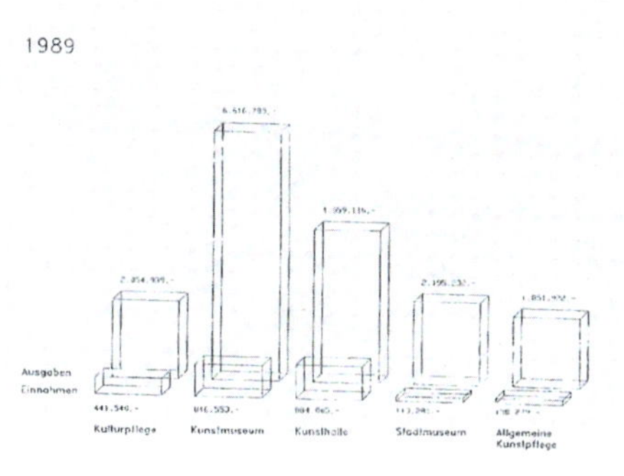

Köln–Düsseldorf, 1990 (Kulturetat der Stadt Düsseldorf City of Düsseldorf, cultural budget)

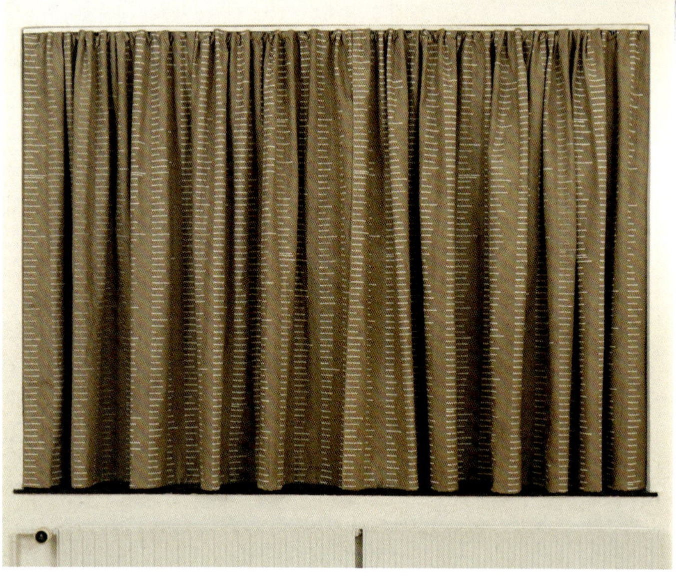

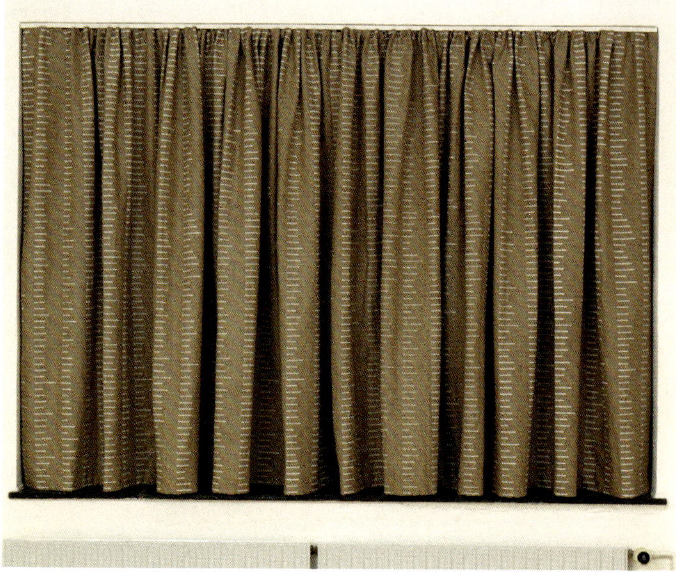

Kölner Künstler, 1990

Düsseldorfer Künstler, 1990

Die Ausstellung fand 1990 in der Galerie Nagel im ersten Stock der Brabanter Strasse 49 in Köln statt. In ihr setzte sich Müller mit der ortsansässigen Kunstszene anhand eines Vergleichs des Kölner Kulturbudgets mit dem des Erzrivalen Düsseldorf auseinander. Im Galerieraum befanden sich auf einander gegenüberliegenden Wänden grafische, mit einem Plotter geschriebene Auswertungen der Einnahmen und Ausgaben der Kulturetats von Köln und Düsseldorf zwischen 1967 (dem Jahr der weltweit ersten Kunstmesse *Art Cologne)* und 1989. Auf dem Boden dazwischen standen sich in zwei Gruppen 15 Plexiglaskuben wie auf einem Schachbrett gegenüber, deren Grösse sich aus den statistischen Zahlen für das Jahr 1990 errechnete. Die Fenster waren durch zwei Vorhänge aus Leinwand verdeckt, auf denen die Namen aller in Köln und Düsseldorf offiziell registrierten Künstlerinnen und Künstler (jeweils zirka 1000 Personen) aufgedruckt waren.
Das gegensätzliche und sich doch gegenseitig speisende Verhältnis von Düsseldorfer Akademie und Kölner Kunstmarkt entsprach nicht nur Christian Philipp Müllers individuellem Hintergrund, sondern auch einer für beide Städte entscheidenden Verbindung. Müller untersuchte die institutionelle Finanzierungsgeschichte des künstlerischen Umfelds und setzte die Ergebnisse in kunstgleich gerahmte Diagramme. Im Ergebnis erwies sich das Düsseldorfer Budget als wesentlich grösser und spezifischer ausdifferenziert als das Kölner. Gleichzeitig jedoch wurde die grundlegende Unvergleichbarkeit beider Budgets deutlich, ihre ortsspezifische Ausrichtung im jeweiligen Kunstumfeld.

The 1990 exhibition Köln–Düsseldorf took place at Galerie Nagel on the second floor of Brabanter Strasse 49 in Cologne. Here, Müller focused on the local art scene by comparing the cultural budget of the city of Cologne with that of its arch-rival Düsseldorf. Mounted on opposite walls in the gallery were graphic representations produced by means of a plotter, showing the cultural income and expenditures in Cologne and Düsseldorf from 1967 (the year of the first worldwide art fair *Art Cologne)* to 1989. On the floor between them, fifteen Plexiglas cubes arranged in two groups stood across from each other as if on a chessboard, their size determined by the statistics for the year 1990. The windows were covered by two canvas curtains on which were printed the names of all the artists officially registered in Cologne and Düsseldorf (ca. 1000 persons each).
The opposing yet symbiotic relationship between the Düsseldorf Academy and the Cologne art market reflected not only Müller's personal background, but also a decisive connection between both cities. Müller investigated the institutional financial history of the artistic environment and translated the results into diagrams framed like works of art. In the end, the Düsseldorf budget proved to be significantly larger and more differentiated than the Cologne budget. Yet, at the same time, the fundamental dissimilarity of the two budgets also became clear, with their site-specific orientation to their own artistic environment.

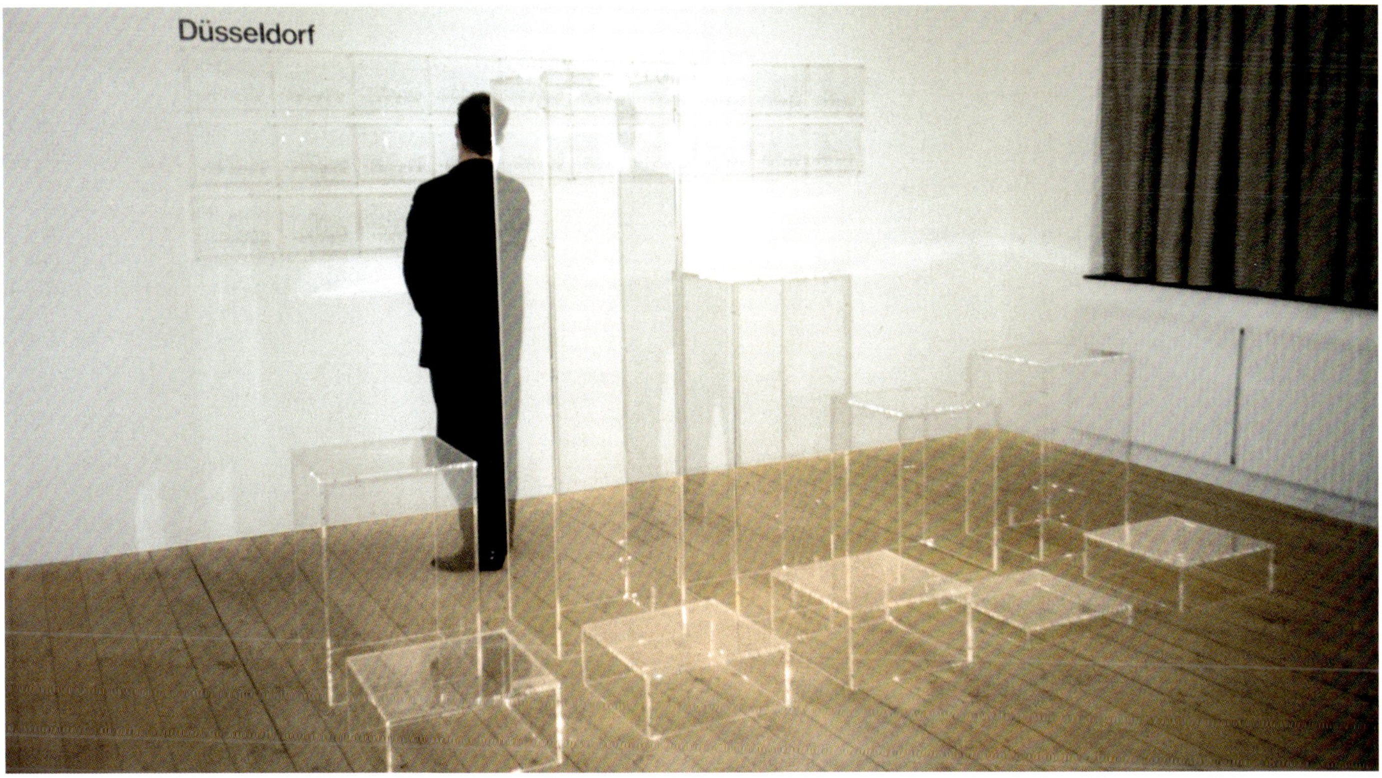

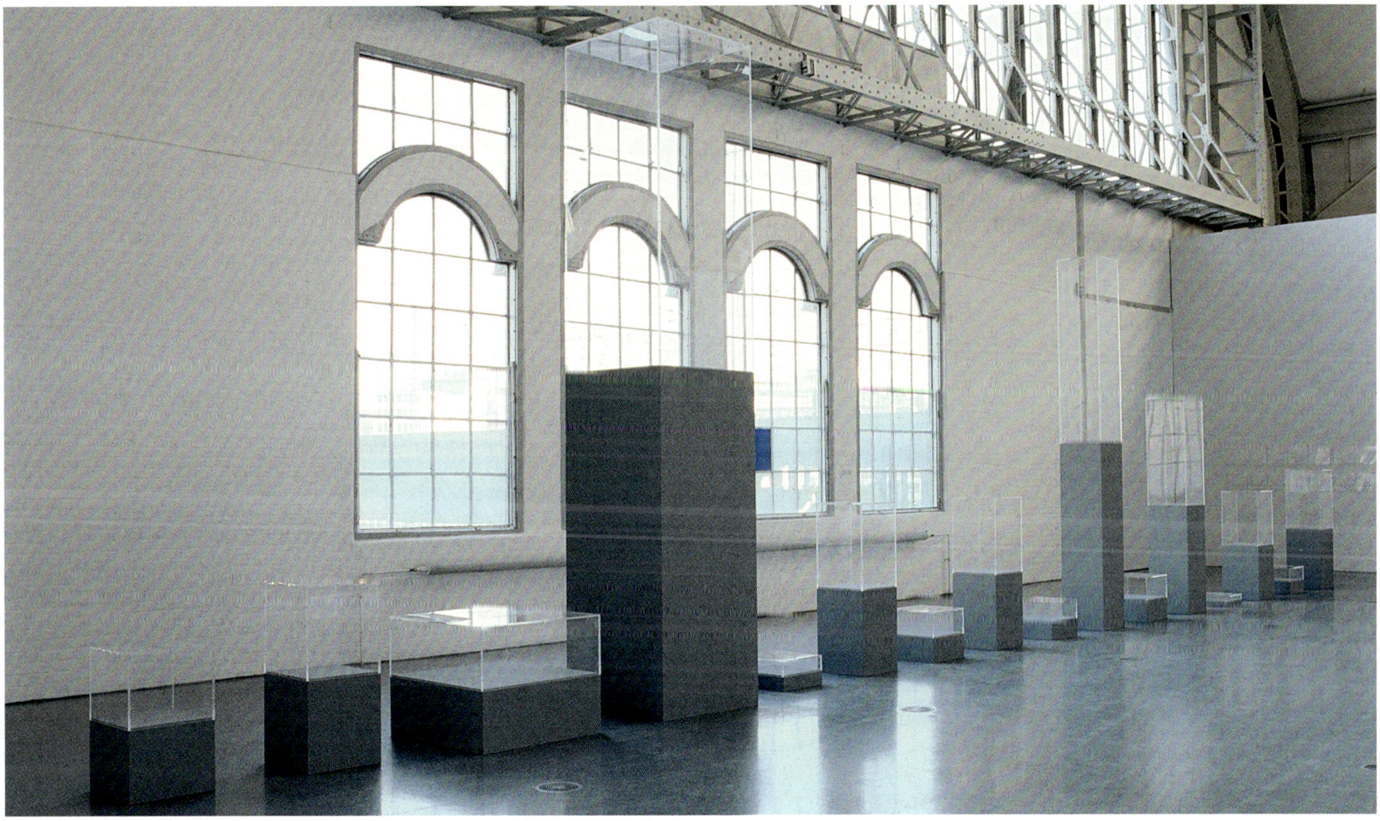

Installationsansicht Installation view *Temporary Translation(s)* – Sammlung Schürmann, Deichtorhallen, Hamburg, 1994

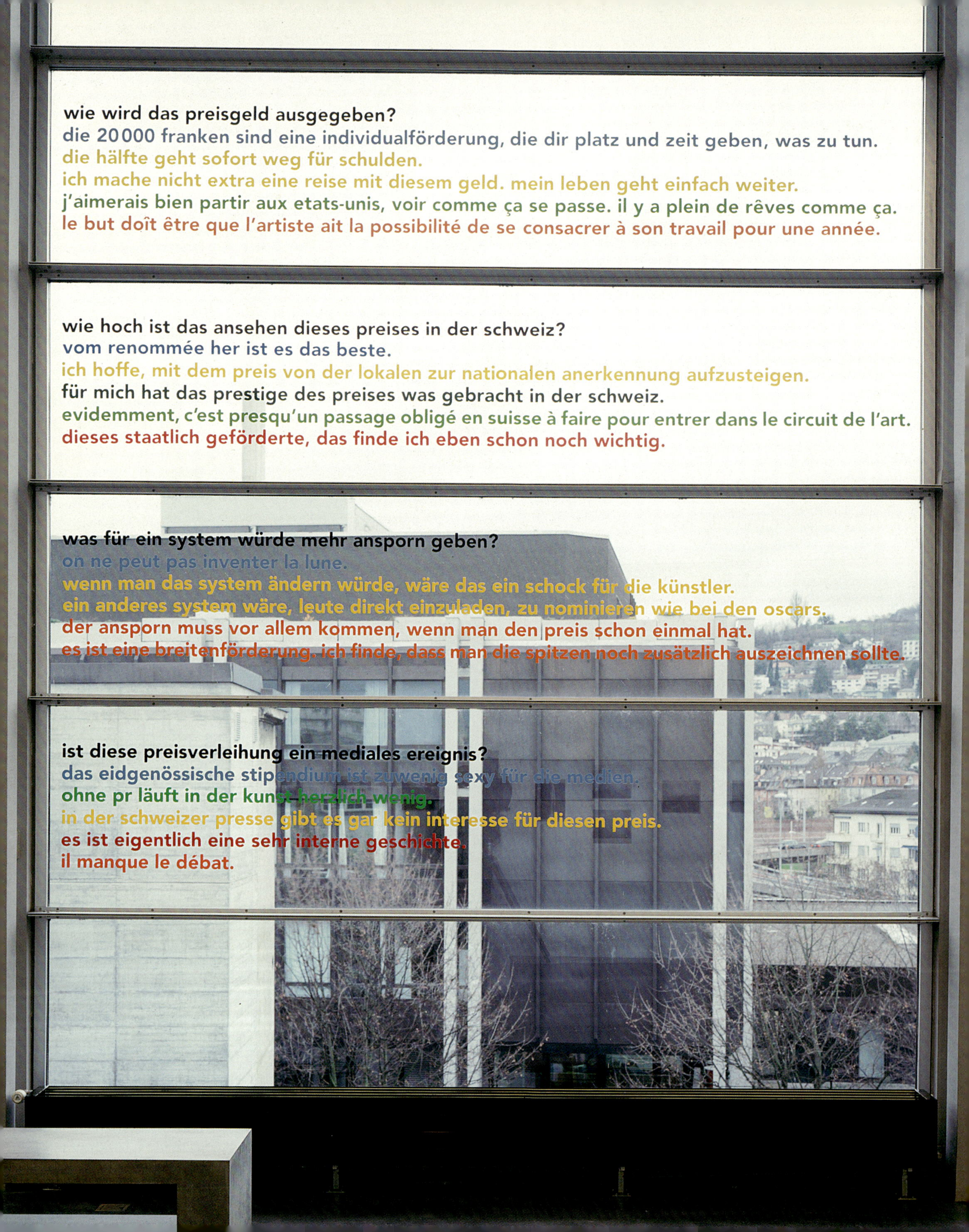

wie wird das preisgeld ausgegeben?
die 20 000 franken sind eine individualförderung, die dir platz und zeit geben, was zu tun.
die hälfte geht sofort weg für schulden.
ich mache nicht extra eine reise mit diesem geld. mein leben geht einfach weiter.
j'aimerais bien partir aux etats-unis, voir comme ça se passe. il y a plein de rêves comme ça.
le but doît être que l'artiste ait la possibilité de se consacrer à son travail pour une année.

wie hoch ist das ansehen dieses preises in der schweiz?
vom renommée her ist es das beste.
ich hoffe, mit dem preis von der lokalen zur nationalen anerkennung aufzusteigen.
für mich hat das prestige des preises was gebracht in der schweiz.
evidemment, c'est presqu'un passage obligé en suisse à faire pour entrer dans le circuit de l'art.
dieses staatlich geförderte, das finde ich eben schon noch wichtig.

was für ein system würde mehr ansporn geben?
on ne peut pas inventer la lune.
wenn man das system ändern würde, wäre das ein schock für die künstler.
ein anderes system wäre, leute direkt einzuladen, zu nominieren wie bei den oscars.
der ansporn muss vor allem kommen, wenn man den preis schon einmal hat.
es ist eine breitenförderung. ich finde, dass man die spitzen noch zusätzlich auszeichnen sollte.

ist diese preisverleihung ein mediales ereignis?
das eidgenössische stipendium ist zuwenig sexy für die medien.
ohne pr läuft in der kunst herzlich wenig.
in der schweizer presse gibt es gar kein interesse für diesen preis.
es ist eigentlich eine sehr interne geschichte.
il manque le débat.

Autofocus

Eidgenössische Preise für Freie Kunst Swiss Art Awards 1999
Kunsthalle Zürich Kunsthalle Zurich
6. November – 30. Dezember 1999 November 6 – December 30, 1999

– *Autofocus*, 1999, Klebebuchstaben, Grösse variabel
– *Autofocus*, 1999, Künstlerbuch (Typografie mit Theo Leuthold, 24 Seiten); 16 x 24 cm

Im Auftrag der Eidgenössischen Kunstkommission zum 100-jährigen Jubiläum des Eidgenössischen Wettbewerbs für Freie Kunst 1999

– *Autofocus*, 1999, adhesive letters, dimensions variable
– *Autofocus*, 1999, artist book (typography with Theo Leuthold, 24 pages); 6 x 9 inches

Commissioned by the Swiss Art Commission on the 100th anniversary of the Swiss Art Awards, 1999

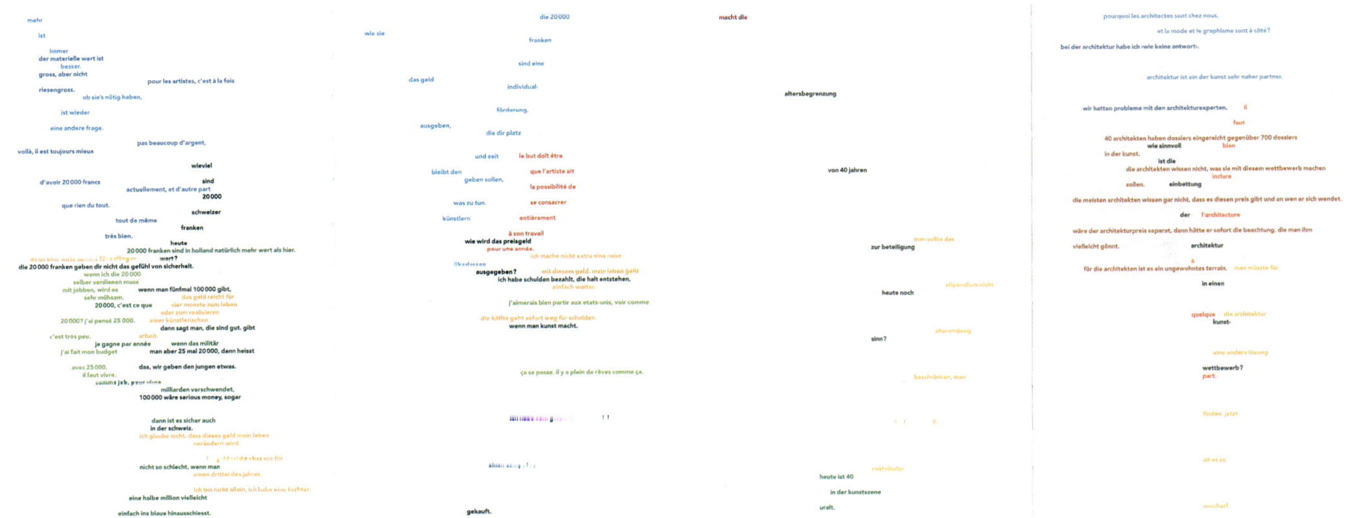

Autofocus, 1999

Autofocus wurde von Müller 1999 im Auftrag der Eidgenössischen Kunstkommission produziert. Zum 100-jährigen Bestehen ihres Wettbewerbs für freie Kunst präsentierte Müller im Eingangsbereich der Kunsthalle Zürich auf der verglasten Aussenwand eine farbige Schriftinstallation, die sich in fünfzehn Fragen mit der Geltung, dem Ansehen, den Auswahlkriterien und dem Nutzen des Preises für die Künstlerinnen und Künstler auseinandersetzte. Müller hatte allen Teilnehmenden des eidgenössischen Wettbewerbs folgende Fragen gestellt: »Wie föderalistisch ist dieser Wettbewerb?« »Werden Künstlergruppen besonders gefördert?« »Vor hundert Jahren wurde anstelle einer nationalen Kunstakademie dieser Preis geschaffen. Fehlt heute diese Akademie?« Der Preis der Eidgenössischen Kunstkommission hat in seiner 100-jährigen Geschichte eine kontinuierliche Wirkung entfaltet, die, wie Bernhard Mendes Bürgi im Katalog kommentierte, nicht die glamouröse Aura und den unmittelbaren Erfolg etwa des britischen Turner Prize mit sich führt, sondern Ausdruck einer basisdemokratischen und föderalistischen Kunstförderung ist.
Die Fragen und Antworten waren von Müller farblich abgesetzt und tabellarisch den einzelnen Segmenten der Fensterfront zugeordnet worden. Im Künstlerbuch blieb die farbliche Unterscheidung der Antworten nach ihrer Herkunft – zum Beispiel danach, ob sie von mehrfachen Preisträgerinnen und Preisträgern oder Jurymitliedern stammten – erhalten, jedoch wurde ihre Darstellung zu einseitigen Clustern verdichtet, indem die jeweiligen Antworten um die entsprechenden Fragen gruppiert wurden. In beiden Ausführungen tritt in den in Frage und Antwort formulierten Positionen der Untersuchungsgegenstand – die innere Zusammensetzung des Wettbewerbs – deutlich zutage. Es handelt sich bei *Autofocus* um die Selbstreflexion eines bestimmten Produktionssegments der Schweizer Gegenwartskunst, der Nachwuchsförderung, nicht um deren Bewertung von aussen, wie die Antworten der Befragten zu erkennen geben: »Mein Vorschlag wäre, ausländische Mitglieder in die Jury aufzunehmen. Die Kunstkommission ist sehr eingeschliffen.« »Die 20000 Franken geben dir nicht das Gefühl von Sicherheit.« »Du bist immer wieder auf diese Provinzialismen, wo das Regionale als Stärke gewertet wird, fixiert und hast keine Wachstumschance, wie es deutsche oder amerikanische Künstler haben.«

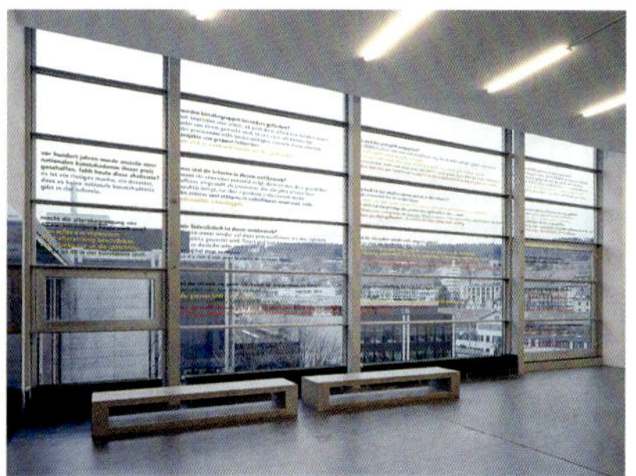

Müller produced *Autofocus* in 1999 at the request of the Swiss Art Commission. In commemoration of the centennial anniversary of its prize for Fine Art, Müller presented a colored text installation on a glass wall in the entrance area of the Kunsthalle Zurich. Through fifteen questions, the installation explored the prestige, reputation, selection criteria, and usefulness of the prize for artists. Müller had posed the following questions to participants in the Swiss competition and art facilitators involved in the prize: "To what extent is this a federalist competition?" "Does it offer particular support to artist groups?" "Was this prize established instead of a national art academy a hundred years ago? Is this academy lacking today?" Over the course of its one hundred year history, the Swiss Art Prize has developed a consistent standing, which, as Bernhard Mendes Bürgi comments in the catalogue, does not bring with it the glamorous aura and immediate success of the British Turner Prize. Instead, it is an expression of the cultural funding policies of a grass-roots democracy and federalist system.
Müller used contrasting colors for the questions and answers and organized the texts in a tabular format according to the individual segments of the window façade. The differentiation in color among the answers in accordance with their origin was carried through in the artist's book—for example, whether they came from prizewinners, jury members or art critics – although the answers were condensed into one-page clusters in which individual answers were grouped around the corresponding question. In both versions, the object of investigation—the internal workings of the competition—is clearly revealed in the positions formulated in the questions and answers. *Autofocus* is concerned with the self-reflection of a specific production segment of contemporary Swiss art, the support of young talents, and not with its assessment from without, as the answers of those questioned illustrate: "My suggestion would be to include foreign members in the jury. The commission is very inbred." "The 20,000 Francs do not give you a sense of security." "Again and again, you are fixated on this provincial track, where regionalism is considered a strength, and you don't have a chance to grow, like German or American artists do."

Autofocus, 1999

das gute   neun ist viel,

am ganzen,   ich würde es   so kommen

es funktioniert   künstler durch,

also nach dem

irgendwie.   die im durchschnitt

konsens

aber es ist   absolut unterstützen,   liegen. das wirklich

giesskannenprinzip

nicht ideal.   gewagte hat es

finden   schwer.

funktioniert das ja

ausländische jury-

geht   es gibt selten

nicht, weil da relativ   relativ

es wäre denkbar,   eigentlich   prononcierte

schon der begriff kunst ist bei   mitglieder bei-

alle drei jahre ein   sorgfältig über   oder extreme

diesen neun jury-mitgliedern ziemlich

neues dreier-   ziemlich   entscheide.

unterschiedlich. da gibt es doch noch

gremium einzu-   zwei runden

ältere bildhauer, die da drin sitzen.   zuziehen. aber wir

da steckt viel   man   schmerzlos.

setzen, das ohne

demokratie-   müsste   gemacht wird,

wettbewerb   die trägheit

bewusstsein und   alle

subjektive entschei-   sind heute schon   und lang-

auch etwas   drei   mit ziemlich viel

dungen zu fällen   lebigkeit der

ängstlichkeit   jahre

hätte.   jury würde

drin.   ich habe nichts   bilanz   aufwand.

zu neunt.   ich nicht so

gegen demokratische   ziehen.

als problem

entscheidungen.   ist die zusammensetzung

empfinden.

und grösse der jury

optimal?   ça serait formidable de n'avoir que des couples

lesbiennes avec quatres enfants dans le jury.

si je sais quelles personnes sont dans

wenn man die jury nicht kennt, wird es schwierig.

le jury, ça va quand même influencer   il me semble, que les gens restent très

mein vorschlag wäre, ausländische mitglieder

un peu mon travail.   longtemps dans cette commission.

in der jury versucht doch jeder,   in die jury aufzunehmen .

seine schäfchen durchzukriegen.

man will niemanden verpassen,   ich bin noch mit keinem jury-

es bringt nichts, wenn man mittelklasse fördert.   mitglied nachtessen gegangen.

deshalb streut man breit

je connais vraiment des artistes qui font un travail conséquent qui

n'arrivent pas du tout à entrer dans ce circuit des bourses fédérales,

parce qu'ils n'ont pas fait d'écoles d'art. je trouve ça pénible.

die kunstkommission ist sehr

eingeschliffen.

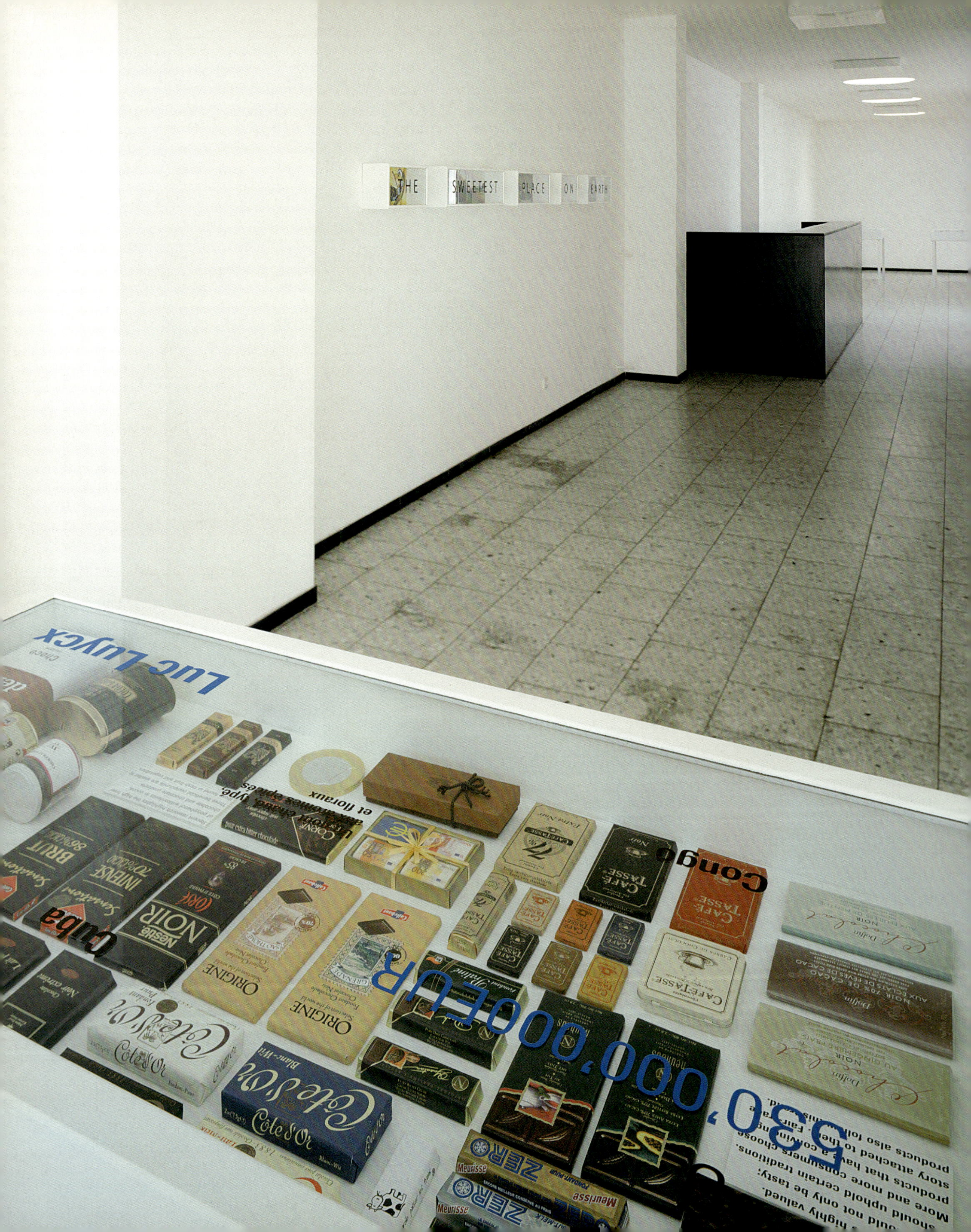
THE SWEETEST PLACE ON EARTH
Luc Luyckx
Congo
Cuba
530,000,000EUR

A Taste for Money

Galerie Christian Nagel, Köln Cologne
8. März – 20. April 2002 March 8 – April 20, 2002

Zwölf Vitrinen, MDF, bemalt; Glas, Klebebuchstaben, Schokolade, Kakao, Fotografien, Schrifttafeln; je 90 x 140 x 70,5 cm

– *A Taste for Money – Belgien*, 2002; Sammlung Eduard Zapp, Düsseldorf
– *A Taste for Money – Deutschland*, 2002; Privatsammlung, Berlin
– *A Taste for Money – Finnland*, 2002
– *A Taste for Money – Frankreich*, 2002
– *A Taste for Money – Griechenland*, 2002
– *A Taste for Money – Irland*, 2002
– *A Taste for Money – Italien*, 2002
– *A Taste for Money – Luxemburg*, 2002
– *A Taste for Money – Niederlande*, 2002
– *A Taste for Money – Österreich*, 2002
– *A Taste for Money – Portugal*, 2002
– *A Taste for Money – Spanien*, 2002

The Sweetest Place on Earth, 2001, MDF, bemalt; Glas, Klebebuchstaben, Lack, Fotografien, fünf Wandboxen, gesamt: 25 x 245 x 14 cm
Privatsammlung, Berlin

Courtesy Galerie Christian Nagel, Köln / Berlin

Twelve display cases, MDF, painted; glass, adhesive letters, chocolate, cocoa, plaques with text; each 35 x 55 x 27 inches

– *A Taste for Money — Belgium*, 2002; collection of Eduard Zapp, Düsseldorf
– *A Taste for Money — Germany*, 2002; private collection, Berlin
– *A Taste for Money — Finland*, 2002
– *A Taste for Money — France*, 2002
– *A Taste for Money — Greece*, 2002
– *A Taste for Money — Ireland*, 2002
– *A Taste for Money — Italy*, 2002
– *A Taste for Money — Luxemburg*, 2002
– *A Taste for Money — Netherlands*, 2002
– *A Taste for Money — Austria*, 2002
– *A Taste for Money — Portugal*, 2002
– *A Taste for Money — Spain*, 2002

The Sweetest Place on Earth, 2001, MDF, painted, glass, adhesive letters, paint, photographs, five wall boxes, 9.75 x 622.25 x 5.5 inches
Private collection, Berlin

Courtesy of Galerie Christian Nagel, Cologne / Berlin

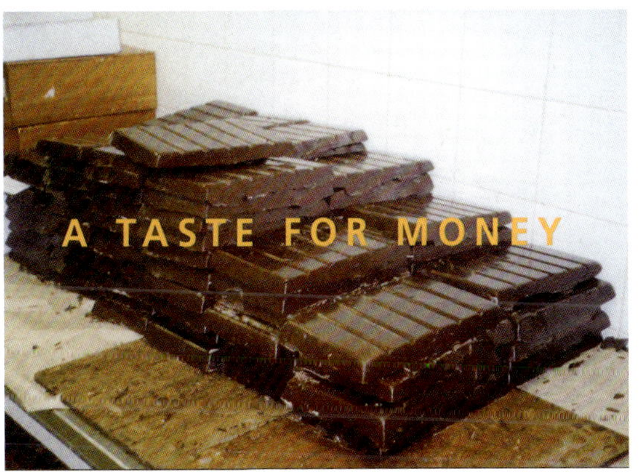

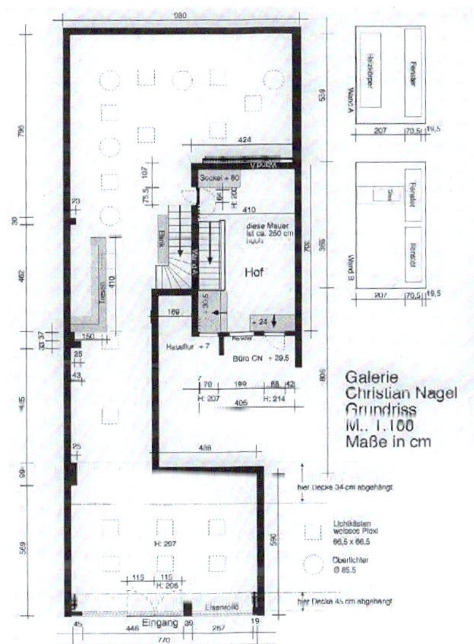

Wandarbeit Wall piece *The Sweetest Place on Earth*, 2002
Detail Vitrine (Belgien) Detail of display case (Belgium)

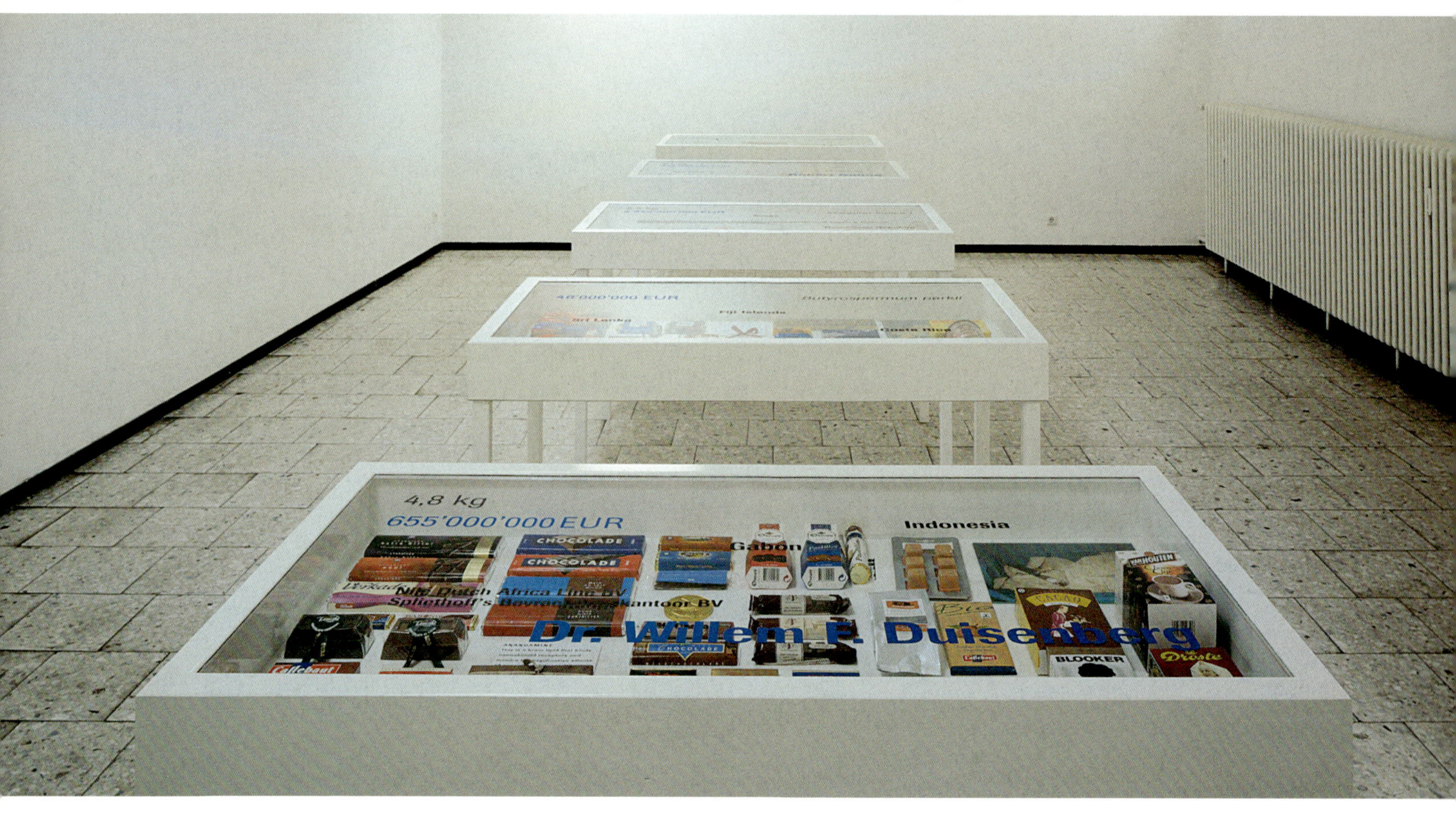

Zum Zeitpunkt der Euro-Einführung entwarf Christian Philipp Müller ein Porträt der europäischen Währungsunion anhand des Warensegments Schokolade. In zwölf weissen Vitrinen legte er eine Auswahl von Schokoladetafeln und Kakaopackungen aus, die in den Beitrittsländern der europäischen Währungsunion zum Verkauf angeboten wurden.
Die ästhetische Gestaltung der Schokolade- und Kakaoverpackungen reichte von ärmlich bis sehr aufwendig. Die Warenästhetik stand in direktem Verhältnis zum Bruttosozialprodukt der jeweiligen Euro-Länder. In jeder der Vitrinen befand sich ausserdem eine Fotografie des Schokoladenrohstoffs Kakaobutter, der gemäss der neuen europäischen Gesetzgebung durch Austauschstoffe ersetzt werden durfte. Auf den gläsernen Abdeckplatten der Vitrinen waren in blauer Schrift Informationen zur europäischen Währungsunion und den jeweiligen Beitrittsländern zu lesen. Den Texten in brauner Schrift waren Hinweise zu wissenschaftlichen Tatsachen und populären, nicht erwiesenen Wirkungen von Schokolade ebenso zu entnehmen wie der jeweilige nationale Jahreskonsum und eine Auflistung der Kakaobohnen exportierenden Länder.
An der Wand installierte Müller *The Sweetest Place on Earth*, ein fünfteiliges Schriftobjekt, bestehend aus weissen verglasten und mit jeweils einem einzelnen

In conjunction with the introduction of the Euro, Christian Philipp Müller used the chocolate manufacturing industry to develop a portrait of the European economic union. In twelve white vitrines, he displayed a selection of chocolate bars and cocoa packages sold in countries entering the European monetary union. The design of the chocolate and cocoa packages ranged from scanty to extravagant, with the merchandise aesthetic standing in direct relation to the gross national product of the corresponding Euro country. In addition, each of the vitrines also displayed a photograph of cocoa butter, the raw material for chocolate, which according to new European regulations could be replaced by substitute products. Blue lettering on the glass covers of the vitrines provided information about the European monetary union as well as each of the participating countries. Texts printed in brown gave both scientific information and unproven, popular wisdom about the effects of chocolate as well as the annual national consumption of each country, and a list of countries exporting cocoa beans.
On the wall, Müller installed *The Sweetest Place on Earth*, a five-part text object consisting of white glazed boxes each printed with a single word.
The boxes also showed views of the American city of Hershey, Pennsylvania, whose economy revolves

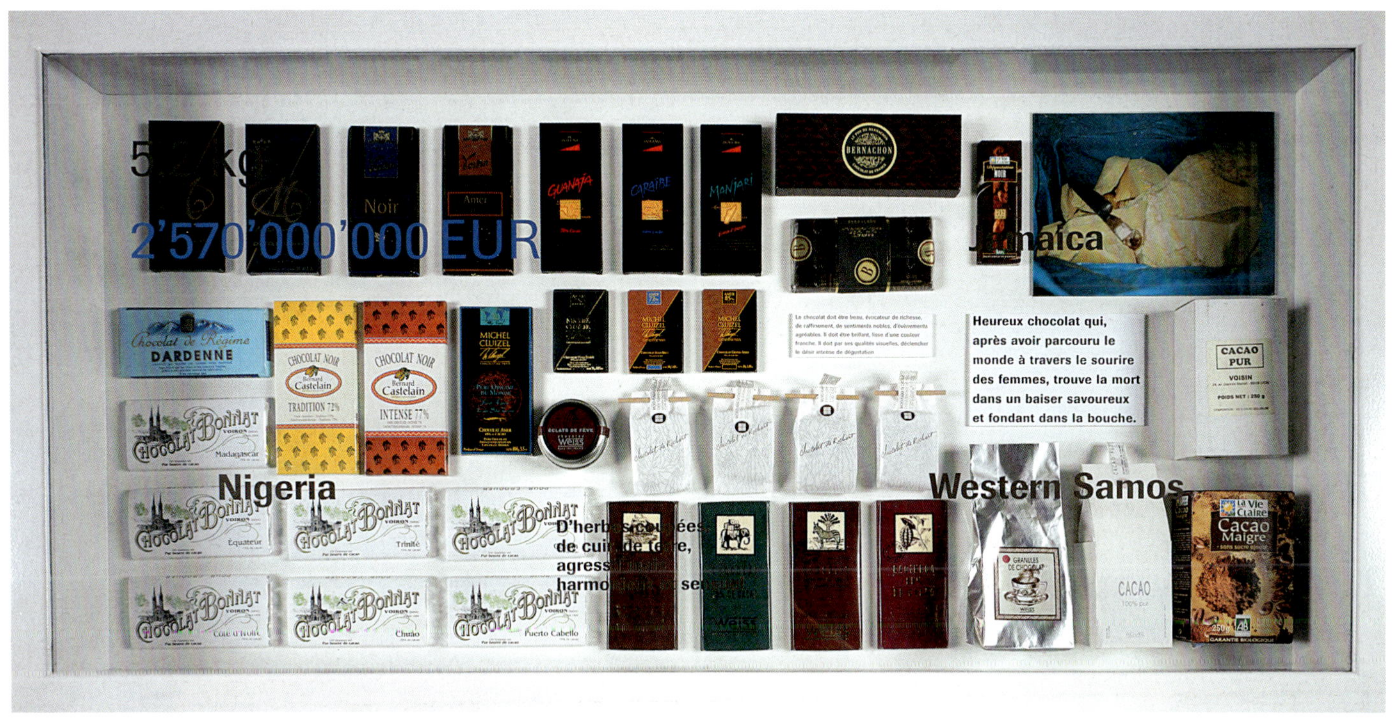

Detail Vitrine (Frankreich)
Detail of display case (France)

Wort bedruckten Kästen, die zudem Ansichten der US-amerikanischen Stadt Hershey zeigten, deren Ökonomie vollständig an die Produktion und den Verkauf der gleichnamigen Schokolade gekoppelt ist. Die Vereinheitlichungsbestrebungen der europäischen Politik wurden von Müller in Gestalt des sinnlichen Gegenstands Schokolade materialisiert, während die Eigenschaften dieses Genussmittels durch die schier endlose Aufreihung und die statistische Erfassung zur mathematischen Grösse wurden. Müllers *A Taste for Money* überführte den Geschmack ästhetisch und konzeptuell in die aktuelle Wirtschaftspolitik

solely around the production and sale of the chocolate bearing its name.
Müller used chocolate, a sensual object, to embody the drive towards uniformity in European policy, transforming the characteristics of this luxury commodity into mathematical quantities through seemingly endless lists and statistical analyses. Müller's *A Taste for Money* transferred the notion of "taste" into the realm of recent economic policy.

ausbreiten und abschreiten

to expand and walk

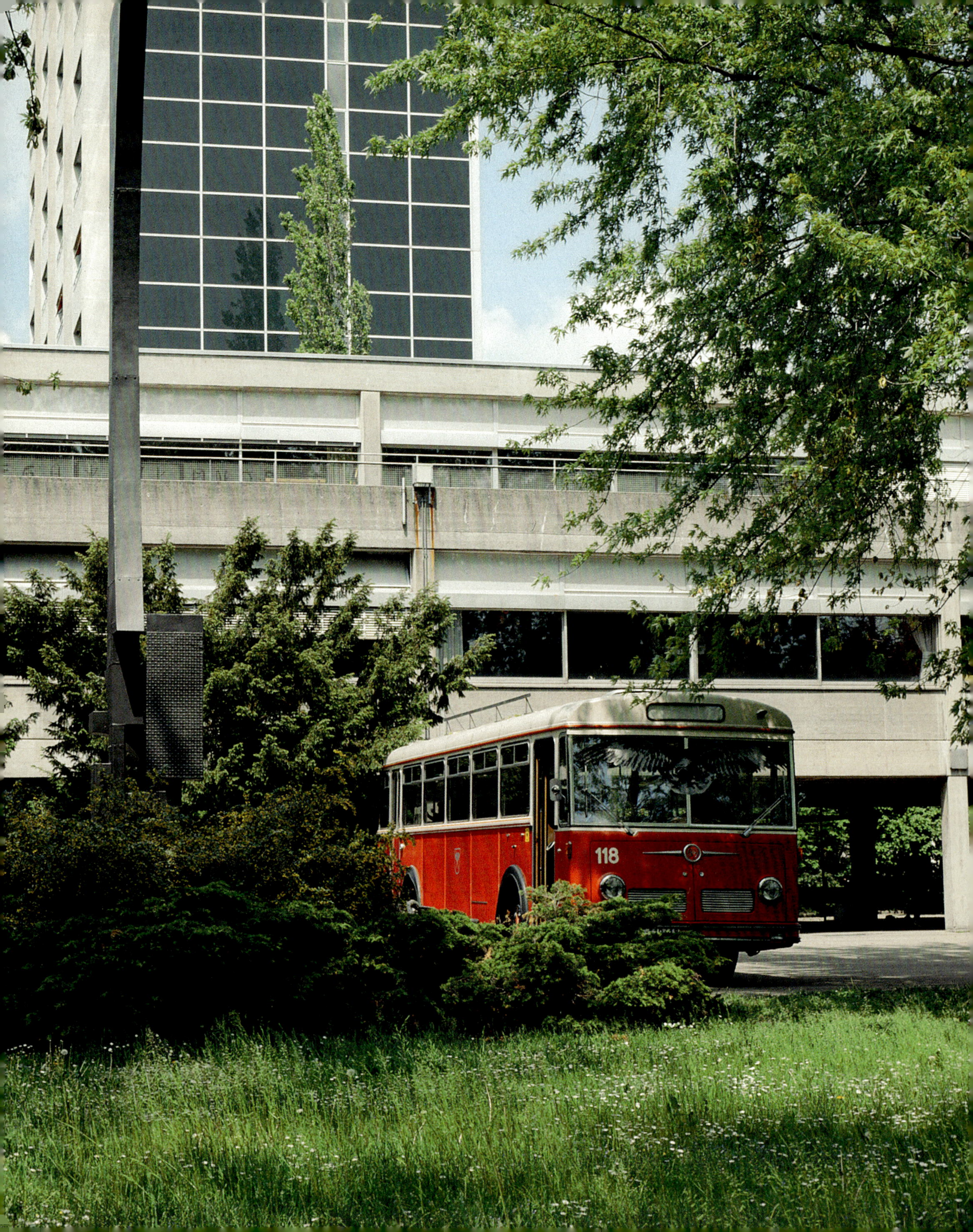
118

Bibliobus

Tabula Rasa, Stadtraum Biel, Schweiz Tabula Rasa, public space of Biel, Switzerland
26. Mai – 29. September 1991 May 26 – September 29, 1991

– *Bibliobus*, 1991, Bus, Bücherregale, Fotokopierer, zwei Tische, Schrifttafeln, Klebefolie

Sechs Standorte für jeweils drei Wochen
– Primarschulhaus Champagne, bei Bernhard Luginbühl, *Aggression*, 1962
– Sekundarschulhaus Rittermatte, bei Hans Aeschbacher, *Figur 1*, 1955
– Gewerbeschule, bei Jean Tinguely und Bernhard Luginbühl, *Riesenkandelaber*, 1975
– Gymnasium Strandboden, bei Ueli Berger, *Jura*, 1980
– Technikum, bei Arnold d'Altri, *Die Schatten*, 1956
– Seminar Linde, bei Berner Arbeitsgemeinschaft, *Farbige Baumruine*, 1975

– *Bibliobus*, 1991, bus, bookshelves, photocopier, two tables, plaques with text, adhesive film

– Six locations, each for three weeks
– Champagne Primary School, next to Bernhard Luginbühl, *Aggression*, 1962
– Rittermatte Secondary School, next to Hans Aeschbacher, *Figur 1*, 1955
– Vocational School, next to Jean Tinguely and Bernhard Luginbühl, *Riesenkandelaber*, 1975
– Strandboden High School, next to Ueli Berger, *Jura*, 1980
– Technical School, next to Arnold d'Altri, *Die Schatten*, 1956
– Seminar Linde, next to the Berner Arbeitsgemeinschaft, *Farbige Baumruine*, 1975

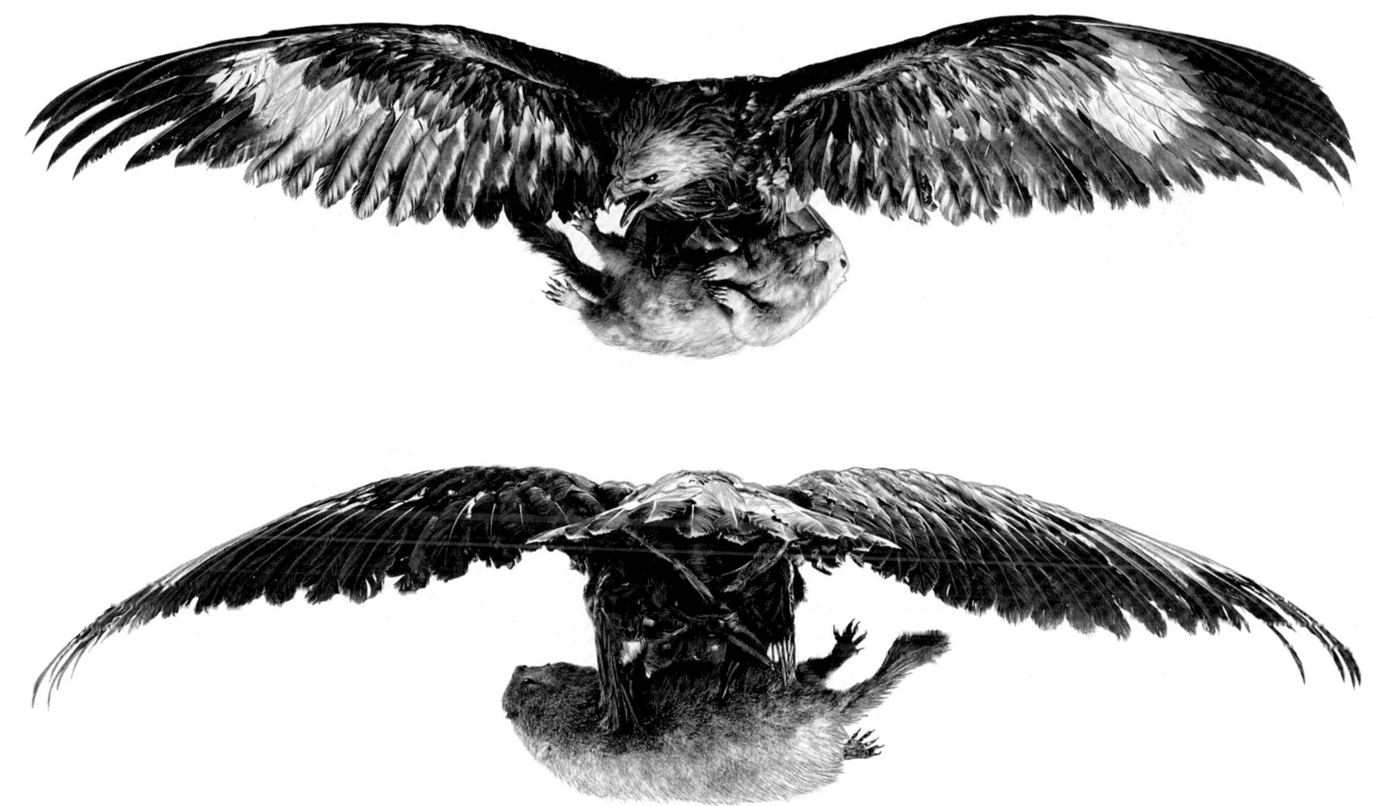

Bibliobus vor dem Primarschulhaus Champagne, daneben Bernhard Luginbühls Skulptur *Aggression*, 1962
Bibliobus in front of the Champagne Primary School, next to it Bernhard Luginbühl's sculpture *Aggression*, 1962

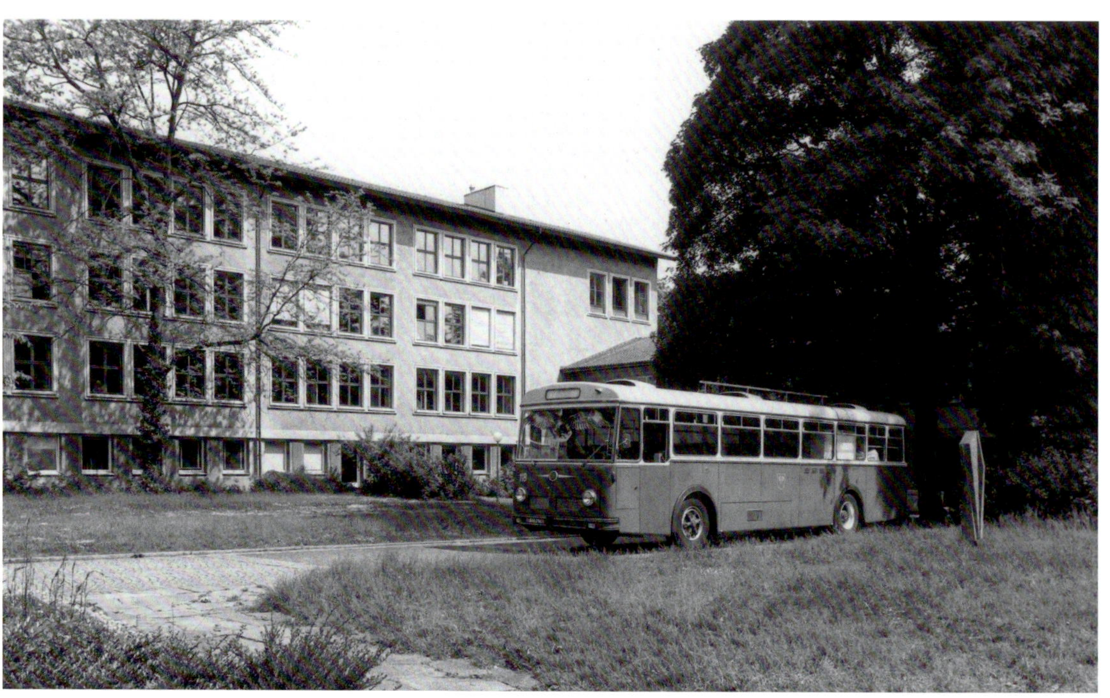

Bibliobus vor dem Sekundarschulhaus Rittermatte, daneben Hans Aeschbachers Skulptur *Figur 1*, 1955
Bibliobus in front of the secondary school building in Rittermatte, next to it Hans Aeschbacher's sculpture *Figur 1*, 1955

Tabula Rasa war ein Denkmalprojekt im städtischen Raum von Biel. Im Rahmen der neunten Bieler Plastikausstellung lud Kurator Bernard Fibicher 26 Künstlerinnen und Künstler, unter ihnen Christian Philipp Müller, ein, Denkmäler für die Stadt Biel zu erstellen. Die realisierten Installationen und Skulpturen verteilten sich im Stadtraum. Im Unterschied zum weit verbreiteten Ewigkeitsanspruch öffentlicher Denkmäler setzten die Beteiligten temporäre Hinweise in die Stadt, bauten bestehende Strukturen aus oder kommentierten sie.

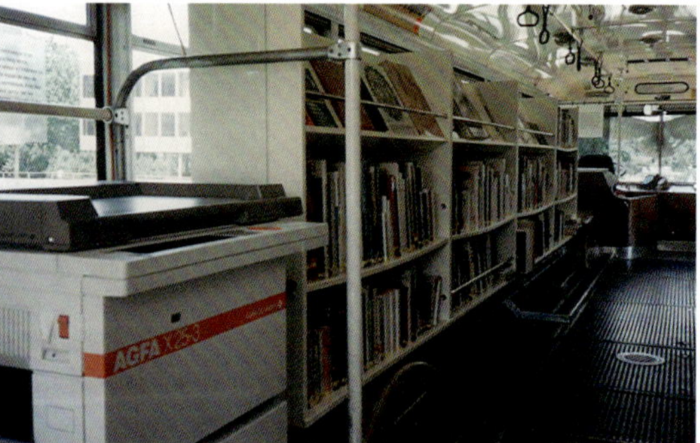

Müllers Arbeit bewegte sich durch Biel. Für jeweils drei Wochen stellte der Künstler einen aus dem Verkehr gezogenen städtischen Bus auf die Schulhöfe von sechs Schulen im Stadtbereich Biel. Angefangen bei einer Primarschule, endete seine Tour vor einem staatlichen Seminar. Der rote Bus funktionierte als begehbare Skulptur. In Biel, dem Ausgangspunkt für die Implementierung von Kunst im öffentlichen Raum in der Schweiz, erweiterte Müller systematisch eine 1977 in der Ausstellung *Skulptur Projekte Münster* in Münster initiierte Arbeit Michael Ashers. Ashers Installation für Münster, ein weisser, vier Meter langer Caravan, wurde während der Ausstellung wöchentlich im Stadtgebiet umgestellt und

Tabula Rasa consisted of a monument in the urban space of Biel. For the ninth Swiss Sculpture Exhibition in Biel, curator Bernard Fibicher invited 26 artists, among them Christian Philipp Müller, to produce monuments for the city. The resulting installations and sculptures were distributed throughout the urban space. In contrast to the permanent status traditionally claimed by public monuments, the participants placed temporary markers in the city, elaborating or commenting on existing structures.
Müller's work moved throughout the city of Biel. The artist took a municipal bus that had been removed from service and positioned it in the parking lots of six schools in Biel for three weeks at a time. The tour began with an elementary school and ended in front of a state teacher's college. The red bus functioned as a sculpture that could be entered. Here in Biel—the epicenter of art in the public space in Switzerland—Müller systematically elaborated on a work initiated by Michael Asher in the *Skulptur Projekte Münster* exhibition of 1977 in Münster. Asher's installation für Münster, a four-meter-long white camper, was moved weekly throughout the city over the course of the exhibition, appearing in nineteen different locations. Müller's bus, on the other hand, not only drew attention to existing situations but also interacted with them. The bus could be entered and used; its rear section housed a library, a desk, and a copier. In the library, Müller exhibited the art publications available in the school library at that particular loca-

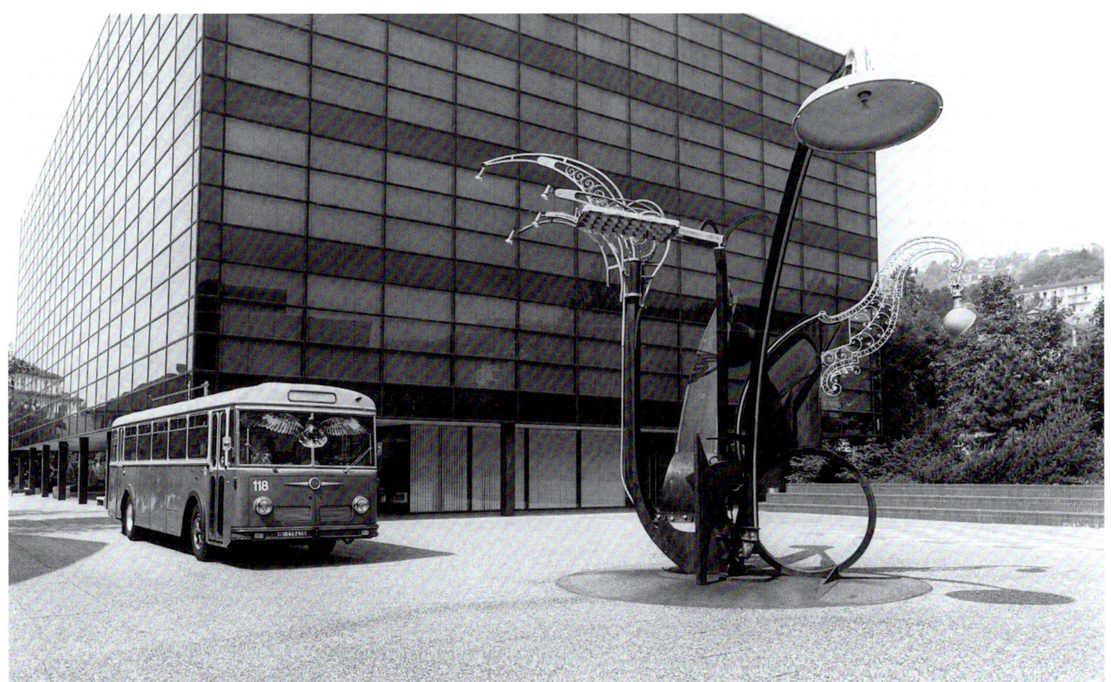

Bibliobus vor Gewerbeschule, daneben Jean Tinguelys und Bernhard Luginbühls Skulptur *Riesenkandelaber*, 1975
Bibliobus in front of the vocational school, next to it Jean Tinguely's and Bernhard Luginbühl's sculpture *Riesenkandelaber*, 1975

war so an 19 verschiedenen Orten zu sehen. Müllers Bus machte hingegen nicht nur auf eine vorgefundene Situation aufmerksam, sondern er griff in diese ein. Der Bus war begeh- und benutzbar, er beherbergte im hinteren Teil eine Bibliothek, einen Arbeitsplatz und einen Kopierer. In der Bibliothek stellte Müller die in der jeweiligen Schulbiblio-thek verfügbaren Kunstpublikationen aus und eröffnete die Möglichkeit, mit ihnen zu arbeiten und Kopien von ihnen für den eigenen Gebrauch anzufertigen. Auf diese Weise machte er Materialien und Bücher sichtbar, die zuvor unbeachtet geblieben waren, er führte die Idee der Bildung durch die Kunst wieder ein. Während der täglichen Öffnungszeiten trafen sich hier Bevölkerungsschichten, die im Alltag voneinander ebenso isoliert waren wie von dem hier aufbereiteten Material. Nach Art der in Bussen üblichen Werbeflächen wurden auf Fensterscheiben, Schiebekartons, Transparenten und Hängekartons Zitate zum Stellenwert von guter Architektur und Kunst in der Pädagogik von Jean-Jacques Rousseau bis Tim Rollins angebracht. Die Vermittlungsfunktion der Kunst im Rahmen der Bildung wurde von den angestammten Institutionen in ein Kunstwerk im öffentlichen Raum ausgelagert. Auf der Front- und Heckscheibe des Busses befanden sich riesige Aufkleber, deren Motiv Müller in der naturwissenschaftlichen Sammlung einer Bieler Schule gefunden hatte: einen ausgestopften Adler, der in seinen Klauen ein ausgestopftes Murmeltier trägt.

tion, making it possible for visitors to study them and make copies for personal use. In this way, he called attention to materials and books that had previously remained unnoticed, reintroducing the idea of education through art. During daily opening hours, segments of the population met here that were normally as isolated from each other as they were from the exhibited materials. In typical fashion for public transit advertising, banners and signs mounted on windows, ceilings, and walls showed quotes by writers from Jean-Jacques Rousseau to Tim Rollins emphasizing the importance of good art and architecture in pedagogy. The educational function of art was thus transferred from its traditional institutions to a work of art in public space. On the front and rear windows of the bus were giant stickers showing a motif found by Müller in the scientific collection of a school in Biel: a stuffed eagle bearing a stuffed groundhog in its claws.

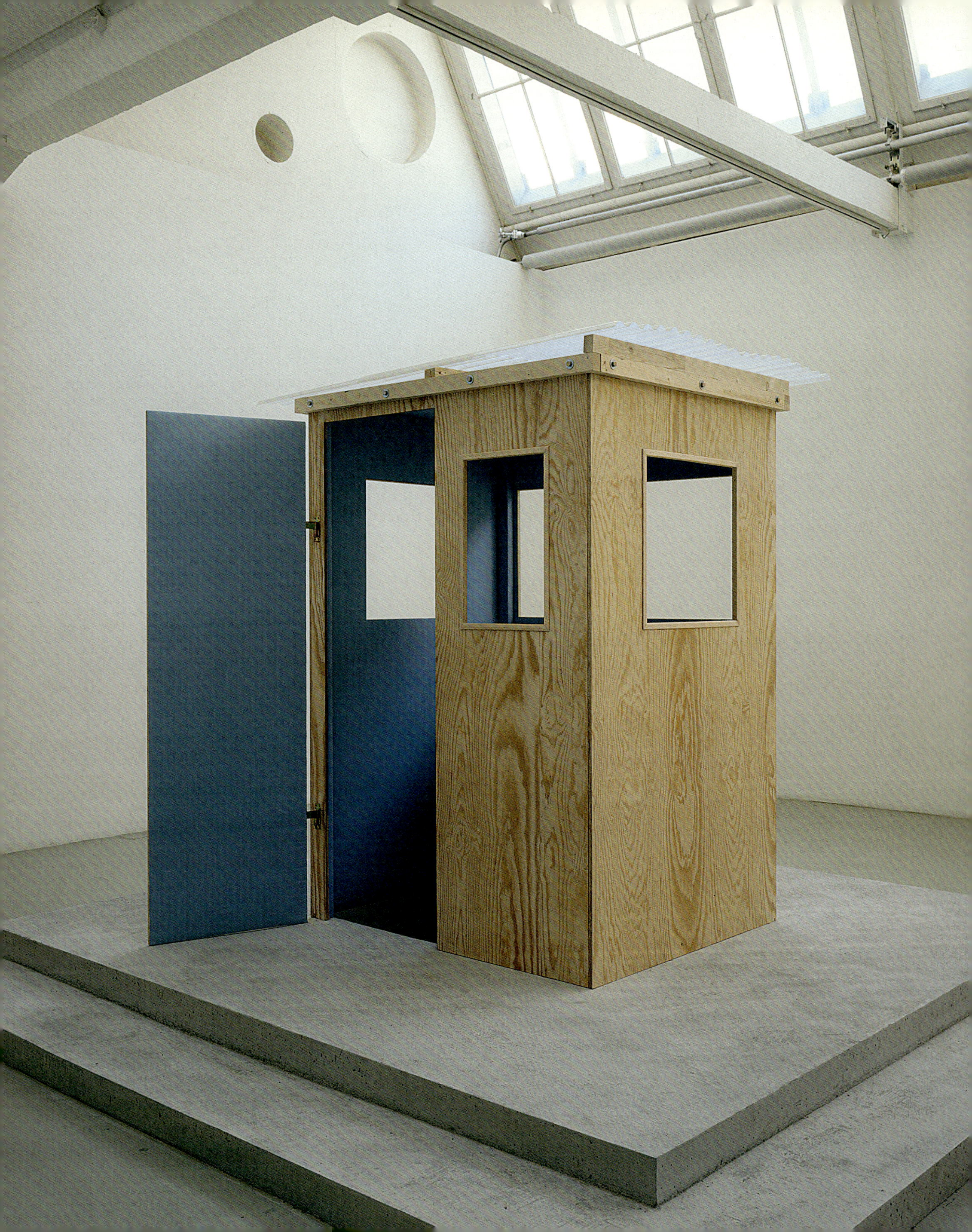

Zelle des Mystagogen

Platzwechsel (mit with Ursula Biemann, Tom Burr, Mark Dion), Kunsthalle Zürich und and Schweizerisches Landesmuseum, Zürich Zurich
2. Juni – 30. Juli 1995 June 2 – July 30, 1995

Kunsthalle Zürich
– *Zelle des Mystagogen*, 1995, Beton, Sperrholz, Seide, Kunststoff; 250 x 392 x 422 cm; Courtesy Galerie Christian Nagel, Köln / Berlin

Schweizerisches Landesmuseum
(Loggia / Erkerturm)
– *Betretbare Form*, 1995, Granit aus dem Maggiatal
– *Panorama* (mit Ursula Biemann, Tom Burr und Mark Dion), 1995, Klebebuchstaben, Grösse variabel

Kunsthalle Zurich
– *Zelle des Mystagogen*, 1995, concrete, scrap wood, silk, plastic; 98 x 154 x 166 inches; courtesy of Galerie Christian Nagel, Cologne / Berlin

Schweizerisches Landesmuseum
(Loggia / Alcove Tower)
– *Betretbare Form*, 1995, granite from the Maggia Valley
– *Panorama* (with Ursula Biemann, Tom Burr, and Mark Dion), 1995, adhesive letters, dimensions variable

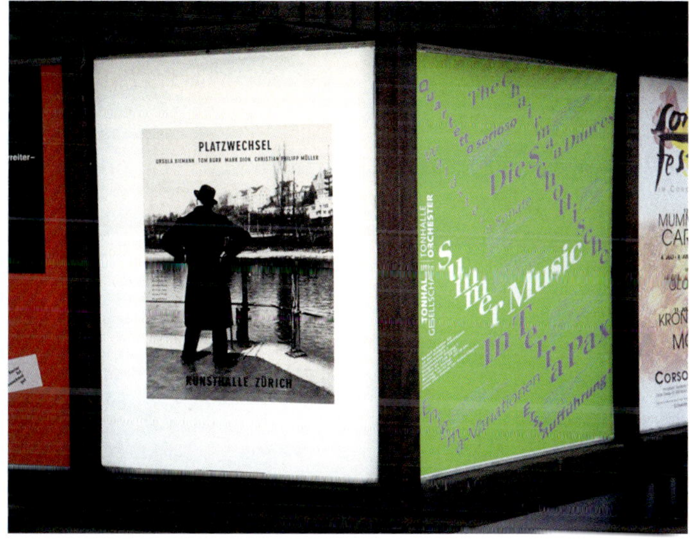

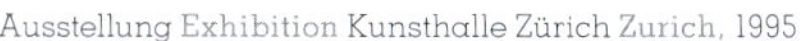
Ausstellung Exhibition Kunsthalle Zürich Zurich, 1995

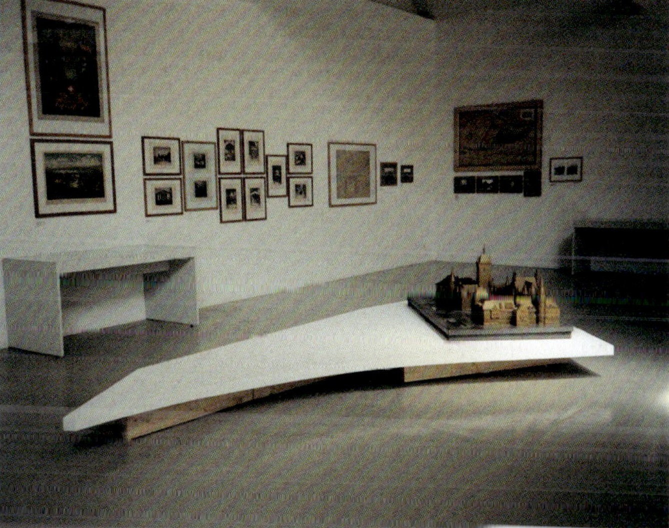
Chronologie des Platzspitzes Chronology of the Platzspitz

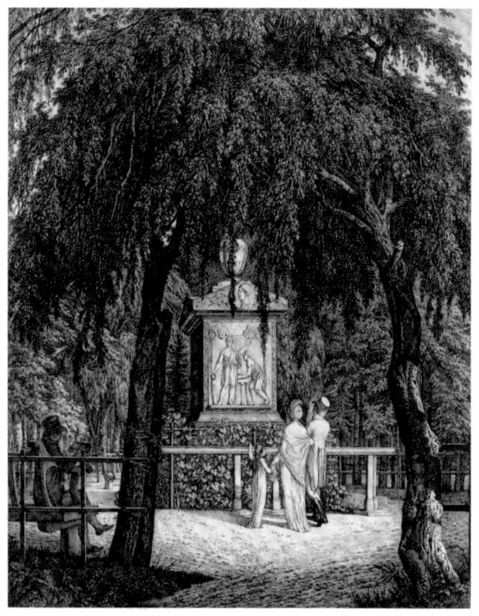

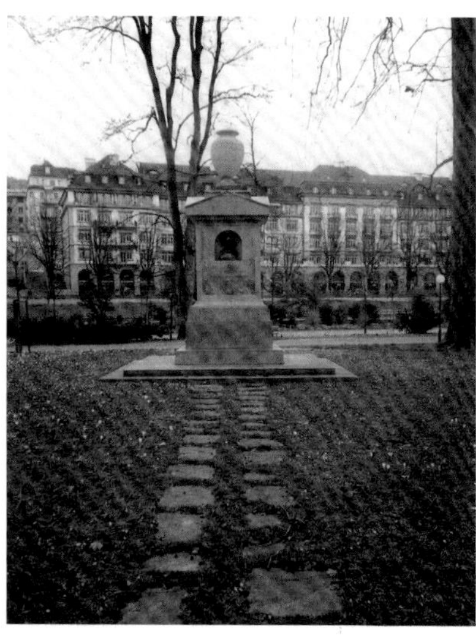

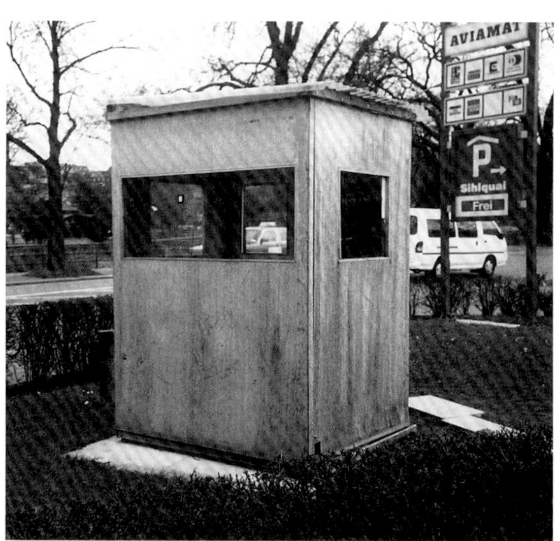

Salomon-Gessner-Denkmal 1793, Kupferstich von K. W. Kolbe, 1802
Salomon Gessner Memorial 1793, copper engraving by K. W. Kolbe, 1802

Salomon-Gessner-Denkmal
Salomon Gessner Memorial, 1994

Überwachungskabine Securitas,
Surveillance booth, 1994

Bernhard Mendes Bürgi, Direktor der Kunsthalle Zürich, lud Christian Philipp Müller 1995 zu einer Ausstellung ein. Müller zog drei weitere Künstler – die Schweizerin Ursula Biemann sowie die Amerikaner Tom Burr und Mark Dion – zur Ausstellung hinzu und schlug ein ortsspezifisches Projekt vor, das um Zürichs »Platzspitz« kreiste. Beim Platzspitz handelt es sich um einen zentralen Park in Zürich, an dem Limmat und Sihl zusammenfliessen. Durch Bahnhof und Landesmuseum vollständig vom direkten Zugang zur Stadt getrennt, erlangte die Halbinsel in den 1980er-Jahren internationale Berühmtheit: Die Züricher Heroinszene subsistierte dort ebenso unangegriffen wie perspektivlos im Zustand einer Art Halblegalität. Von seiner fast utopischen Rolle in der akzeptierenden Drogenhilfe der 1980er-Jahre wandelte sich der Platzspitz mehr und mehr zu einer an die Stadt angrenzenden Elendsinsel, die 1992 schliesslich geschlossen und vollkommen saniert wurde. Aufgrund der umfassenden Vergitterung und Überwachung wie auch des reglementierten Zugangs, die das Ergebnis der Sanierung waren, konnte der ehemals utopische Charakter des Platzes nicht gewahrt werden. *Platzwechsel* fragte nach den Funktionen, Möglichkeiten und Grenzen der Kunst im sozialen Zusammenhang. Fern davon, heilend eingreifen zu können, konzentrierten sich alle vier Künstler in ihren Arbeiten auf die Bezüge zwischen Platzspitz und davor liegendem Landesmuseum im Hinblick auf das Modell eines öffentlichen Raums unter Beobachtung. Ihre getrennten Untersuchungen wurden in den Turmerkern des Landesmuseums, den besten Aussichtspunkten zum Platz hin, der zentralen Loggia des Museums und in den Räumen der Kunsthalle, einem Industriegebäude, zusammengetragen. Der Platzspitz wurde auf seine

In 1995, Bernhard Mendes Bürgi, director of the Kunsthalle Zurich, invited Christian Philipp Müller to exhibit there. Müller integrated three other artists into the exhibition—the Swiss artist Ursula Biemann as well as Americans Tom Burr and Mark Dion—and suggested a site-specific project focusing on Zurich's "Platzspitz." The Platzspitz is a central park in Zurich at the confluence of the Limmat and Sihl rivers. Completely cut off from the city by the railway station and the Landesmuseum, the peninsula attained international notoriety in the nineteen-eighties as the site of the Zurich heroin scene, which subsisted there in a kind of hopeless but undisturbed half-legality. From its almost utopian role in the tolerant drug policies of the nineteen-eighties, the Platzspitz was increasingly transformed into an island of misery adjoining the city. Finally, in 1992, it was closed and completely redeveloped. Due to the extensive fencing and surveillance resulting from the redevelopment as well as the regulation of access, the park's previously utopian character was unable to be preserved. *Platzwechsel* explored the functions, possibilities, and limits of art in a given social context. Far from being able to intervene in a salutary way, the works of all four artists focused on the connection between the Platzspitz and the adjacent Landesmuseum in relation to the model of a public space under surveillance. Their individual investigations were brought together in the tower oriels of the Landesmuseum (the best observation points for the park), the central loggia of the museum, and the spaces of the Kunsthalle, an industrial building. The Platzspitz was analyzed with regard to its function as a public space from the Middle Ages through the nineteen-nineties, with the work *Platzwechsel* realized on multiple

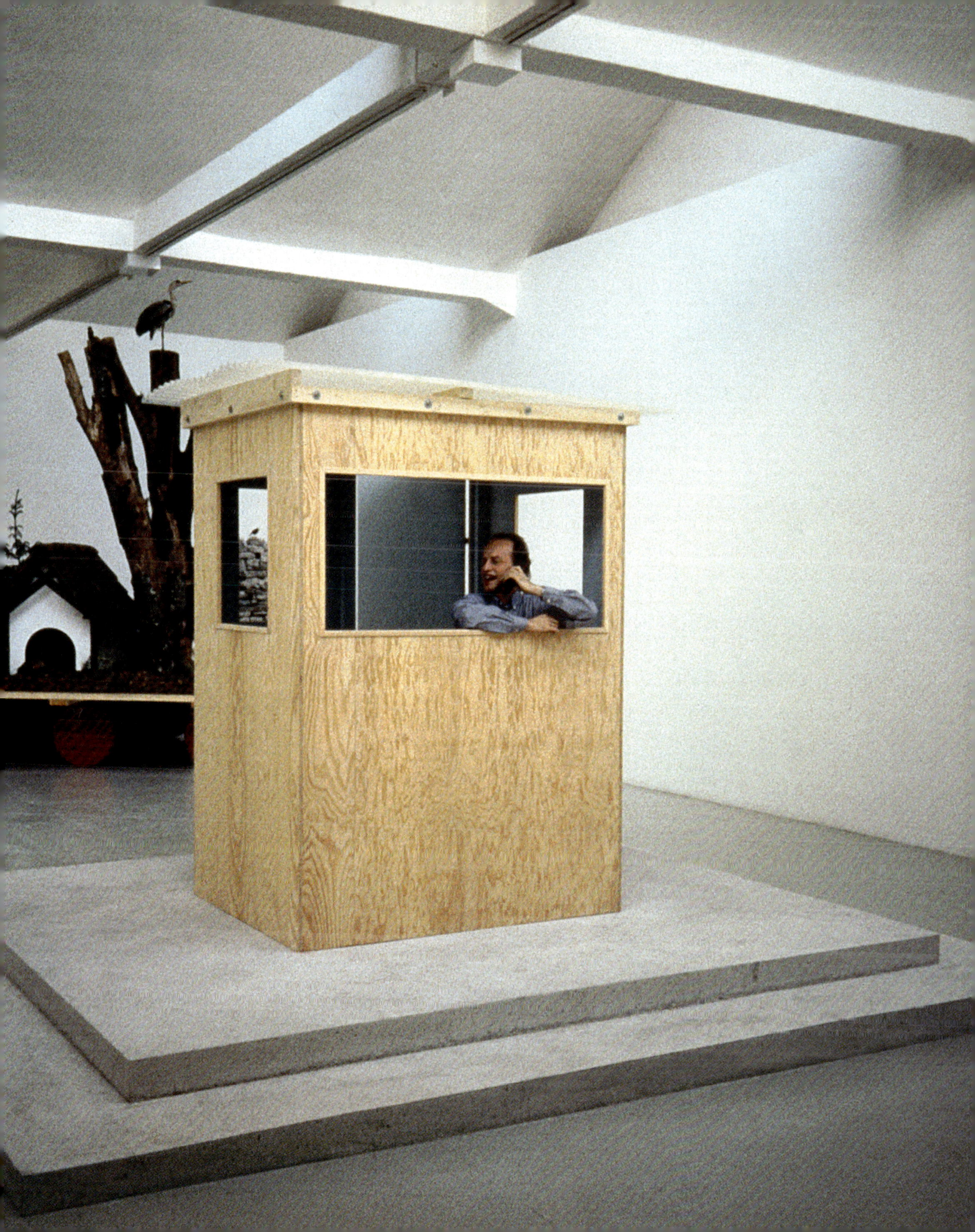

Funktionen als öffentlicher Raum vom Mittelalter bis zu den 1990er-Jahren hin analysiert, *Platzwechsel* wurde auf mehreren Ebenen realisiert. Zum einen wurde der Platz über die Untersuchungen in die Ausstellungsräume verlagert und so die Aufmerksamkeit auf ihn fokussiert, zudem konzentrierten sich die Arbeiten nicht allein auf Merkmale, die in der politischen Auseinandersetzung um den Park im Vordergrund standen, sondern zogen scheinbar Nebensächliches ins Zentrum der Betrachtung.

Loggia Landesmuseum

Ausgehend von vier Erkern im Hardturm des Landesmuseums, griffen die vier Künstler vier verschiedene Positionen zum Park und zum nationalen Geschichtsmuseum auf: Biemann kritisierte das ethnozentrische Prinzip der in Regionalismen unterteilten Schweizer Nationaltypologie. Burr thematisierte die Historie des Parks aus einer schwulenpolitischen Sicht, Dion analysierte die Naturgeschichte der Insel, und Müller stellte eine Verbindung zum Platz her, indem er eine Beobachtungsplattform errichtete, von der aus der Platzspitz besser überblickt werden konnte. In der zentralen Loggia mit dreigliedrigen Bogenfenstern mit Blick auf den rekonstruierten Park installierten die Künstler eine gemeinsame Schriftarbeit. Als Kommentar zum Ausblick auf die frisch gesetzten Rosenbeete konnten mehrfarbig und mehrsprachig einige der im Laufe der Jahrhunderte vorgebrachten Interpretationen zur Bedeutung und Funktion des Platzes als vielschichtige Bildlegenden auf den Glasscheiben nachgelesen werden. In den Räumen der Kunsthalle trafen sich die vier Künstler wieder, indem sie ihre einzelnen Projekte im Sinne eines Gesamteindrucks kombinierten. In seiner Installation führte Müller signifikante Merkmale des Ortes Platzspitz

levels. The artistic explorations served, first of all, to transfer the park to the exhibition spaces, thus focusing attention on it; in addition, the works concentrated not just on those features of the park foregrounded by the political controversy, but drew aspects of seemingly secondary importance into the center of consideration.

Taking four oriels in a tower of the Landesmuseum as their points of departure, the artists adopted four different positions with regard to the park and the historical museum. Biemann critiqued the ethnocentric principles of Swiss national typology with its subdivision into various regional identities. Burr explored the history of the park from the perspective of gay politics, while Dion analyzed the natural history of the island. Müller established a connection to the park by erecting a platform from which the Platzspitz could be better observed. In the central loggia, whose tripartite arched windows look out over the redeveloped park, the artists installed a collaborative textual work. As a commentary on the view of the freshly planted rose gardens, multilayered captions on the glass panes in multiple colors and languages related some of the interpretations offered over the course of the centuries as to the significance and function of the park. The four artists met once again in the spaces of the Kunsthalle, where their individual projects were combined into an overall impression. In his installation, Müller brought together significant features of the Platzspitz, thereby undertaking multiple "changes of place" ("Platzwechsel.") A concrete pedestal identical in size to that of the Salomon Gessner monument[1] at the Platzspitz—a monument characteristic of the idealistic pastoral idyll of the eighteenth century—was installed in the Kunsthalle. The concrete pedestal in the Kunsthalle

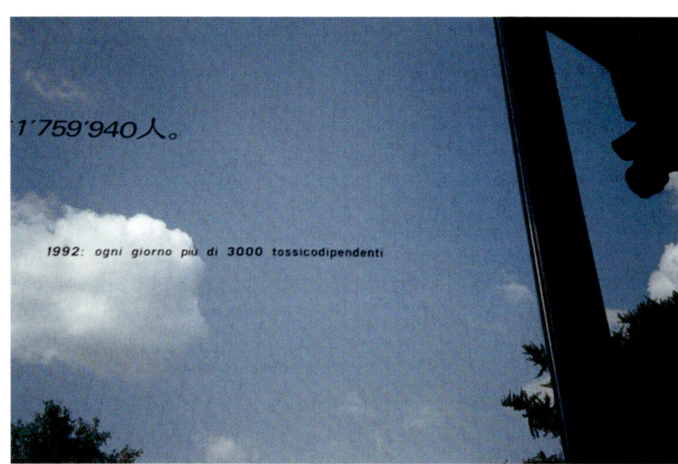

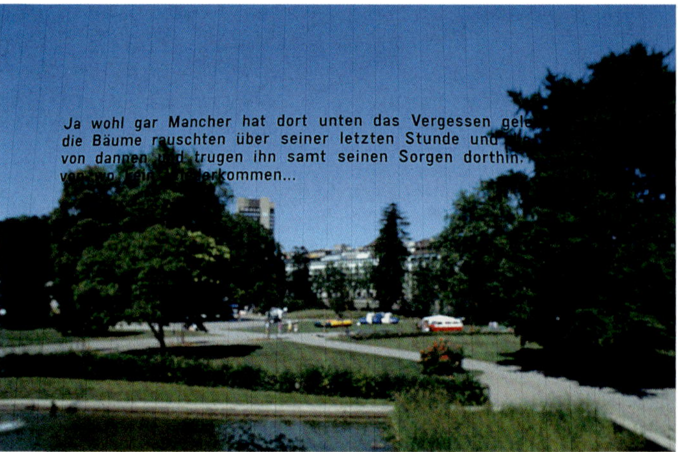

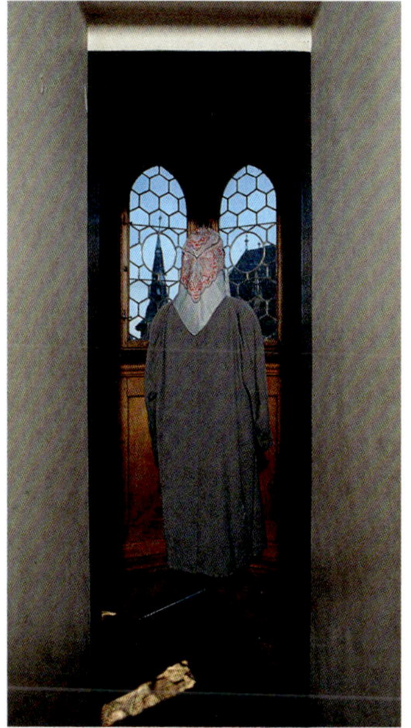
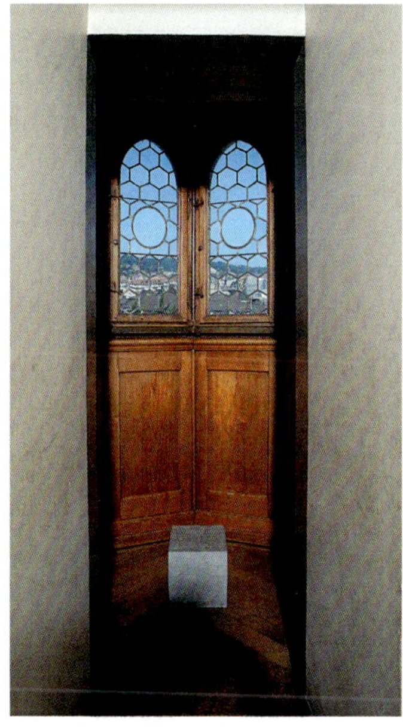
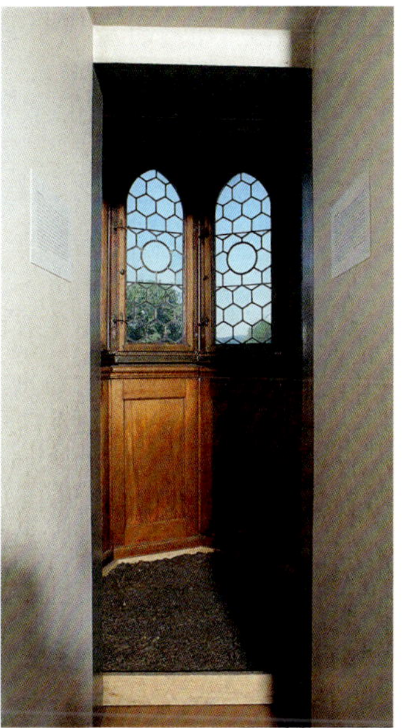
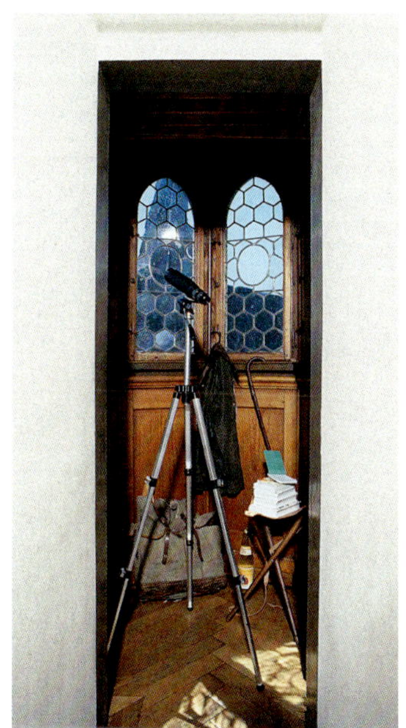

zusammen und nahm dabei mehrere »Platzwechsel« vor: Ein mit den Abmessungen des Salomon-Gessner-Denkmals[1] auf dem Platzspitz identischer Betonsockel wurde in der Kunsthalle gegossen. Das Denkmal selbst ist charakteristisch für das idealistische Naturidyll des 18. Jahrhunderts. Auf dem Betonsockel in der Kunsthalle wurde eine Replik desjenigen Wachhäuschens platziert, das zuvor jahrelang zur Beobachtung der Drogenszene auf der gegenüberliegenden Flussseite gedient hatte. Hier allerdings war das Häuschen in der Art einer Sänfte des 18. Jahrhunderts mit zartblauer Seide ausgelegt und in den Betonsockel eingelassen worden, sodass die Besucher beim Eintreten auf die Höhe des Kunsthallenbodens heruntersteigen mussten und es von aussen, durch die Skulptur gerahmt, als Büste zu sehen war. »*Platzwechsel* zeigt das Netz von Bezügen und Bedeutungen, die diese Identität durchweben, die Orte und Geschichten. Und dabei werden sie nicht als etwas Besonderes oder Wesentliches präsentiert, sondern als Funktion oder Prozess.« (James Meyer)[2]

supported a replica of the guardhouse which, years before, had served for the surveillance of the drug scene on the opposite side of the river. Here, however, the little building was lined in delicate blue silk like a sedan from the eighteenth century and was set into the concrete pedestal in such a way that upon entering it, the visitor descended to the level of the museum floor and was seen as a bust from the outside, framed by the sculpture. "*Platzwechsel* showed the network of references and meanings woven through this identity, the places, and histories. And thereby they are presented not as something special or essential, but as a function or a process." (James Meyer)[2]

Erkerturm Alcove Tower
Landesmuseum
Von links nach rechts from left to right: Ursula Biemann, Christian Philipp Müller, Tom Burr, Mark Dion

1 – Salomon Gessner (geboren am 1. April 1730 in Zürich, gestorben am 2. März 1788 ebenda) war ein Schweizer Idyllendichter, Maler und Grafiker, dem auf dem Platzspitz 1793 das erste bürgerliche Denkmal der Schweiz errichtet wurde.

2 – James Meyer, »Der funktionale Ort«, in: *Platzwechsel*, Ausst.-Kat. Kunsthalle Zürich, Zürich 1995, S. 36.

1 – Salomon Gessner (born April 1, 1730 in Zurich; died March 2, 1788, also in Zurich) was a Swiss pastoral poet, painter, and printmaker, in whose honor the first bourgeois monument in Switzerland was erected on the Platzspitz in 1793.

2 – James Meyer, "Der funktionale Ort," in *Platzwechsel*, exh.-cat. Kunsthalle Zurich (Zurich, 1995), p. 36.

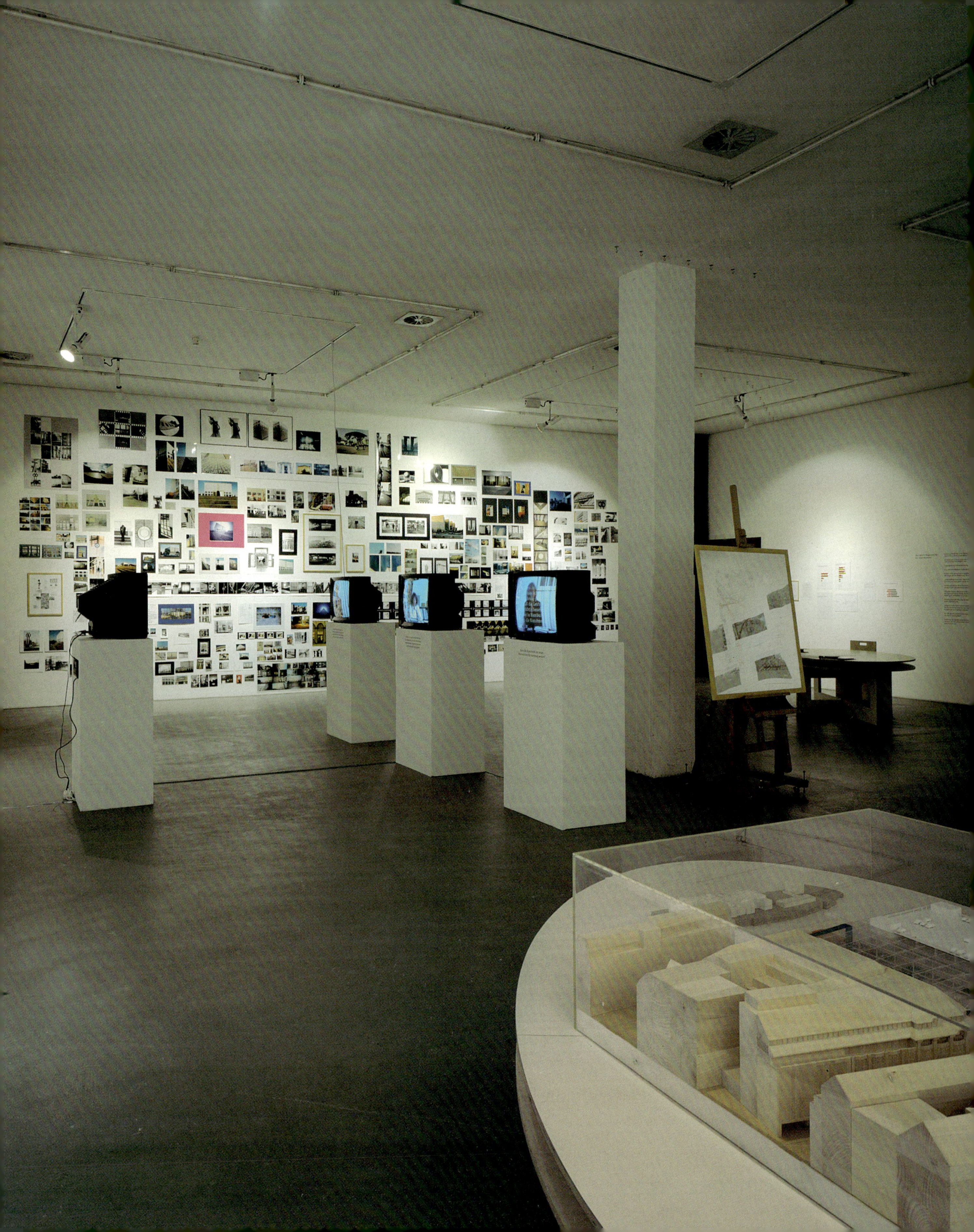

Was nahe liegt, ist doch so fern

Kunstverein Hamburg (im Rahmen von »weitergehen«, einem Projektschwerpunkt des Programms »Kunst im öffentlichen Raum« der Kulturbehörde Hamburg)
Kunstverein Hamburg (in conjunction with "weitergehen," a project focus of the "Art in Public Space" program of the Cultural Authority of Hamburg)
14. Februar – 30. März 1997 February 14 – March 30, 1997

Ausstellungsraum
– *Was nahe liegt, ist doch so fern*, 1997, vier Videos, vier Monitore auf Sockel, Lautsprecher, Klebebuchstaben, unterschiedliche Länge
– *Ein gordischer Knoten*, 1997, Filzstift auf Transparentpapier, gerahmt; 120 x 120 cm
Wand mit ca. 1000 Exponaten aus dem Fotowettbewerb
– Modell der Kunstmeile Hamburg, 1:200
– Weitere Ausstellungsbeiträge von Ulf Wuggenig und Tita Giese

Nebenraum
– *Monsieur Muller*, 1997, Video, 18:09 Min., Kamera: Jan Lackner; Art & Public – Cabinet P. H.

Exhibition Space
– *Was nahe liegt, ist doch so fern*, 1997, four videos, four monitors on bases, loudspeakers, adhesive letters, different lengths
– *Ein gordischer Knoten*, 1997, felt pen on transparent paper, framed; 47 x 47 inches
Wall with ca. 1000 submissions from the photography contest
– Model of the Hamburg Art Mile, 1:200
– Additional exhibition contributions by Ulf Wuggonig and Tita Giese

Side Room
– *Monsieur Muller*, 1997, video, 18:09 min., camera: Jan Lackner; Art & Public—Cabinet P. H.

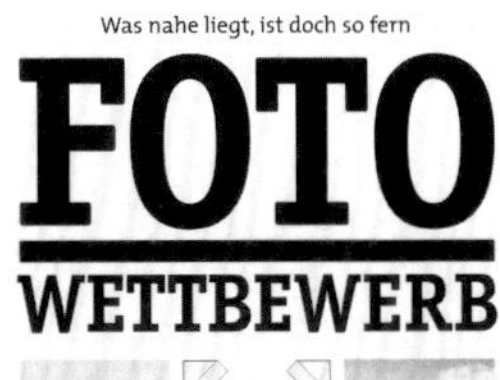

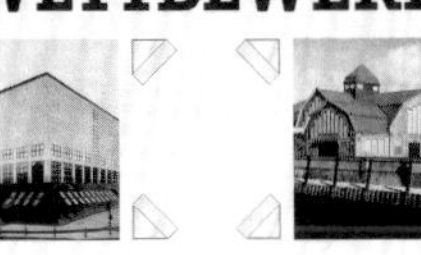

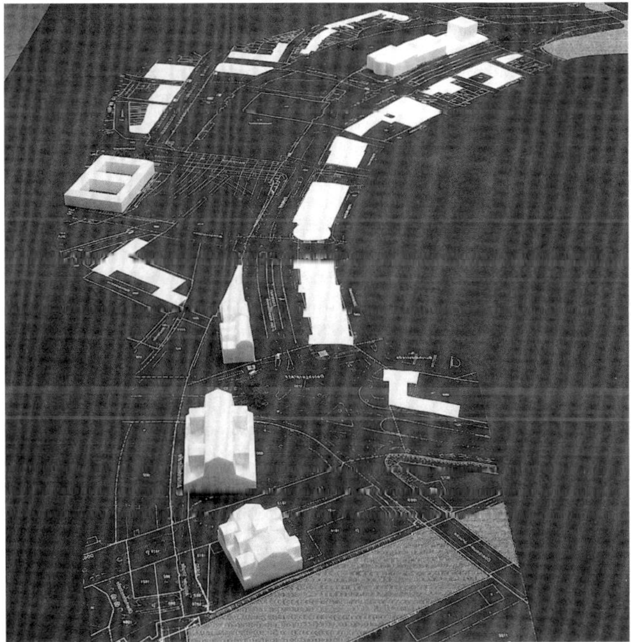

Detail Ausstellung Exhibition (Modell der Kunstmeile Hamburg Model of the Hamburg Art Mile, 1:200)

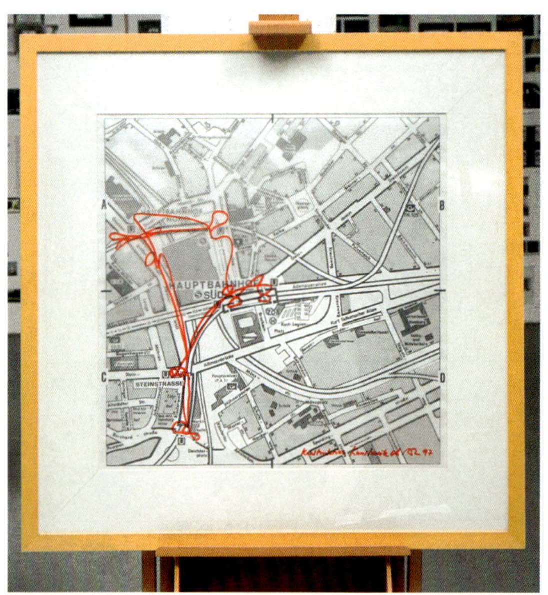

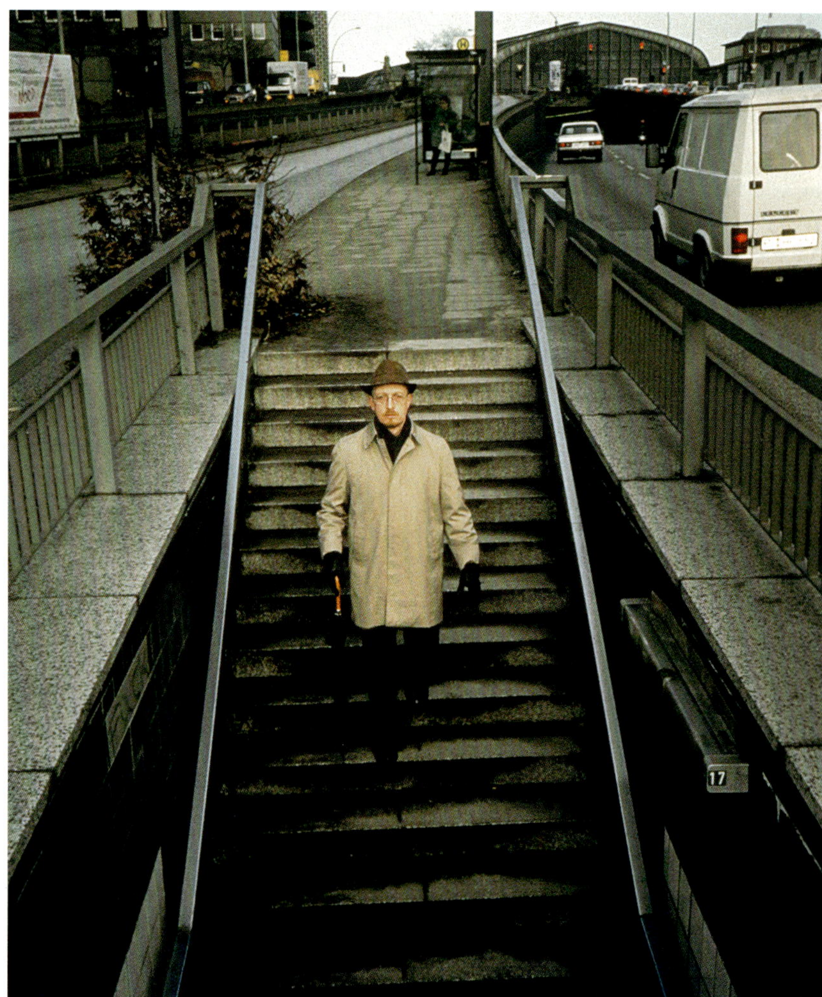

Ein gordischer Knoten, 1997

Videostill Video still
Monsieur Muller, 1997

Gemeinsam mit acht weiteren Kunstschaffenden wurde Christian Philipp Müller 1995 von der Hamburger Kulturbehörde zu der Initiative »weitergehen« eingeladen, deren Ziel es war, neue Handlungsräume für die in Hamburg seit 1981 institutionell etablierte Kunst im öffentlichen Raum zu erschliessen. Auf Wunsch der Künstler wurde entschieden, die einzelnen Projekte zeitlich zu staffeln, um einen spektakulären Effekt zu vermeiden. Im Rahmen dieses Programms entwickelte Müller ein Projekt, das die hamburgische Kunstmeile zum Ausgangspunkt einer Feldstudie machte. Im räumlichen Zentrum seiner Untersuchungen zu den sogenannten weichen Standortfaktoren stand eine Installation im Erdgeschoss des Hamburger Kunstvereins zur Wirkung, Relevanz und Rolle der Kunst im öffentlichen Raum. In der Rolle des Kunsttouristen untersuchte er die Zusammenhänge zwischen der soeben neu eröffneten Galerie der Gegenwart der Hamburger Kunsthalle und der aus diesem Projekt entstehenden Konstruktion der

In 1995, Christian Philipp Müller, together with eight other artists, was invited by Hamburg's arts and culture department to an initiative called "weitergehen" or "move on," with the aim of finding a new scope for public art in Hamburg—it having been institutionalized in that city since 1981. After a joint introductory phase, the artists involved asked the authorities to stagger their projects in order to avoid creating a spectacle.
As part of this program, Müller developed a project in which the Hamburger Kunstmeile was made the starting point for a field study. At the spatial center of his inquiry, into the so-called 'soft' factors that influenced where businesses choose to be based, was an installation on the first floor of the Hamburger Kunstverein pertaining to the impact, role, and relevance of public art. The Kunstverein, which is itself located on the Hamburger Kunstmeile, provided Müller with an operational base. After slipping into the role of an art tourist, he began exploring the ways in

»Hamburger Kunstmeile«. Im Erdgeschoss installierte Müller Originaldokumente, die, aufgeteilt in zehn losen Kapiteln, deren Geschichte im städtischen Umfeld nachzeichnete. Sie diskutierte, inwiefern »der Begriff der Kunstmeile eine städtische Zwischenzone als Zentrum zu definieren versuchte« (Christian Philipp Müller). Im Januar 1997 stellte Müller 25 Vertreterinnen und Vertretern des Hamburger Kulturlebens fünf Fragen, deren Antworten auf drei Monitoren im Kunstverein präsentiert wurden. Neben der Ausgangsfrage »Kann die Kunstmeile ein neues Wahrzeichen für Hamburg werden?«, stellte Müller Fragen zu den hierfür baulich notwendigen Massnahmen, den vermuteten Auswirkungen auf die Wahrnehmung der einzelnen Häuser und die dort gezeigte Kunst. Diese Expertenaussagen wurden in der Ausstellung den Ergebnissen einer Strassenbefragung gegenübergestellt, in der ein Grossteil der Befragten bereits die Frage »Können Sie mir sagen, wo sich die Hamburger Kunstmeile befindet?« verneinen musste. Müller lud die Künstlerin Tita Giese ein, ihre Pflanzenskulpturen auf die Verkehrsinseln der Kunstmeile zu beziehen. Gleichzeitig wurde ein zweitägiges Symposium abgehalten, in dem die Rolle der Kunst im öffentlichen Raum mit dem ebenfalls beteiligten Künstlerpaar Christoph Schäfer und Cathy Scene (Park Fiction) sowie unter anderem mit Miwon Kwon, Doug Ashford und Ulf Wuggenig diskutiert wurde. Im Rahmen eines der Ausstellung vorausgegangenen Fotografiewettbewerbes »Hamburg will ein neues Wahrzeichen: Die Kunstmeile zwischen Alster und Elbe« forderte Christian Philipp Müller Einwohner und Gäste der Freien und Hansestadt Hamburg auf, die herausragendsten Erscheinungen des öffentlichen Raums zu fotografieren. Alle eingesandten Arbeiten der annähernd 1000 Beteiligten wurden im Kunstverein ausgestellt und von einer Fachjury prämiert.

Als fiktives Gegenüber erfand Müller die Person des Monsieur Muller, der in seinem kurzen Trenchcoat mit Schirm und Hut eine humorvolle Referenz an Jacques Tatis Monsieur Hulot darstellte. Monsieur Muller irrte orientierungslos auf der Kunstmeile umher, deren Vorlauf, weit entfernt von der angestrebten Linearität, vor allem durch die 50 Unterführungen rund um das Bahnhofsgebiet bestimmt ist. In seiner Videoarbeit ist der Künstler unablässig in diesen Unterführungen unterwegs und scheint in der Konstruktion der Kunstmeile gefangen zu sein, ohne jemals in die direkte Nähe der Kunst zu kommen.

which the recently opened Gallery of Contemporary Art at the Hamburger Kunsthalle and the Konstruktion Hamburger Kunstmeile that emerged out of this project were linked. Divided into ten separate chapters, the original documents Müller hung on the first floor of the Kunstverein told the story of the Kunstmeile in its larger urban context and discussed, as Müller himself put it, the extent to which "the term Kunstmeile was an attempt to redefine an urban twilight zone as a center." In January 1997, the artist approached twenty-five representatives of arts and culture in Hamburg and asked them five questions, the answers to which he then presented on three separate screens installed in the Kunstverein. The first question, "Can the Kunstmeile become a new landmark for Hamburg?" was followed by questions concerning the building work that would be necessary to that end and its probable impact on people's perception of each gallery or museum and the art exhibited there. In the exhibition, these expert opinions were juxtaposed with the results of a survey conducted on the street, in which the very first question, "Do you know where the Hamburger Kunstmeile is?" in most cases, was answered in the negative. Müller invited the artist, Tita Giese, to install her plant sculptures on the traffic islands along the Kunstmeile and, at the same time, organized a two-day symposium on the role of public art involving both himself and the art duo, Christoph Schäfer and Cathy Scene (Park Fiction), who were likewise involved in the project, along with Miwon Kwon, Doug Ashford, and Ulf Wuggenig. In a photo competition called "Hamburg will ein neues Wahrzeichen: Die Kunstmeile zwischen Alster und Elbe" (Hamburg Wants a New Landmark: The Kunstmeile between the Alster and Elbe), held in the run-up to the exhibition, Müller called on Hamburg residents and those just visiting to take photographs of what they considered to be the most exciting public spaces in the city. All the nearly 1,000 entries received were exhibited in the Kunstverein and the winning entries were selected by a panel of experts.

Poor, disoriented Monsieur Muller—Müller's fictional alter ego who, with his trench coat, umbrella, and hat is clearly a humorous homage to Jacques Tati's Monsieur Hulot—wanders aimlessly along the Kunstmeile, which far from being linear, is shaped primarily by the fifty underpasses in the area of the station.

In his video work, the artist is invariably on the move inside these underpasses, and thus appears to be trapped inside the Kunstmeile, albeit without ever coming anywhere near a work of art.

ulg
seit 1989
universität lüneburg

ulg
seit 1989
universität lüneburg

Der Campus als Kunstwerk

Campus der Universität Lüneburg Campus of the University Lüneburg
Seit 1998, permanent Since 1998, permanent

Eingangshalle
– *Ohne Titel*, 1998, Wandbeschriftung, Vitrine aus Stahl, Glas, Baupläne; Vitrine: 113 x 53 x 312 cm

Bibliothek
– *Der Campus als Kunstwerk*, 1998, 101 Siebdrucke mit 16 Schrifttafeln, Passepartout, gerahmt; je 75 x 55 cm

Rechenzentrum
– *Abteilung Prototypen* (gemeinsam mit Studierenden), 1998, Installation: ca. 200 Prototypen von Merchandisingartikeln in Stahl-/Glasvitrine und in Holzregal, Schreibtisch, Hocker, Lampen, Zeitschaltuhr, Grösse variabel

Entry Hall
– *Untitled*, 1998, wall text, display case made of steel, glass, building plans; Display case: 44.5 x 20.75 x 122.75 inches

Library
– *Der Campus als Kunstwerk*, 1998, 101 silkscreens with 16 plaques with text, passepartout, framed; each 29.5 x 21.7 inches

Computer Center
– *Abteilung Prototypen* (together with students), 1998, installation: ca. 200 prototypes of merchandising articles in a steel and glass display case and in a wooden bookshelf, desk, stool, lamps, timer, dimensions variable

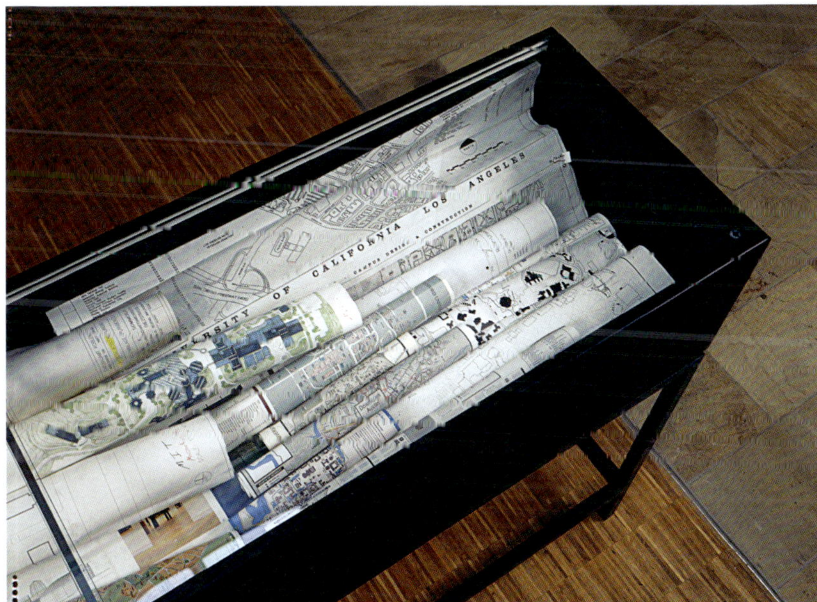

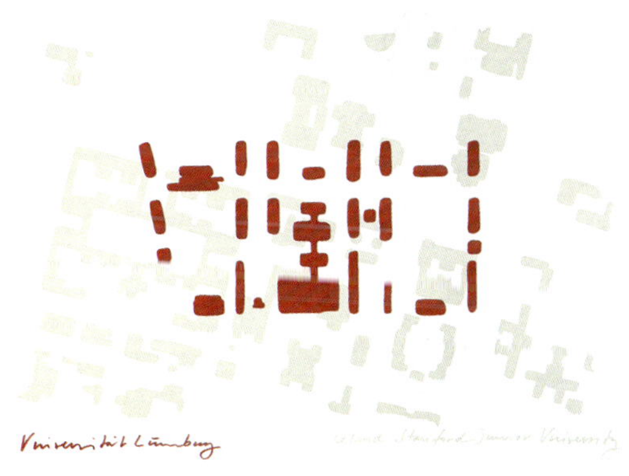

Detail *Der Campus als Kunstwerk, Kategorie 7*
Leland Stanford Junior University, 1998
Detail *Der Campus als Kunstwerk*, category 7
Leland Stanford Junior University, 1998

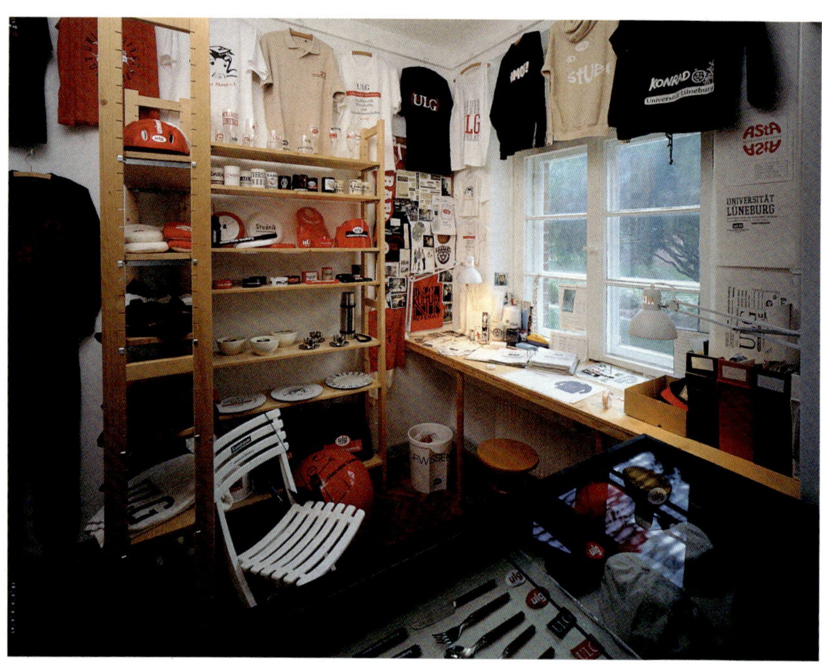

Abteilung Prototypen, 1998

Der Campus als Kunstwerk ist eine zweiteilige permanente Installation, die Christian Philipp Müller für den Campus der Universität Lüneburg konzipiert hat. Die mit Studierenden entwickelte *Abteilung Prototypen 1996–1998* fokussiert die Universität im Hinblick auf ihre zunehmende Ökonomisierung, während *Der Campus als Kunstwerk* die Universität kontextuell einordnet. Den Umzug der Universität von der Stadtmitte in eine grossflächige ehemalige Kasernenanlage nahm Müller zum Ausgangspunkt, die interne Identitätsbildung mit dem externen Druck des kommerziellen Erfolges eines Wissenschaftsbetriebs in Relation zu bringen. Er hielt Vorträge für die Studierenden aller Fakultäten, diskutierte »Kunst am Bau« und stellte das Label »Campus Universität Lüneburg« zur Diskussion. Die neue Anlage der Universität wurde mit 100 weiteren internationalen Universitätsanlagen nach Figur, Grund und Struktur verglichen. Ausgehend von Thomas Jeffersons zwischen 1817 und 1826 konzipiertem Plan der University of Virginia, untersuchte Müller gemeinsam mit den Studierenden und Lehrenden Lüneburgs die jeweilige Situierung von Gemeinschaftsräumen, der Bibliothek, der Mensa und weiteren Versammlungsorten. In der Eingangshalle der Universitätsbibliothek wurde unter dem Zitat von Thomas Jefferson »I like the dreams of the future better than the history of the past« eine Glasvitrine mit eingerollten Lageplänen der Vergleichsuniversitäten aufgestellt. Die Auswertungen dieser Vergleiche mündeten in Siebdrucke, die nach Gruppen geordnet an unterschiedlichen Orten der Universität arrangiert wurden.

Der Campus als Kunstwerk is a two-part permanent installation conceived by Christian Philipp Müller for the campus of the University of Lüneburg. While the Abteilung Prototypen 1996–1998, developed in collaboration with students, focuses on the commercialization of higher education, *Der Campus als Kunstwerk* places the university in its larger geographical context. For Müller, the university's relocation from the center of town to a spacious campus erected on the site of a former barracks was an opportunity to explore the relationship between its internal forging of an institutional identity and the external pressure on it to be commercially successful. He gave lectures for students in all departments, discussed "built-up art" in the context of university campuses and displayed the label, "Campus University of Lüneburg," for discussion. The figure, layout, and structure of the new campus were compared with those of a hundred other international campuses. Starting with the plans for the University of Virginia that Thomas Jefferson drew up between 1817 and 1826, Müller himself, together with both students and faculty of the University of Lüneburg, compared the relative position of communal rooms, library, canteen, and other places in which large numbers of people might congregate. Underneath, a quotation from Thomas Jefferson "I like the dreams of the future better than the history of the past" was placed in the foyer of the university library, where a glass case was set up containing the rolled-up plans of comparable universities. The evaluation of these comparisons bore fruit in the form of numerous screen prints, arranged in groups and exhibited at various locations all over the university. The prints show the layout of the reference campus in beige with that of the Lüneburg campus superimposed in red on top. Each of the fifteen series of prints is accompanied by wall texts written by Astrid Wege. Meanwhile, a seminar group, created specifically for this project, was entrusted with the job of drafting fictional corporate identity guidelines and a marketing concept. Here, too, the U.S. concept of a distinctive identity for both the university itself and its students was the central point of reference. Together with the students, Müller also set up a doorless salesroom for branded merchandise in a former porter's lodge.
Also part of this project at the University of Lüneburg was a publication called *Branding the Campus*, with essays by Beatrice von Bismarck, Ulf Wuggenig, Astrid Wege, and Masao Miyoshi exploring the urban-planning, architectonic, artistic, and educational issues it raises.

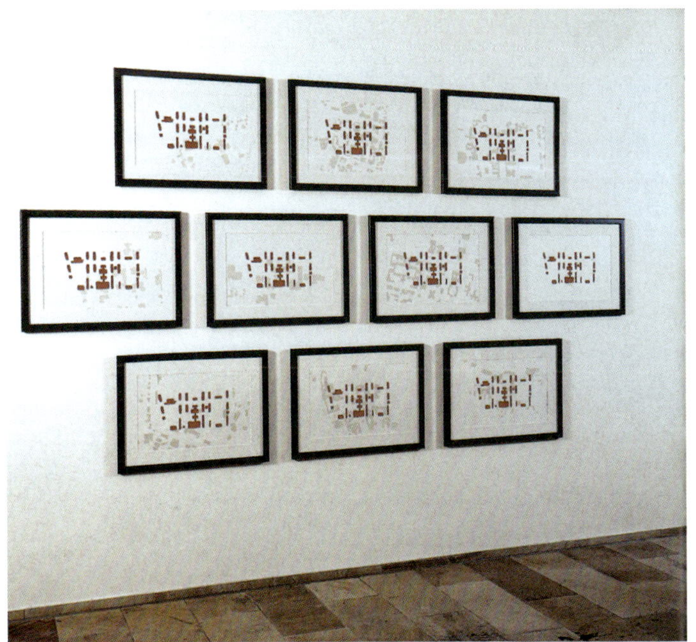

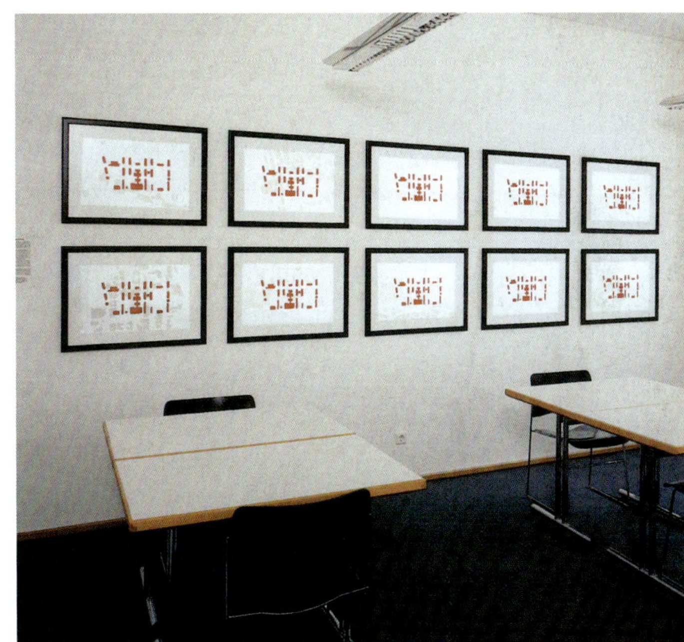

Die Siebdrucke bezeichnen in beige den Lageplan des jeweiligen Referenzcampus und überblenden diesen jeweils mit einem roten Grundriss Lüneburgs. Jede der 15 Serien wird von Wandtexten begleitet, welche von Astrid Wege verfasst wurden. Eine projektbegleitende Seminargruppe erarbeitete die Richtlinien einer fiktiven Corporate Identity und erstellte ein Marketingkonzept. Auch hier war das amerikanische Konzept einer ausgeprägten Identität der Universität sowie deren Studierender zentrale Referenz. Gemeinsam mit den Studierenden richtete Müller in einer ehemaligen Pförtnerloge einen nicht zugänglichen Verkaufsraum mit Branding-Artikeln ein.
Anlässlich des Projekts an der Universität Lüneburg entstand die Publikation *Branding the Campus*, deren Beiträge unter anderem von Beatrice von Bismarck, Ulf Wuggenig, Astrid Wege und Masao Miyoshi stammen und sich mit urbanistischen, architektonischen, künstlerischen und bildungspolitischen Fragestellungen auseinandersetzen.

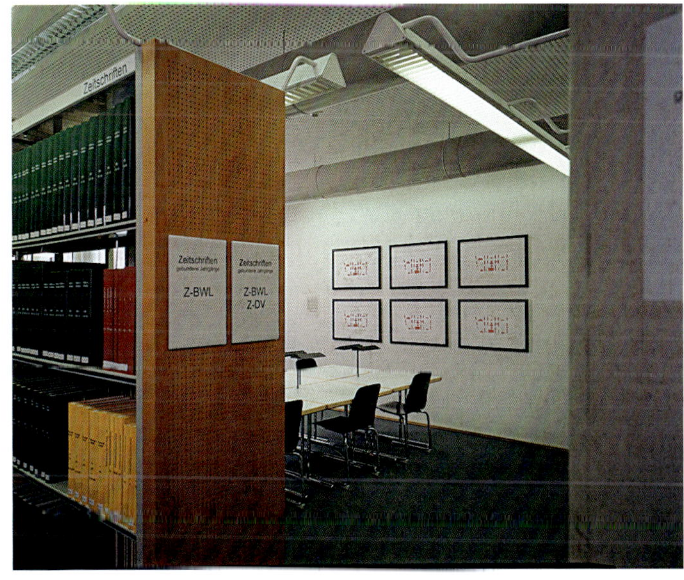

Installationsansicht der Eingangshalle zur Bibliothek Installation view of the entrance to the library

Kategorie 7 Category 7
Der Campus als Kunstwerk: »Die Schönsten«

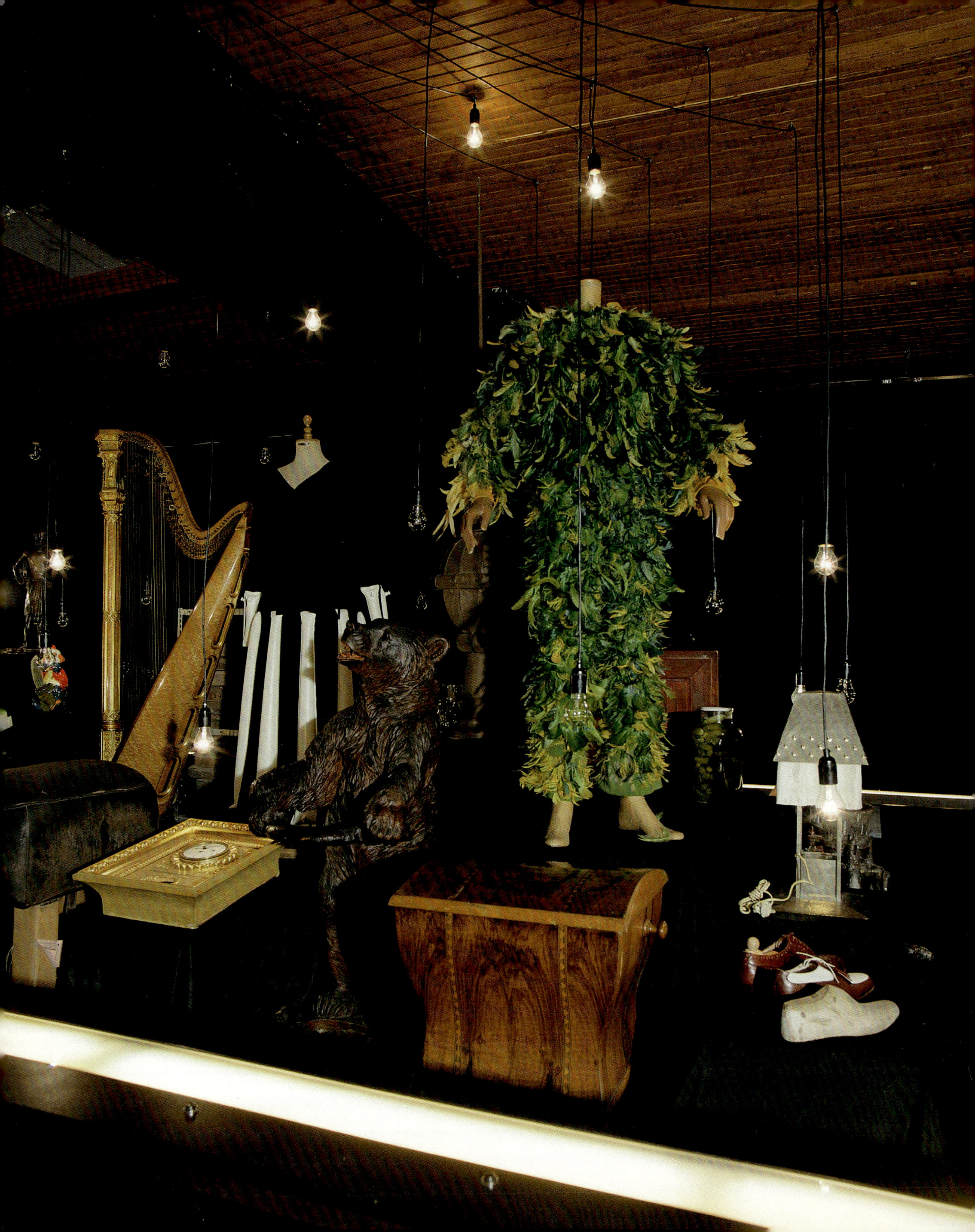

Eine Welt für sich

Schleifmühlgasse, Wien Vienna
22. September – 31. Oktober 1999 September 22 – October 31, 1999

Dreiteilige Installation
Teil 1: Kaffeehaus mit Literatur zum Freihausviertel

Teil 2: Museum auf Zeit mit Leihgaben von Institutionen und Privatpersonen aus dem Freihausviertel
– Diverse Objekte, Abschrankung, Beschriftung, Lichtschalter, Glühbirnen, vier Lautsprecher
– *Eine Welt für sich* (Kooperation mit ORF-Kunstradio), 1999, CD, 59 Min.

Teil 3: Historisches Archiv mit Dokumenten von Anwohnern des Freihausviertels
– *Eine Welt für sich*, 1999, 30 Fotografien, Passepartout, gerahmt; je 30 x 24 cm, Courtesy Georg Kargl, Vienna

Three-part installation
Part 1: Coffeehouse with reading material on the Freihausviertel

Part 2: Temporary museum with loans from institutions and private individuals in the Freihausviertel
– Various objects, cordon, labeling, light switch, light bulb, four loudspeakers
– *Eine Welt für sich* (cooperation with ORF-Kunstradio), 1999, CD, 59 min

Part 3: Historic archive with documents from residents of the Freihausviertel
– *Eine Welt für sich*, 1999, 30 photographs, passepartout, framed; each 11 x 9 inches; courtesy Georg Kargl, Vienna

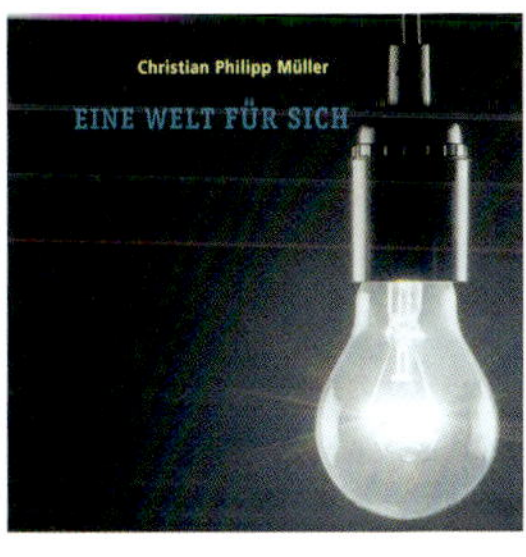

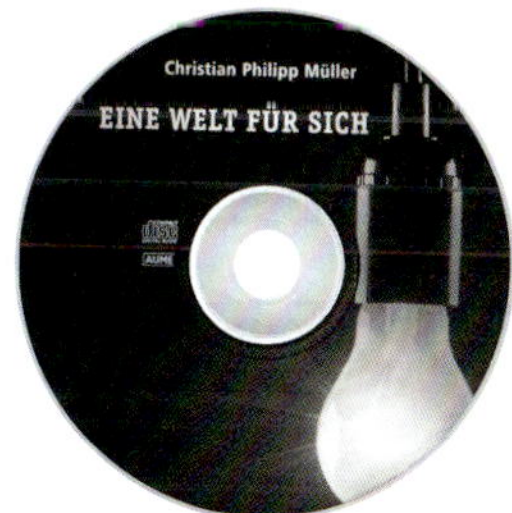

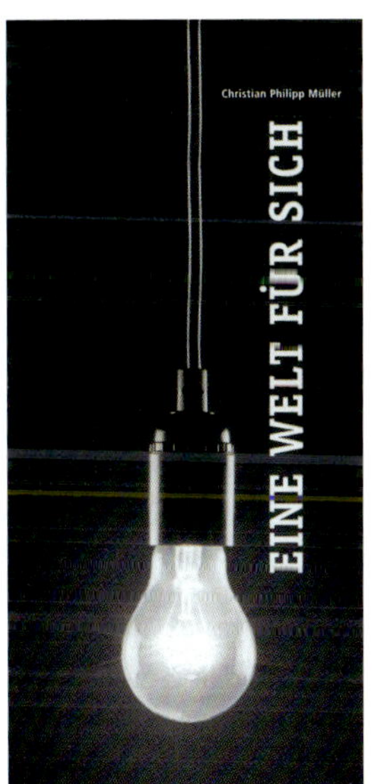

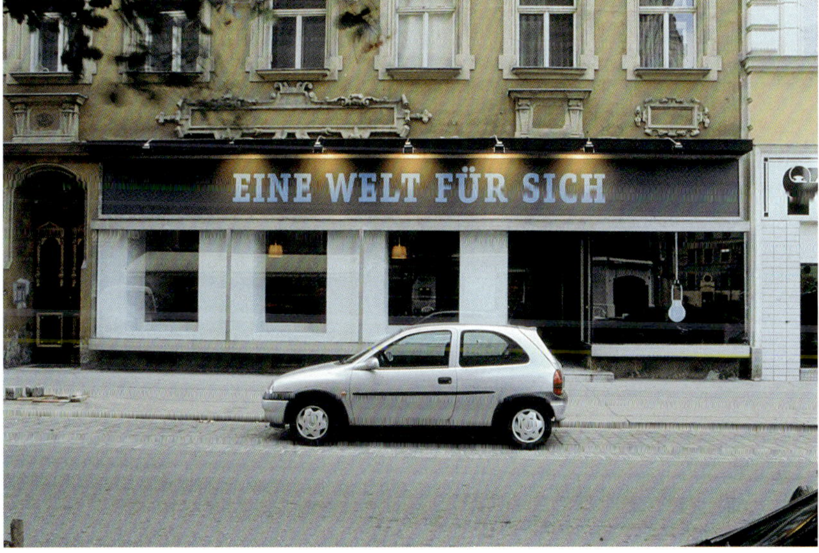

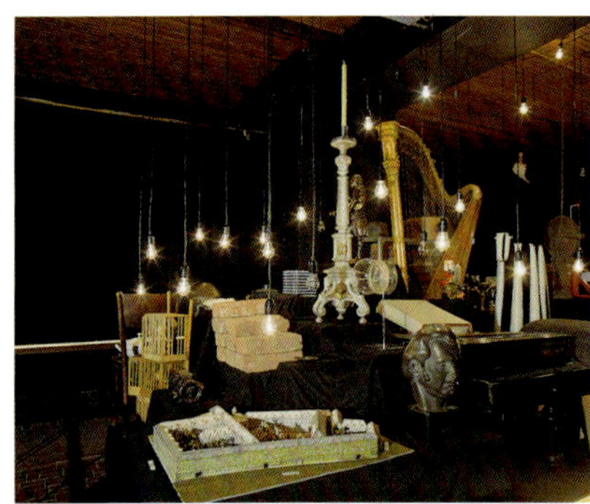

Museum auf Zeit
Temporary museum

Das Projekt rund ums Freihaus in Wien war eine Momentaufnahme des Freihausviertels anhand seiner Bewohner. In einem leer stehenden Ladenlokal baute Müller aus einem Literaturcafé, einem CD-Hörspiel und Radiofeature, einer topografischen Dokumentation, einem Katalog und einer Installation aus geliehenen Objekten ein Porträt des Freihausviertels, um dessen Identität anhand seiner Differenzen sichtbar zu machen. Über den drei Schaufenstern des temporären Ausstellungsraumes kündete der Titel der Ausstellung an: *Eine Welt für sich*. Ein offener, von aussen einsehbarer Café- und Leseraum, in dem sich Literatur zur Geschichte Wiens, zu dessen Bezirken und speziell zum Freihausviertel fand, bildete das Entrée der Ausstellung. Ergänzt wurde es von einer Wand mit der historischen Topografie der Umgebung: überlieferten Darstellungen des namensgebenden Freihauses, eines gewaltigen Wohnungsbaus im Wiener Bezirk Wieden, der inzwischen nur noch in Resten erkennbar ist, und den fotografischen Porträts der von Müller interviewten Bezirksbewohner. Das Freihaus war über 300 Jahre eine Stadt in der Stadt gewesen, mit seinen sechs Höfen und 21 Stiegen, seiner eigenen Gerichtsbarkeit und Kirche schirmte es sich nach aussen ab. Ab 1913 wurde der sukzessive Abbruch des Freihauses betrieben, und nach dem Zweiten Weltkrieg mussten seine Reste wegen starker Bombenschäden vollständig abgetragen werden. Heute ist das Freihaus eher Erinnerung denn reale Gegenwart. Dieser Erinnerung ging Müller in allen Elementen der Ausstellung nach.

Im hinteren Bereich des ehemaligen Sitzes der österreichischen Weinbauern öffnete sich ein verschlossener und abgedunkelter Ausstellungsraum, dessen Schaufenster mit schwarzer Folie bedeckt waren.

In ihm wurden die gemeinsam mit den Bewohnern zusammengetragenen Fragmente der Erinnerungsgeschichte des Freihausviertels ausgestellt. Von aussen sah man nur die überdimensionierte Fotografie einer herunterhängenden, erleuchteten Glühbirne.

Im Inneren wurde die Vielschichtigkeit der lokalen Geschichte in einem durch ein beleuchtetes Stahlgeländer umzäunten Bereich mit Schlaglichtern erhellt, in dem Müller Objekte präsentierte, die er von den Befragten als Leihgaben, als Ausstellungsstücke der von ihnen erzählten Geschichte erhalten hatte. Die fragmentarischen Erinnerungen der Bewohner des Viertels wurden von Müller im Ausstellungsraum in eine Installation, ein Historienmuseum der in *Eine Welt für sich* entstehenden Geschichte übersetzt.

The project around the Freihaus district was a snapshot of the Freihausviertel in Vienna through the eyes of its inhabitants. In order to make the identity of the neighborhood visible through its disparate elements, Müller used an empty café-bar to construct a portrait of the Freihausviertel using a literature café, a CD audio drama and radio feature, topographic documentation, a catalogue, and an installation made out of objects on loan.

Spanned across the three windows of the temporary exhibition space, the title of the exhibition announced the program: *Eine Welt für sich*, an open, light-filled café and reading room, visible from outside, where literature on the history of Vienna, its neighborhoods, and the Freihausviertel, in particular, provided an entry into the exhibition. This was supplemented by a wall display illustrating the historical topography of the area; this included preserved depictions of the eponymous Freihaus, a huge residential complex in the Viennese neighborhood of Wieden, now only visible in fragments, and photographic portraits of the neighborhood residents Müller interviewed. For over 300 years, Freihaus was a city within a city, with six courtyards and 21 stairwells. Its own jurisdiction system and church protected Freihaus from without. Beginning in 1913, the demolition of Freihaus was undertaken in successive stages, and after World War II, what remained had to be torn down due to extensive bombing damage. Today, the Freihaus is more a memory than a real presence. It is this memory that Müller pursued through the exhibition.

Tucked away in the back area of the former office of Austrian winegrowers was the entrance to the darkened exhibition space, its display windows covered with black film. Here, fragments of the remembered history of the Freihausviertel, compiled with the help of residents, were on view. From outside, one could only see the oversized photograph of a lit, hanging light bulb. Inside, the multiple layers of local history were lit with bright light within an area cordoned off by illuminated steel guardrails. In this space, Müller presented objects that he had received as loans from people he interviewed, exhibition items corresponding to the stories they told. Müller translated the fragmentary memories of the neighborhood residents—who added their personal interests and affects to the constructed identity of the "Freihaus" label—into an installation, a historical museum dedicated to the history that unfolded through *Eine Welt für sich*. Here too, Müller emphasized the differences, not the similarities, among the contributions to this repository. The objects residents loaned: a harp, a hatter's tool, a costume from the first on-site perfor-

Auch hier betonte Müller statt der Identität die Differenzen dieser Fundgrube. Die von den Bewohnern geliehenen Objekte – eine Harfe, Hutmacherwerkzeug und ein Kostüm aus Mozarts hier uraufgeführter *Zauberflöte* ebenso wie eine Suppenterrine und ein Glas mit eingelegten Gurken – wurden voneinander getrennt auf variablen Sockeln installiert, der Raum wurde in völliges Dunkel getaucht. Die Besichtigung der Ausstellung war nur selektiv möglich. Der Besucher musste einen Lichtschalter betätigen, wodurch je eines der Objekte angestrahlt und so die Eindrücke und Besetzungen voneinander isoliert wurden. Und auch der Vorlauf dieser Objektsammlung fand sich im Ausstellungsraum in Form eines Hörspiel wieder, das aus Interviews, die Müller im Mai 1999 mit dreissig Bewohnern, Kaufleuten und den ansässigen Institutionen des vierten Wiener Gemeindebezirks geführt hatte, zusammengeschnitten und zu einem Radiofeature und einer CD verarbeitet worden war. Müller stellte Fragen zur Geschichte des Freihauses und des Viertels und fand in dieser mündlichen Geschichtsschreibung subjektive Abwandlungen, Korrekturen und Verschiebungen der geschriebenen Historie. Sabine Breitwieser von der Generali Foundation und Georg Kargl von der Galerie Kargl kamen ebenso zu Wort wie der Schildermacher Josef Samuel und Bewohner aus der Nachbarschaft. In den sich überkreuzenden Erzählungen zu Hinterzimmern, zu Prostitution, zu Marx und Lasalle bis hin zu den Dreharbeiten von *My Fair Lady*, entspann sich eine Fülle von Brüchen und Differenzen innerhalb der vorausgesetzten Identität »Freihausviertel«. Die Zusammengehörigkeit war unter anderem durch die von Geschäftleuten des Viertels 1998 gegründete »IG Kaufleute Freihausviertel« gefördert worden, einer Interessensgemeinschaft zur Herstellung einer warenförmigen Kollektividentität. Von eben dieser Interessensgemeinschaft war Müller eingeladen worden, sein Projekt über das Freihausviertel zu erarbeiten, und er, der Künstler, der selbst zum Element der Geschäftsidee wurde, kehrte die historisierende Identitätskonstruktion der IG um. Seine Arbeit stellte die geschichtlichen Projektionen der einzelnen und die partikularen Interessen, durch die sie geleitet werden.

mance of Mozart's *The Magic Flute*, a soup tureen, and a glass of pickles were separated from each other, and installed on varying pedestals. The room was flooded in complete darkness, and it was only possible to view the exhibition selectively. The viewer had to turn on a light switch that only lit one of the objects, so that the impressions and contributions were isolated from one another. Also, the process leading up to the collection of objects was represented in the exhibition space in the form of a radio play, which was composed of the interviews Müller had conducted in May 1999 with thirty inhabitants, business people, and resident institutions of the fourth Viennese district—and then turned into a radio feature and CD. Müller posed questions about the history of the Freihaus and the district, and in this oral form of history, he discovered subjective variations, corrections, and shifts in written historical accounts. Sabine Breitwieser of the Generali Foundation and Georg Kargl of Galerie Kargl had their say, as did the sign manufacturer Josef Samuel and residents from the neighborhood.

In the criss-crossing stories of back rooms, prostitution, Marx, Lasalle, and even those on the filming of *My Fair Lady*, a rich texture of rupture and difference unfolds within the presumed "Freihausviertel" image. The shared identity was encouraged by the business people of the neighborhood, among others, who founded the IG Kaufleute Freihausviertel (Freihaus Business Interest Group) in 1998, a syndicate for the creation of a product-like collective identity. Müller had been invited by this interest group to develop his project about the Freihausviertel, and he, the artist, who himself had become an element of this business idea, inverted the historicizing identity construct of the group. His work placed difference in the foreground, the historical projections of the individual, and the specific interests that determined them.

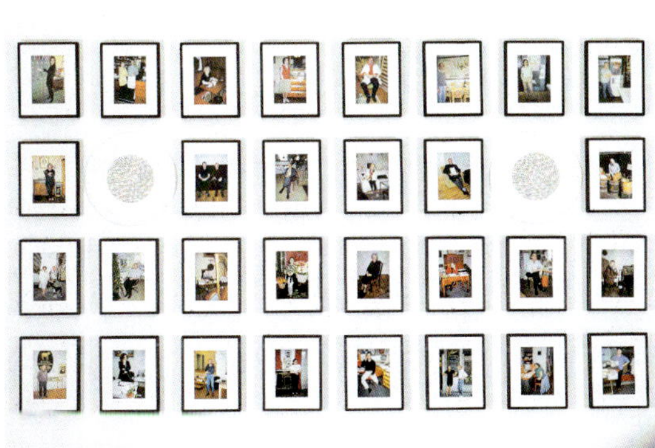

Eine Welt für sich, 1999

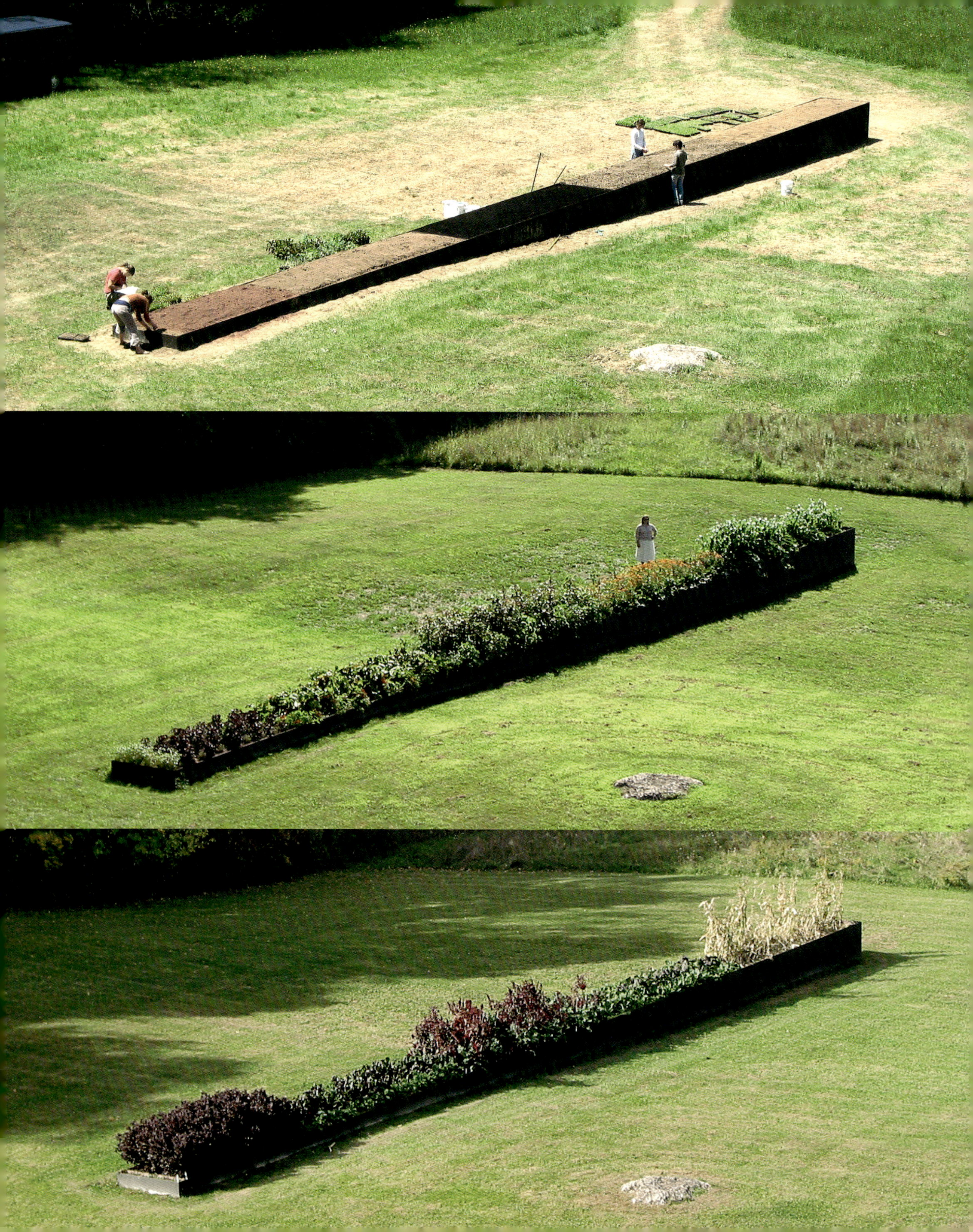

Hudson Valley Tastemakers

Campus Bard College, Annandale-on-Hudson
Seit Mai 2003 As of May 2003

– *Hudson Valley Tastemakers*, 2003, Stahl, bemalt; sechs verschiedene Erdsorten aus dem Hudson Valley, saisonale Bepflanzung; 150 x 3000 x 120 cm

– *Watershed Tastemakers*, drei Essen an unterschiedlichen Orten: Chef Gray Kunz and his crew at Dick's Castle, 2002; Chef Mary Cleaver at Bear Mountain Inn, 2003; Chef Peter Hoffman at Glynwood Center, 2004

– *Hudson Valley Tastemakers*, 2003, steel, painted; six different types of soil from the Hudson Valley, seasonal plantings; 59 x 1181 x 47 inches

– *Watershed Tastemakers*, three dinners at different locations: Chef Gray Kunz and his crew at Dick's Castle, 2002; Chef Mary Cleaver at Bear Mountain Inn, 2003; Chef Peter Hoffman at Glynwood Center, 2004

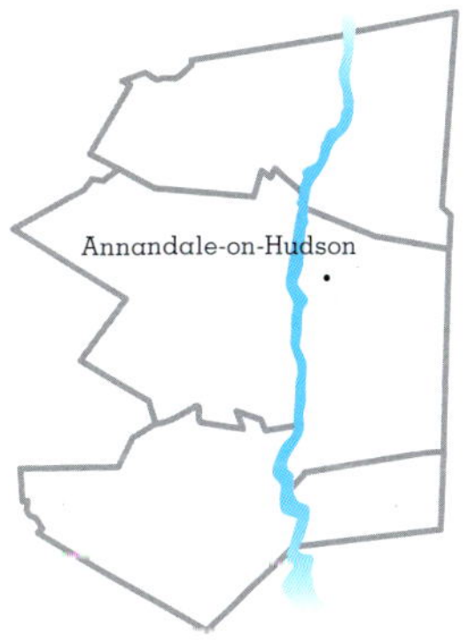

Landkarte des Mid-Hudson Valley, westliche Seite, von Norden nach Süden: Greene County, Ulster County, Orange County; östliche Seite, von Norden nach Süden: Columbia County, Dutchess County, Putnam County
Map of the Mid-Hudson Valley, west side, from north to south: Greene County, Ulster County, Orange County; east side, from north to south: Columbia County, Dutchess County, Putnam County

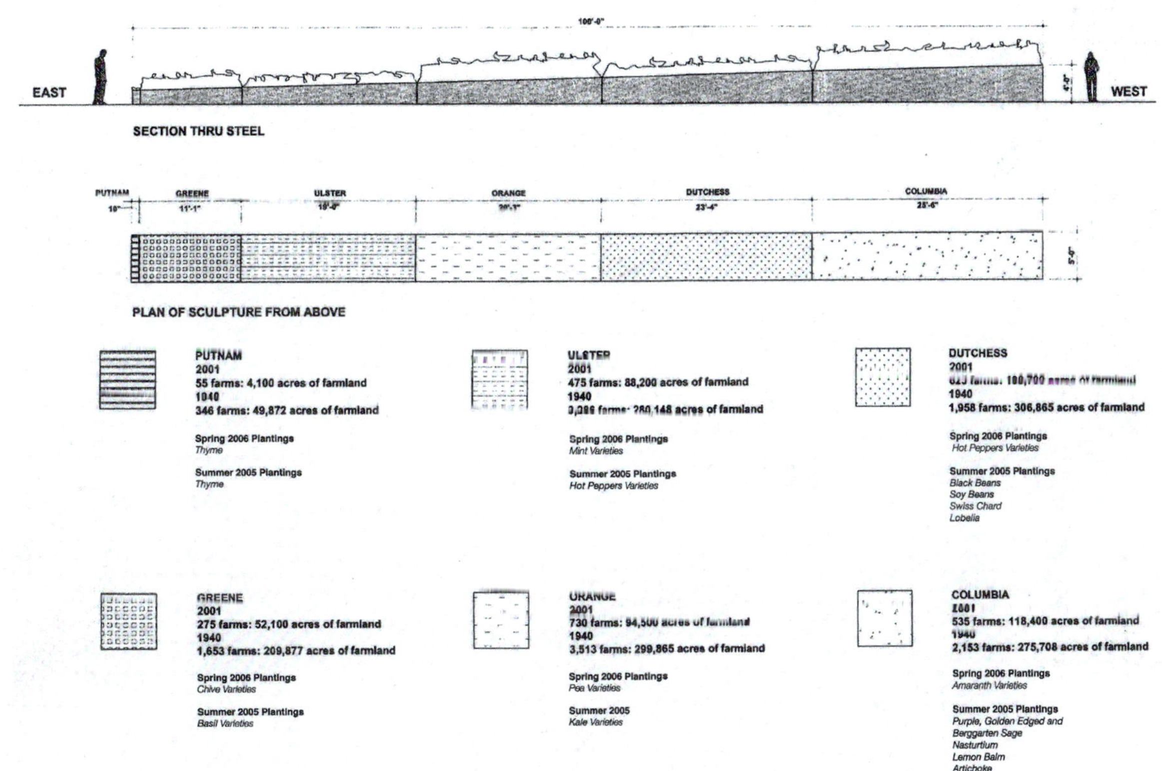

Hudson Valley Tastemakers, 2003 (Mai, Juni, Oktober May, June, October)

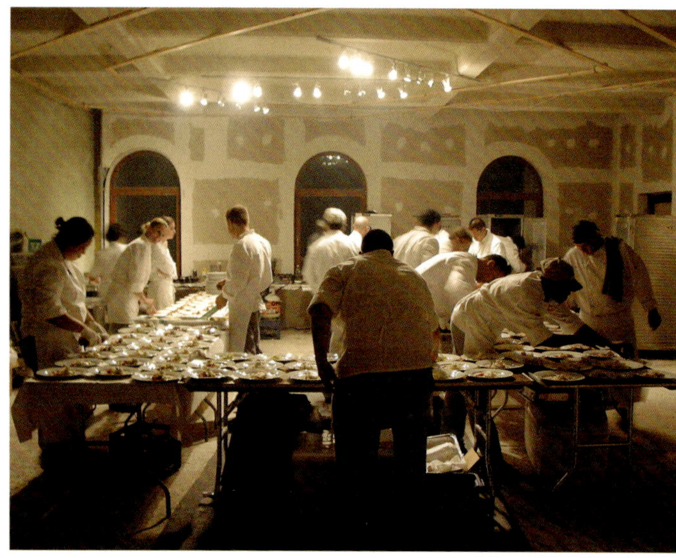

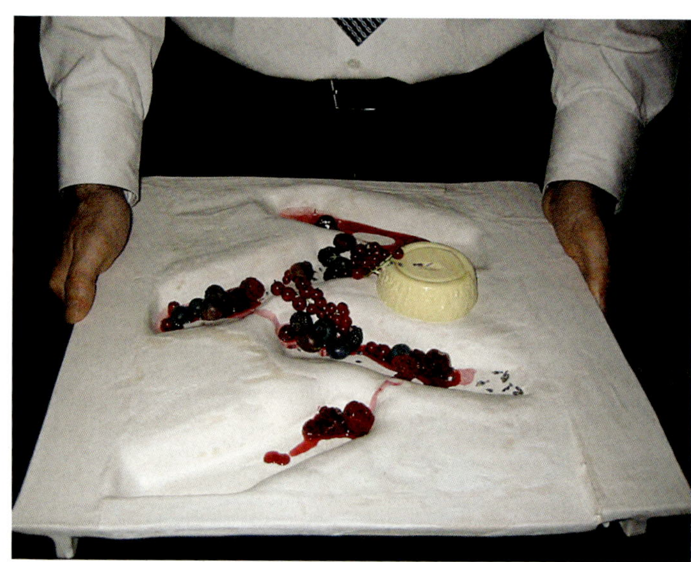

Der Koch Gray Kunz und sein Team vor Dick's Castle Chef Gray Kunz and his crew at Dick's Castle, 2002

Watershed Tastemakers, Glynwood Center, 2004

Temporäre Innenraum-Installation Temporary indoor installation, 197 Main Street, Beacon

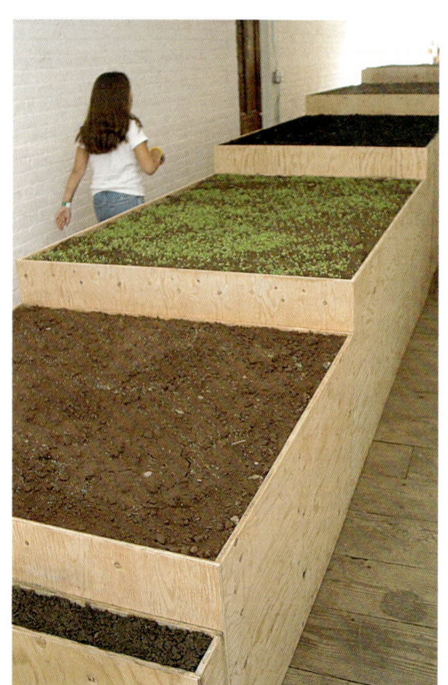

Watershed ist ein von Diane Shamash (Minetta Brook) initiiertes Projekt im Hudson Valley bei New York. Seit Mai 2002 konzipierten zehn Künstlerinnen und Künstler Arbeiten, die sich mit der natürlichen und kulturellen Geografie des Hudson Rivers auseinandersetzen. 2003 siedelten sich in dieser Region mehrere wichtige kulturelle Institutionen an: Frank Gehry baute ein Musiktheater für das Bard College in Annandale-on-Hudson, und das Dia Center for the Arts bezog ein 300000 Quadratmeter grosses Gebäude in Beacon. Diese Entwicklung hatte weitreichende Auswirkungen auf die instabile ökonomische Situation der Gegend, die seit dem Niedergang der Backstein- und Textilindustrie hauptsächlich vom Tourismus abhängig ist.

Mit *Hudson Valley Tastemakers* konzipierte Müller eine Erdskulptur auf dem Gelände des Bard College. Die 30 Meter lange Stahlwanne ragt aus dem Boden und erhebt sich wie ein Keil in Richtung der gegenüberliegenden Catskills-Bergkette. In ihr wurden sechs Erdbereiche klar voneinander getrennt und entsprechend den prozentualen Anteilen der lokalen Landwirtschaft in den Bezirken Putnam, Greene, Ulster, Orange, Dutchess und Columbia bepflanzt. Diese saisonal variierende Bepflanzung reflektiert den Dialog mit lokalen Bauern über das Potenzial der Erde und des Mikroklimas. Müller sammelte regionale Kochrezepte, sprach mit Farmern und innovativen Köchen, auf der Suche nach einem neuen oder vergessenen Geschmack des Hudson

Watershed is the name of a project initiated by Diane Shamash (Minetta Brook) in the Hudson Valley near New York. There, since May 2002, ten international artists have created conceptual works of art exploring the natural and cultural geography of the Hudson River. The year 2003 saw several important cultural institutions putting down roots here: Frank Gehry built a music theater for Bard College in Annandale-on-Hudson, and the Dia Center for the Arts moved into an old factory with 300,000 square meters of space in Beacon. This development was to have far-reaching consequences for the unstable economic situation of this area, which, since the demise of the brick-making and textiles industries, has been primarily dependent on tourism.

Hudson Valley Tastemakers is an earth sculpture erected by Christian Philipp Müller on the campus of Bard College. A thirty-meter long steel tub projects out of the earth like a wedge pointing towards the Catskill Mountains in the far distance. The tub has been partitioned into six separate plots, each sown with plants in the same relative proportion as those found on county farms of Putnam, Greene, Ulster, Orange, Dutchess, and Columbia in New York State. The seasonal variations in what the plots contain reflect a dialogue with local farmers on the potential of the soil and the microclimate of the valley. In search of a new, or perhaps a long forgotten taste of the Hudson Valley, Müller collected regional recipes, talked to farmers and innovative cooks as well.

In conjunction with his *Hudson Valley Tastemakers*, Müller also initiated three banquets: In 2002, with Gray Kunz at Dick's Castle, in 2003, with Mary Cleaver at the Bear Mountain Lodge, and in 2004, with Peter

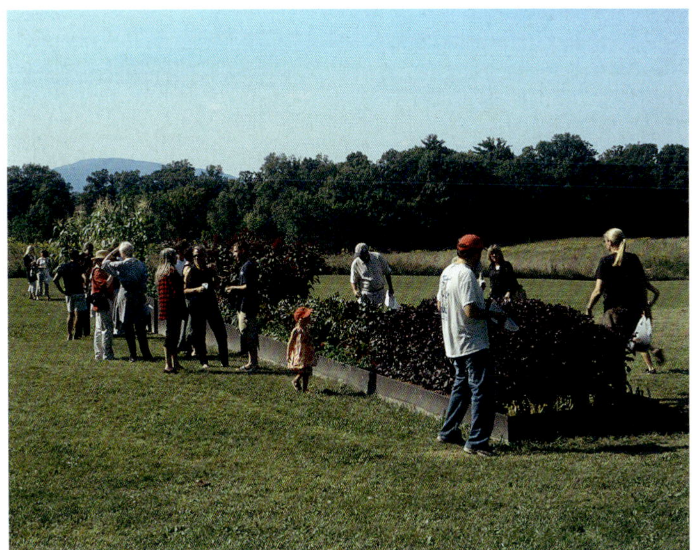

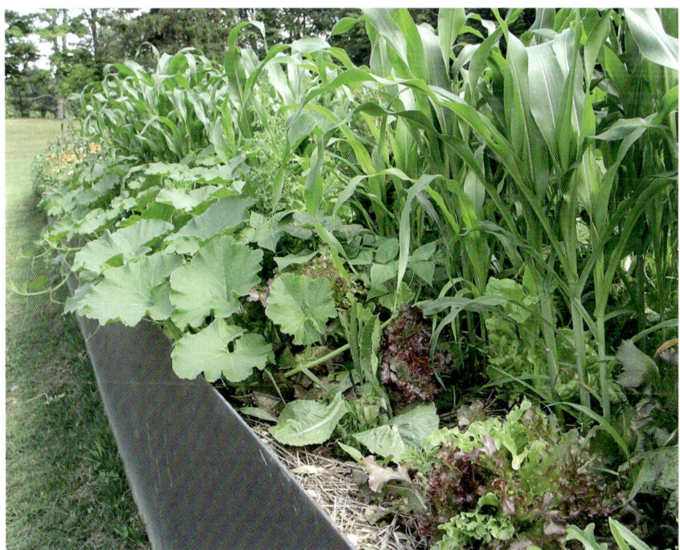

Valley. Im Zusammenhang mit *Hudson Valley Tastemakers* initiierte Christian Philipp Müller drei unterschiedliche Essen: 2002 mit Gray Kunz auf Dick's Castle, 2003 in der Bear Mountain Lodge mit Mary Cleaver und 2004 mit Peter Hoffman im Glynwood Center. In einem geplanten Kochbuch sollen Rezepte und Biografien von Hudson Valley Farmern und New Yorker Spitzenköchen mit saisonalen Ansichten der Skulptur kombiniert werden.

Hoffman at the Glynwood Center. There are now plans for a cookbook featuring the recipes and the biographies of the Hudson Valley farmers and New York's top chefs, together with views of the sculpture in each season.

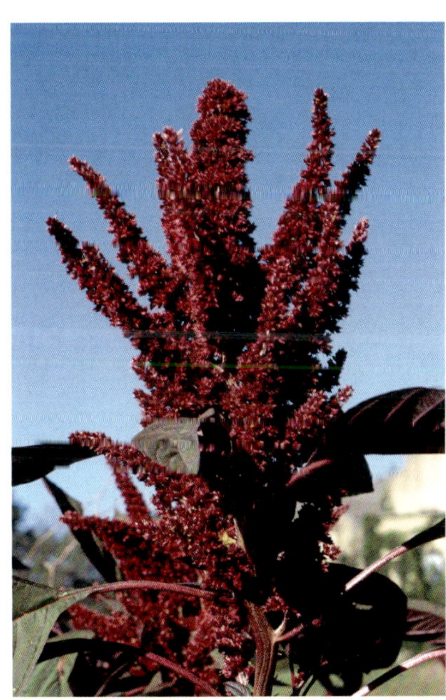

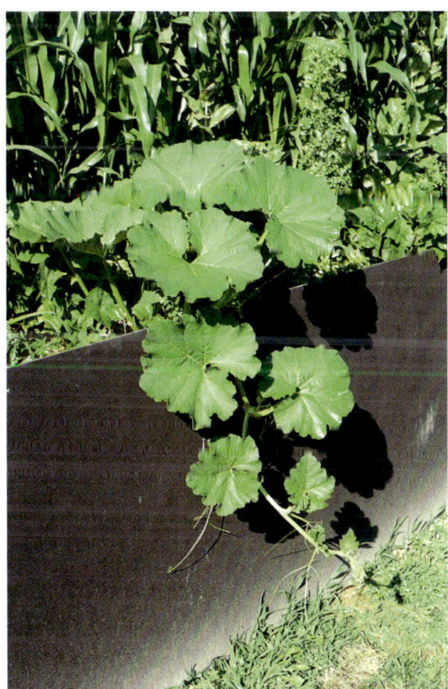

RICE &

Letters Porcelain Enamel
Benjamin Moore, Blue Hydrangea, 2062-60

Wall
Benjamin Moore Golden Chalice, 2151-20

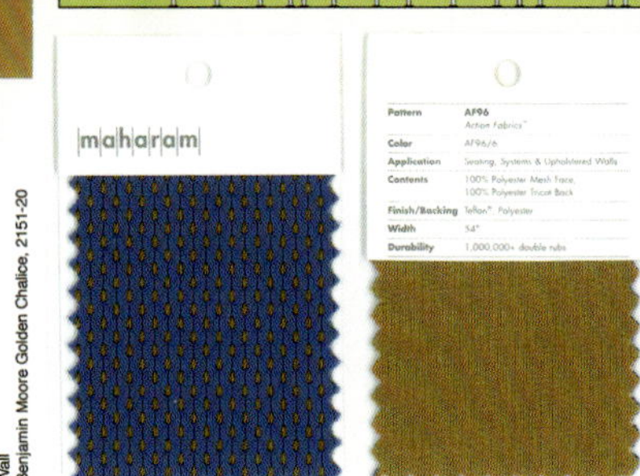

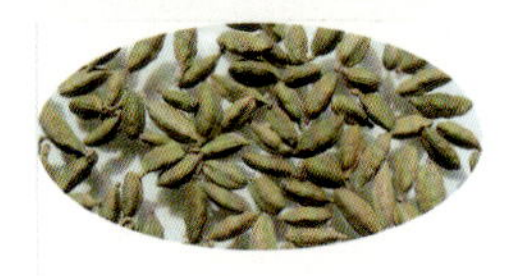
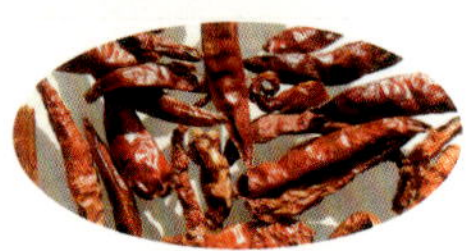
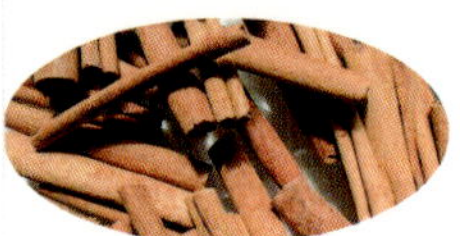
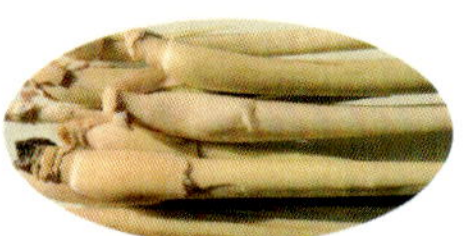

POTATOES &

Letters Porcelain Enamel
Benjamin Moore, Delightful Golden, 2158-30

Wall
Benjamin Moore, Bahamas Sea Blue, 2055-40

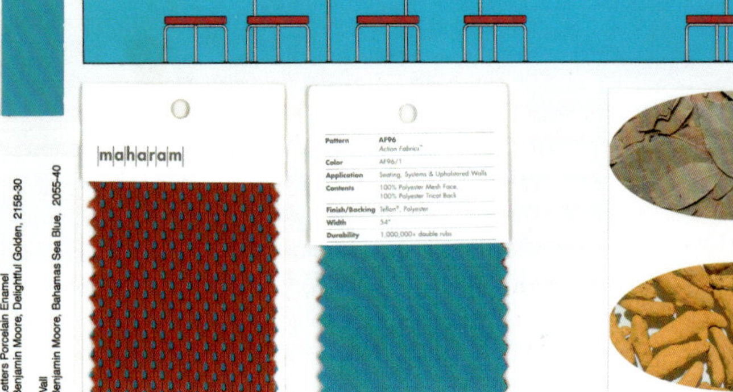

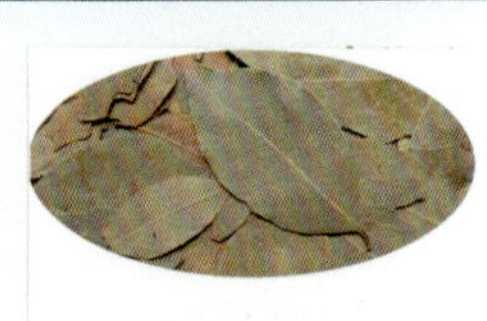
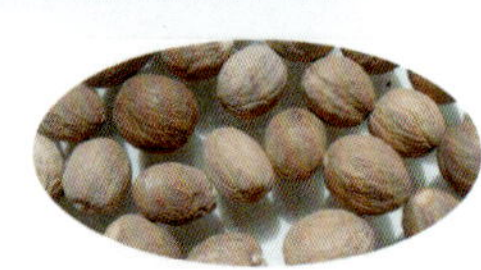
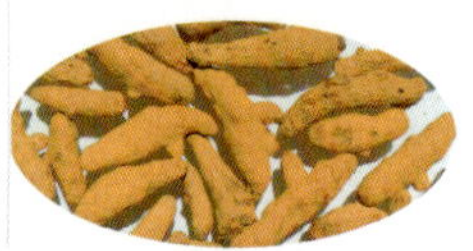
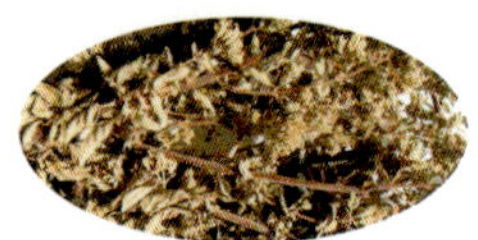

CORN &

Letters Porcelain Enamel
Benjamin Moore, Sparkling Sun, 2020-30

Wall
Benjamin Moore, Flame, 2012-20

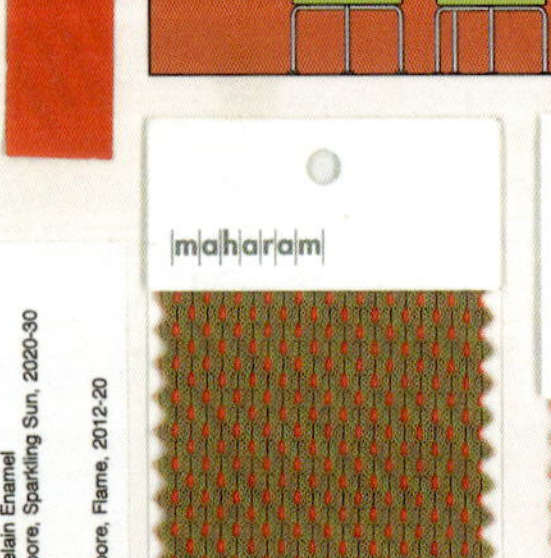

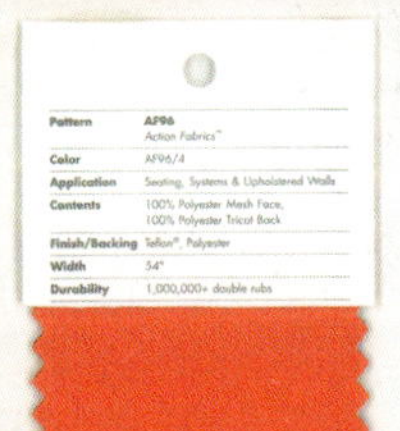

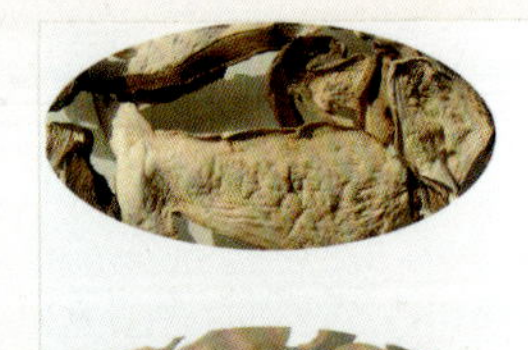
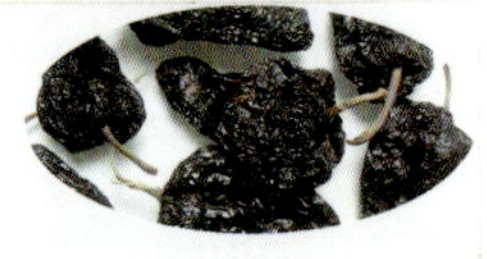
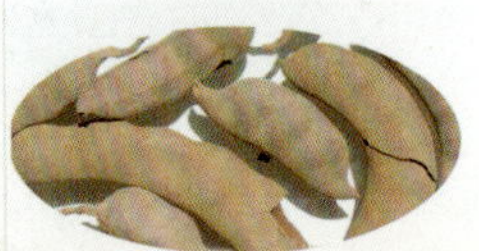

Spice up Powdermaker

Powdermaker Hall, Social Sciences, Queens College, New York
Seit 2003, permanent Since 2003, permanent

Erdgeschoss
– *Corn &*, 2003, Lettern aus Stahl und Porzellanemaille; Höhe: 100 cm
– Wandmalerei
– Drei Tische, rostfreier Stahl, Finply, Laminat, bedruckt; 61 x 240 x 120 cm

1. Obergeschoss
– *Potatoes &*, 2003, Lettern aus Stahl und Porzellanemaille; Höhe: 100 cm
– Wandmalerei
– Vier Tische, rostfreier Stahl, Finply, Laminat, bedruckt; 61 x 240 x 120 cm

2. Obergeschoss
– *Rice &*, 2003, Lettern aus Stahl und Porzellanemaille; Höhe: 100 cm
– Wandmalerei
– Vier Tische, rostfreier Stahl, Finply, Laminat, bedruckt; 61 x 240 x 120 cm

Mit insgesamt 60 Hockern, unterschiedlich bezogen

Ground Floor
– *Corn &*, 2003, letters made of steel and porcelain enamel; height: 39 inches
– Wall painting
– Three tables, rust-free steel, finply, laminate, printed; 24 x 94 x 47 inches

First Floor
– *Potatoes &*, 2003, letters made of steel and porcelain enamel; height: 39 inches
– Wall painting
– Four tables, rust-free steel, finply, laminate, printed; 24 x 94 x 47 inches

Second Floor
– *Rice &*, 2003, letters made of steel and porcelain enamel; height: 39 inches
– Wall painting
– Four tables, rust-free steel, finply, laminate, printed; 24 x 94 x 47 inches

With a total of 60 stools with different coverings

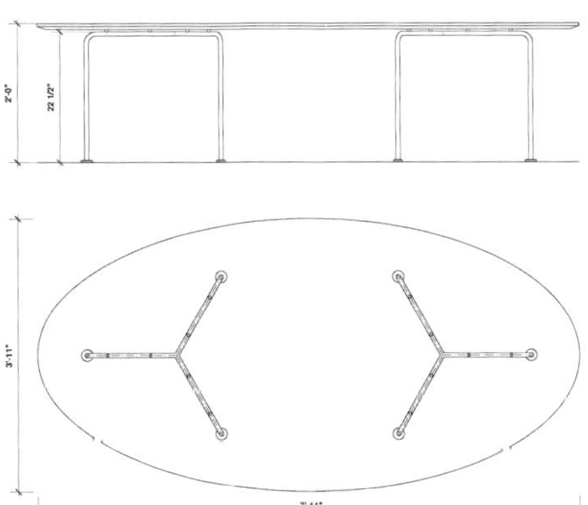

Konstruktionszeichnung ovaler Tisch Construction drawing oval table in Zusammenarbeit mit in collaboration with Fernlund / Logan Architects, New York

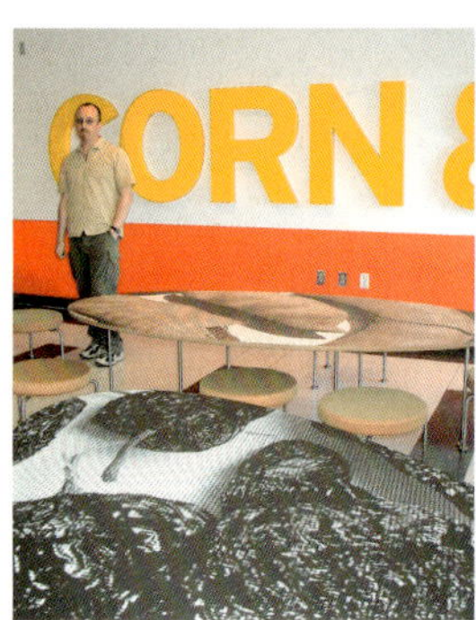

Erdgeschoss Ground floor

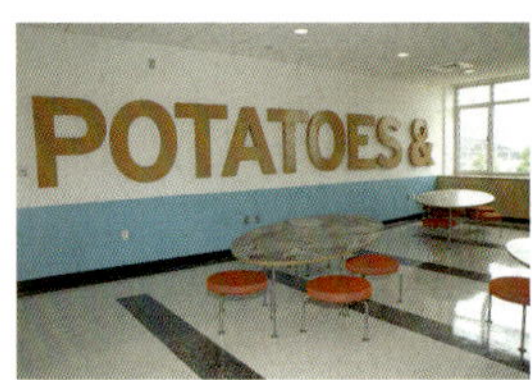

Das Queens College, Teil der City University of New York (CUNY), beauftragte Christian Philipp Müller mit der Erarbeitung einer permanenten ortsspezifischen Arbeit für das renovierte und ausgebaute Powdermaker-Gebäude, das Hauptgebäude des Campus. Parallel zu drei anderen eingeladenen Künstlerinnen und Künstler, Julie Ault, Frank Gohlke und Joel Sternfeld, konzipierte Müller im Gebäude der sozialwissenschaftlichen Fakultät seine Arbeit *Spice up Powdermaker*. Seit September 2004 ist das dreiteilige Werk permanent in drei studentischen Aufenthaltsräumen auf verschiedenen Stockwerken installiert. Die Arbeit besteht aus insgesamt elf ovalen Tischen und Hockern, auf deren Stahlgerüsten unterschiedliche Deckplatten aus Holzfurnier angebracht sind. Jeweils am Eingangsbereich werden in Buchstaben aus Porzellanemaille die in den Räumen vorgestellten Themen angekündigt. Bereits 2002/03 hatte Müller gemeinsam mit Maureen Connor ein Seminar zur Ernährungspolitik auf dem Campus organisiert. Er bat die heterogen zusammengewürfelten Studierenden, Rezepte ihrer Familien und deren Herkunftsländern mitzubringen, und setzte aus den sich dabei herauskristallisierenden Überschneidungen und Differenzen die Motive seiner Arbeit zusammen. Jeder Raum weist ein eigenes Farbschema auf, das jeweils in Bezug zum präsentierten Ernährungsthema des Raumes steht. In jedem Stockwerk ist es ein Grundnahrungsmittel, das von einem emaillierten Porzellanschild am Eingang angegeben wird: Im ersten Stock lautet es »Corn &«, im zweiten »Potatoes &« und im dritten »Rice &«. Die Schilder bilden die Schnittflächen des zusammengetragenen Materials, der Rezepte und der Gespräche, und bestimmen ästhetisch die Farben des Raumes.
Im Mais-Raum ist das goldgelbe Schild über einer orangefarbenen Wand befestigt. Die Hocker und die ovale Tischplatte sind in zwei Olivtönen eingefärbt, und auf ihnen sind Vergrösserungen von Tamarinde, Steinpilz und schwarzen Chilis zu sehen, Gewürze, die von den unterschiedlichen Kulturkreisen dem jeweiligen Grundnahrungsmittel zugesetzt werden. Dieses Prinzip wurde in allen Stockwerken in Braun und Blau (Kartoffeln) beziehungsweise in Blau und Dunkelorange (Reis) wiederholt. Die Tische sind von Müller gemeinsam mit den Designern der Hocker, Neil Logan und Solveig Fernlund, für das Projekt entworfen worden.
Diese Arbeit, die auf den Erfahrungen der Studenten gründet, zeigt anstelle eines Exotismus, der die je andere Kultur von sich entfernt, eine Vergemeinschaftung, in der die Schnittstellen der Länderküchen zum Ausgangspunkt der Gemeinschaftsräume gemacht werden.

Queens College, part of the City University of New York (CUNY), commissioned Christian Philipp Müller to develop a permanent, site-specific work for the renovated and expanded Powdermaker Building, the main campus building. In parallel with three other invited artists, Julie Ault, Frank Gohlke, and Joel Sternfeld, Müller initiated his work, *Spice up Powdermaker*, in the building of the Sociology Department. As of September 2004, the three-part work was permanently installed in three student lounges on different floors. The piece consists of a total of eleven oval tables and stools, constructed from different resting surfaces and made of wood veneer set on top of steel frames. At each entrance, letters made from porcelain enamel announce the themes introduced in each room.
In 2002/03 Müller had organized a seminar on campus about the politics of nutrition together with Maureen Connor. He asked the mixed, heterogeneous body of students to bring in recipes from their families and their countries of origin, and out of the overlaps and differences that emerged, he compiled the motifs of his work. Each lounge has a different color scheme related to the nutritional theme. On each floor, an enamel porcelain sign at the entrance indicates a basic nutritional staple. On the first floor it reads, "Corn &," on the second, "Potatoes &," and on the third, "Rice &." The signs form a cross-section of the assembled materials, recipes, and conversations, and determine the color aesthetic of the space. In the corn room, the gold-yellow sign has been attached over an orange wall. The stool and the oval tabletop are colored in two different olive tones, and their surfaces are covered with enlarged illustrations of tamarind, porcini mushrooms, and black chili peppers, spices that are added to fundamental nutritional staples from different cultures. This concept is repeated on all floors, in brown and blue (potatoes) and in blue and dark orange (rice). Müller designed the tables for the project together with the designers of the stools, Neil Logan and Solveig Fernlund.
This work, based on the experiences of the students, does not convey an exoticism that distances cultures; instead, it evokes a sense of community in which the interface of the cuisine from different countries serves as the underlying idea for communal space.

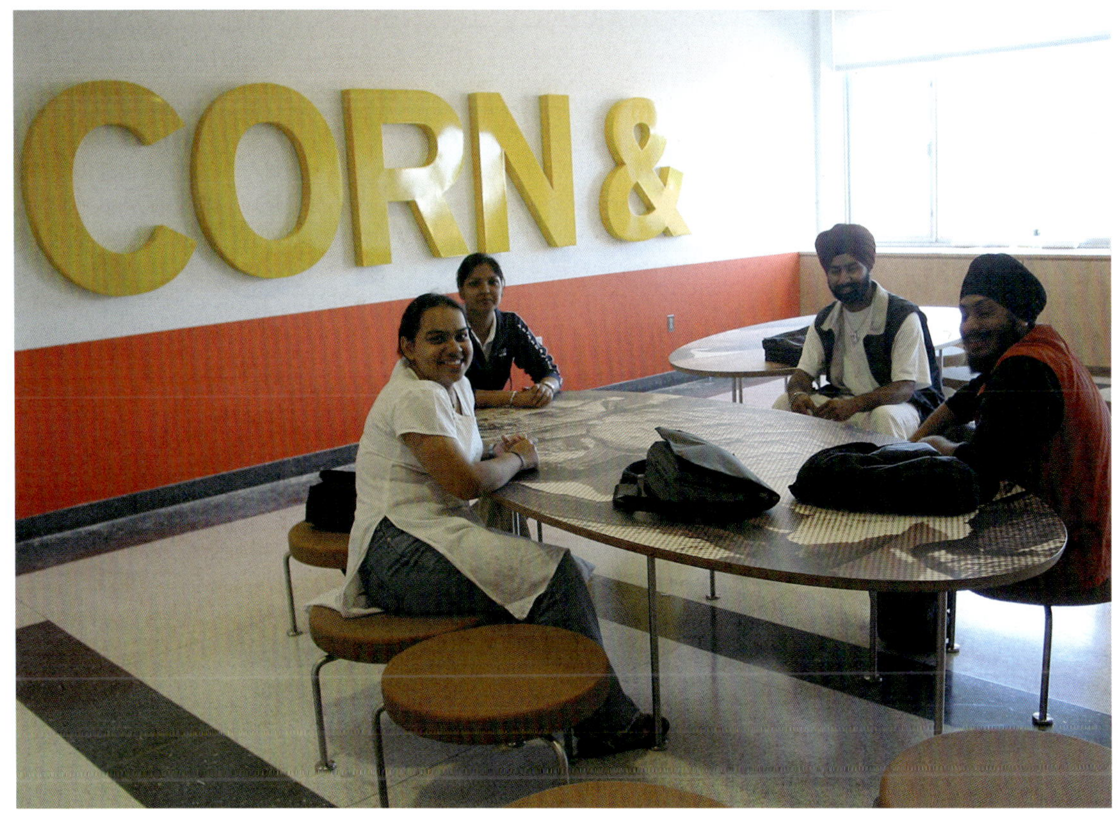
CORN &

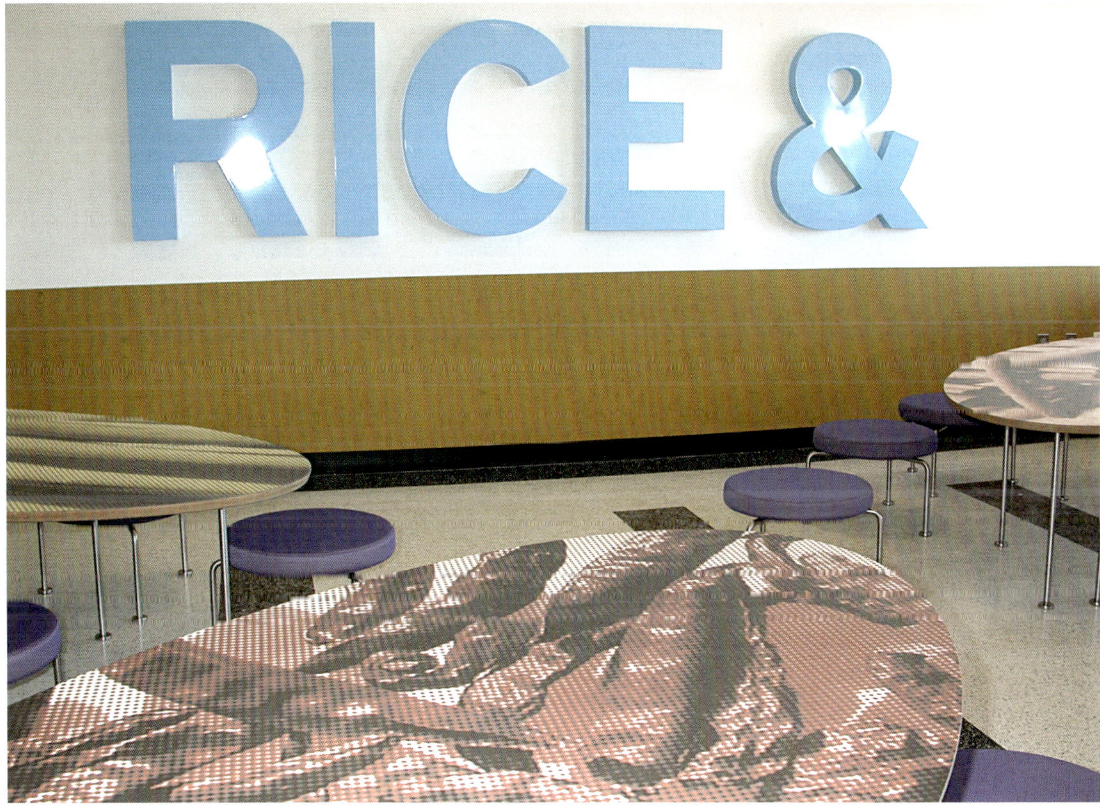
RICE &

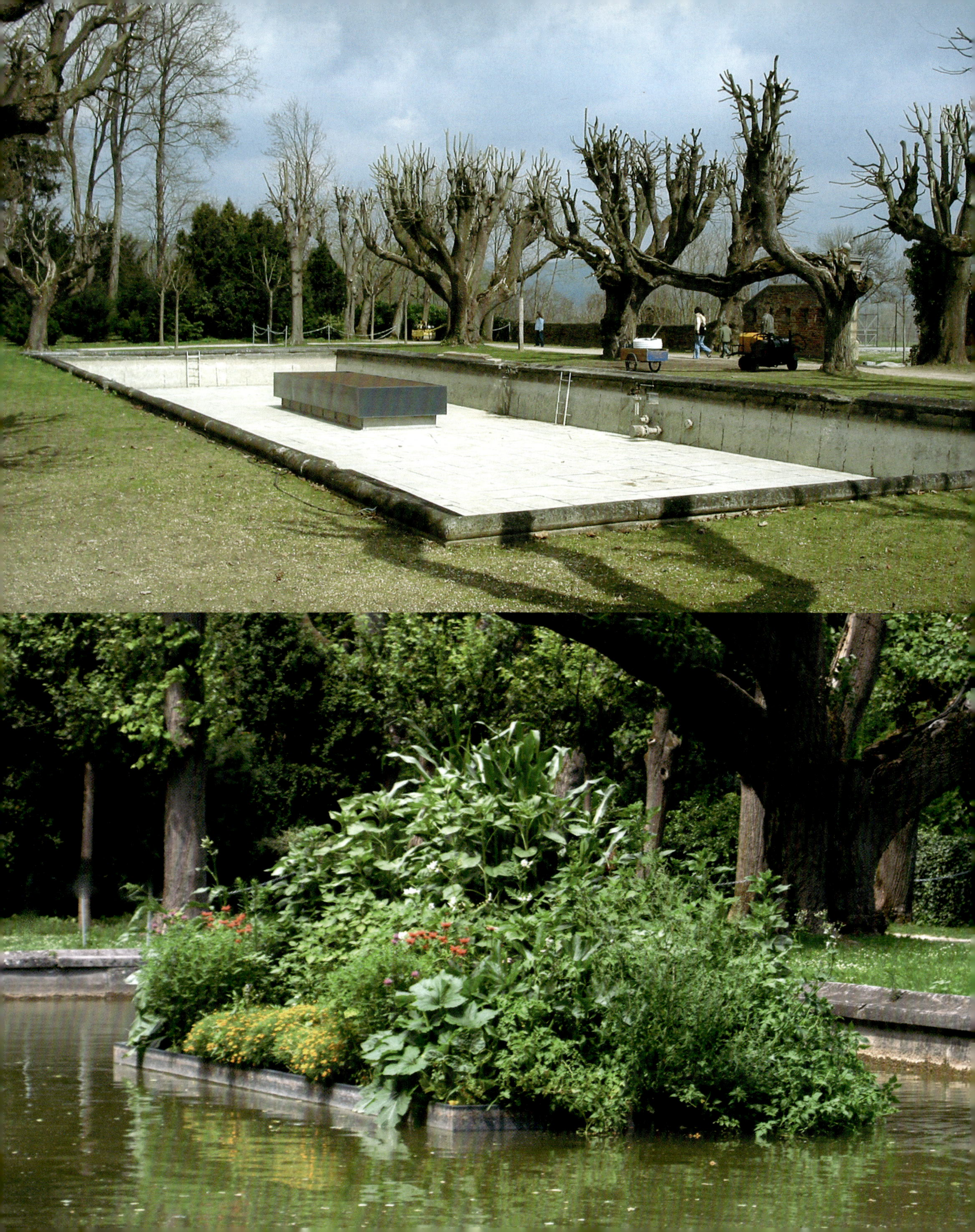

Die Neue Welt

Stift Melk, Stiftspark
(Ein Projekt im Rahmen von »Kunst im öffentlichen Raum«, Niederösterreich)
Melk Monastery, Monastery Park
(a project in conjunction with "Art in Public Space," Lower Austria)
Seit 2006, permanent Since 2006, permanent

– *Die Neue Welt*, 2006,
Stahl, Betonsockel, Erde, saisonale Bepflanzung;
70 x 765 x 234 cm;
Courtesy »Kunst im Öffentlichen Raum«, Niederösterreich, und der Künstler

– *Erntedankfest 2006*,
Essen mit Konzerten
Köchinnen: Andrea Edelbacher, Elisabeth Haslinger

– *Die Neue Welt*, 2006,
steel, cement base, earth, seasonal plantings;
27 x 301 x 92 inches;
courtesy "Art in Public Space," Lower Autria, and the artist

– *Erntedankfest*, 2006,
Dining and concerts
Cooks: Andrea Edelbacher, Elisabeth Haslinger

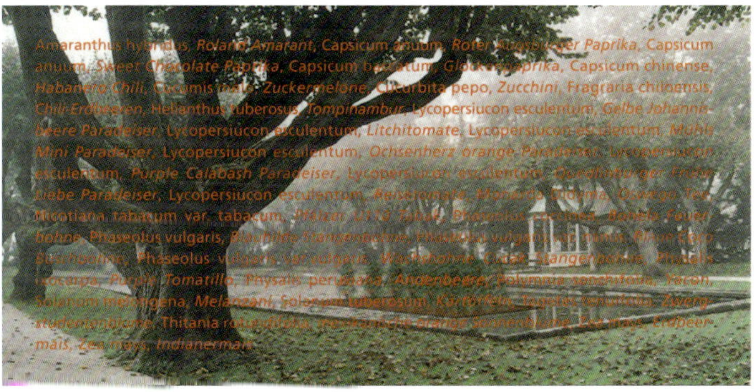

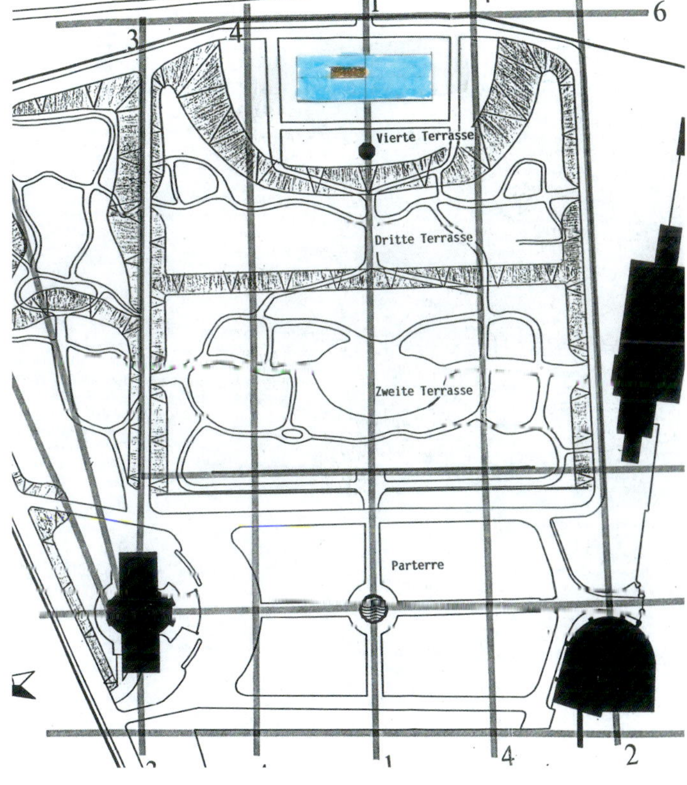

Die Neue Welt, 2006 (April, Juli April, July)

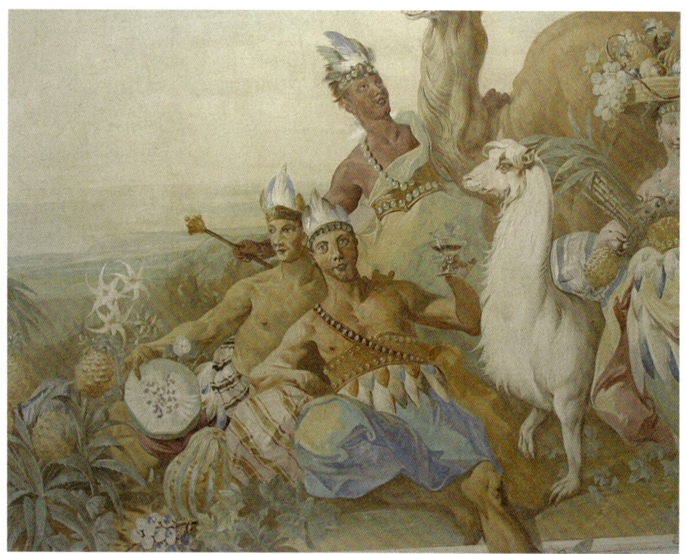

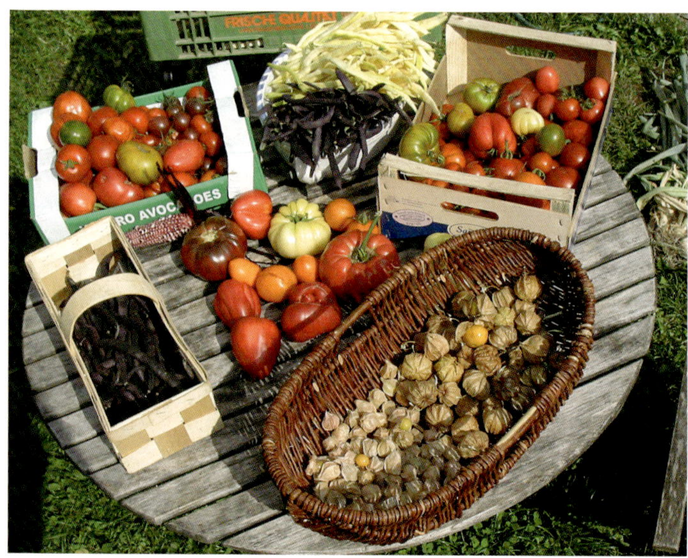

Detail Fresko Fresco Johann Bergl (1764)

Gartenpavillon Garden pavilion

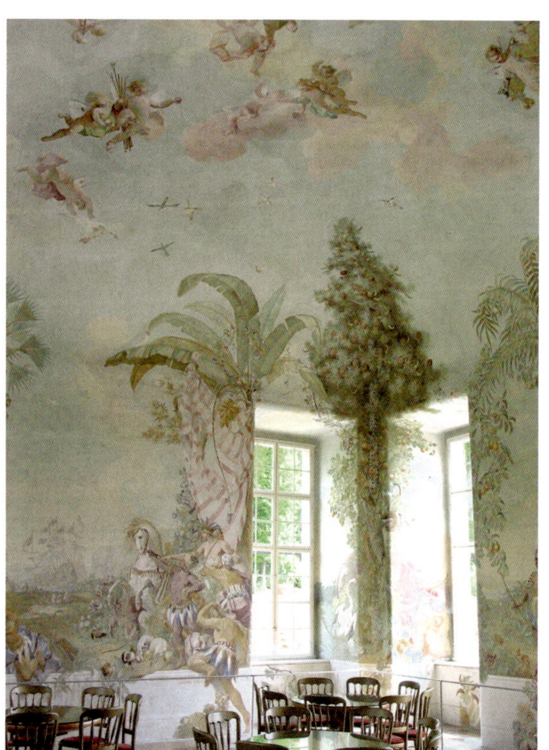

Zum Mozartjahr 2006 wurde Christian Philipp Müller eingeladen, für den barocken Garten des Benediktinerklosters Stift Melk ein Kunstwerk zu entwickeln, das die historischen Umstände, unter denen das Wunderkind Wolfgang Amadeus Mozart 1767 und 1768 in der Stiftskirche musizierte und vom Abt zum Essen geladen wurde, in eine neue Perspektive rücken sollte. Auf der obersten Ebene des neu restaurierten Gartens konstruierte Müller eine Skulptur, die sich mit Tausch, Austausch und Geschmack auseinandersetzt. In der umfangreichen Stiftsbibliothek recherchierte er die Herkunft und Verbreitung von Gemüse und Obst aus der Neuen Welt in Österreich. Im 18. Jahrhundert schmückten Tomaten- und Kartoffelblüten noch die aufwendigen Frisuren adliger Damen, nicht jedoch die Speisekarten, da das Gemüse damals für giftig gehalten wurde. Leopold und Amadeus Mozart assen ihre ersten Kartoffeln aber noch vor ihrem Besuch im Stift Melk im September 1764 in London. Im selben Jahr vollendete Johann Bergl im Lustpavillon des Gartens seine bacchantischen Szenen der Neuen

In honor of the Mozart Year 2006, Christian Philipp Müller was invited to design a work of art for the Baroque Garden of the Benedictine abbey Stift Melk in Austria; the work was to shed new light on the historical circumstances under which the *Wunderkind*, Wolfgang Amadeus Mozart, in 1767 and 1768, performed in the abbey and was then summoned to dine with the abbot. On the top terrace of the newly restored garden, Müller erected a sculpture that explores the themes of change, exchange, and taste. His research in the monastic library into the origin and spread of vegetables and fruit imported into Austria from the New World had revealed that in the eighteenth century, for example, the flowers of tomato and potato plants were used merely as hair ornaments for noble ladies, whereas the tomatoes and potatoes themselves were deemed too poisonous for human consumption. Leopold and Amadeus Mozart had eaten their first potatoes while in London in 1764, however, and hence, long before their visit to Stift Melk. That same year, Johann Bergl completed his bacchanalian paintings of the New World in the Pleasure Pavilion there, unveiling what, at least for the monks, was an unattainable, paradisiacal life. After long periods of fasting and bloodletting, the monks were prescribed a sojourn in the Pleasure Pavilion on the assumption that the splendid frescoes of distant lands to be seen there would restore their health. Müller translated the Baroque opulence of the paintings into the three-dimensional reality of the Abbey Garden's rectangular pond. After placing a steel bath of the same proportions in the golden section of the pond, meaning, asymmetrically in relation to its central axis, he immediately set about

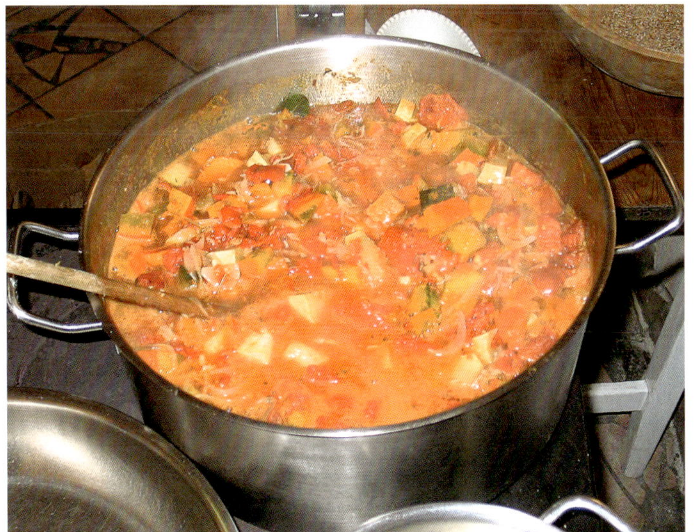

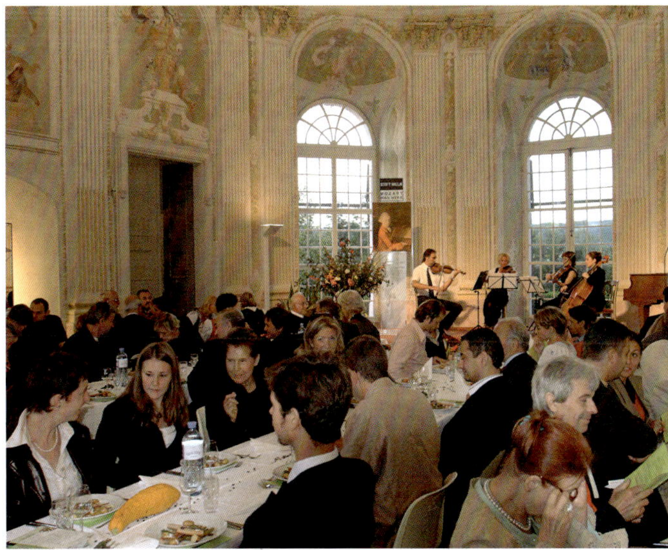

Erntedankfest Thanksgiving, 2006

Welt und präsentierte den Mönchen ein für sie unerreichbares, paradiesisch anmutendes Leben. Nach den langen Fastenzeiten und Aderlässen wurden den Mönchen Kuren im Lusthaus verordnet, in welchem prächtige Fresken von fernen Ländern berichteten. Christian Philipp Müller übertrug die gemalte barocke Fülle in die Realität des rechteckigen Wasserbeckens im Stiftsgarten. Asymmetrisch zur Mittelachse versetzt, im goldenen Schnitt des Wasserbeckens, liess er eine Stahlwanne mit den Proportionen des Wasserbeckens konstruieren. Darin legte er einen »locus amoenus« an, einen wild wuchernden Aussenposten der Neuen Welt.
Ende August 2006 feierte Müller ein Erntedankfest, in Erinnerung an die indianischen Gaben von 1621 für die Neuankömmlinge aus der Alten Welt, welche diese vor dem sicheren Hungertod rettete. Mehr als 100 geladene Gäste assen Gerichte, komponiert aus historischen, lokal angebauten Sorten Amarant, Bohnen, Indianermais, Kartoffeln, Paprika und Tomaten.

turning it into a *locus amoenus* of the New World.
At the end of August 2006, Müller celebrated a harvest thanksgiving, commemorating the gifts the Indians had presented to the newcomers from the Old World upon their arrival in 1621—gifts that undoubtedly saved them from starvation. More than a hundred guests were invited to this event and treated to dishes composed of historical, locally grown varieties of amaranth, beans, Indian corn, potatoes, bell peppers, and tomatoes.

Biografie Biography

1957 – Geboren in Biel, Schweiz
Born 1957 in Biel, Switzerland
1982–1983 – Farbe und Form (F+F), Zürich Zurich
1984–1988 – Kunstakademie Düsseldorf
Lebt und arbeitet in Köln und Brooklyn, New York
Lives and works in Cologne and Brooklyn, New York
www.christianphilippmueller.net

EINZELAUSSTELLUNGEN
SOLO EXHIBITIONS

1984 – *Wie ein deutsches Wohnzimmer.* Rote Fabrik, F+F, Zürich Zurich

1986 – *Carl Theodors Garten in Düsseldorf-Hellerhof.* Düsseldorf

Kleiner Führer durch die ehemalige Kurfürstliche Gemäldegalerie Düsseldorf. Kunstakademie Düsseldorf

1988 – *Eh! bien prenons la plume.* Arti et Amicitiae, Amsterdam

1989 – *Porte bonheur.* Maison de la Culture et de la Communication, Saint-Étienne

1990 – *Köln – Düsseldorf.* Galerie Christian Nagel, Köln Cologne

Antwerpen, Linkes Ufer Antwerp, Left Bank. Galerie Micheline Szwajcer, Antwerpen Antwerp

1991 – *Feste Werte, Valeurs Fixes, Vaste Waarden, Fixed Values.* Palais des Beaux-Arts, Brüssel Brussels

1992 – *A Sense of Friendliness, Mellowness, and Permanence.* American Fine Arts, Co., New York

Vergessene Zukunft, Forgotten Future. Kunstverein München, Munich

1993 – *Nur auf der Durchreise.* Galerie Christian Nagel, Unfair, Köln Cologne

The Family of Austrians. Galerie Metropol, Wien Vienna

Stellvertreter, Representatives, Rappresentanti. Biennale di Venezia, Österreichischer Pavillon Austrian pavilion (mit with Andrea Fraser und and Gerwald Rockenschaub)

1994 – *Tour de Suisse.* Fri-Art Centre d'Art Contemporain, Fribourg

Showroom. Galleria Massimo de Carlo, Mailand Milan (mit with Mario Airo)

Interpellations. American Fine Arts, Co., New York

Touring Club. Kunstraum der Universität Lüneburg

1995 – *News and Gifts.* American Fine Arts, Co., New York

1996 – *On Tour.* Galerie Christian Nagel, Art Basel

1997 – *Was nahe liegt, ist doch so fern.* Kunstverein Hamburg

1998 – *Imagetransfer.* Galerie Christian Nagel, Köln Cologne

Some Things Never Change. Galleria Massimo De Carlo, Mailand Milan

Naturalezas Muertas. Galeria Oliva Arauna, Madrid

Der Campus als Kunstwerk. Universität Lüneburg

1999 – *Eine Welt für sich.* Ein Projekt rund ums Freihaus in Wien. Freihaus, Wien Vienna

2000 – *A Sense of Place.* American Fine Arts, Co., New York

2001 – *Humus. Kulturelle Bodenprobe aus Hamburg, Köln und Luzern.* Hochschule für Gestaltung und Kunst, Luzern Lucerne

2002 – *A Taste for Money.* Galerie Christian Nagel, Köln Cologne

2003 – *Im Geschmack der Zeit. Das Werk von Hans und Marlene Poelzig aus heutiger Sicht.* Weydinger Strasse 20, Berlin

Spice up Powdermaker Hall. Social Sciences, Queens College, New York

2004 – *Im Geschmack der Zeit. Das Werk von Hans und Marlene Poelzig aus heutiger Sicht.* IG-Hochhaus der Johann Wolfgang Goethe Universität, Frankfurt am Main; Architekturmuseum Basel

2005 – *Berlin, Deutschland und die Welt.* Galerie Christian Nagel, Berlin

2006 – *Mozart Was Here.* Benediktinerstift Melk (mit with Roman Ondak)

2007 – *Basics.* Kunstmuseum Basel, Museum für Gegenwartskunst

GRUPPENAUSSTELLUNGEN
GROUP EXHIBITIONS

1989 – *Theatergarten Bestiarium.* P.S. 1, New York; Teatro Lope de Vega, Sevilla; Entrepot – Galerie du Confort Moderne, Poitiers

1990 – *Die Botschaft als Medium.* Museum in Progress, Wien Vienna

The Köln Show (in Zusammenarbeit mit in collaboration with Fareed Armaly). Galeriehaus Venloer Strasse 21, Köln Cologne

Auftakt 1990 (in Zusammenarbeit mit in collaboration with Fareed Armaly). Galerie Ralph Wernicke, Stuttgart; Galerie Birgit Küng, Zürich Zurich; Galerie Bleich-Rossi, Graz; Galerie Christian Nagel, Köln Cologne

Art Creating Society. Art as social Process. Museum of Modern Art, Oxford

1991 – *Tabula Rasa.* Biel

Eine Ausstellung mit Fareed Armaly, Cosima von Bonin, Michael Krebber und Christian Philipp Müller. Kunstraum Daxer, München Munich

Le Monde Critique. Kunstinsel, Kunstverein Hamburg

1992 – *Qui, quoi, où? Un regard sur l'art en Allemagne en 1992.* ARC / Musée d'Art Moderne de la Ville de Paris

Groupshow. American Fine Arts, Co., New York

Wohnzimmer / Büro. Galerie Christian Nagel, Köln Cologne

13 Kuratoren, 26 Fotografen. Centre d'Art Santa Monica, Barcelona

Dealing with Art Für die Galerie. Künstlerwerkstatt Lothringerstrasse, München Munich

1993 – *Kontext Kunst. Kunst der 90er Jahre The Art of the 90's.* Neue Galerie, Graz

What Happened to the Institutional Critique. American Fine Arts, Co., New York

Project Unité. Le Corbusier's Unité d'Habitation, Firminy

Project-Art, Docu Matter. Andrea Rosen Gallery, New York

Les Müllers. Fri-Art Centre d'Art Contemporain, Fribourg

1994 – *Temporary Translation(s) – Sammlung Schürmann.* Deichtorhallen, Hamburg

Double Vision. The Swiss Institute, New York

Notational Photograph. Petzel / Borgmann, New York; Metro Pictures, New York

Sommerakademie München – Eine freie Akademie auf Zeit, Kunstverein München Munich

1995 – *Christian Philipp Müller and Friends.* Fettstrasse 7a, Zürich Zurich

Platzwechsel. Kunsthalle Zürich, Zurich (mit with Ursula Biemann, Tom Burr, Mark Dion)

1996 – *Shift. Family Nation Tribe Community.* Haus der Kulturen der Welt, NGBK, Berlin

Nach Weimar. Kunstsammlung zu Weimar

1997 – *Documenta X.* Kassel

Andere Orte. Kartause Ittingen, Kunstmuseum des Kantons Thurgau

Landmarks. John Weber Gallery, New York

1998 – *Minimal Maximal.* Neues Museum Weserburg, Bremen

Freie Sicht aufs Mittelmeer. Kunsthaus Zürich; Schirn Kunsthalle, Frankfurt am Main

Fast Forward. Kunstverein Hamburg

1999 – *Autofocus.* Kunsthalle Zürich Zurich

Moving Images. Film – Reflexion in der Kunst. Galerie für Zeitgenössische Kunst, Leipzig

Minimal Maximal. Centro Galego de Arte Contemporanea, Santiago de Compostela; Kunsthalle Baden-Baden

2001 – *Minimal Maximal.* Chiba City Museum of Art; National Museum of Art, Kyoto; Fukuoka Art Museum

The Museum as Subjects. The National Museum of Art, Osaka

Und keiner hinkt. 22 Wege vom Schwegler wegzukommen. Kunsthalle Düsseldorf; Museum Kurhaus Kleve; Edwald Mataré Sammlung, Kleve

Von der Sehnsucht im Einklang mit der Natur zu leben, Projekt Ansitz Löwengang. Alois Lageder, Margreid

Antagonismus. Museu d'Art Contemporani de Barcelona

Vom Eindruck zum Ausdruck. Sammlung Grässlin. Deichtorhallen, Hamburg

2002 – *Spacing the Line. Performativity and Passage Zones.* Hochschule für Grafik und Buchkunst, Leipzig

Ökonomien der Zeit. Museum Ludwig, Köln Cologne; Akademie der Künste, Berlin; Migros Museum für Gegenwartskunst, Zürich Zurich

Minimal Maximal. National Museum of Contemporary Art, Seoul

2003 – *Watershed.* The Hudson Valley Art Project, Bard College, Annandale-on-Hudson, New York

2004 – *Election.* American Fine Arts, Co., New York

2005 – *Projekt Migration.* Kölnischer Kunstverein, Köln Cologne

Campus. John Hansard Gallery at the University of Southampton; Mead Gallery at the University of Warwick, Coventry

Part One. Orchard, New York

Icestorm. Kunstverein München Munich

In den Wäldern. Kunsthaus Murz, Mürzzuschlag

What Business Are You In? Atlanta Contemporary Art Center

Down The Garden Path: The Artist's Garden After Modernism. Queens Museum of Art, Queens

Gotik und Moderne im Dialog. 1500–2000, Ausstellung der Sammlung Kunstraum Daxer / Lorenz Exhibition of the collection Kunstraum Daxer / Lorenz; Galerie Kronach, Festung Rosenberg, Kronach

2006 – *Around the Corner.* Orchard, New York

Sammlung Grässlin. St. Georgen

Heard Not Seen, Orchard, New York

Make Your Own Life: Artists In & Out of Cologne. ICA Philadelphia; The Power Plant, Toronto

Bibliografie Bibliography

KÜNSTLERBÜCHER
ARTIST BOOKS

1984 – *Siehe da, ein mögliches Leben hat sich eingerichtet*, Düsseldorf und Zürich Düsseldorf and Zurich

1986 – *Carl Theodors Garten in Düsseldorf-Hellerhof. Das Herz der Peripherie*, Düsseldorf

Kleiner Führer durch die ehemalige Kurfürstliche Gemäldegalerie Düsseldorf, Düsseldorf

1988 – *Eh! bien prenons la plume*, Arti et Amicitiae, Amsterdam

1989 – *Porte bonheur*, Maison de la Culture et de la Communication de Saint-Étienne

1990 – *Promenade dans une Ville radieuse non realisée*, Galerie Micheline Szwajcer, Antwerpen Antwerp

1991 – *Eine Ausstellung mit Fareed Armaly, Cosima von Bonin, Michael Krebber und Christian Philipp Müller*, Kunstraum Daxer, München Munich

Feste Werte, Valeurs Fixes, Vaste Waarden, Fixed Values, Palais des Beaux-Arts, Brüssel Brussels. Texte von contributions by Fareed Armaly, Helmut Draxler, Isabelle Graw, Dirk Snauwaert, Rudolf Zwirner

1992 – *Vergessene Zukunft Forgotten Future*, Kunstverein München Munich. Texte von contributions by Helmut Draxler, Manfred Hermes, Wolfgang Theis

1999 – *autofocus*, Bundesamt für Kultur, Bern Kunsthalle Zürich Zurich. Text: Bernhard Mendes Bürgi

2006 – *Portrait of the Museum as a Chair*, Bawag Foundation, Wien Vienna. Texte von contributions by Christian Philipp Müller, Hiroyuki Nakanishi, Bennett Simpson, Christian Witt-Döring

Carte d'Arte Internazionale, Frühjahr Spring, Messina

MONOGRAFIEN
MONOGRAPHS

1993 – *Stellvertreter, Representatives, Rappresentanti*, Ausst.-Kat. Österreichs Beitrag zur 45. Biennale von Venedig 1993 exh. cat. Austrian Contribution to the 45th Biennale of Venice 1993. Texte von contributions by Helmut Draxler, Andrea Fraser, Chantal Mouffe, Albert Müller, Christian Philipp Müller, Michael Müller, Felicia Riess, Gerwald Rockenschaub, Otto E. Rössler, Peter Weibel, Slavoj Zizek

1995 – *Platzwechsel*, Ausst.-Kat. exh. cat. Kunsthalle Zürich Zurich. Texte von contributions by Ursula Biemann, Tom Burr, Bernhard Mendes Bürgi, Mark Dion, James Meyer, Christian Philipp Müller

1997 – *Ein Balanceakt, A Balancing Act*, Broschüre zur brochure *documenta X*, Kassel. Text: George Baker

Kunst auf Schritt und Tritt, hrsg. von ed. by Achim Könneke, Christian Philipp Müller. Texte von contributions by Doug Ashford, Simone Buuck, Saskia Drechsel, Tita Giese, Achim Könneke, Miwon Kwon, Christian Philipp Müller, Ulf Wuggenig, Stephan Schmidt-Wulffen

1999 – *Eine Welt für sich*. Ein Projekt rund ums Freihaus in Wien, hrsg. von ed. by IG Kaufleute Freihausviertel, Wien Vienna. Texte von contributions by Brigitte Huck, Astrid Wege

2000 – *Drawing in the Space of Graphic Design. Christian Philipp Müller's Work on Paper*, hrsg. von ed. by Mica Foundation, New York. Text: George Baker

2001 – *Branding the Campus. Kunst, Architektur, Design, Identitätspolitik*, hrsg. von eds. Beatrice von Bismarck et al., Düsseldorf. Texte von contributions by Beatrice von Bismarck, Thorsten Clauszen, Karin Prätorius, Florence Lipsky, Masaho Miyoshi, Christian Philipp Müller, Astrid Wege, Ulf Wuggenig

2003 – *Im Geschmack der Zeit. Das Werk von Hans und Marlene Poelzig aus heutiger Sicht*, hrsg. von ed. by Christian Philipp Müller, Verein zur Förderung von Kunst und Kultur am Rosa-Luxemburg-Platz e. V., Berlin. Texte von contributions by Alexander Alberro, Nora M. Alter, Madeleine Bernstorff, Heike Hambrock, Alexander Rosenbaum

KATALOGE (Auswahl)
CATALOGUES (Selection)

1987 – *anderswo*, Düsseldorf. Mit with: Casper König

1989 – *Jardin-Théatre Bestiarium Theatergarten Bestiarium*, P.S. 1, New York, Teatro Lope de Vega, Sevilla und and Entrepot-Galerie du Confort Moderne, Poitiers

1990 – *Control Magazine*, 14, hrsg. von ed. by Stephen Willats, London

1991 – *Le Monde Critique. Neue Kunst in Hamburg* 1991, Kunstverein Hamburg

Tabula Rasa. 26 Künstler im Stadtraum von Biel, hrsg. von ed. by Bernard Fibicher, 2 Bde. 2 vols., 9. Schweizer Plastikausstellung, Biel

1992 – *13 Critics / 26 Fotògrafs*, Centre d'Art Santa Mònica, Barcelona

1993 – *What Happened to the Institutional Critique?*, American Fine Arts, Co., New York

Project Unité, hrsg. von ed. by Yves Aupetitallot, 3 Bde. 3 vols., Saint-Étienne

1994 – *Kontext Kunst. Kunst der 90er Jahre The Art of the 90's*, hrsg. von ed. by Peter Weibel, Köln Cologne

Optimism. Hirsch Farm Project, Hirsch Foundation, Northbrook, Ill.

1995 – *Marcel Broodthaers. Correspondences, Korrespondenzen*, hrsg. von ed. by Dorothea Zwirner, Galerie Hauser & Wirth, Zürich Zurich und and Galerie David Zwirner, New York; Stuttgart

1996 – *Shift. Family Nation Tribe Community. Ideologie und Utopie in der zeitgenössischen Kunst*, NGBK / Haus der Kulturen der Welt, Berlin

1997 – *Documenta X. Kurzführer*, hrsg. von ed. by *documenta*, Museum Fridericianum, Kassel; Ostfildern

1998 – *Georg Kargl 1998*, hrsg. von ed. by Georg Kargl, Wien Vienna

Minimal Maximal. Die Minimal Art und ihr Einfluss auf die Kunst der 90er Jahre, hrsg. von ed. by Peter Friese, Neues Museum Weserburg Bremen, Heidelberg

2002 – *Ökonomien der Zeit*, hrsg. von eds. Hans-Christian Dany und and Astrid Wege, Museum Ludwig, Köln Cologne, Akademie der Künste, Berlin, und and Migros Museum für Gegenwartskunst, Zürich Zurich

One Place after Another. Site-Specific Art and Locational Identity, hrsg. von ed. by Miwon Kwon, Cambridge

Watershed Hudson Valley Project, hrsg. von ed. by Miwon Kwon, Minetta Brook, New York

2004 – *Wiener Linien. Kunst und Stadtbeobachtung seit 1960*, hrsg. von ed. by Brigitte Huck, Wien Vienna Museum Karlsplatz, Wien Vienna

2005 – *Grenzbespielungen. Visuelle Politik in der Übergangszone*, hrsg. von ed. by Beatrice von Bismarck, Galerie der Hochschule für Grafik und Buchkunst Leipzig; Köln Cologne

2006 – *Georg Kargl*, hrsg. von ed. by Georg Kargl Fine Arts, Wien Vienna

Make Your own Life. Artists in & Out of Cologne, hrsg. von ed. by Bennett Simpson, Institute of Contemporary Art, University of Pennsylvania et al.

AUSGEWÄHLTE BEITRÄGE
SELECTED TEXTS

1988 – Muller, Robert-Jan: Eh! bien prenons la plume, Arti et Amicitiae, in: *Neue Kunst in Europa*

1990 – Bourriaud, Nicolas: The Signature Game, in: *Flash Art*, 155, S. pp. 126–129

Dannat, Adrian: Christian Philipp Müller. Galerie Micheline Szwajcer, in: *Flash Art*, 152, S. pp. 164–165

Graw, Isabelle: Field Work, in: *Flash Art*, 155, S. pp. 136–137

Graw, Isabelle: Jugend forscht (Armaly, Dion, Fraser, Müller), in: *Texte zur Kunst*, 1, S. pp. 163–175

Tarantino, Michael: Christian Philipp Müller, Galerie Micheline Szwajcer, in: *Artforum*, Sommer summer, S. pp. 180–181

1991 – Fiedler, Elisabeth: Verständnis für Verbindung aus Avantgarde und Wirtschaftlichkeit, in: *Neue Zeit*, 8. Mai May 8

Graw, Isabelle: Cosima Bonin, Fareed Armaly, Christian Philipp Müller und Michael Krebber im Kunstraum Daxer, in: *Texte zur Kunst*, 4, S. p. 197

Graw, Isabelle: Christian Philipp Müller, Galerie Christian Nagel, in: *Artis*, Februar February, S. pp. 61–62

Hermes, Manfred: Christian Philipp Müller. Galerie Christian Nagel, in: *Artscribe*, März – April March–April

Krebber, Michael: Köln – Düsseldorf; in: *Texte zur Kunst*, 2, S. p. 176

Lambrecht, Luk: Tabula Rasa, Biel, in: *Forum International*, 9, S. p. 88

Stals, José Lebrero: Christian Philipp Müller, Galerie Christian Nagel, in: *Flash Art*, 156, S. pp. 140–141

1992 – Babias, Marius: Wer, Was, Wo? «Deutsche Kunst heute» von französischen Kuratoren aufgespürt; in: *Der Tagesspiegel*, Berlin, 4. November November 4, S. p. 19

Becker, Jochen: Schmerzlich ausbaden. Vergessene Zukunft, in: *die tageszeitung*, 9. Juni June 9, S. p. 15

Blase, Christoph: Das Wertsystem aus der Vitrine. Von der Selbstinszenierung der Kunst und des Künstlers. Christian Philipp Müller in Brüssel; in: *Frankfurter Allgemeine Zeitung*, 2. Januar January 2, S. p. 23

Bourriaud, Nicolas: The Work of Art in the Age of Ecological Recycling, Benjamin's Aura Turns Green, in: *Flash Art*, 167, S. pp. 60–63

Draxler, Helmut: Christian Philipp Müller. Vergessene Zukunft, in: *Kunstforum International*, 123, S. pp. 147–149

Duyn, Edna van: Christian Philipp Müller: vaste waarden, in: *Archis*, Februar February

Fritsch, Sibylle: Die Spaltung, in: *Profil*, 47, November, S. p. 77

Fritsch, Sibylle: Servus in Venedig, in: *Profil*, 45, November, S. p. 100

Graw, Isabelle: Preisgestaltung. Ein Interview mit Christian Philipp Müller, in: *Artis*, März March, S. pp. 22–27

Hermes, Manfred: No es pot veure, però hi és, in: *13 Critics 26 Fotògrafs*, Ausst.-Kat. exh. cat. Centre d'Art Santa Mònica, Barcelona, S. pp. 30–32

Karcher, Eva: Die unerfüllte Moderne – eine Geschichte gescheiterter Träume, in: *Süddeutsche Zeitung*, 19. Mai May 19

Lambrecht, Luk: Christian Philipp Müller, Self-Crowded Critic, in: *Flash Art*, 163, S. p. 105

Leen, Frederik: Subject and Non-Identity in the Work of Christian Philipp Müller and Some Motifs by Walter Benjamin, in: *Forum International*, 11, S. pp. 41–48

Oberhuber, Oswald: Bitte, arbeiten lassen, in: *Profil*, 51, Dezember December

Schöllhammer, Georg: Legionäre nach Venedig, in: *Der Standard*, 21. Oktober October 21

Schöllhammer, Georg: Kunst des demokratischen Feudalismus, in: *Der Standard*, 6. November November 6

T., J.: Der phänomenale Österreicher, in: *Süddeutsche Zeitung*, 3. Dezember December 3, S. p. 17

1993 – Beck, Martin: Theorie der Praxis und Praxis der Theorie, in: *Texte zur Kunst*, 9, S. pp. 128–134

Blase, Christoph: Richtige Zutaten, schwacher Koch, in: *Frankfurter Allgemeine Zeitung*, 7. September September 7, S. p. 35

Decter, Joshua, und and Zahm, Olivier: Back to Babel, Project Unité, Firminy, in: *Artforum*, November, S. pp. 91–92, 131, 138

Egert, Robert: Christian Philipp Müller, American Fine Arts, Co., in: *Flash Art*, 172, S. p. 88

Graw, Isabelle: La Culture. Zur Ausstellung Project Unité in Firminy, in: *Artis*, September, S. pp. 46–51

Graw, Isabelle: Leben und Werk des Kurators, in: *Artis*, Oktober October, S. pp. 36–37

Königer, Maribel: Qui, quoi, où? Un regard sur l'art en Allemagne en 1992, in: *Kunstforum International*, 121, S. pp. 376–378

Krumpl, Doris: Trachten-Umzug als Österreich-Bild. Trigon – die Kunst zum Papier. Es ist ein weites ästhetisches Feld, in: *Der Standard*, 4. Oktober October 4

Meyer, James: What Happened to the Institutional Critique, in: American Fine Arts, Co., New York, September

Puvogel, Renate: Biennale Venedig 1993, in: *Artis*, September, S. pp. 16–21
Schünemann, Ingrid: Komplex und spannend, in: *Männer Vogue*, Juni June, S. pp. 72–78

1994 – Iannacci, Anthony: Mario Airò Christian Philipp Müller. Massimo de Carlo, in: *Artforum*, November, S. pp. 94–95

Karcher, Eva: Die neunziger Jahre: Künstler als Forscher, in: *Art*, Juli July, S pp. 50–61

Lambrecht, Luk: Curator Yves Aupetitallot over hedendaagse kunstproduktie. Projecten in Firminy en Antwerpen, in: *Sint-Lukasgalerij*, März March

Metzger, Rainer: Christian Philipp Müller: The Family of Austrians; in: *Kunstforum International*, 125, S. pp. 375–376

Meyer, Christian: Christian Philipp Müller, in: *Camera Austria*, 49, S. pp. 15–23

1995 – Becker, Jochen: Das berührt uns doch schliesslich alle, in: *die tageszeitung*, 25. Juli July 25, S. p. 16

Blase, Christoph: Wehe, wenn die Werke nicht mehr senden, in: *Frankfurter Allgemeine Zeitung*, 24. Januar January 24, S. p. 27

Germer, Stefan: Unter Geiern. Kontext-Kunst im Kontext, in: *Texte zur Kunst*, 19, S. pp. 83–95

Giger, Romeo: Künstlerisches Nachdenken über den Platzspitz. *Platzwechsel* in der Kunsthalle und im Landesmuseum, in: *Neue Zürcher Zeitung*, 30. Juni June 30

Meyer, James: Die Bedingung von Boheme, in: *Texte zur Kunst*, 18, S. pp. 76–81

Müller, Silke: Die Studenten erproben sich als Ausstellungsmacher, in: *Art*, Februar February, S. p. 108

Polzer, Brita: Zürich: *Platzwechsel* in der Kunsthalle, in: *Kunstbulletin*, 7/8, S. pp. 47–48

Vettese, Angela: Mario Airo and Christian Philipp Müller. Massimo de Carlo Gallery, Milan, in: *Frieze*, Januar – Februar January–February, S. pp. 59–60

Volkart, Yvonne: Platzwechsel, in: *Springer*, September, S. p. 83

Wege, Astrid: Christian Philipp Müller, Touring Club, Kunstraum der Universität Lüneburg, in: *Texte zur Kunst*, 17, S. pp. 181–184

1996 – Meyer, James: Der funktionale Ort, in: *Springerin*, Dezember December, S. pp. 44–47

1997 – Baker, George: Lies, Damn Lies, and Statistics. The Art of Christian Philipp Müller, in: *Artforum*, Februar February, S. pp. 74–77, 109

Baker, George: Tourist Information. Christian Philipp Müller, Cildo Meireles, in: *Trans Arts. Cultures, Media*, 1/2, 3/4, S. pp. 107–121

Baker, George / Müller, Christian Philipp: *A Balancing Act*, in: *October*, 82, S. pp. 95–118

Bismarck, Beatrice von: Grenzzonen – Touring Club von Christian Phillip Müller, in: *Hors Sol. Reflexionen zur Ausstellungspraxis Reflexions sur la pratique de l'exposition*, Ausst.-Kat. exh. cat. *Sous-Sol*, Genf Geneva, und and Shedhalle, Zürich Zurich, S. pp. 57–66

Kwon, Miwon: One Place After Another: Notes on Site Specificity in: *October*, 80, S. pp. 85–110

Meyer, James: Nomaden Nomads, in: *Parkett*, Mai May, 35, S. pp. 205–214

Schöllhammer, Georg: Christian Philipp Müller. Was nahe liegt, ist doch so fern; in: *Springer*, August – September, S. pp. 69–70

Serving Institutions. Round Table Discussion mit with Judith Barry, Andrea Fraser, Renée Green, Christian Philipp Müller, Fred Wilson, in: *October*, 80, S. pp. 120–129

Wagner, Thomas: Hausschwein mit Mehrwert. Documenta X, in: *Frankfurter Allgemeine Zeitung*, 13. September September 13

1998 – Maderuelo, Javier: La Sociologia de Müller, in: *El Pais*, 21. März March 21

Römer, Stefan: Christian Philipp Müller. Imagetransfer, Galerie Christian Nagel, in: *Kunstforum International*, 142, S. p. 414

1999 – Dziewior, Yilmaz: Christian Philipp Müller. Galerie Christian Nagel, in: *Artforum*, Januar January, S. pp. 127–128

2000 – Kelsey, John: Christian Philipp Müller. American Fine Arts, Co., in: *Arttext*, 71, S. p. 89

Meyer, James: Das Schicksal der Avantgarde, in: *Pespektiven kritischer Kunst*, hrsg. von ed. by Christian Kravagna, Wien Vienna, S. pp. 70–92

2001 – Vogel, Maria: Schokoladenseiten von Luzern, in: *Neue Luzerner Zeitung*, 20. Juni June 20

2002 – Alberro, Alexander: Unraveling the Seamless Totality. Christian Philipp Müller and the Reevaluation of Established Equations, in: *Grey Room*, 6, S. pp. 6–25

Anastas, Rhea: Christian Philipp Müller, in: Ausst.-Kat. exh. cat. *Watershed Hudson Valley Project*, hrsg. von ed. by Miwon Kwon, Minetta Brook, New York, S. pp. 120–131

Boecker, Susanne: Kalorien hinter Glas, in: *Kölner Stadtanzeiger*, 29. März – 4. April March 29 – April 4

Müller, Christian Philipp: Portrait of the Museum as a Chair, in: *October*, 100, S. pp. 72–75

2003 – Princenthal, Nancy: A 10-Part Hello Along the Hudson, in: *The New York Times*, 11. Mai May 11, S. p. 20

Steinberg, Claudia: Und plötzlich spricht die Bank, in: *Die Zeit*, 13. November November 13 S. pp. 69–70

2004 – Adam, Hubertus: Baukunst als Inszenierung, in: *Neue Zürcher Zeitung*, 24. September September 24, S. p. 44

Müller, Christian Philipp: Endstation Denkmal. Jeder Ort ein Kunstprojekt, in: *Symposium Kunst im öffentlichen Raum*, hrsg. von ed. by Kunstkredit Basel-Stadt, Basel, S. pp. 35–40

Umfrage. Have you been thinking of leaving New York, and if so, why? in: *Texte zur Kunst*, 54 S. pp. 101–110

2005 – Joselit, David: Navigating the New Territory, in: *Artforum*, Sommer summer, S. pp. 276–279

Wege, Astrid: Christian Philipp Müller. Architekturmuseum Basel, in: *Artforum*, Februar February, S. p. 182

2006 – Bismarck, Beatrice von: Haltloses Ausstellen. Politiken des künstlerischen Kuratierens Unfound Exhibition. Policies of Artistic Curating, in: *The Artist as ...*, hrsg. von ed. by Matthias Michalka, Wien Vienna

Griffin, Jonathan: Campus, in: *Frieze*, Januar – Februar January–February, S. p. 152

Rattemeyer, Christian: Make Your Own Life: Artist In and Out of Cologne, in : *Artforum*, Sommer summer

Smith, Roberta: Cologne as Mythic Hotspot (Cue the Background Music), in: *New York Times*, 2. Juni June 2

Autoren Authors

Sabeth Buchmann

Sabeth Buchmann ist Kunsthistorikerin und -kritikerin. Regelmässige Veröffentlichungen, unter anderem in der Zeitschrift *Texte zur Kunst*. Dissertation über die Bedeutung neuer Technologien für die Neubewertung des Produktionsbegriffs in konzeptueller Kunst. Seit März 2004 ist sie Professorin für Kunstgeschichte der Moderne und Nachmoderne an der Akademie der bildenden Künste, Wien. Forschungsprojekt zu Avantgarde, Film und Biopolitik an der Jan-van-Eyck-Akademie (März 2004 – Dezember 2006, gemeinsam mit Helmut Draxler und Stephan Geene). Aktuelle Publikationen: *Art After Conceptual Art* (hrsg. mit Alexander Alberro, 2006), *Denken gegen das Denken. Produktion – Technologie – Subjektivität bei Sol LeWitt, Yvonne Rainer und Hélio Oiticica* (2006).

Philipp Kaiser

Philipp Kaiser ist seit 2001 Konservator am Museum für Gegenwartskunst Basel und hat unter anderem Ausstellungen mit Louise Lawler, Bruce Nauman, Simon Starling, Miriam Bäckström, Teresa Hubbard/Alexander Birchler, Amelie von Wulffen und Daniel Richter kuratiert, sowie die Ausstellung *Flashback – Eine Revision der Kunst der 80er Jahre*.

Miwon Kwon

Miwon Kwon ist Associate Professor für zeitgenössische Kunstgeschichte an der University of California, Los Angeles. Sie ist Mitbegründerin und Verlegerin von *Documents*, einer Zeitschrift für Kunst, Kultur und Kritik (1992–2004), und gehört dem Beirat der Zeitschrift *October* an. Publikation: *One Place After Another: Site-Specific Art and Locational Identity* (2002).

James Meyer

James Meyer ist Associate Professor für Kunstgeschichte und Winship Research Professor an der Emory University, Atlanta, sowie regelmässiger Autor der Zeitschrift *Artforum*. Er verfasste das Buch *Minimalism: Art and Polemics in the Sixties* (2001) und ist Herausgeber von *Minimalism* (2000), *Gregg Bordowitz. The AIDS Crisis is Ridiculous* (2004) und Carl Andre, *Cuts* (2005). Vor kurzem schrieb er anlässlich einer Retrospektive in der Londoner Tate Britain über den Künstler Howard Hodgkin. Mit Christian Philipp Müller hat er bisher für vier Ausstellungen zusammengearbeitet: *What Happened to the Institutional Critique?* (1993), *Interpellations* (1994), *Platzwechsel* (1995) und *Election* (2004).

Sabeth Buchmann

Sabeth Buchmann is an art historian and an art critic. She publishes regularly in *Texte zur Kunst*, among other magazines. Her dissertation addressed the significance of new technologies for a reassessment of the notion of production in conceptual art. Since March 2004, she has held a professorship for Art History of the Modern and Post-Modern at the Academy of the Fine Arts in Vienna. She has been involved in a research project on the avant-garde, film, and bio-politics at the Jan van Eyck Academy (March 2004–December 2006, together with Helmut Draxler and Stephan Geene). Current publications include *Art After Conceptual Art* (edited with Alexander Alberro, 2006), *Denken gegen das Denken. Produktion – Technologie – Subjektivität bei Sol LeWitt, Yvonne Rainer und Hélio Oiticica* (2006).

Philipp Kaiser

Philipp Kaiser has held the position of Curator at the Museum für Gegenwartskunst in Basel since 2001 and has curated exhibitions featuring Louise Lawler, Bruce Nauman, Simon Starling, Miriam Bäckström, Teresa Hubbard/Alexander Birchler, Amelie von Wulffen, and Daniel Richter among others, in addition to the exhibition, *Flashback—Revisiting the Art of the 80s*.

Miwon Kwon

Miwon Kwon is Associate Professor of Contemporary Art History at the University of California in Los Angeles. She was a founding editor and publisher of *Documents*, a journal of art, culture, and criticism (1992–2004), and is on the advisory board of *October*. She is the author of *One Place After Another: Site-Specific Art and Locational Identity* (2002).

James Meyer

James Meyer is Associate Professor of Art History and Winship Research Professor at Emory University, Atlanta, and a Contributing Editor of *Artforum*. He is the author of *Minimalism: Art and Polemics in the Sixties* (2001) and editor of *Minimalism* (2000), *Gregg Bordowitz, The AIDS Crisis is Ridiculous* (2004), and *Carl Andre, Cuts* (2005). He recently authored a study of Howard Hodgkin for the artist's retrospective exhibition at Tate Britain. Meyer has worked with Christian Philipp Müller on four exhibitions: *What Happened to the Institutional Critique?* (1993), *Interpellations* (1994), *Platzwechsel* (1995), and *Election* (2004).

Leihgeber Lenders

Daled Collection, Brussels
Stephan Dillemuth
Sammlung DuMont Schütte
Sammlung Karola Grässlin
Collection Bruno van Lierde, Brussels
Sammlung Günther Lorenz
Georg Kargl, Vienna
Kunstmuseum Basel
Galerie Christian Nagel,
Köln / Berlin Cologne / Berlin
Galerie Micheline Szwajcer, Antwerp
Ernst Ploil, Wien

Dank Acknowledgments

Die Ausstellung wurde durch das grosszügige Entgegenkommen öffentlicher und privater Leihgeber unterstützt. Allen, die uns ihre Werke zur Verfügung stellten, möchten wir herzlich danken. Besonderer Dank gilt der Galerie Nagel.

Der Künstler möchte sich bei seinen Eltern, John E. Yancy und bei allen Einzelpersonen, Leihgebern und Institutionen in Europa, Asien und den Vereinigten Staaten für ihre wertvolle Unterstützung bedanken.

This exhibition is supported generously by public and private loans. We would like to warmly thank all who have made works available. In particular, we thank Galerie Nagel.

The artist wishes to thank his parents, John E. Yancy, and all individuals, lenders, and institutions in Europe, Asia, and the United States for their precious support.

Impressum Colophon

Dieser Katalog erscheint anlässlich der Ausstellung
This catalogue is published in conjunction with the exhibition

Christian Philipp Müller *Basics*

Museum für Gegenwartskunst Basel
19. Januar – 15. April 2007

Kunstmuseum Basel

Direktor Director
Bernhard Mendes Bürgi

AUSSTELLUNG EXHIBITION

Kurator Curator
Philipp Kaiser

Wissenschaftliche Assistenz Curatorial assistance
Kerstin Stakemeier, Jacqueline Uhlmann

Wissenschaftliches Praktikum Curatorial trainee
Silke Kellner

Medien, Kommunikation Press, communication
Christian Selz

Registrarin Registrar
Charlotte Gutzwiller

Restauratoren Restorers
Peter Berkes, Marcus Jacob, Amelie Jensen, Caroline Wyss

Ausstellungstechnik Installation
Claude Bosch, Stefano Schaller, Andreas Schweizer, Martin Werner

Kunstmuseum Basel,
Museum für Gegenwartskunst
mit Emanuel Hoffmann-Stiftung
St. Alban-Rheinweg 60
4010 Basel
Schweiz Switzerland
www.kunstmuseumbasel.ch

Die Ausstellung wurde unterstützt durch Generous support for the exhibition has been provided by:

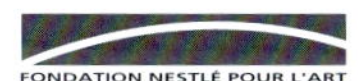

KATALOG CATALOGUE

Herausgeber Editor
Philipp Kaiser

Redaktion Editing
Philipp Kaiser, Kerstin Stakemeier, Jacqueline Uhlmann

Lektorat Copyediting
Alix und and Bish Sharma (Englisch English)

Übersetzungen Translations
Udo Breger (70 unten below, 106 oben above), Melissa Hause, Barbara Holle, Bronwen Saunders, Laura Schleussner

Gestaltung Graphic design
gebr. Silvestri, Amsterdam, Andrea Näpflin

Schrift Typeface
Memphis

Papier Paper
LuxoSamt offset 150g/m²

Reproduktion und Gesamtherstellung Reproduction and printing
Dr. Cantz'sche Druckerei, Ostfildern

Buchbinderei Binding
Verlagsbuchbinderei Dieringer, Gerlingen

Umschlagabbildung Cover illustration
Carl Theodors Garten in Düsseldorf-Hellerhof, 1986

Die Publikation wurde grosszügig unterstützt durch
Generous support for the publication has been provided by:

Fotonachweis Photo credits
Courtesy American Fine Arts, Co.: 83–84, 132, 144–145, 147–150, Joss Bachhofer: 40–41, 71, 100, 107, Wilfried Bauer: 89, Franklin Berger: 62, Manuel Blanco: 140–41, 143, Martin Bühler: 160, 163–165, Annemarie und and Lucius Burckhardt: 66, Philippe Degobert: 23, 32, 97, 99, 124, 127–131, Colin de Land: 188, Arpad Dobriban: 64, 71, Andrea Fraser: 134, Andreas Gursky: 65, 67, Serge Hasenböhler: 156, Christoph Irrgang: 194, Manfred Jade: 68–71, Peter Samuel Jaggi: 182–185, Shigefumi Kato: 152, 155, Gerhard Koller: 136–139, 201–202, Stefan Korte: 151, Antje Kraus-Wahl: 159, Edo Kuipers: 116–117, Eliane Laubscher: 80, 82, 158, Christian Nagel: 74, 113, Wolfgang Neeb: 171, 197–199, 200, Rudi Molacek: 73, Lutger Paffrath: 159, Wilfried Petzi: 103, Jörg Potschaske: 108, Cyrille Sabatier: 95, 96, Dieter Schwertle: 85–87, 89, Andrea Stappert: 168, 170–171, Nic Tenwiggenhorn: 192, Alexander Troehler: 186–187, 189, Simon Vogel: 176, 178–179, Jasper Wiedeman: 196, Wolfgang Wössner: 212, 213–217, Petra Wunderlich: 75–77, 206

Erschienen im Published by
Hatje Cantz Verlag
Zeppelinstrasse 32
73760 Ostfildern
Deutschland Germany
Tel. +49 711 4405-200
Fax +49 711 4405-220
www.hatjecantz.com

Museumsausgabe
Museum edition
ISBN 978-3-7204-0167-8

Buchhandelsausgabe
Trade edition
ISBN: 978-3-7757-1800-4

Printed in Germany

© 2007 Kunstmuseum Basel, Museum für Gegenwartskunst; Hatje Cantz Verlag, Ostfildern; und Autoren and authors

© 2007 für die abgebildeten Werke von Christian Philipp Müller beim Künstler; von Joseph Beuys, Martin Bühler, Serge Hasenböhler, Nicolas Schöffer, Andrea Stappert, Nic Tenwiggenhorn, Jean Tinguely, Lawrence Weiner: VG Bild-Kunst, Bonn / ProLitteris, Zürich; von Le Corbusier: FLC / VG Bild-Kunst, Bonn / ProLitteris, Zürich; von Andreas Gursky: Courtesy Monika Sprüth / Philomena Magers / VG Bild-Kunst, Bonn / ProLitteris, Zürich; Abb. S. 102, 104–105: Philips Company Archives; sowie bei den Künstlern, Fotografen oder ihren Rechtsnachfolgern

© 2007 for the reproduced works by Christian Philipp Müller: the artist; by Joseph Beuys, Martin Bühler, Serge Hasenböhler, Nicolas Schöffer, Andrea Stappert, Nic Tenwiggenhorn, Jean Tinguely, Lawrence Weiner: VG Bild-Kunst, Bonn / ProLitteris, Zurich; Le Corbusier: FLC / VG Bild-Kunst, Bonn / ProLitteris, Zurich; Andreas Gursky: Courtesy Monika Sprüth / Philomena Magers / VG Bild-Kunst, Bonn / ProLitteris, Zurich; ill. p. 102, 104–105: Philips Company Archives; the artists, photographers, and their legal successors

Hatje Cantz books are available internationally at selected bookstores and from the following distribution partners:

USA / North America – D.A.P., Distributed Art Publishers, New York, www.artbook.com
UK – Art Books International, London, www.art-bks.com
Australia – Tower Books, Frenchs Forest (Sydney), www.towerbooks.com.au
France – Interart, Paris, www.interart.fr
Belgium – Exhibitions International, Leuven, www.exhibitionsinternational.be
Switzerland – Scheidegger, Affoltern am Albis, www.ava.ch

For Asia, Japan, South America, and Africa, as well as for general questions, please contact Hatje Cantz directly at sales@hatjecantz.de, or visit our homepage at www.hatjecantz.com for further information.